高等政法院校规划教材

# 公司法学

GONG　SI　FA　XUE

## （第五版）

### 司法部法学教材编辑部　审定

主　　编：石少侠

撰 稿 人：（以撰写章节先后为序）

石少侠　冯 果　赵新华

林秀芹

中国政法大学出版社

2021·北京

**图书在版编目（ＣＩＰ）数据**

公司法学 / 石少侠主编. —5版. —北京：中国政法大学出版社，2021.1
ISBN 978-7-5620-9807-2

Ⅰ.①公…　Ⅱ.①石…　Ⅲ.①公司法—法的理论—中国—高等学校—教材
Ⅳ.①D922.291.911

中国版本图书馆CIP数据核字(2021)第007707号

--------------------------------------------------------------------------------------------------

| | |
|---|---|
| 出　版　者 | 中国政法大学出版社 |
| 地　　　址 | 北京市海淀区西土城路 25 号 |
| 邮　　　箱 | fadapress@163.com |
| 网　　　址 | http://www.cuplpress.com (网络实名：中国政法大学出版社) |
| 电　　　话 | 010-58908435(第一编辑部) 58908334(邮购部) |
| 承　　　印 | 保定市中画美凯印刷有限公司 |
| 开　　　本 | 720mm×960mm　1/16 |
| 印　　　张 | 19.5 |
| 字　　　数 | 361 千字 |
| 版　　　次 | 2021 年 1 月第 5 版 |
| 印　　　次 | 2021 年 1 月第 1 次印刷 |
| 印　　　数 | 1～5000 册 |
| 定　　　价 | 56.00 元 |

## 作者简介

**石少侠** 法学博士，国家检察官学院教授，吉林大学法学院博士生导师，吉林财经大学法学院名誉院长、特聘讲座教授。曾任吉林大学法学院院长、国家检察官学院院长，兼任中国商法学研究会副会长、中国法学教育研究会学术委员会副主任。出版《公司法》、《商法思考的印迹》等个人专著；主编《公司法教程》、《经济法概论》、《商法》等教育部、司法部统编教材及其他教材、专著30余部，发表学术论文近百篇。1999年获国务院政府特殊津贴，2005年首批入选《中国当代法学名家》。

**冯 果** 法学博士，武汉大学法学院院长、教授、博士生导师，教育部长江学者奖励计划特聘教授，兼任中国经济法学研究会副会长、中国商法学研究会常务理事。入选教育部"新世纪优秀人才支持计划"、中宣部"四个一批"暨文化名家、中组部"万人计划哲学社会科学领军人才计划"等国家人才计划，荣获第七届"全国十大杰出青年法学家"等荣誉称号，享受国务院政府特殊津贴。主要著作有：《现代公司资本制度比较研究》、《公司法要论》、《社会变迁视野下的金融法理论与实践》、《债券市场风险防范的法治逻辑》、《企业公司法》、《中国商事法》等。

**赵新华** 法学博士，吉林大学法学院教授、博士生导师，曾任中国商法学研究会常务理事。作为客座研究员、客座教授、高级访问学者，曾先后赴日本关西学院大学、日本西南学院大学、日本北海道大学、日本创价大学、日本札幌学院大学进行学术交流访问及开设专题讲座。主要研究方向为商法学、票据法学，主要著作有：《票据法》、《票据法论》、《票据法问题研究》等。

**林秀芹** 法学博士，厦门大学法学院教授、博士生导师、厦门大学知识产权研究院院长，中国知识产权法学研究会副会长，英国玛丽女王大学法学院商法中心客座教授。曾在伦敦大学、剑桥大学、德国马普知识产权法研究所和英国玛丽女王大学法学院作访问教授。主要著作有：《"一带一路"著作权制度研究》、《"一带一路"专利法律制度研究》、《"一带一路"商标法律制度研究》、《促进技术创新的法律机制研究》、《自主知识产权的创造、运用与法律机制》、《TRIPS体制下的专利强制许可制度研究》等。主持完成世界知识产权组织、国家版权局、国家知识产权局以及国家社科基金和国家自然科学基金等多个项目。

# 出版说明

　　长期以来，在司法部的领导下，法学教材编辑部认真履行为法学教育服务的职能，为满足我国不同层次法学教育发展的需要，在全国高等院校和科研院所的大力支持下，动员了包括中国社会科学院法学研究所、北京大学、清华大学、中国人民大学、浙江大学、厦门大学、中山大学、南京大学、武汉大学、吉林大学、山东大学、四川大学、苏州大学、烟台大学、上海大学、中国政法大学、西南政法大学、中南财经政法大学、华东政法学院、西北政法学院、国家行政学院、国家法官学院、国家检察官学院、中国人民公安大学、中央司法警官学院、广东商学院、山东政法管理干部学院、河南政法管理干部学院等单位的教学、科研骨干力量，组织编写了《高等政法院校法学主干课程教材》、《高等政法院校法学规划教材》等多层次、多品种的法学教材。

　　这些教材的出版均经过了严格的策划、研讨、甄选、撰稿、统稿、修订等程序，由一流的教授、专家、学术带头人担纲，严把质量关，由教学科研骨干合力共著，每一本教材都系统准确地阐述了本学科的基本原理和基本理论，做到了知识性、科学性、系统性的统一，可谓"集大家之智慧，成经典之通说"。这些教材的出版对中国法学教育的发展，起了非常重要的推动作用，受到了广大读者的欢迎和法学界、法律界的高度评价。

　　教材是一定时期学术发展和教学、科研成果的系统反映，所以，随着科研的不断进步，教学实践的不断发展，必然导致教科书的不断修订。国际上许多经典的教科书，都是隔几年修订一次，一版、五版、二十版，使其与时俱进，不断成熟，日臻完善，成为经典，广为流传，这已成为教科书编写的一种规律。

　　《高等政法院校规划教材》出版至今已有十余年的时间，本套系列教材已修订多次，其中不少种教材多次荣获国家教育部、国家司法部等有关部门的各类优秀教材奖。由于其历史长久，积淀雄厚，已经形成自己独具特色的科学、系统、稳定的教材体系，在法学教育中，既保持了学术发展的连续性、传承性，又及时吸纳新的科研成果，推动了学科的发展与普及。它已成为国内目前最有影响力的一套法学本科教材。

进入 21 世纪，依法治国，建设社会主义法治国家是我国的基本方略。为了更好地适应新世纪法学教育的发展，为了迎接新时代的挑战，尤其是我国加入 WTO 带来的各种新的法律问题，我们结合近年来法制建设的新发展，吸收国内外法学研究和法学教育的新成果、新经验，对这套教材再次进行了全面修订。我们相信重修之规划教材定能对广大师生提供更有效的帮助。

司法部法学教材编辑部

# 第五版修订说明

为确保教材应有的新颖性和时效性，随着我国公司法的修订，《公司法学》曾先后做过多次修订。2013 年 12 月 28 日，第十二届全国人民代表大会第六次会议修正通过了《中华人民共和国公司法》，并决定修正后的《中华人民共和国公司法》于 2014 年 3 月 1 日起施行。2014 年 2 月 17 日，最高人民法院同时对《关于适用〈中华人民共和国公司法〉若干问题的规定（一）》、《关于适用〈中华人民共和国公司法〉若干问题的规定（二）》、《关于适用〈中华人民共和国公司法〉若干问题的规定（三）》进行了修正，并于 2014 年 2 月 20 日发布。为适应新时期我国政法高等院校对公司法教学的需要，2015 年本书作者对《公司法学》再次予以修订。

此后，2018 年 10 月 26 日第十三届全国人民代表大会常务委员会第六次会议又通过了第四次修正《公司法》的决定。最高人民法院又于 2016 年 12 月出台了《关于适用〈中华人民共和国公司法〉若干问题的规定（四）》（书中简称《公司法司法解释四》）、2019 年 4 月出台了《关于适用〈中华人民共和国公司法〉若干问题的规定（五）》（书中简称《公司法司法解释五》），2019 年 9 月最高人民法院审判委员会民事行政专业委员会又原则通过了《全国法院民商事审判工作会议纪要》（书中简称《九民会议纪要》）。《公司法司法解释四》和《公司法司法解释五》对公司法实施中的若干疑难问题进行了具有法律效力的解释，而《九民会议纪要》虽然不是司法解释，不能作为裁判依据进行援引，但是对于统一裁判思路，规范法官自由裁量权，增强民商事审判的公开性、透明度以及可预期性，提高司法公信力具有重要意义。与此同时，公司法理论研究亦日趋深入，内容也更加丰富。这些新的司法解释与理论研究的最新成果，都需要在教材中有所反应，以适应公司法教学的最新要求。为此，中国政法大学出版社又建议本书作者对《公司法学》进行新的修订。

尽管本次修订后的《公司法学》第五版力求准确地解读公司法及最新出台的公司法司法解释和有关规定，全面反映公司法理论研究与公司法司法实务的最新成果，但因作者水平所限，书中疏漏与不当之处仍然在所难免，真诚地期待着读者们批评与指正。需要特别指出的是：本书本次再版的责任编辑以高度负责的敬业精神，为本书的修订和再版付出了辛勤的努力，本书作者谨向李闯编辑致以崇高的敬意和衷心的谢意！

本书由石少侠教授主编，具体的编写分工为（以撰写章节先后为序）：

石少侠：第一章、第二章、第四章第一节、第五章、第七章、第八章第六节；

冯　果：第三章、第四章第二节、第八章第一节至第五节、第九章；

赵新华：第六章、第十二章；

林秀芹：第十章、第十一章。

本次修订按编写分工由各章作者完成，全书由石少侠统稿、定稿。

作　者
2020 年 9 月于北京

**目 录**

# 第一章　公司与公司法概述

■ 学习目的和要求

　　通过本章学习，应准确掌握公司的概念与特征，公司的沿革与作用，公司法的调整对象、特征与地位，公司与其他企业类型的区别，以及公司法在法律体系中的定位。

## 第一节　公司的概念与特征

### 一、公司的概念

公司法是规范公司的组织与活动的法律，由此决定了揭示公司的概念与特征乃是公司法立法与公司法理论研究的逻辑起点。

公司是世界性的经济组织形式，因此要认识公司的概念，离不开对各国公司法的比较分析。由于法律文化及公司法制度的差异，各国对公司概念的表述也不尽一致。

在英美法系国家，公司是指数人出于共同目的而进行的组合，常常是为了营利而经营业务。对于合伙难以胜任的联合，一般采用这种组织形式。[1] 由此可见，英美法系国家在学理上强调公司是有别于合伙的人的组合，确认公司的本质属性有二，即法人与有限责任。

在大陆法系国家，公司是指依法定程序设立的以营利为目的的社团法人。它揭示公司具有以下特征：①公司是社团法人。在大陆法系国家，以公法与私法理论作为划分的基础，将法人分为公法人和私法人。前者是指依公法而组织起来的法人，它担负的是国家管理的职能，如各类国家机关；后者是指依私法而组织起来的法人，它追求的是私人的目的，而不是管理社会和制衡社会，如各种企业。私法人又分为社团法人和财团法人。社团法人是社员的结合，又称人的结合；财

---

[1]　[英]戴维·M. 沃克：《牛津法律大辞典》，邓正来等译，光明日报出版社1988年版，第188页。

团法人以财产捐助为其成立的基础，又称财产的组合。公司是由股东或社员共同出资组成的，在法人分类中首先被定位为社团法人。②公司是以营利为目的的社团法人。大陆法系国家根据设立社团法人目的的不同，进而将社团法人分为公益社团法人和营利社团法人。前者以公益为目的，后者以营利为目的。公司设立与经营的唯一目的在于获取利润，所以公司是营利社团法人。公司的这一特征，既区别于不以营利为目的的公益社团法人，又区别于以行政管理为目的的公法人。③公司是依法成立的社团法人。依法成立是指依《商法》或《公司法》的规定进行组织和登记。只有依法组织并履行了登记手续，公司才能取得法人资格。

我国《民法典》总则编把法人分为营利法人、非营利法人和特别法人。以取得利润并分配给股东等出资人为目的成立的法人，为营利法人。营利法人包括有限责任公司、股份有限公司和其他企业法人等。为公益目的或者其他非营利目的成立，不向出资人、设立人或者会员分配所取得利润的法人，为非营利法人。非营利法人包括事业单位、社会团体、基金会、社会服务机构等。依据我国《民法典》和《公司法》的规定，在我国，公司是指在中国境内由股东出资依法设立的，以取得利润并分配给股东等出资人为目的成立的营利法人。

## 二、公司的特征

### （一）营利性

公司是以营利为目的的经营组织，因此营利性是公司的本质特征之一。公司的营利性特征有两层含义：①设立公司的目的在于获取利润。任何投资者出资设立公司，就其目的而言，都是为了获取利润。尽管以营利为目的的设立，而以经营亏损乃至破产告终的公司不在少数，但公司并不因之而丧失设立目的上的营利性特征。由于我国在计划经济体制时期对公司的营利性特征讳莫如深，致使长期以来在学理上对公司的界定模糊不清，在实践中谈利色变，这是极不正常的现象。实行社会主义市场经济体制后，公司法实质上已经肯定了公司的营利目的。②公司应连续地从事同一性质的经营活动。公司作为以营利为目的的经济组织，必须是连续不断地进行经营活动，且其从事的经营活动须有固定的内容，即有确定的经营范围。这是公司与那些偶尔从事营利性行为的临时性合伙的根本区别。

公司的营利性特征既使它区别于以行政管理为目的的国家机关，又使它有别于不以营利为目的的公益社团法人。强调公司的营利性特征，一方面是为了突出公司的经济属性，另一方面则是为了否定那些作为行政机关附属物的行政性公司。

### （二）社团性

社团性亦称联合性，是指公司作为社团法人应为人的结合，其股东和股权具有多元性。公司应否具有社团性特征，是我国学术界认识分歧较大的问题之一。有些学者认为，随着一人公司的地位逐渐为许多国家的法律所承认，公司已逐渐失去其社团性特征。[1] 因而，在一些公司法的著述中否认公司的社团性特征。有些学者则认为，无论从公司的本质看，还是从各国公司法的规定看，公司都主要是一种社团或联合体，这是公司与独资企业的根本区别。忽视了公司的社团性或联合性特征，就极易把公司与独资企业混同，从而也就失去了公司作为企业特殊组织形态存在的必要。[2] 持此观点的学者认为，我国2005年修订的《公司法》虽然承认了一人公司，但一人公司只不过是公司的特殊组织形态，并不否认主要以社团性为常态的公司特征。

（三）法人性

世界各国的公司法都赋予公司，特别是有限责任公司和股份有限公司以法人地位，因此，公司乃是法人的典型形态，法人性是公司的重要特征。

公司作为法人必须具备以下条件：①必须依法设立。在我国，公司要取得公司法上的法人资格，不仅必须具备《民法典》规定的法人条件，而且必须按照《公司法》规定的条件和程序设立。否则，就不是公司法上的公司。②必须有独立的财产。公司的财产源于股东的投资，股东的投资形成了公司的法人财产权。从法律上看，股东与公司具有独立的人格，股东未投入公司的财产与公司的财产是泾渭分明的。公司对于其全部财产享有法人所有权，股东个人无权直接处分公司的财产。③能够独立地承担民事责任。公司应以其全部财产对外承担民事责任，这是公司法人独立性的集中表现。公司的全部财产不仅包括由股东出资形成的公司的全部资本，而且还包括资本在运营的过程中所形成的增值。公司财产责任的独立性还表现在股东不对公司的债务直接承担责任，股东仅以其出资额或所持股份为限对公司承担责任。股东对公司债务承担有限责任是各国公认的公司法原则。在坚持这一原则的前提下，许多国家的公司法也不排除在某些特殊情况下，可以适用"公司人格否认原则"或"直索责任制度"，揭开公司的面纱，由股东对公司的债务直接承担责任，并以此作为股东有限责任的例外与补充。[3]

法人性特征是公司区别于合伙企业的主要特征。众所周知，具有营利性和社团性特征的企业并不仅仅是公司，合伙企业也具有营利性和社团性的特点，但合伙企业并不是法人。这主要是因为：首先，合伙企业没有独立的财产，其财产属

---

〔1〕 江平主编：《新编公司法教程》，法律出版社1994年版，第24页。
〔2〕 石少侠：《公司法》，吉林人民出版社1996年版，第6页。
〔3〕 参见本书第四章第一节之二。

于合伙人共有；而公司则不同，它拥有独立的财产，其财产属公司所有，而不是股东共有。其次，合伙企业中的每个合伙人都对合伙企业的债务负无限连带责任；而公司在财产责任上与合伙企业不同，除无限公司和两合公司中的无限责任股东的财产责任类似于合伙外，其他公司的股东对公司的债务仅负有限责任。正是基于以上区别，世界上大多数国家都不承认合伙企业具有法人资格。

总之，一个规范的、常态的、法律意义上的公司，原则上应同时具备以上三个特征。欠缺其中任何一个特征，除非为公司法所认可，它都不可能成为真正法律意义上的公司。反之，具备以上三个特征，尽管该企业未以公司命名，它也是真正法律意义上的公司，应受公司法的规制和调整。

## 第二节　公司的沿革与作用

### 一、公司的沿革

#### （一）西方国家公司的产生与发展

企业组织形式的发展、变化与生产力的发展紧密相联。与资本主义生产方式经历了从简单协作到工场手工业，再到机器大工业的变化过程相适应，占社会主导地位的企业组织形式也经历了从独资企业到合伙企业，再到公司这样一个发展演变的过程。

一般认为，公司起源于中世纪的欧洲。但据经济史专家研究，公司的萌芽甚至可以追溯到更加久远的年代。据文献记载，早在罗马帝国时期，就存在着公司或类似于公司的组织。在罗马，第一个类似于公司的组织以股份有限公司的形式出现，其向公众出售股票，以便履行为支持战争而签订的政府合同。这种股份有限公司设立的目的，只是为了履行政府合同，不得从事其他任何活动，因此当时还不可能存在大规模的组织。[1] 那时的船夫行会，也被有的经济史专家看作是类似于公司的组织。"现在我们还可看到有些流传下来的关于第三和第四世纪船夫行会的重要文献；当时这些团体在帝国的大部分沿海城市中都可找到。它们主要被雇佣于运入粮食，它们的经营和资本雄厚的商社相勾结着，而那些被禁止经商的罗马元老往往是这些公司的匿名股东。"[2] 此外，古罗马的包税人的股份委托公司，也被经济史专家视为股份经济的萌芽。

---

〔1〕〔美〕丹尼尔·A. 雷恩：《管理思想的演变》，孙耀君等译，中国社会科学出版社 1986 年版，第 21 页。

〔2〕〔美〕汤普逊：《中世纪经济社会史》（上册），耿淡如译，商务印书馆 1961 年版，第 2 页。

在法学界，通常都认为，现代意义的公司起源于中世纪意大利沿海都市的船舶共有制与康孟达（Commonda）契约。船舶共有制的产生主要基于两种事实：或由于子孙继承父祖的遗产而共同经营，或由于数人依据特别的契约而共同创立。由于船舶共有制适应了海运业所需求的资本集中与风险分担的特点，故被广泛采用，久而久之，便逐渐形成了一种企业形态，被视为股份公司的雏形。康孟达契约是指资本所有者以其商品或资本委托航海者（船舶所有者、商人或他人）代为买卖，受托者以自己的名义从事贸易活动，所获之盈利，依契约分配。此种营业方式最初在海上贸易中实行，后来在陆上贸易中也逐渐被广泛采用，并衍生为两种形式：①出资人与事业经营人对外共具名义，出资人只对预付或委托的资本负有限责任，事业经营人则对营业负无限责任，这是两合公司的雏形；②出资人对外不具名义，只以事业经营人的名义对外营业，这是隐名合伙的雏形。上述两种企业形态，被学者们统称为权宜合伙。

在船舶共有制和康孟达契约产生的同时，地中海沿岸各都市的商人在社会经济活动中的地位亦日趋稳固，其营业代代相传，绵延不息。当商业主人死亡时，营业如被一人继承，该企业便为独资企业；如被数人继承，企业就构成了家族经营团体。此种家族性的商业组织，最初其成员仅限于亲族之间，后渐及于亲族之外，并由德国和意大利推广于整个欧洲。家族经营团体就是今天无限公司的原始形态。

综上可见，公司的起源和发展是与贸易的兴旺和分散风险的要求紧密相联的。中世纪地中海沿岸城市商业的复兴和贸易的发达，为公司组织的诞生和发展提供了良好的社会经济条件。

随着资本主义的发展，公司作为一种企业组织形式也有了长足的进步，并逐步地走向成熟。特别是股份有限公司的出现，在公司制度的发展史中，具有划时代的意义。

1600 年，东印度公司经英国女王特许成立，定名为"伦敦商人对印度贸易公司"。特许状中规定，只准东印度公司与印度进行贸易，严禁其他公司与印度直接或间接地进行贸易，违者罚款[1]。于是，东印度公司便取得了掠夺印度和垄断远东贸易的特权。从 1601 年到 1617 年，东印度公司从英国到印度一共进行了 12 次贸易航行，每次贸易航行都获得了高额的利润，把印度变成了英国原始积累的重要源泉。尽管东印度公司作为最早成立的股份有限公司，是为殖民扩张的需要服务的，在对殖民地国家的掠夺中留下了臭名昭著的历史，但就其组织形

---

〔1〕　刘淑兰：《英国产业革命史》，吉林人民出版社 1982 年版，第 32 页。

式而言，毕竟是开了先河，为现代股份公司的发展奠定了基础。应当指出的是，当时的东印度公司还不是现代意义的股份公司，最初它只是一种临时性的组织。其在 1601 年 2 月按合股原则组织了远征队，资本为 68 373 英镑，参加的商人有 100 人。到 1617 年，入股者已达 954 人，股本达 1 620 040 英镑。[1] 在东印度公司最初的 12 次印度航行中，"只有船舶是共有的，贸易资本还是各个人的，仿佛是以一种组合公司的形式在进行贸易。在 1612 年，各个人的资本才合并为共同资本"。[2] 直到 1657 年，英国才出现了较为稳定的公司组织，传统的、近代的股份公司才逐步地过渡为现代意义的股份公司，公司组织才有了质的飞跃。

公司制度虽然是伴随着资本主义生产方式的出现应运而生的，但它在自由资本主义时期的发展却是缓慢的。究其原因，主要在于股份有限公司的原则与自由资本主义时期所奉行的"个人本位"原则不尽一致。加之法人制度尚不健全，公司的发展难以摆脱种种羁绊。

19 世纪末 20 世纪初，资本主义的生产力以前所未有的速度发展着。生产力的发展、资本的集中、使自由资本主义阶段过渡到垄断资本主义阶段，公司这种企业组织形式也得到了空前规模的发展。资本主义的垄断具体是通过各个公司来进行和实现的。在这一历史时期，为适应竞争和垄断的需要，资本集中的趋势比以往任何时期都更加强烈，单个资本已经无法适应发展了的形势。为加快资本的集中、占据垄断地位，资本家便通过大量地发行股票、合作经营等形式集资，股份公司这种企业组织形式被广泛采用，公司终于成为一种占统治地位的企业组织形式。在这一时期，不仅出现了卡特尔、辛迪加、托拉斯、康采恩等遍布西方各国主要工业部门的垄断组织，以及跨国公司这种国际性的垄断组织，而且还出现了一种新型的公司组织形式，即股东人数有限、股东均负有限责任、出资转让有限制的有限责任公司，公司类型和公司制度已日趋完备。公司发展到今天，在现代西方国家，"大公司不再单纯地致力于起专门的经济作用，而是在批评、立法和自己负责的行政领导的推动下，成为一种多种目的的机构"。[3] 它们对环境、社会、信息、政治和道德等诸方面，都施加着强大的影响，在社会的政治、经济、文化生活中扮演着极其重要的角色。西方国家公司产生和发展的历史表明，公司是商品经济条件下社会化大生产发展的产物，是社会基本矛盾运动的必然结

---

〔1〕［苏］波梁斯基：《外国经济史（封建主义时代）》，三联书店 1964 年版，第 53 页。

〔2〕［英］亚当·斯密：《国民财富的性质和原因的研究》（下卷），郭大力等译，商务印书馆 1974 年版，第 307～308 页。

〔3〕［美］阿尔文·托夫勒：《第三次浪潮》，黄明坚译，中信出版社 2006 年版，第 324 页。

果。生产的社会化要求资本相对集中，这就为公司的产生与发展提供了客观条件；而公司组织自身的优点，又为公司的发展提供了种种便利。可见公司并不是人们随心所欲地设计出来或加以取舍的企业组织形态，其产生与发展是历史的必然。

（二）我国公司的产生与发展

中国是一个有着两千多年封建历史的国家，历代封建王朝的统治者都奉行重农抑商、重本抑末的国策。因此，当一些西方国家早在17、18世纪即已步入资本主义社会时，封建生产关系的桎梏却仍然束缚着中国社会，自给自足的自然经济一直占主导地位，商品经济极不发达。尽管在明代后期，中国就出现了资本主义生产关系的萌芽，但在以农立国、重农抑商基本国策的压抑下，资本主义生产关系的发展是极其缓慢的。与自给自足的自然经济相适应，清末前的中国，基本上没有现代意义上的企业，更没有公司这种企业组织形式。

鸦片战争以后，资本主义列强打开了中国的门户，清政府的闭关政策破产，海禁大开。外国商人纷纷来中国建立各种各样的洋行，并仿照欧美以股份集资的方式，在上海发行股票，筹集资本。当时，中国人也有应募入股投资的，更有许多先行者仿照欧美之制，自行创办公司。于是，公司这种企业组织形式才逐步在中国盛行开来。由于近代中国是一个半殖民地半封建的社会，这决定了当时的公司也必然带有半殖民地半封建社会经济的种种特点，例如，外国公司的垄断性、官僚资本公司的垄断性、中国公司的对外依赖性以及公司发展的艰难性等。[1]至新中国成立时，据统计，全国共有130多万私营工商业户，除国民党政府核准登记的11 298家公司外，其余均为独资或合伙企业，公司在所有企业中所占比例不到1%，而且这1万余家公司中规模巨大者也不多。在这些公司中，数量最多的是股份有限公司，共有8101家，占公司总数的75.33%；其次是无限公司，共有1250家，占总数的11.73%；有限公司共1195家，占总数的11.12%；两合公司只有158家，占总数的1.48%；数量最少的是股份两合公司，当时只有36家，占总数的0.34%。[2]总的看来，虽然公司类型齐全，但数量较少，与当时经济落后的状况基本适应。

新中国成立后，随着对资本主义工商业改造的完成，传统的公司类型已经基本绝迹。1950年，前政务院颁布了《关于统一全国国营贸易实施办法的决定》，规定在中央人民政府贸易部的领导下，设立粮食、花纱布、百货、盐业、煤业、

---

〔1〕 黄速建：《公司论》，中国人民大学出版社1989年版，第91~108页。
〔2〕 江平主编：《新编公司法教程》，法律出版社1994年版，第47页。

土产等 6 个全国范围的国内贸易公司，奠定了我国专业公司发展的基础。在 20 世纪 50 年代末 60 年代初，国家又在一部分工业部门组建了十几个专业公司。这些专业公司是国家用行政手段组建起来的，是由在某些方面具有共性的企业组成的，它们既独立经营业务，又统一领导所属企业，是对所属企业实行集中统一领导的管理机构。由于受政企不分、条块分割的影响，尽管专业公司在历史上也起过积极的作用，但基本上是行政机构的附属物，而没有成为真正的经济组织，虽名为公司，却与传统的公司有着明显的不同。这主要是因为，专业公司基本上是为适应计划经济体制的需要而设立的，忽略了市场经济对企业组织形式的客观要求。

自党的十一届三中全会以来，在改革开放的过程中，随着中外合资、中外合作经营企业的建立，以及横向经济联合的发展，我国开始出现了传统的公司类型，如有限责任公司、股份有限公司等。特别是党的十四大确立了社会主义市场经济体制后，国有企业的股份制试点深入进行，一大批单一所有制的国有企业被改组为有限责任公司或股份有限公司。自此，我国的公司才进入了发展的黄金时代。

**二、公司的作用**

长期以来，由于"左"的思想的影响和干扰，人们对于传统公司的作用一直存在着误解乃至偏见：有的甚至认为公司是资本主义经济的产物，它只能为资本主义经济服务；有的则担心实行股份制会动摇社会主义的公有制。在党的解放思想、实事求是思想路线的指引下，随着经济体制改革的不断深入，人们逐渐认识到公司作为企业的一种组织形式，具有一定的中性，既可以为资本主义经济服务，也可以为社会主义经济服务。公司是发展社会主义商品经济的产物，是市场经济必不可少的经济组织形式。

我国的公司实践和国有企业股份制试点的经验证明，在社会主义市场经济体制下，公司不仅具有基本的社会经济功能，而且对于我国产权制度、经济体制的改革，以及促进产业结构、企业组织结构的调整，促进生产要素的合理流动等诸方面，都具有重要的积极作用。

(一) 广泛筹集资金

公司是筹集资金最为有效的企业组织形式，这已为公司自身发展的历史所证明。公司筹集资金的作用，在股份有限公司中表现得尤为明显。公司集资的方式多种多样，如向银行贷款、发行债券、发行股份等，但股份集资与企业举债筹资相比较，股份集资具有明显的优越性：

1. 股份融资成本低。企业无论向银行贷款，还是向社会发行债券，都要到期还本付息。而通过股份形式集资，公司却无须还本，因股东出资具有永久性，只要公司不解散，出资即不得撤回。特别是股票可以溢价发行，即以高出股票面值的价格发行，而在分配股息红利时，却以股票面值计算。显然，这种低成本的融资方式是其他任何融资手段都无法相比的。

2. 股份融资手段灵活。公司以股份形式集资，可根据不同情况发行不同的股票，既可以发行普通股、优先股，还可以发行可转换公司债。例如，当公司集资的项目建设周期较长时，一开始即发行股票集资可能不易，因为投资人还难以预料公司的营利情况如何，难以下决心采用风险较大的投资方式。在这种情况下，如果先发行可转换公司债，即保证到期还本付息，在公司经营状况明晰时，允许投资人将公司债转换为股份，就会对投资人产生较大的吸引力。这种灵活的融资手段，无疑大大便利了投资者的选择。此外，普通股、优先股的设立，也会产生同样的灵活融资的效应。

3. 股份融资规模大、速度快。公司发行股票，首先要公开招股章程，可将分散的社会闲散资金迅速地集聚到一起。加之股份集资的基本单位（股份）起点低、出资的股东范围广、股东分散、承担的风险亦相对较小，因此极易筹措资金，可以收到积少成多、集腋成裘之功效。正如马克思指出：“假如必须等待积累去使某些单个资本增长到能够修建铁路的程度，那么恐怕直到今天世界上还没有铁路。但是，集中通过股份公司转瞬之间就把这件事完成了。”[1] 公司融资的巨大作用，不仅为资本主义国家的公司实践所证明，也为我国的公司实践所验证。

4. 股份融资转让方便。股份以有价证券的形式出现，股票可以在股票市场上流通、转让。当公司经营亏损时，投资者可在股票市场上转让投资，另作投资选择。这对于促进生产要素的合理流动，不无益处。

（二）转换经营机制

在社会主义市场经济体制下，企业必须产权明晰、管理科学，具有自主经营、自负盈亏、自我约束、自我发展的能力，而公司内部的组织运作机制为国有企业实现这种经营机制的转变，提供了各种有利的先天条件。

1. 国有企业实行公司化改造，有利于界定产权。国有企业要改组为公司，首先要进行产权界定，对国有资产进行产权登记，搞清企业财产所有权的归属。同时，还要对业经界定的资产进行评估，以准确计算国有资产的价值量。国有资产管理部门是国有股权的政府专职管理机构，依法履行对国有股权的管理职能。

---

[1]《马克思恩格斯全集》（第23卷），人民出版社1972年版，第688页。

国有资产管理部门可以通过委托代理制度，逐级委托政府有关部门及控股公司、投资公司、企业集团的母公司、经济实体性总公司等行使国家股权和依法定程序委派股权代表和代理人，从而使产权关系进一步明晰化。

2. 国有企业实行公司化改造，有利于股权与所有权的分离，有利于政企分开。公司，特别是股份有限公司，是股权与所有权相分离的典型形式。股东因向公司投资，使其对投资财产的所有权转化为股权，再不能直接地占有和处分已投入到公司中的财产，而只能凭借股权的行使来影响公司的经营决策。与此同时，公司则享有法人财产所有权，成为真正意义上的企业法人。这就有效地实现了股权与所有权的分离，使企业不再是政府的附属物，从而实现政企分开。

3. 国有企业实行公司化改造，有利于改善企业管理。公司有其独特的内部组织管理机构，形成了相互制约的内部管理机制。具体表现为：①所有权与管理权分离。股东会作为公司的最高权力机构，选举产生董事会，由董事会行使公司生产经营的决策权。公司还要设监事会或监事，依法行使对董事会及公司经理的监督权。②决策权与执行权分离。董事会是公司的最高决策机构，负责对公司的生产规模、投资安排、资金筹集、计划目标及重要职员的任免等重大事项作出决策，由负责公司日常行政管理职能的机构（如总经理、经理等）具体执行。这就使宏观决策职能与具体执行职能发生了分离，使企业管理成为一项专门的科学，有利于优秀管理人才脱颖而出，为企业的科学管理注入人才动力。

（三）便于集中和控制

公司不仅便于资本的集中，也便于生产的集中。公司的形成，特别是股份有限公司的形成，标志着生产和资本集中的规模扩大，也体现着公司集中与控制生产和资本的重要组织功能。公司的集中和控制作用主要表现为：

1. 公司有利于发展专业化协作，扩大生产规模。专业化协作是现代社会化大生产的要求。在当代社会，随着科学技术的发展，社会分工已越来越细，单个企业已难以完成产品生产的全过程，而只能完成产品生产中的某个阶段或某个部分，这就要求广泛地进行专业化协作，使产品的生产过程成为社会化的大生产。公司作为商品经济条件下社会化大生产的产物，不仅可以筹集到专业化生产所需的资本，还可以通过参股、控股和并购等方式，把分散小企业组合成一个大公司或企业集团，从而扩大企业的生产规模，实现规模经济。

2. 公司有利于行业管理，实现国家引导企业经济活动的目标。一般说来，公司并不具有行业管理的职能，但它作为行业中的骨干企业，可以构成行业管理的客观基础或中间环节。公司（特别是大公司）往往拥有较为先进的技术和设备，以及较为雄厚的资金实力，是行业中的骨干企业。如果国家通过一定的政策，对公司的经济活动给予正确的引导，就可以通过公司实现对全行业各企业经济活动的间接引导和调控，从而达到国家预计的引导社会经济活动的总目标。

总之，公司具有较全面的经济功能、组织功能与社会功能，其作用并不局限于以上所列举的三个方面。但就我国推行公司制度和国有企业实行公司化改组的目的而言，借用公司形式转换企业的经营机制是最重要的。公司的这一作用，在我国的公司实践中已得到了明显的体现。它既有利于政企分开，又有利于实现两权分离，因此，以公司形式改造国有企业，的确是一项明智的经济体制改革的路径选择。

应当指出的是，公司的积极作用并不是自发地体现出来的，它需要相应的社会环境、法律环境、经济条件和文化氛围。以法律环境为例，当公司缺少法律规制时，无规则运作的公司带给社会的是混乱。只有健全和完善了公司法制，确保公司规范运作，公司的积极作用才能得到充分的发挥。

在肯定公司积极作用的同时，还必须清醒地认识到它可能出现的消极影响，如集资的盲目性、集中的垄断性等。对集资必须要加强管理，不能形成盲目的集资热，更不允许以集资为名，行坑骗投资者之实，要谨防盲目集资形成的基建规模的盲目扩大。对垄断必须要坚决予以反对，努力为企业创造一个公平竞争的社会环境。抑制公司的消极影响，最根本的是要完善法制、践行法治，同时辅之以必要的依法行政。只有这样，才能扬长避短、兴利除弊，使公司在社会主义市场经济活动中发挥积极的作用。

## 第三节　公司法的概念与性质

### 一、公司法的概念及其调整对象

公司法是调整公司在设立、组织、活动和解散的过程中所发生的全部组织关系和部分财产关系的法律规范的总称。一言以蔽之，广义的公司法既包括公司法典，也包括在《民法典》和其他民商事法律、法规中有关公司的规范，以及最高人民法院为贯彻实施公司法所作出的具有法律效力的司法解释。

基于公司法的定义及公司法的内容，可以看到公司法的调整对象主要是：

（一）公司的全部组织关系

公司法主要是规定公司的组织及其地位的法，因而公司法是侧重调整公司组织关系的法。公司法所调整的公司组织关系表现在以下四个方面：

1. 发起人相互间或股东相互间的关系。这种关系发生于公司设立、变更和解散的全过程，包括制定章程及变更章程中发起人或股东的相互关系、公司在设立和解散程序中发起人或股东的相互关系等。就这种关系的内容而言，既有股东相互间的财产关系，也有股东相互间的人身关系。但无论是财产关系抑或是人身关系，都是在公司组织过程中发生的，因而归根结底都是有财产或人身因素的组织关系。

2. 股东与公司相互间的关系。在公司成立后，股东与公司虽在法律上互为独立人格，对于实行有限责任制的公司的债务，股东仅就其出资额负责，但因股东基于投资对公司享有股权，股东与公司仍有着十分密切的联系。股东要行使股权，就必然在股东与公司间产生以自益权为内容的财产关系，以及以共益权为内容的管理关系。这些关系都要由公司法予以调整，是公司法的重要规范对象之一。

3. 公司内部组织机构相互间的关系。公司的常设组织机构一般有股东会、董事会、监事会和经理。这些组织机构是驱使公司运营的齿轮或纽带，在公司运作的过程中，它们相互间必然产生种种关系。为保证公司组织活动的有序进行，形成高效的相互监督、相互制约的自我约束机制，公司法就必须以相应的条款规定公司内部各类组织机构的地位及权利义务，从而使公司内部组织机构相互间的关系置于公司法的调整范围，形成科学有序的公司治理结构。

4. 公司与国家经济行政机关之间所发生的关系。公司在设立、变更和解散等活动中，与国家经济行政机关之间不可避免地要发生种种具体的行政关系，包括公司与经济主管机关的审批和业务指导关系，以及公司与国家市场监管机关之间发生的注册登记关系等。这些行政关系从广义上说也是一种组织关系，亦为公司法的重要内容。

（二）公司的部分财产关系

公司的经营活动是丰富多彩、纷繁复杂的，公司在经营活动中所发生的经济关系也是多种多样的。各国公司法虽对公司经营活动的调整范围规定宽狭不一，但所有的公司法都不调整公司的全部经营活动，一般只调整那些与公司组织关系有密切联系的财产关系。至于那些与公司组织关系无关的公司经营活动，如买卖合同关系等，则不由公司法调整。

与公司组织关系有联系的经营活动，主要是股票的发行与交易，债券的发行与转让，资本的增加与减少，以及出资的确认与转让等。即使对公司的此类活动，各国公司法的调整范围也不尽一致，例如，英国、法国和德国的公司法对这些经营活动的规定就较为全面，而美国公司法则对股票的发行、交易等较少涉及，由其他法律予以规定。我国公司法虽对股票的发行作出了规定，但对股票交易问题则基本上不涉及，而由证券法来加以调整。

综上可见，公司法对公司关系的调整侧重于组织关系、内部关系，而对于公司财产关系、外部关系的调整则是次要的、辅助的。因此可以说，公司法基本上是组织法或主体法。

**二、公司法的性质与特征**

（一）公司法的性质

1. 公司法是组织法。凡规范主体活动的法，大都可依其内容之不同分为两种：一是侧重于规范经济活动（行为）的主体，二是侧重于规范主体的经济活动（行为）。规范前者的法，谓之组织法；规范后者的法，称为行为法。公司法虽既规范主体亦规范主体的活动，但就其性质与成分论，则以规范主体为主，故公司法实为组织法或团体法。公司法作为组织法，与调整自然人关系的法律，无论在调整的原理上还是在内容和方法上，均有所区别。例如，公司与其代表机关之间的关系、股东平等原则、资本多数决原则、法律关系的划一与确定等。正因如此，有的法学家认为，公司法与国家组织法有类似的性质，只是其规范的主体是以营利为目的的私法人，与国家组织法上的公法人不同。

2. 公司法是公法化了的私法。按照公法与私法划分的理论，民商法，包括公司法都属于私法。但由于"19世纪以个人为本位的国家已为20世纪以社会为本位的国家所代替。国家政府权力的扩大，促成私权自治范围的缩小"。[1] 公司法已被越来越多的法学家作为私法"社会化""公共化""公法化"的例证。事实也的确如此，许多在传统公司法中被视为私权的领域，已随着国家政府权力的扩大而逐步缩小；对公众利益的保护被不断强化，公共利益被提升到优先地位；公司法中强行之规定、严格之规制等，无不证明私法和私权的内容已经发生了实质性的变化。也正是基于这些变化，在有的国家，有些学者把商法看作是经济法，进而认为经济法是介于公法与私法之间的一个新的法律部门。我们认为，关于公法与私法划分的理论，即使在今天，也有其一定的理论意义和实用价值。从本质上说，公司法亦应归类于私法。但是，由于国家对经济组织及其活动的干预越来越多，今天的公司法已不再是18、19世纪的公司法，它已逐渐被公法化，是最典型的公法化了的私法。

3. 公司法是国家管理公司的行为规范。同任何法律一样，公司法是由国家制定或认可的，反映统治阶级意志，并以国家的强制力保证实施的行为规范。其核心是通过公司法来实现国家对公司的管理。公司法不仅是国家行政机关对公司进行管理的法律依据，而且是国家司法机关审理公司案件的法律准绳，更是公司

---

〔1〕 ［美］约翰·亨利·梅利曼：《大陆法系》，顾培东、禄正平译，知识出版社1984年版，第112页。

规范自身活动的行为准则。任何国家机关都必须按照公司法的规定来评价公司组织与活动的效力，而不能另立标准。由此可见，公司法既规范和制约公司自身的活动，还制约着国家机关对公司的管理行为，以及国家司法机关对公司主体行为效力的评价，具有全社会一体遵行的效力。应当看到的是，在市场经济体制下，不仅要强化国家法律对公司的规制，更要注意发挥公司自身的团体自治作用，公司自治在历次修订的公司法中都得到了明显的体现。

从各国公司法的内容看，无一例外都规定了国家认可的公司类型、各类公司应当具备的条件、公司设立的程序、股东的权利与义务以及公司内部组织机构的权利与义务等，通过对公司法律地位的确认，特别是通过对公司和股东财产责任的确认，来规范公司的内部和外部活动，从而达到维护股东、公司和债权人的合法权益，维护社会经济秩序和保证交易安全的目的。公司法集中体现了国家对公司组织与活动的干预，力图通过对公司组建活动的规范，尽可能地减少或避免不适格主体的出现，以防止对安全交易和公平交易的危害。从这个意义上说，公司法无疑是保障社会经济秩序稳定的一个强有力的"安全阀"。

### （二）公司法的特征

公司法在内容、体例诸方面，都有着与其他法律不同的特点，这些特点主要表现在以下四个方面：

1. 从公司法的内容上看，公司法是一种组织法与活动法相结合的法律。公司法以调整公司的组织关系为其主要内容，同时也调整部分与公司组织关系密切联系的内部活动关系。就这两部分内容的比重而言，可以说组织法是第一位的，活动法是第二位的。

2. 从公司法的体例上看，公司法是一种实体法与程序法相结合的法律。公司法侧重于对股东及公司内部机构权利义务的规定，以及股东与公司财产责任的划分，因此公司法无疑主要是实体法。在侧重实体性规定的同时，公司法还对取得实体权利所必须履行的程序作出了规定，如对股东诉讼特别是股东派生诉讼程序的规定，因而又具有程序法的因素。公司法将实体法与程序法有机结合在一起，便利了法的实施和操作。

3. 从公司法的规范性质上看，公司法是一种强制性规范与任意性规范相结合的法律。公司法作为商法的重要组成部分，虽然与民法一起形成了私法的二元结构，但同时它又有着区别于民法的显著特征，这就是商法的公法性。商法不仅因此而相对独立于民法，且此特质早已在民商法学者中形成共识，并被精辟地概括为"商事法是一切法律中之最属方式自由的，而同时又是最为方式严格的法律"[1] 由于商法中的公司法乃是规范商业交易的基础法律，重在追求交易安全、公司组织是否健全，直接或间接与第三人发生利害关系，关系到社会公众的利益，故凡是涉及交易安全的都应以强制性规范来加以规定；反之，凡是涉及公司内部经营管理活动的，则应以任意性规范来加以规定，给公司必要的自治空间。总之，在公司法中随处可见强制性规范与任意性规范之对峙，这并非商法之异化，而恰恰是"商法二元性"之表现。完善公司立法应当处理好强制性规范与任意性规范的关系，应当以强制性规范加以约束的，就必须赋予其必要的刚性；应当以任意性规范作出规定的，就必须赋予其必要的弹性。只有这样，才能使两种规范有机协调、灵活运用而并行不悖。

4. 从公司法所确认的各种规则看，公司法是具有一定国际性的国内法。尽管各国的政治经济情况千差万别，公司法在本质上亦属于国内法，但由于经济活动对主体具有共性的、规律性的普遍要求，加之国际商业交往的客观需要，各国公司法在保留其个性特色的同时，还必须概括出公司共同的组织原则和活动准则。因而，公司法就必然具有一定的国际性。公司法的这一特点，决定了各国在制定本国的公司法时，必须注意借鉴和吸收各国通行的公司规则，以利于国际经济交往。

## 第四节 公司法的归属与地位

### 一、公司法的归属

公司法的归属，亦即公司法的表现形式、立法模式及其在法律体系中的归类。由于法系不同及立法体例的差异，公司法的表现形式、立法模式及其归属也不尽一致。从世界范围看，公司法的表现形式及其归属主要有以下几种：

（一）公司法是商法典的组成部分

在大陆法系实行民商分立制的国家，都制定有与民法典并立的商法典，公司法是商法典的一部分。在这些国家，公司法在商法典中的地位又有所不同。有的把公司法作为商行为编的一部分，采取此种立法技术处理的主要是法国商法法系；有的则把公司法作为商法典中独立的一编，采取此种立法例的主要是德国商法法系。应当指出的是，实行民商分立制国家的商法典，并没有规定现代公司的全部形式，大都在商法典之外另行制定有限责任公司法，这是因为有限责任公司形式出现较晚，产生于 19 世纪末 20 世纪初，而这些国家的商法典颁布在先，自

---

[1] 转引自张国键：《商事法论》，三民书局 1980 年版，第 24 页。

然在商法典中无从反映。自 20 世纪中叶以来，有些国家对股份有限公司或其他公司类型也制定了单行法，如德国于 1965 年 9 月 6 日公布了《股份法》。有的学者认为这是公司法从商法典中的脱离，其实不然。在这些国家，商法典中的公司法仍是行之有效的，单行法只不过是对商法典中有关公司的原则性规定的具体化和修改补充，这在德国股份法的施行法第三章关于法律的废止和修改的规定中，可以得到证明。然而，单行公司法的出台，在法律适用上却引起了较大的变化，按照通行的特别法优先于普通法的原则，在单行法有规定时，则不再适用商法典中的有关规定；反之，只有在单行法无规定时，商法典中的规定才被适用。无疑，这也在一定程度上淡化了法典意识，削弱了商法典的权威性。之所以如此，是因为这些国家商法典的制定距今已年代久远，而公司组织、运营和治理的发展变化却日新月异，面对公司日益发展的现实，仅靠对商法典的修修补补已无济于事，因而在商法典之外另行制定单行法，在一定程度上已成为实行民商分立制国家商事立法的发展趋势。

（二）公司法是民法典的组成部分

在没有商法典、实行民商合一制的个别国家，公司法是民法典的一部分。采取此种立法例的国家为数甚少，最典型的是瑞士。瑞士有关公司的立法规定，就被编纂在债务法中。此外，原苏俄民法典也曾包括过公司立法，但这只是在新经济政策时期立法上作出的特殊处理。随着传统公司形式的不复存在，其民法已无此内容。

（三）公司法是单行法

绝大多数实行所谓民商合一制的大陆法系国家和英美法系国家，其公司法大都采取单行法形式。在实行民商合一制的国家，有的把单行的公司法视为民法的特别法；有的则把单行的公司法看作是商法的组成部分，因其并无独立的商法典，实际上纯属一种学理上或观念上的体系构筑。在英美法系国家，有的虽有商法典，但其内容却与大陆法系国家的商法典大相径庭。例如，美国的《统一商法典》基本上是一部以买卖制度为核心的法典，其中并无有关公司的内容。

对于我国的公司立法体例，学理上曾有过较大的争议。有的主张制定商法典，将公司法包容其中；更多的人则主张制定单行法，使之成为一部独立的商事法律。我国公司法的颁布与实施，已对上述学理上的争议作出了结论，我国的公司立法采用的是单行法的立法体例。尽管我国《民法典》采用了所谓"民商合一"的立法体例，但我们认为在学理上以及在法律体系的分类中，公司法仍应为商法的重要组成部分。

### 二、公司法的地位

对于公司法在整个法律体系中的地位问题，人们有着不同的认识。有的主张其应为商法的组成部分；有的认为应将其看作是民法的特别法，应归属于民法；还有的认为其应归属于经济法，是经济法中企业法的一部分。我们认为，尽管我国没有商法典，有无必要制定统一的商法典还需要进行深入的研讨和论证，但作为独立法学学科之一的商法学却早已建立。从学科体系建设出发，将公司法及票据法、海商法、保险法、证券法、破产法等归类于商法学，不仅是合理的，而且也是十分必要的。这既有利于在商法学原理的指导下，深化对各个单行商事法律的认识，也有利于尽快结束对各个单行商事法律孤立、分散地进行研究的局面，促进商法学理论与商事法制建设的勃兴和繁荣。

无论在学理上对公司法的地位如何认识，就单行公司法与其他法律部门的关系而言，两者有着十分密切的联系。在单行公司法中包容着多种法律关系，它既涉及民法、行政法、经济法，也涉及税法、企业法、反垄断法和劳动法，甚至与国际私法和国际经济法也密不可分。这里仅就公司法与民法、经济法、刑法的关系，简要阐述如下：

（一）公司法与民法

民法作为调整平等主体之间的财产关系和人身关系的基本法，它所确立的一些基本制度和基本准则，对于调整股东间的关系及股东与公司间的关系，同样是适用的。例如，民法中的法人制度对于确认公司的法律地位具有重要的作用；民法中的物权理论对于认识公司法人财产权和股东权的性质，具有重要的指导意义；民法中的代理制度和委任制度，适用于对公司经理和董事法律地位的确定；民法中的合伙制度，对于确认无限公司的股东地位与责任具有借鉴意义，甚至可以直接适用；民法的侵权赔偿制度，可以用来确定董事、经理给公司造成损失时应负的责任。这一切都充分证明，公司法离不开民法。反之，民法也离不开公司法：民法中的法人制度直接源于公司制度；公司制度的完善，本身也是民法主体制度的完善；公司股权制度的形成，也是民法物权理论与实践的发展。民法和公司法相辅相成、相得益彰。我国《民法典》的制定和实施，进一步表明了公司法是民法的特别法，但这并不否定公司法在学理上也是商法的重要组成部分。

（二）公司法与经济法

尽管迄今为止，人们对经济法概念的认识仍有一些分歧，但对于"没有国家对经济的干预就没有经济法，经济法实质是国家管理经济之法"等观点，学者们已趋于共识。由此而论，公司法作为国家管理公司之法，最鲜明地体现出经济法的国家干预性特征。从性质上说，公司法与经济法的联系至为密切，甚至从学理研究的角度直接将公司法视为经济法的组成部分，也不是没有道理的。

如何认识公司法与经济法中的企业法的关系，在我国改革开放之初是公司法理论研讨中争议较大的问题之一。对此，有的主张实行"一元制"，或主张以公司法作为调整企业活动的基本法律，用公司法取代企业法；或主张以企业法作为调整企业（包括公司）活动的基本法律，不同意制定公司法。有的则主张实行"二元制"，即企业法与公司法并存，分别调整企业关系与公司关系。毫无疑问，企业类型的多样化及公司关系的特殊性，不仅决定了中国必须制定公司法，而且还决定了在公司法之外，必须有与其他企业类型相对应的企业法，如个人独资企业法、合伙企业法、国有企业法等。在这个意义上的企业法，必将同公司法形成多元并存的局面。至于公司法能否取代国有企业法，我们认为，由于国有企业并不都是公司类型的企业，公司法对国家单独投资的企业关系还难以进行全面的调整，因此调整国家独资企业关系的法律与调整股东多元关系的公司法仍有并存之必要。公司法与国有企业法是一种并存互补关系，公司法可以对国有独资企业作出原则性规定，但并不能取代单行的国有企业法。它们各自以不同的企业关系作为其调整对象，相互补充调整各自无力所及的领域，以排除立法调整的空白。

（三）公司法与刑法

西方国家公司法大都有关于公司犯罪的规定，甚至列举超出刑法典规定的新罪名。鉴于公司犯罪的特殊性，为防止滥用公司组织形式，保障交易安全，当代各国公司法都普遍增加了刑事处罚条款。例如，法国 1966 年颁布的《公司法》专门用 1 编 4 章 67 条规定了各种公司犯罪，对公司组建、股东会议、资本变更、股份发行、公司债的发行、公告、解散、清算各个方面，都作出了详细、具体的有关刑事责任的规定；日本于 1990 年修订《商法》中的公司部分，也用 1 章 14 条对刑事责任作出了具体的规定，共列举了特别渎职罪（包括未遂）、危害公司财产罪、行使不实文书罪、预谋罪、股份超额发行罪、股份缴纳责任逃脱罪、损害公司的贿赂罪及股东行使权利的财产上利益的给与罪等 8 种罪名。借鉴西方国家公司法有关公司犯罪的规定，考虑到公司犯罪的特殊性，我国全国人大常委会在《公司法》颁布后，又专门制定了《关于惩治违反公司法的犯罪的决定》。在《中华人民共和国刑法》第二编第三章第三节中，又专门规定了"妨害对公司、企业的管理秩序罪"。这对于完善市场经济体制下的主体制度，进而规范主体的行为，有效地维护社会经济秩序，充分发挥国家对社会经济关系的调节作用，都具有十分重要的意义。

此外，公司法与涉外经济法、破产法、劳动法、诉讼法等，也有着密切的联系。公司法之所以与如此众多的法律部门密切相关，归根结底在于公司法自身就包括了多种法律关系，而每一种法律关系都必然涉及相关法律部门的有关规定。总之，公司法是我国法律体系中一个重要的法律部门，是社会主义市场经济须臾不可离开的法律。

### 三、公司法的修订

我国公司法自1993年12月颁布、1994年7月实施以来，迄今为止，已先后进行了五次修订或修正。第一次修正是1999年12月25日，第二次修正是2004年8月28日。这两次修正变化不大，只涉及个别条款。随着我国市场经济和公司企业的发展，公司法的不适应性日趋明显，亟待进行较大修订。自2003年以来历经两年之久的准备，第十届全国人民代表大会常务委员会第十八次会议于2005年10月27日修订通过了《中华人民共和国公司法》（以下简称《公司法》），并决定修订后的《公司法》于2006年1月1日起施行。这次公司法的修订是我国政治经济生活和民主法治建设事业中具有里程碑意义的一项重大举措。立法机关在保留原有体例的基础上，对《公司法》进行了较大幅度的修订，使修订后的公司法更加符合我国社会主义市场经济的要求，更加适应现代企业制度的建立。这次修订的主要特点是：

1. 完善法律规制，突出公司自治。修订后的公司法对于应当用法律加以调整的公司内外部关系，分别采用强制性规范与任意性规范来加以规制，使之张弛有度、刚柔并济。而对于应当由公司自己决定的事项，则实行公司团体自治，为公司的经营管理活动预留下自治的空间。为此，修订后的公司法更加强调公司章程的作用，采用三种方式赋予公司章程不同的法律效力：一是授权章程规定（如《公司法》第45条第3款规定："董事长、副董事长的产生办法由公司章程规定。"）；二是章程规定优于法定（如《公司法》第43条规定："股东会会议由股东按照出资比例行使表决权；但是，公司章程另有规定的除外。"）；三是章程规定补充法定（如《公司法》第44条第1款规定："股东会的议事方式和表决程序，除本法有规定的外，由公司章程规定。"）。这就要求公司必须改变章程千人一面的格式化模式，按照公司股东的意愿依法制定出符合公司实际且各具特色的公司章程。

2. 鼓励股东投资，衡平各方权益。修订后的公司法在公司设立制度上，广泛采用准则主义，减少了行政干预的空间；在公司资本制度上，大幅度地降低了各类公司的最低注册资本额，从而降低了公司设立的门槛；在公司形态方面，全面承认"一人公司"，更加方便了公司的设立；在股权转让方面，进一步细化了股权转让的程序，解决了可能出现的公司"僵局"。与此同时，修订后的公司法还注意对社会交易安全和股东权益的保护，确认了"公司人格否认原则"，规定了对一人公司的必要限制，强化了董事、监事、高级管理人员的义务与责任，明文禁止关联交易等，从而有效地衡平了公司人格独立与人格否认、交易安全与交易便捷、投资自由与资本维持的关系。

3. 健全诉讼途径，强化司法救济。修订后的公司法不仅扩大了股东直接诉讼的范围，为股东提起直接诉讼提供了必要的法律依据，而且确认了股东派生诉讼，允许股东在法定情形下经特定程序以自己的名义为公司利益提起派生诉讼。这对于维护公司权益，有效遏制"内部人控制"现象，规范公司的治理结构，无疑都是强有力的制度保障。

为了进一步激发中小投资者的创业活力，更好地发挥公司的作用，中华人民共和国第十二届全国人民代表大会常务委员会第六次会议于2013年12月28日第三次修正通过了《公司法》，并决定修正后的《公司法》于2014年3月1日起施行。公司法第三次修正的主要变化是：第一，将公司注册资本由实缴制改为认缴制。除法律、行政法规以及国务院决定对公司注册资本实缴有另行规定的以外，取消了关于公司股东（发起人）应自公司成立之日起2年内缴足出资、投资公司在5年内缴足出资的规定。第二，取消了注册资本的最低限额。除法律法规对公司注册资本最低限额另有规定的外，取消了有限责任公司、一人有限责任公司、股份有限公司最低注册资本分别应达到3万元、10万元、500万元的限制，以及一人有限责任公司股东应一次足额缴纳出资的规定，转而采取由公司股东（发起人）自主约定认缴出资额、出资方式、出资期限等，并记载于公司章程的方式。第三，放宽了注册资本的登记条件。不再限制公司设立时股东（发起人）的首次出资比例以及货币出资比例。申请人申办设立登记手续时，如资金不到位，可以"零首付"。第四，改革了公司设立登记制度和监管制度。一是简化了登记事项和登记文件，有限责任公司股东认缴的出资额和公司的实收资本不再作为登记事项。公司登记时，不需要提交验资报告；二是实行工商登记注册与经营项目审批相分离的登记制度，即将"先证后照"改为"先照后证"；三是实行住所登记与经营场所申报制度，允许"一址多照、一照多址"；四是取消营业执照年检制度，实行市场主体年度报告制度；五是强调对公司运营的事中和事后监管，建立经营异常名录制度，被载入经营异常名录的主体及法定代表人、投资人的信息，将被纳入不良信用监管体系；六是构建市场主体的信用信息公示制度，完善信用约束机制，强化企业的自我管理，加强对市场主体经营行为的监管，以切实保障交易安全。

对于公司法上述内容的修正，学术界与实务界看法不一，有的认为通过改革公司注册资本制度及简化公司登记程序，进一步放松了对市场主体准入的管制，降低了准入门槛，对于促进就业、加快市场主体的发展、激发各类市场主体的创造活力及其内生动力都具有正向的促进作用；有的则认为某些改革举措缺少配套措施，徒增交易风险，不利于对债权人的保护，尚需进一步健全和完善。

　　2018 年 10 月 26 日，第十三届全国人大常委会第六次会议审议通过了关于修改《公司法》的决定。此次修正是对原《公司法》第 142 条作出修改，旨在进一步完善公司股份回购制度。主要内容有三：一是增加允许股份回购的情形；二是适当简化股份回购的决策程序，提高公司持有本公司股份的数额上限，延长公司持有所回购股份的期限；三是补充上市公司股份回购的规范要求。

　　总之，经过多次修正和修订后的公司法，在总结我国公司法实施近三十年经验教训的基础上，广泛吸收了国外立法的先进经验，使之更加符合我国的国情，更加适应我国经济发展的要求。随着我国公司实践的不断发展，以及公司法理论研究的不断深入，公司法还需要与时俱进，进一步地加以修改和完善。

### ■ 思考题

1. 什么是公司？公司应具备哪些特征？
2. 在我国，公司组织形式有何作用？
3. 简述公司法的调整对象。
4. 如何认识公司法的性质？
5. 公司法有哪些特点？
6. 2005 年修订的《公司法》有何特点？
7. 2013 年修正的《公司法》有何变化？

# 第二章　公司的种类

■ **学习目的和要求**

　　通过对本章的学习，应掌握公司的分类及不同种类公司中股东的责任，特别要注意正确认识和理解有限责任公司、股份有限公司的概念与特征、本质与异同，以及一人公司与上市公司的法律规定。

## 第一节　公司的分类

　　公司组织形态自问世以来，顺应生产力和商品经济的发展，历经沧桑，走过了一条从无到有、从少到多、从幼稚到成熟、从原始形态到现代形态的发展路程。当代的公司，不仅已成为一种居于主导地位的企业组织形式，其自身也形态各异，种类多样。依照不同的标准，可以对公司进行不同的分类。分类的目的在于明确各类公司的法律地位、法律责任及股东与公司的关系，以便于在实践中具体操作，分类规范与指导。根据各国公司法所确认的法定分类标准及公司法理论研究中所公认的法理分类标准，公司的主要分类有以下几种：

**一、无限公司、有限公司、股份公司和两合公司**

　　按照公司及公司股东对公司债务所负责任的不同，可以把公司分为无限公司、有限公司、股份公司和两合公司。这是大陆法系国家的公司法对公司进行的最基本的法律分类。

　　（一）无限公司

　　无限公司，亦称无限责任公司，是指由两个以上股东组成的，股东对公司债务负无限连带责任的公司。简言之，无限公司就是仅由无限责任股东组成的公司。

　　无限公司与其他公司类型相比较，具有以下特征：①股东人数的复合性。无限公司的股东人数必须为2人或2人以上，且其股东仅以自然人为限，这是无限公司得以成立和存续的必备条件，也是无限公司与独资企业的基本区别。②股东责任的无限性。无限公司的股东对公司债务的责任，不以其出资额为限，而是承担无限责任。③股东责任的连带性。无限公司的股东对公司的债务不仅要承担无限责任，而且还要承担连带责任。当公司资不抵债时，公司的债权人可以就公司财产不足以清偿的那部分债务，向无限公司的任何一个股东请求全部清偿。偿还公司债务超过自己应当承担数额的股东，有权向其他股东追偿。④公司组织的稳定性。无限公司以信用作为股东结合的基础，是典型的人合公司。股东可以用信用和劳务出资，公司的所有权和经营权合一，出资转让受到严格的限制。因而，具有组织稳定的优点。⑤内外关系的合伙性。无限公司的内外关系具有浓厚的合伙性，因此，无限公司在各国的法律地位不同。有些国家（如法国、意大利等）承认无限公司是法人；有些国家（如德国、瑞士等）则否认其法人人格，仅以其为合伙之一种，准用有关合伙的规定。

（二）有限公司

有限公司，又称有限责任公司，是指由两个或两个以上的股东共同出资，每个股东以其所认缴的出资额对公司承担有限责任，公司以其全部资产对其债务承担责任的营利法人。（详见本章第二节）

（三）股份公司

股份公司，又称股份有限公司，是指注册资本由等额股份构成，并通过发行股票筹集资本，股东以其所认购的股份对公司承担有限责任，公司以其全部资产对公司债务承担责任的营利法人。（详见本章第三节）

（四）两合公司

两合公司，是指由一人以上的无限责任股东与一人以上的有限责任股东所组成，其无限责任股东对公司债务负无限连带责任，有限责任股东对公司债务仅以其出资额为限承担有限责任的公司。

两合公司与其他公司类型相比较，其特征甚为明显：①公司中并存着两种不同责任的股东。在两合公司的股东中，至少须有1人负无限责任，并至少须有1人负有限责任，这是两合公司成立的必要条件，也是其存续的必要条件。当两合公司中的股东仅剩下一种时，公司即告解散，亦可变为无限公司或有限公司。②公司兼有无限公司和有限公司的特点，但以无限公司的特点为主。两合公司是人合兼资合公司，但因公司以无限责任股东为主，故更偏重于人合。在法律规定上，除对有限责任股东有特别规定外，一般都准用无限公司的规定。③公司的业务执行机关是无限责任股东，有限责任股东对公司业务有监督权，但无权代表公司执行业务。这与两种股东对公司债务所负责任是一致的，无限责任股东承担较重的责任，自然要直接参与公司的业务管理。有限责任股东虽无权代表公司执行业务，但对公司的业务活动享有一定的监督权，如有权查阅公司账簿，了解公司的业务及财产状况。在我国，两合公司类似于有限合伙。

此外，有些国家的公司法还规定有股份两合公司，即两合公司中的有限责任股东以认购股份的形式出资所形成的一种公司形态。

在上述公司类型中，被普遍采用的是有限责任公司和股份有限公司，这两种公司是当代最典型的公司组织形式。而无限公司和两合公司则为数不多，在有些国家中甚至已名存实亡。至于股份两合公司，因采用者甚少，已被许多国家从公司法中删除。我国公司法在总结与借鉴各国公司实践经验的基础上，明确规定"本法所称公司是指依照本法在中国境内设立的有限责任公司和股份有限公司"，从而确认了我国公司的两种形态。

### 二、人合公司、资合公司及人合兼资合公司

按照公司信用基础的不同，可以把公司分为人合公司、资合公司和人合兼资合公司。这是大陆法系国家的公司法学者对公司所进行的一种学理分类。

凡公司的经营活动着重于股东个人条件的，即为人合公司，其信用基础在于股东个人的信用，而不在于公司资本的多少，因为对此类公司的债务，股东须负无限连带的清偿责任。此外，此类公司股东的结合，以相互深切了解为必要，股东多为亲朋好友，故此种公司大都具有家族性特点。无限公司就是典型的人合公司。

凡公司的经营活动着重于公司资本数额的，即为资合公司，其信用基础在于公司的资本，而不在于股东个人的信用，因为此类公司的债务不能及于股东出资以外的个人财产。此种公司股东的结合，无须彼此了解，任何人均可成为公司的股东，故此种公司趋于大众化、团体化。股份有限公司具有明显的资合性特点，属于典型的资合公司。

凡公司的经营活动兼具人的信用和资本信用两个方面，即为人合兼资合公司，两合公司、股份两合公司及有限责任公司都属于人合兼资合公司。由于两合公司以无限责任股东为主，在形态上有如民法上的隐名合伙，故两合公司偏近于人合公司。股份两合公司虽也以无限责任股东为主，但可以募集股份，因此，股份两合公司在性质上更接近于资合公司。至于有限责任公司，因为法律对其股东人数都有上限的规定，股东人数有限，偏重于人的信用，同时又重视资本的信用，因此也具有人合兼资合的特点。

### 三、封闭式公司和开放式公司

按照公司资本筹集方式及出资转让方式的不同，可以把公司分为封闭式公司和开放式公司。这是英美法系国家对公司的基本分类。

　　封闭式公司（英称 Private Company，美称 Close Corporation），又称少数人公司、不上市公司、私公司，是指资本全部由设立该公司的股东所拥有，不能对外发行股份，股东的出资证明不能在股票市场上自由流通的公司。此种公司类似于大陆法系国家中的有限公司。在英国，"不上市公司不仅包括有限公司，而且包括无限公司"[1]。

　　开放式公司（英称 Public Company，美称 Share Corporation），又称多数人公司、上市公司、公公司，是指可以公开招股，股票可以在股票市场公开进行交易的公司。此种公司类似于大陆法系国家中的股份有限公司，但如译为上市公司，则应与大陆法系国家中股票获准上市的股份有限公司相对应。

　　在英美法系国家，区分封闭式公司与开放式公司，对于法律适用具有重要的意义。以英国公司法的规定为例，这两类公司在法律适用上至少有如下不同：①不上市公司在组成社团后即可以从事业务，法律对其没有最低资本额的要求；而上市公司只有在发行股票超过 5 万英镑，并且票面价 1/4 以上的股金已经缴清后，才能取得准许营业的证书，从事其业务。②在股份支付上，不上市公司可以同意将来给付的许诺而不影响其营业；在以非现金财产出资时，不适用（对上市公司）股份分派 5 年后必须缴付全部出资的规定。此外，公司章程签署人可以用劳务或其他对价出资。这些均与上市公司不同。③不上市公司可以以章程细则排除 1980 年《公司法》第 17 条规定的优先权；而上市公司若要通过股东特别决议排除该优先权，只有在公司营业 5 年后，才能得到注册机关批准。④不上市公司在其资本额受到半数以上损失时，公司及其代表仍可不受限制地行使财产处分权和抵押权；而上市公司在上述情况下，必须召开股东临时大会，以决议形式决定权利的行使。⑤在董事权利方面，上市公司的董事无权向其亲属提供准贷款，亦无权向利害关系人提供私人贷款；而不上市公司不适用这一规则。在业务贷款上，一般上市公司董事有权决定 1 万英镑以下的贷款，信贷上市公司董事有权决定 5 万英镑以下的贷款；而不上市公司也不适用这些规定。⑥1980 年《公司法》第 39 条有关利润定义的规定具有普遍意义，但由于不上市公司不适用该法第 40 条规定的资本保持规则，因此，在公司净资产不等于股本加资本收益的情况下，也可以分配股息，而上市公司则不允许。⑦不上市公司依章程可以仅有 1 名董事，而上市公司至少须有 2 名。此外，不上市公司在进入清理程序后，不必报账目注册备案，而上市公司清理时则必须报账目注册备案。[2]　通过

---

〔1〕　董安生等编译：《英国商法》，法律出版社 1991 年版，第 236 页。

〔2〕　董安生等编译：《英国商法》，法律出版社 1991 年版，第 238 页。

以上比较，对英美法系中的上市公司与不上市公司的区别，应当有更直观、更深刻的了解。

### 四、母公司和子公司

按照一个公司对另一个公司的控制与依附关系，可以把公司分为母公司和子公司。

母公司是一种控制性公司，有时又称控股公司，但实际上二者是有区别的。凡拥有另一公司的股份已达到控股程度并直接掌握其经营活动的公司，是控制公司；凡拥有另一公司的股份已达到控股程度但并不直接参加该公司业务活动的公司，则是控股公司。无论控制公司抑或控股公司，都是母公司。凡资本大部分受其他公司控制的公司，则是子公司。

母子公司关系表现的是公司与公司间的控制与依附关系，反映着公司相互间联合或联系的紧密程度。但就母子公司的法律地位而言，二者都是具有独立主体资格的法人，依法独立承担民事责任。一般说来，1个母公司控制了3个以上的子公司，即可能形成集团公司或企业集团。因此，母子公司也是实现企业垄断和企业联合的常见法律形式。

### 五、总公司与分公司

总公司亦称本公司，是管辖该公司全部组织的总机构。总公司依法首先设立，公司（包括分公司）的业务经营、资金调度、人事安排等，均由总公司统一决定。总公司在法律上具有法人资格。

分公司是总公司所管辖的分支机构，在业务、资金、人事等诸方面均受总公司管辖。它一般设立于总公司成立之时或成立之后，在法律上和经济上都没有独立性，不具有法人资格。分公司作为总公司的分支机构，一没有自己的公司名称和公司章程，只能以总公司的名义进行活动，但可以在总公司的名称之后加上"××分公司"的字样；二没有自己独立的财产，其实际占有的财产全部属于总公司，并列入总公司的资产负债表中；三没有自己的董事会，而只有业务管理人员。因其不具备法人条件，故分公司虽可在总公司的授权范围内进行必要的业务活动，但其业务活动的结果均由总公司承受，总公司应以自己的全部财产对分公司的债务负责。总之，分公司与子公司的法律地位是迥然不同的，不能将二者混为一谈。

应当指出的是，我国目前有些分公司的名称并未严格按法律规定使用，有的虽名为分公司，却不是总公司的分支机构，而是具有独立主体资格的法人组织，之所以称为分公司，只是为了表明其与总公司之间的隶属关系；有些经济组织虽然是总公司下设的分支机构，却并未在名称上做出明显的标识，容易给人以独立法人的误解。为与国际上通行的公司法规则接轨，避免和防止在国内、国际经济交往活动中对主体的地位与责任产生歧义，我国原国家工商行政管理总局（现为国家市场监督管理总局）已经对分公司的称谓作出了必要的规范。

### 六、本国公司、外国公司和跨国公司

按照公司的国籍，可以把公司分为本国公司、外国公司和跨国公司。

世界各国对公司国籍的认定，有着各种不同的标准。概而言之，主要有：①设立准据法主义，即依公司设立所依据的法律为本国法还是外国法来确定公司的国籍；②股东国籍主义，即以公司股东的国籍或过半数出资者的所属国为公司的国籍；③设立行为地主义，即依公司设立登记行为所在地为本国还是外国来确定公司的国籍；④住所地国籍主义，即以公司住所所在地的国家为其国籍。对于何为公司住所，也有不同的规定和理解，如有营业中心地说、总公司所在地说及事实上总公司所在地说等。

我国对公司国籍的认定，兼采设立准据法主义和设立行为地主义，即凡依我国法律在我国被批准登记设立的公司，不论外资多少，均为我国公司，是我国的法人。

外国公司不是按其所在国的法律而设立的，只是在得到该国的认许或批准，并办理必要的登记手续后，在该国进行营业活动。因此，外国公司一般均为外国总公司在他国所设立的分公司，对分公司业务活动所在地的国家来说，称之为外国公司。各国公司法对外国公司的成立和活动，大都有专门的规定，允许外国公司在其境内开展业务活动，享有与本国公司相同的权利能力和行为能力，但对其业务范围加以必要的限制。

跨国公司是指以本国为基地或中心，在不同国家或地区设立分公司、子公司或投资企业，从事国际性生产经营活动的经济组织。就跨国公司的性质而言，它并非一个严格的公司法概念，实为政治经济学或国际经济法的范畴。跨国公司与企业集团或集团公司基本相同，只不过跨国公司具有国际性，其分公司、子公司分布于不同的国家。跨国公司在法律上不是一个独立的实体，其内部关系具体表现为母公司与子公司、总公司与分公司及其他参股投资关系，并受相应的法律规范调整。在各国公司法中，都没有专门用以调整跨国公司关系的条款。因此，跨国公司实际上并不是一种公司，它表现的是公司之间所形成的一种特殊的联系。一言以蔽之，跨国公司的法律问题实质上是母公司与子公司、总公司与分公司之间的法律关系问题。

## 第二节 有限责任公司

### 一、有限责任公司的概念与特征

有限责任公司，又称有限公司，是指由 50 个以下股东出资设立的，每个股东以其所认缴的出资额为限对公司承担责任，公司以其全部财产对其债务承担责任的营利法人。

与其他公司类型相比较，有限责任公司具有以下特征：

（一）股东人数的限制性

对有限责任公司的股东人数，凡是不承认一人公司的国家的公司法都有下限和上限的规定，一般规定股东人数为 2 人以上 30 人或 50 人以下；凡是承认一人公司的国家的公司法一般仅规定股东人数的上限，而无下限的规定。我国 2005 年以前的公司法不承认一人公司，规定有限责任公司由 2 个以上 50 个以下的股东共同出资设立。2005 年修订后的公司法承认一人公司，取消了股东人数下限的规定，规定股东人数上限为 50 人。对有限责任公司股东作出最高人数的限制，是由此类公司自身性质决定的。因为有限责任公司虽为资合公司，却具有一定的人合性，股东须相互信任，这就决定了其股东人数不可能太多，有必要作出上限的规定。

许多国家和地区的公司法还规定，如果有限责任公司的股东人数超出了法律规定的上限，就要发生公司类型的转换，即由有限责任公司转变为股份有限公司。我国公司法虽对有限责任公司股东人数超出法定上限如何处理未作规定，但依据 2018 年修正的《公司法》第 95 条之规定，显然允许符合法定条件的有限责任公司依法变更为股份有限公司。依此规定，股东人数超过上限应为有限责任公司变更为股份有限公司的法定事由。

（二）股东责任的有限性

有限责任公司的股东，仅以其出资额为限对公司负责，此外，对公司及公司的债权人不负任何财产责任，公司的债权人亦不得直接向股东主张债权或请求清偿。这是有限责任公司与无限责任公司的根本区别。

（三）股东出资的非股份性

股份有限公司的资本，要划分成若干金额相等的股份，股东就其所认购的股份对公司负责。而有限责任公司的资本，除采取"出资平等制"或"复数股份制"的国家外，一般不分为股份，每个股东只有一份出资，但其数额可以不同，股东仅以其出资额为限对公司负责。在我国，有限责任公司的股东出资一般均采单一出资制，其出资的非股份性至为明显。由此形成了有限责任公司与股份有限公司的区别之一。

（四）公司资本的封闭性

有限责任公司的资本只能由全体股东认缴，不能向社会募集股份，不能发行股票。公司发给股东出资数额的证明书被称为股单，股单不能在证券市场上流通转让。由于有限责任公司不向社会募集股份，其会计账簿亦无须公开。对公司股东出资的转让也有严格的限制，须经全体股东过半数同意；不同意转让的股东应当购买该转让的出资，如果不同意购买该转让的出资，视为同意转让。正是因为有限责任公司的资本具有封闭性特点，有些国家直接把有限责任公司称为封闭性公司。

（五）公司组织的简便性

有限责任公司的设立程序简便，只有发起设立，而无募集设立；有限责任公司的组织机构亦较简单、灵活，其股东会由全体股东组成，董事由股东会选举产生；股东会的召集方法及决议的形成程序亦较简便。

（六）资合与人合的统一性

有限责任公司虽然从本质上说是一种资本的联合，但因其股东人数有上限的规定，资本又具有封闭性的特点，故股东相互间又具有人身信任因素，具有人合的色彩，这就决定了此种公司一般是适合于中小企业的组织形式。在国外，以有限责任公司发展为大企业的较为少见。但在我国，因法人股东的特殊性，以及有些国有企业是通过合资形式改组为有限责任公司的，故大企业采用有限责任公司形式的为数不少。有限责任公司资合与人合的统一性，反映了它是集股份有限公司和无限责任公司的优点而形成的一种公司形式。

**二、有限责任公司的沿革与地位**

与其他公司类型相比较，有限责任公司产生得较晚。它起源于 19 世纪末的德国，并很快为许多国家所接受和采纳。最早的关于有限责任公司的立法是德国于 1892 年制定的《有限责任公司法》。此后，法国于 1919 年制定了《有限责任公司法》，日本于 1938 年制定了《有限公司法》，其他大陆法系国家也都相继制定了有关的法律。由于实行民商分立制的大陆法系国家的商法，大都制定于 19 世纪初期或中叶，当时尚无有限责任公司类型，故在商法典中对有限责任公司均未规定，有限责任公司法都是作为单行法公布的。

有限责任公司的产生，是对既存公司形式及其实践经验的总结，是对公司组织形式的改革和发展。在长期的社会经济实践中，人们发现无论是无限公司、两合公司还是股份有限公司，都既有优点又有弊端。例如，无限公司虽有组织稳定性的优点，但又有股东责任太重的弊端；两合公司虽有人合兼资合的优点，但因股东成分复杂、责任形式不一，又有内部关系较难协调的缺陷；股份有限公司虽有集资规模大等优点，但因股东数量较多，股东流动性亦较大，存在着公司难以控制的缺点。上述公司形式存在的种种弊端，虽并不足以否定这些公司形式的存在，却在不同程度上局限了投资者对公司形式的选择。正是在这种情况下，德国的投资者和商法学家们创造了有限责任公司这一新的公司类型。有限责任公司充分吸取了其他公司形式的长处并弃其所短，顺应了经济发展和中小企业的需要。尽管有限责任公司也存在缺陷，但它毕竟是吸收了其他公司形式诸多优点的一种新的类型。因而，这种公司形式一问世，就显示了它强大的生命力，并为许多投资者所采用。发展到今天，有限责任公司的数量在西方国家已跃居首位，在数量上占有绝对优势，成为极其重要的一种公司形式。据统计，在原联邦德国的 200 万个公司企业中，有限责任公司占总数的 95%；法国 1964 年统计，全国范围内有限责任公司有 117 756 个，股份有限公司有 66 968 个，无限公司有 15 676 个，两合公司有 1539 个，股份两合公司有 176 个。可见，有限责任公司已成为一种占主导地位的公司组织形式。

在我国，新中国成立前也有一些资本主义工商企业采用了有限责任公司的组织形式。新中国成立后，1950 年政务院公布的《私营企业暂行条例》，明确规定了私营企业可以采用有限责任公司的组织形式。随着对资本主义工商业的社会主义改造的完成，企业的组织形式发生了根本的变化。此后，我国虽然仍存在着"公司"的称谓，但公司的分类是按所有制、行业或企业规模来划分的，并不涉及财产责任形式，公司与企业是同一概念，传统的公司形式已荡然无存。与之相适应，1954 年～1978 年间，再也没有涉及有限责任公司的法律规定。

1979 年，为适应对外开放政策的需要，全国人大常委会公布了《中华人民共和国中外合资经营企业法》。该法第 4 条规定，合营企业的组织形式为有限责任公司。合营各方按注册资本比例分享利润和分担风险及亏损。自此，一大批中外合资的有限责任公司诞生了。1988 年国务院颁布了《中华人民共和国私营企业暂行条例》。该条例第 6 条规定，私营企业分为独资企业、合伙企业和有限责任公司。第 9 条规定，有限责任公司是指投资者以其出资额对公司负责，公司以其全部资产对公司债务承担责任的企业。在这一条例的引导下，一批私营有限责任公司也应运而生了。与此同时，在企业横向联合的过程中，许多联营企业也采取了有限责任公司的组织形式。特别是国有企业股份制试点，也把有限责任公司作为企业实行股份制的重要形式之一，这就更进一步地推动了有限责任公司这种企业组织形式的发展，使有限责任公司成为我国目前在数量上占主导地位的公司组织形式。

我国有限责任公司的实践证明，有限责任公司不仅适用于中外合资企业、私营企业，而且还适用于国有企业联合出资组成的公司、集体所有制企业联合出资组成的公司，以及不同所有制法人或自然人的联合。由于有限责任公司较之股份有限公司有多种优点，如组织简便、内部协调、不需要股市条件等，国家将有限责任公司作为国有企业实行公司化改造的主要形式，鼓励那些竞争性较强的行业，尤其是资金技术密集型和规模经济要求高的行业，积极进行公司化改造，将部分国有企业改组为有限责任公司。当现存的企业和新建的企业为适应市场经济的需要，进行组织形式的调整和经营机制的转换后，目前有限责任公司已经成为我国最主要的企业组织形式之一。

### 三、一人公司

一人公司（One Man Company），系一人有限责任公司的简称，是指只有 1 个自然人股东或者 1 个法人股东的有限责任公司。一人公司有狭义和广义之分。狭义的一人公司，仅指股东为 1 人，全部资本由 1 人拥有的公司，又称形式上的一人公司。广义的一人公司不仅包括形式上的一人公司，也包括实质上的一人公司，即公司的真正股东只有 1 人，其余股东仅为持有最低股份的挂名股东，多表现为家族式公司。对于形式上的一人公司，一些国家早期的公司立法大都作出了禁止性的规定，不仅要求公司在设立时发起人必须为 2 人以上，而且都明确规定，在公司成立后运营的过程中，因各种原因（如股东的退出或死亡，或其他股东的股份为一人承购等）导致公司股东仅剩 1 人时，该公司即应解散，恪守着严格的有限责任公司设立条件。随着公司组织形式的发展，特别是有关法人理论和制度的不断完善，一人公司已得到越来越多的国家公司法的认可。

我国 1993 年制定的《公司法》除承认国有独资公司外，对自然人一人公司未予承认。对此，学界长期以来一直存有争议。在 2005 年修订《公司法》时，对于是否承认一人公司仍有不同的看法。大多数学者主张应当承认一人公司，其主要理由是：承认一人公司是世界各国公司法发展的趋势，有利于鼓励出资人投资，有利于消除以虚拟股东来规避法律的行为。主张目前还不应承认自然人一人公司的学者所持的主要理由是：我国目前对社会的控制能力以及商业信用的程度决定了暂时还不应全面承认一人公司，否则可能造成个人独资企业与自然人一人公司法律责任的混淆，危害社会交易安全等。立法机关经权衡利弊，在 2005 年修订的《公司法》中全面承认了一人公司。为防止承认一人公司后可能出现的问题，2005 年修订的《公司法》除规定一人公司准用有限责任公司的有关规定外，还专门在第二章第三节对一人公司作出了特别规定。2013 年修正的《公司法》又取消了有关一人有限责任公司最低注册资本额，以及股东应当一次足额缴纳公司章程规定的出资额的规定。2013 年修正的《公司法》明确规定："本法所称一人有限责任公司，是指只有 1 个自然人股东或者 1 个法人股东的有限责任公司。"同时对一人有限责任公司作出了以下特别规定：

1. 1 个自然人只能投资设立 1 个一人有限责任公司，且该一人有限责任公司不能投资设立新的一人有限责任公司。

2. 一人有限责任公司应当在公司登记中注明自然人独资或者法人独资，并在公司营业执照中载明。

3. 一人有限责任公司的章程由股东制定。

4. 一人有限责任公司不设股东会，股东行使法定的股东会职权并作出决定时，应当采用书面形式，并由股东签名后置备于公司。

5. 一人有限责任公司应当在每一会计年度终了时编制财务会计报告，并经会计师事务所审计。

6. 一人有限责任公司的股东不能证明公司财产独立于股东自己财产的，应当对公司债务承担连带责任。

### 四、国有独资公司

（一）国有独资公司的概念与特征

国有独资公司，是指国家单独出资、由国务院或者地方人民政府授权本级人民政府国有资产监督管理机构履行出资人职责的有限责任公司。国有独资公司是我国《公司法》针对中国的特殊国情，专门设定的一种特殊的有限责任公司类型。我国《公司法》第二章第四节对国有独资公司作出了特别规定。与一般意义上的有限责任公司相比较，国有独资公司具有以下特征：

1. 公司股东的单一性。国有独资公司的股东仅有 1 人，这是它与 2 个以上的股东所组建的有限责任公司的主要区别。国有独资公司的这一特征，从形式上看类似于一人有限责任公司。

2. 单一股东的特定性。依照公司法的规定，国有独资公司的单一股东只能是由国务院或者地方人民政府授权的本级人民政府国有资产监督管理机构，由国有资产监督管理机构履行出资人职责。国有独资公司的这一特征又表明它并非一般意义上的一人有限责任公司。

3. 股东责任的有限性。国有独资公司的出资人（股东）虽仅为 1 人，即国务院或者地方人民政府的国有资产监督管理机构，但单一股东却并不因此而承担无限责任，股东仍仅以其投资额为限对公司承担责任。因此，国有独资公司实质上是有限责任公司的一种特殊类型。国有独资公司股东责任的有限性，明确地界定了国家与企业的产权关系。国有独资公司享有由股东投资形成的全部法人财产权，依法享有民事权利，承担民事义务；公司以其全部法人财产，依法自主经营，自负盈亏。

国有独资公司不仅与一般的有限责任公司有所区别，与一般的国有企业也有所不同。国有独资公司与一般国有企业的区别主要在于：①二者的设立根据不同。国有独资公司依照《公司法》设立，并受《公司法》调整；而一般意义上的国有企业则是依照《全民所有制工业企业法》设立的，并受《全民所有制工业企业法》调整。②二者的财产权不同。国有独资公司作为有限责任公司的一种特殊形式，也要实行股权与所有权的分离，各级人民政府的国有资产监督管理机构作为出资人，依法享有股权，国有独资公司拥有法人财产所有权；而一般意义上的国有企业实行的是所有权与经营权的分离，国家作为企业的所有人依法享有所有权，企业则享有经营权。③二者的管理体制不同。国有独资公司设立董事会，董事长或总经理可以是公司的法定代表人；而一般意义上的国有企业则实行厂长（经理）负责制，厂长或经理是企业的法定代表人。由此又导致了这两种不同的企业形态在内部管理机制和运营上的种种区别。由上可见，国有独资公司与一般国有企业并不是简单的名义上的转换，而是运营机制和治理结构的转换。并不是原国有企业冠以公司之名就是国有独资公司，原国有企业转为国有独资公司也要进行公司化改组，一般意义上的国有企业与国有独资公司是两种不同的企业组织形态。

（二）国有独资公司的内部组织机构

国有独资公司股东的单一性，决定了在国有独资公司中没有设立股东会的必要，而由国有资产监督管理机构行使股东会职权。国有资产监督管理机构可以授权公司董事会行使股东会的部分职权，决定公司的重大事项，但公司的合并、分立、解散、增减资本和发行公司债券，必须由国有资产监督管理机构决定；其中，重要的国有独资公司合并、分立、解散、申请破产的，应当由国有资产监督管理机构审核后，报本级人民政府批准。至于哪些公司是重要的国有独资公司，应按照国务院的规定确定。这些规定说明，在一般情况下，国有独资公司的权力机关是公司的董事会，但在涉及对公司特殊重大事项的决策时（如公司的合并、分立、解散、增加或者减少注册资本和发行公司债券），决定权仍归属于国有资产监督管理机构。《公司法》对国有独资公司中出资人与董事会职权的划分，既维护了股东作为公司最高意思决定机关的地位，也强化了董事会的职权，较好地解决了国家与国有企业的关系，为国有独资公司的法人化奠定了坚实的基础。

1. 国有独资公司的董事会。依照《公司法》规定，国有独资公司必须设立董事会。国有独资公司董事会的地位有别于一般有限责任公司的董事会，这主要表现在国有独资公司的董事会除可行使一般有限责任公司的董事会职权外，基于国有资产监督管理机构的授权还可行使股东会的部分职权，此种职权是一般有限责任公司的董事会所不具备的。

国有独资公司董事会的成员为 3～13 人，由两种人组成：①由出资人委派，即由国有资产监督管理机构委派；②董事会成员中的职工代表由公司职工代表大会选举产生。对于组成董事会的这两部分成员的比例，公司法未作具体的规定，一般说来，由出资人委派的董事应占多数。

国有独资公司的董事会设董事长 1 人，可以设副董事长。董事长、副董事长由国有资产监督管理机构从董事会成员中指定。

国有独资公司的董事会按照《公司法》第 46 条、第 66 条的规定，行使与一般有限责任公司的董事会基本相同的职权。董事每届任期不得超过 3 年。

2. 国有独资公司的监事会。国有独资公司设监事会，监事会成员不得少于 5 人，其中职工代表的比例不得低于 1/3，具体比例由公司章程规定。监事会成员由国有资产监督管理机构委派，但是，监事会成员中的职工代表由公司职工代表大会选举产生。监事会主席由国有资产监督管理机构从监事会成员中指定。监事会行使《公司法》第 53 条第 1～3 项规定的职权和国务院规定的其他职权。

3. 国有独资公司的经理。国有独资公司设经理，由董事会聘任或者解聘。经国有资产监督管理机构同意，董事会成员可以兼任经理。经理依照《公司法》第 49 条的规定行使职权。

4. 国有独资公司负责人的专任制度。我国《公司法》第 69 条规定，国有独资公司的董事长、副董事长、董事、高级管理人员，未经国有资产监督管理机构同意，不得在其他有限责任公司、股份有限公司或者其他经济组织兼职。这是国有独资公司负责人实行专任制度的法律依据。所谓专任制度，是指国有独资公司的负责人原则上只能在其所在的公司任职，未经股东同意，不得兼任其他经济组织的负责人。国有独资公司负责人的专任制度与董事、经理的竞业禁止义务不同，竞业禁止的规定是要求董事、经理不得自营或者为他人经营与其所任职公司同类的营业或者从事损害本公司利益的活动，如果不发生与所任职公司竞业之情形，且所从事的活动并不损害本公司的利益，法律并不限制一般公司的董事、经理对其他公司职务的兼任。而国有独资公司负责人的专任制度则不论兼职是否存在竞业禁止的事由，也不问兼职是否损害本公司利益，原则上对兼职予以禁止，除非经国有资产监督管理机构同意。由此可见，对于公司负责人兼职的态度，专任制度较之竞业禁止的规定更为严格。对国有独资公司负责人实行专任制度，目的是防止因公司负责人兼职而疏于对公司的管理，并避免因此可能造成的对国有资产的损害。

此外，还应指出，国有独资公司负责人的专任制度与竞业禁止义务并不矛盾，国有独资公司的负责人在实行专任制度的基础上，仍须承担竞业禁止义务。国有独资公司的负责人如实施了竞业禁止行为，同样要承担相应的法律责任。

## 第三节 股份有限公司

### 一、股份有限公司的概念与特征

股份有限公司，又称股份公司，是指注册资本由等额股份构成并通过发行股票筹集资本，股东以其认购的股份为限对公司承担责任，公司以其全部资产对公司债务承担责任的营利法人。

股份有限公司与其他公司类型相比较，具有以下特征：

（一）股东责任的有限性

股份有限公司的股东仅以其所认购的股份为限对公司负责。此外，对公司及公司的债权人不负任何财产上的责任，公司的债权人不能直接向公司股东提出清偿债务的要求，更不能要求用股东个人的财产清偿债务。股份有限公司股东责任的有限性，是它区别于无限责任公司的重要特征。

（二）资本募集的公开性

股份有限公司可以通过发行股票的形式来筹集公司的资本，任何人只要愿意支付股金，购买股票，就可以成为股份有限公司的股东。资本募集的公开性决定了公司股东的广泛性，同时也决定了股份有限公司的账目必须公开，以使公司的股东对公司的经营情况有所了解。正是因为股份有限公司具有这一特征，一些英美法系国家才直接称其为开放式公司。

（三）股东出资的股份性

这是股份有限公司与有限责任公司的又一区别。股份有限公司的资本要均分为等额的股份，每个股东所持有的股份数额可以不同，但每股的金额必须相等。公司资本的股份化，不仅便于集资，而且便于股权的行使和利润的分配。而实行单一出资制的有限责任公司股东的出资，则不具备这一特点。

（四）公司股票的流通性

股份有限公司的股票可以作为交易的标的，原则上可以自由买卖。股票交易有两种形式：一为上市交易，即在证券交易所挂牌交易；二为柜台交易，即在证券公司的柜台直接交易。无论上市交易还是柜台交易，都充分表现了股票的可流通性。股票的流通性使股票的持有者有了更多的投资选择机会，使公司可以拥有众多的股东，同时也会导致股东的频繁变动。

（五）公司财产的独立性

股份有限公司股东的出资，构成了公司的独立财产，形成了公司法人所有权，使股份有限公司成为最典型的法人组织。股东向公司出资，使其对投入公司财产的所有权转化为股权，从而实现了股权与公司法人所有权的分离。股东与公司的财产关系，一般被表述为所有与经营的关系，并在这个意义上谈股份有限公司的所有权与经营权的分离。这种认识实际上肯定了股东对其投入公司的财产仍享有所有权，模糊了股权与所有权的界限，与公司法人所有权理论相悖。事实上，股东的股权既非所有权，亦非债权，而是一种综合性的权利。正是股权与所有权的分离，公司才有了独立于股东的财产，并形成了公司法人所有权。

**二、股份有限公司的沿革与利弊**

股份有限公司起源于 17 世纪初期的荷兰和英国，著名的荷兰东印度公司和英国东印度公司，就是最早出现的一批股份有限公司。成立于 1602 年的荷兰东印度公司是殖民地商品经济的产物。当时，其内部组织尚无股东大会，董事的选任和经营的范围也不受投资人意见的限制，董事由政府以特许状指定有经营能力的殖民者担任。

尽管股份有限公司一产生就成为殖民主义者对外侵略、扩张和掠夺的工具，但它作为集资经营、共担风险的经济组织形式，在社会经济生活中所起的作用，是其他任何企业形态都无法取代的。许多西方的经济学家和法学家将股份有限公司视为新时代的伟大发现，认为它的重要性并不亚于蒸汽机和电力的发明，没有它，大规模的现代化生产是不可想象的。马克思对股份有限公司的作用也给予了极高的评价，他指出："假如必须等待积累去使某些单个资本增长到能够修建铁路的程度，那么恐怕直到今天世界上还没有铁路。但是，集中通过股份公司转瞬之间就把这件事完成了。"[1] 这充分说明企业形态的变革，对于促进生产力的发展，有着十分重要的作用。四百多年来，股份有限公司在西方国家得到了长足的发展。到现代，虽然它在绝对数上并不占各类公司的首位，但就其在各国国民经济中的地位而言，已经成为西方国家占统治地位的公司形式，许多重要的生产流通领域、部门和行业中的大中型企业，大都采取股份有限公司形式。

股份有限公司之所以成为众多投资者乐于选择的组织形式，是因为它具有其他公司形式所不具备的优点：①便于集资。股份有限公司将巨额的公司资本划分为金额相等且数额较小的股份，向社会公开募集，有利于广泛吸收社会资金，达

---

〔1〕《马克思恩格斯全集》（第 23 卷），人民出版社 1972 年版，第 688 页。

到积少成多之功效。②分散风险。任何企业的生产经营都存在着程度不等的风险。如果仅以个人的资本去单独进行有风险的经营活动，那么许多行业将无人或无力从事。但是，如以众多的小额的股份来承担风险，就可以使经营风险高度分散，每个投资者都只承担较小的风险。③投资灵活。投资者可以基于自己的动机和意愿，自由地选择投资方式，或认购公司发行的普通股份，或认购公司发行的特别股份，还可以认购公司发行的各种债券。当投资者决定收回投资或转移其投资方向时，还可以转让他所持有的公司股份，投入与退出的方式极为灵活。④组织永恒。其他公司形式都较为重视股东的个人条件，或多或少具有人合的因素，股东的变动往往影响其组织与营业。而股份有限公司以资本的结合为基础，是典型的资合公司，一般股东的变动对公司并无影响，故它更适合长期性的企业。

任何事物都是一分为二的，对股份有限公司也要进行辩证的分析。在肯定其上述优点的同时，也必须看到其不利之处：①此类公司的设立程序较为复杂、严格，发起人的设立责任亦较重；②此类公司的股东人数众多，股份高度分散，只要有股东掌握一定比例的股份，就能够操纵公司的业务，使公司成为少数股东的工具，甚至损害多数小股东的利益，加之公司可以通过参股、控股来控制另一公司，形成母子公司关系，更易于垄断组织的形成；③由于股份有限公司的股东流动性较大，许多股东对公司缺乏责任感，当公司经营欠佳时，股东就纷纷抛售股票，弃之而去，这对于公司无疑是雪上加霜、釜底抽薪，甚至可能导致公司的解体；④股票的交易市场极易成为不法者的投机场所，以非法手段牟取暴利。面对股份有限公司的种种弊端，为求社会交易的安全，西方国家数百年来一直在不断修改和完善有关股份公司的立法，并陆续出台了证券管理法规，以有效地遏制其弊端，使之更适应社会经济发展的需要。

社会主义经济毕竟不同于资本主义经济，这就决定了生长于社会主义条件下的股份有限公司并不是对西方公司形式的简单移植。在我国，实行股份制不仅要注意克服和矫正股份有限公司在西方国家实践中业已显现的种种弊端，而且还要解决许多新的问题，如国家股权的设置与行使、国有资产的产权界定与评估等。这些问题能否科学合理地得到解决，将直接决定国有企业公司化改革的目的能否实现，甚至决定政企能否真正分开、两权能否真正分离。因此，在我国组建股份有限公司既要遵循各国通行的运作规则，又要有体现国情的中国特色，这是我国公司立法和公司实践必须解决的一项重大课题。

**三、上市公司**

（一）上市公司的概念与特点

上市公司，是指其股票在证券交易所上市交易的股份有限公司。

上市公司的概念揭示出上市公司具有以下特点：

1. 上市公司是股份有限公司的一种。根据股份有限公司的股票是否获准上市交易，可以将股份有限公司分为上市公司与不上市公司。上市公司不因其股票上市而改变其股份有限公司的性质，不上市公司也不因其股票不上市而丧失其股份有限公司的地位。

2. 上市公司是股票在证券交易所交易的股份有限公司。股份有限公司的股票具有流通性，既可进行店头交易或柜台交易，也可以上市交易，即在证券交易所进行交易。只有股票在证券交易所进行交易的股份有限公司才是上市公司，而股票不能在证券交易所进行交易的股份有限公司则不是上市公司。

3. 上市公司是股票获准上市的股份有限公司。股份有限公司要成为上市公司必须符合法定的条件，且须履行审批程序。只有经过国务院或者国务院授权的证券管理部门批准的股份有限公司，方能成为上市公司；未经批准，不得上市。

（二）上市公司的法定条件

按照 2014 年《证券法》第 50 条的规定，股份有限公司申请股票上市应当符合下列条件：①股票经国务院证券监督管理机构批准已公开发行；②公司股本总额不少于人民币 3000 万元；③公开发行的股份达到公司股份总数的 25% 以上，公司股本总额超过人民币 4 亿元的，公开发行股份的比例为 10% 以上；④公司最近 3 年无重大违法行为，财务会计报告无虚假记载。

以上条件必须同时具备，缺一不可。

（三）股份有限公司申请股票上市的程序

股份有限公司申请股票上市交易，应当履行下列程序：

1. 向国务院或者国务院授权的证券管理部门提出申请。提出申请的股份有限公司应当具备《证券法》规定的上市条件，并向审批机关报送有关文件。报送的文件应包括申请报告书、公司登记文件、具备上市条件的文件（含公证机关出具的有关证明）以及股票公开发行文件等。

2. 国务院或者国务院授权的证券管理部门审查批准。国务院或者国务院授权的证券管理部门要对申请上市公司所报送的文件进行审查。经审查，对符合条件的予以批准；对不符合条件的，不予批准。

3. 向证券交易所提出申请。获国务院或者国务院授权的证券管理部门批准后，股份有限公司还必须向证券交易所的上市委员会提出申请。申请时应报送下列文件：上市报告书、申请股票上市的股东大会决议、公司章程、公司营业执照、依法经会计师事务所审计的公司近 3 年的财务会计报告、法律意见书和上市保荐书、最近一次的招股说明书，以及证券交易所上市规则规定的其他文件。

4. 证券交易所上市委员会审查批准。证券交易所上市委员会在收到上市申请文件后，应当对申请文件进行审查，审查应为形式审查和部分实质审查。经审查，凡批准上市申请的，应当发出上市通知书，确定具体的上市时间。审批文件应报送中国证监会备案，并抄报国务院证券委。

5. 与证券交易所签订上市协议书。申请人在收到上市通知后，应当与证券交易所签订上市协议书，以明确相互间的权利与义务。

6. 披露上市公告书。上市公告书应当包括股票获准在证券交易所交易的日期和批准文号，股票发行情况、股权结构和最大的 10 名股东的名单及持股数额，公司创立大会或者股东大会同意公司股票在证券交易所交易的决议，董事、监事、高级管理人员的简历及持有本公司证券的情况，公司近 3 年来或者成立以来的经营业绩和财务状况以及下一年的盈利预测文件，证券交易所要求载明的其他事项，等等。

### ■ 思考题

1. 按照不同的标准或条件可以对公司进行哪些分类？
2. 简述有限责任公司的概念与特征。
3. 简述股份有限公司的概念与特征。
4. 分析比较有限责任公司与股份有限公司之异同。

# 第三章　公司的设立

■ 学习目的和要求

　　本章要求学生在对公司设立的法律概念准确理解的基础上，全面了解公司设立的相关理论和实践，重点掌握公司设立的原则、条件、程序，理解设立无效和设立撤销制度，领会设立中公司及公司章程的性质和法律地位，并能结合具体的实践问题加以分析和运用。

## 第一节　公司设立概述

### 一、公司设立的概念

　　公司设立，是指发起人为组建公司，使其取得法人资格所进行的一系列法律行为的总称。公司设立的本质在于使一个尚不存在或正在形成中的公司逐渐具备条件并取得民事（或商事）主体资格。

　　公司设立与公司成立是两个完全不同的概念。公司成立是指公司经过设立程序，具备了法律规定的条件，经主管机关核准登记，发给营业执照，取得法人资格的一种状态或事实。而公司设立则是发起人创设一个具有法律人格的社会组织的过程或行为。它们主要存在以下区别：①发生阶段不同。设立行为发生于公司成立之前，成立则发生于公司被依法核准登记之时，是设立行为被法律认可后的一种法律后果。因此，设立是公司成立的前提，没有公司设立行为，也就没有公司的成立；成立则是公司设立的继续或后果。公司设立并不当然导致公司的成立，当公司设立无效时，公司便不能成立。②行为性质不同。设立行为发生于发起人或发起人与认股人之间，是一种私法行为，它体现民商法所普遍倡导和遵循的平等、自愿、诚实信用和等价有偿的基本原则，其要素是设立人的意思表示；而成立行为则发生于发起人与登记主管机关之间，实际上是公司设立行为与公司设立主管机关和登记机关的登记行为或认可行为的结合，是公司取得法人资格及相关权利能力和行为能力的法律事实或法律状态，此时的行为主要是登记主管机关的行政行为，具有公法性质。③法律效力不同。在公司设立阶段，公司尚不具备独立的法律主体资格，其对内、对外关系视同为合伙。如公司最终未获准登记，因设立公司所发生的债权债务关系，类推适用有关合伙的规定；如公司被核准成立，发起人为设立公司所实施的法律行为，其后果归属于公司，其债务则由成立后的公司承担。④解决有关行为争议的依据不同。设立过程中的争议和纠纷，一般依照发起人之间订立的协议解决。而成立过程中，因设立事实能否得到登记机关或审批机关的登记认可或批准所产生的争议，一般依照有关行政法规解决，并多表现为行政争议，当事人可以提起行政诉讼。

## 二、公司设立的性质

对于公司设立的性质，学界认识不尽一致，大致存在三种学说。

### （一）合伙契约说

此说认为发起人协议、公司章程都是以当事人的合意为基础，并对当事人具有约束力，因此应属于民法上的契约行为，进而将设立行为视为合伙契约。但是，契约当事人之间的关系一般属于"交错统一型"的关系，双方各负对待给付义务，一方之所得即为另一方之所失，反之亦然。而在公司设立过程中发起人之间的关系，则更近似于"平行融合关系"，即彼此不负互为给付义务，行为后果是达成公司成立这一共同目的。[1] 因此，多数学者认为合伙契约说并未准确揭示公司设立的性质，且由于此说将公司与合伙混为一谈，与法理不合，故支持者不多。

### （二）单独行为说

此说认为设立行为是每一行为人各自的单独行为，围绕取得公司法人资格这一共同目标而竞合。单独行为说忽略了公司是在创立会上由多数股东决议而成立的这一事实，因而亦欠准确。

### （三）共同行为说

共同行为说认为，设立行为的基础是多数人一致的意思表示，行为的效果是行为人取得同质的股东权，它有别于互为给付的契约行为，也不同于导致单一责任的单独行为。目前，多数学者持此观点。

## 三、公司设立的原则

公司设立的原则是公司法理论中的习惯用语，实质上，它并非通常意义上所称的"原则"，而是指公司设立的基本依据及基本方式。尽管公司是具有法律人格的社会组织，但是不同类型的公司在责任形式以及组织结构上不尽相同，并且

---

〔1〕　江平主编：《新编公司法教程》，法律出版社1994年版，第79页。

不同的国家和地区在不同的历史阶段，由于社会政治经济条件、文化传统、法律传统诸因素的差异，对同一类型公司的设立所采取的态度也不完全一致。因此，公司设立的原则并非是单一的、一成不变的，而是因公司类型的不同以及时代的演变而有所差异。概括来说，公司设立大体经历了自由设立主义、特许主义、核准主义、准则主义及严格准则主义等几个不同的立法阶段。

（一）自由设立主义

自由设立主义，也称放任主义，即公司的设立完全听凭当事人的自由，国家不加任何干预或限制。自由设立主义主要是欧洲中世纪公司勃兴的初期国家对公司设立所采取的立法态度。这一原则的采用是与法人理论和法人制度尚未完善密不可分的。从罗马社会到中世纪，商业社团是依事实而存在，而不是依法创设的。法律既不承认商业公司的"法人"地位，也不对商业公司的成立主动干预，故成立商业公司既无法定条件的限制，亦无注册登记的程序。自由设立主义虽便利于公司产生，但在这一原则下公司与合伙实难区分，极易导致虚假公司的泛滥，危及债权人的权益，进而影响交易安全，而且公司设立的放任自流也使国家难以有效控制而弊端丛生，于是这一原则随着法人制度的完善而被淘汰。

（二）特许主义

所谓特许主义，是指公司的设立需要王室或议会通过颁发专门的法令予以特别许可。特许主义起源于13世纪~15世纪，并在17、18世纪的英国曾一度盛行。特许主义的产生有其深刻的历史背景。中世纪后期，欧洲大陆有许多商业行会发展起来，各行各业的经营范围截然分开，行会内部不断发生冲突，纷纷请求划分势力范围。各种行会企图凭借国家权力形成对商品市场的垄断，而封建国家又希望通过这些行会承担某些公共职能来推行某些政策，于是商业行会对行政性垄断的追求便促成了法人设立原则从自由设立主义向特许设立主义的转变。因此，在特许主义下设立的公司，通常被视为早期资本同绝对主义和极权主义王权相结合的产物，是国家权力的延伸。[1] 早期殖民主义时期在特许主义下设立的英国东印度公司、荷兰东印度公司、哈德逊公司等大型海外贸易公司无不充当着国家对外推行殖民扩张和掠夺工具的角色。由于在特许主义原则支配下，公司设立采取严格限制，难以适应一大批经济组织取得法人资格的需要，同时特许制下形成的市场地域分割和行业分割以及行政垄断，严重阻碍了个人之间的自由竞争和统一市场的形成，阻滞资本主义经济的发展，因而到19世纪初，特许主义原则便为资产阶级立法所摒弃［如英国1720年制定的泡沫法（Bubble Act），曾规

---

[1] 江平主编：《法人制度论》，中国政法大学出版社1994年版，第114~115页。

定不许滥设公司，具有法人资格的公司须经国会许可，但该法于 1925 年被废止]。近代各国除对某些特殊公司仍采取特许主义外，对一般的公司不复采用。

（三）核准主义

核准主义，也称许可主义或审批主义，指公司设立除具备法定之一般要件外，还须经政府行政主管机关审查批准。法国路易十四时期制定的《商事条例》最早确立了这一设立原则，后为德国等其他欧洲国家所采用。核准主义与特许主义形同实异，前者为行政上之特权，后者为立法上之特权。前者是基于已有之法律而由行政官署核准，而后者每一公司之设立，须制定特定之法律或由国家元首命令成立。核准主义较特许主义显然前进了一步，它极大地便利了公司的设立。但在核准制下设立公司的制度仍过于严格，有碍公司的成立和发展。

（四）准则主义

准则主义，又称登记主义，它经历了由单纯准则主义到严格准则主义两个阶段。单纯准则主义，指由法律规定成立公司的条件，如果发起人认为公司具备法律规定的条件，就可直接向登记机关申请，无须经过主管机关审批。单纯准则主义可以简化公司设立程序，方便公司设立，但与自由设立主义一样，容易造成滥设公司的后果。因此，在 19 世纪末，西方国家为了适应社会经济发展的需要，在纷纷摒弃核准主义改行准则主义后不久，便着手对准则主义进行某些修正，以弥补单纯准则主义之不足。特别是进入垄断资本主义时期以后，由于公司设立的要件过于宽松，公司设立弊端颇多，故立法又逐渐严格，对一般的公司从最低资本额、股东资格、发起人人数等方面规定了严格的设立条件，并不断强化发起人的责任和法院及行政机关对公司的监督。这种公司设立原则与单纯准则主义稍有不同，称之为严格准则主义。所谓严格准则主义，就是指在公司设立时，除了具备法律规定的要件外，还在法律中规定了严格的限制性条款，设立公司虽无须经过行政主管机关批准，但要符合法律规定的限制性条款，否则即应承担相应的法律责任的公司设立原则。严格准则主义克服了特许主义和核准主义的程序繁琐、不利公司设立的缺点，又不像自由设立主义和单纯准则主义对公司设立那样放任，因而是一种比较理想的设立原则，为现代大多数国家立法所普遍遵循和采用。

我国长期以来，对企业设立基本上采取的是主管机关审批和登记机关核准相结合的严格的行政审批制度，奉行的主要是核准主义原则。核准主义对于防止滥设公司曾一度发挥过积极作用，但该种设立制度存在着严重的先天不足，带有明显的计划经济的烙印。随着我国改革开放的不断深入和社会主义市场经济目标模式的确立，其弊端越来越明显，已难以适应社会主义市场经济的要求，集中表现在以下几个方面：①繁琐的审批程序极大地影响了设立效率，加大了设立成本，增加了设立费用，造成了社会资源的巨大浪费。②行政审批造成的行业垄断和市场分割，使公司无法成为竞争的工具，严重地制约着统一市场的形成。正如有的学者指出：在核准制下，主管部门犹如设置在行业出入口处的一堵坝，下属公司被禁锢在坝内，竞争对手被排除在坝外，公平竞争成为毫无希望的空想。[1]③行政审批是造成"政企不分""官商不分"的先天性公司病的重要原因，其原因在于审批者可以用自己的权力来审批自己发起设立的公司。④核准主义也是滋生腐败现象的温床。因为核准主义下的审批机关可以在法定的条件之外，另行掌握审批标准，审批与否多半由其自由裁量，缺乏透明的衡量尺度，这就为审批者以权谋私甚至贪污腐化大开了方便之门，许多不合理的审批项目可以在不正当的插手下"强行立项"，而有些确实合理的项目往往因"关节"不通而审批受阻，无处申辩。不少行政机关手中的设立公司的审批权成了拉取挂靠单位、收取不正当费用、进行非法交易的工具。这一切都严重地败坏了社会风气。⑤登记机关与审批机关责任不明、政出多门的局面，不仅难以有效制止虚假公司的出现，反而加剧了各种皮包公司的泛滥。因此，改革公司的设立制度成为我国公司法的核心任务。20世纪90年代初，我国海南、广东等地区便率先简化公司设立程序，实行准则主义。

我国1993年制定《公司法》时，在总结我国公司设立实践的基础上，充分借鉴国外的立法经验，对我国的公司设立制度进行了重大改革。对设立有限责任公司实行准则主义，凡符合法定条件，即可直接向公司登记机关申请注册登记；但对于设立股份有限公司，则规定实行核准主义，"必须经过国务院授权的部门或省级人民政府批准"。2005年修订的《公司法》第6条第1款改变了原公司法所奉行的公司设立的二元立法，实行了公司设立的一元立法体例，规定："设立公司，应当依法向公司登记机关申请设立登记。符合本法规定的设立条件的，由公司登记机关分别登记为有限责任公司或者股份有限公司；不符合本法规定的设立条件的，不得登记为有限责任公司或者股份有限公司。"尽管《公司法》第6条第2款规定了"法律、行政法规规定设立公司必须报经批准的，应当在公司登记前依法办理批准手续"，但是，依学者解释，此为"营业许可"，而非公司设立的行政许可。[2]由此可见，我国已在修订后的《公司法》中全面奉行了公司设立的准则主义，这无疑是公司设立制度的一大进步。

---

[1]  方流芳："公司审批制度与行政性垄断——兼论中国公司法的走向"，载《中国法学》1992年第4期。

[2]  王保树："公司设立之立法主义改革的思考"，载赵旭东主编：《公司法评论》2005年第2辑（总第2辑），人民法院出版社2005年版。

**四、公司设立的效力**

公司设立的效力，是指公司设立活动所产生的法律后果。公司设立最直接的法律后果有二：①公司经过设立程序，符合法定条件，被依法核准登记的，即取得法人资格；②公司经过设立程序，不符合法定条件或违反法律强制性规定的，公司不能成立或导致公司设立无效和被撤销。无论是公司成立还是不成立，均存在发起人行为后果由谁承担及发起人的责任等问题，这也是公司设立行为效力的重要内容。

（一）先公司合同之效力

先公司合同（Pre - incorporation Contract），是指在公司设立阶段，发起人为组建公司并使成立的公司取得一定生产要素、具备一定生产经营能力，以设立中的公司的名义或以发起人的名义而订立的合同。一言以蔽之，先公司合同就是在公司设立阶段订立的合同。

要搞清先公司合同的法律效力，首先要明确先公司（设立中的公司）的法律地位。对于设立中公司的法律地位，在学理上历来有"合伙说""无权利能力社团说""非法人团体说"等。比较各说，我们认为"非法人团体说"可资借鉴。该说认为，设立中的公司作为一种非法人团体，一方面它还不是完全独立的民商主体，另一方面它又具有有限人格，具有不同于其成员个人利益的团体利益。"非法人团体说"从法人权利能力形成的角度强调设立中的公司是正在形成的公司，其虽不具有完全行为能力，但已具有一定的意思能力、行为能力和责任能力。

综观当代外国的公司立法，对先公司的法律地位和先公司合同之效力大都有明文规定。法国《商事公司法》第5条第2款规定："在公司获得法人资格之前，以筹建中的公司名义进行活动的人，对因此完成的行为负连带无限责任，但公司在合法成立并登记后重新承担已承诺义务的除外。这些义务因此被视为从一开始就由公司承担。"[1] 德国《有限公司法》第11条之（2）规定："如果在登记之前曾经以公司名义行事，则由行为人承担个人的和连带责任。"[2] 从以上两则立法例中可以看到，为实现公司成立之目的，实施先公司合同行为具有相当程度的普遍性。因而，明确设立中公司的法律地位，特别是对先公司合同之效力作出规定，应为公司法中不可或缺的条款。从法、德两国立法例中还可看到：先公司合同之效果一般归属于行为人个人，亦可被成立后的公司概括承继。

我国《公司法》虽然对先公司合同之效力未作明确规定，但因为在司法实

---

〔1〕　卞耀武主编：《当代外国公司法》，法律出版社1995年版，第376页。

〔2〕　卞耀武主编：《当代外国公司法》，法律出版社1995年版，第296页。

践中此类问题客观存在，亟需用司法解释来予以阐明。为此，最高人民法院在《关于适用〈中华人民共和国公司法〉若干问题的规定（三）》（以下简称《公司法司法解释（三）》）中对此作出了明确的规定，其主要内容为：①发起人为设立公司以自己名义对外签订合同，合同相对人可以请求该发起人承担合同责任。②公司成立后对上述合同予以确认，或者已经实际享有合同权利或者履行合同义务，合同相对人可以请求公司承担合同责任。③发起人以设立中公司名义对外签订合同，公司成立后合同相对人可以请求公司承担合同责任。④公司成立后有证据证明发起人利用设立中公司的名义为自己的利益与相对人签订合同的，公司可以此为由主张不承担合同责任，但相对人为善意的除外。⑤公司因故未成立，债权人可以请求全体或者部分发起人对设立公司行为所产生的费用和债务承担连带清偿责任。部分发起人依照上述规定承担责任后，请求其他发起人分担的，人民法院应当判令其他发起人按照约定的责任承担比例分担责任；没有约定责任承担比例的，按照约定的出资比例分担责任；没有约定出资比例的，按照均等份额分担责任。因部分发起人的过错导致公司未成立，其他发起人主张其承担设立行为所产生的费用和债务的，人民法院应当根据过错情况确定过错一方的责任范围。⑥发起人因履行公司设立职责造成他人损害，公司成立后，受害人可以请求公司承担侵权赔偿责任；公司未成立的，受害人可以请求全体发起人承担连带赔偿责任。公司或者无过错的发起人承担赔偿责任后，可以向有过错的发起人追偿。

（二）发起人的责任

发起人是公司设立行为的具体实施者。发起人的设立活动对于认股人、因设立活动而成立的公司都有直接的影响。为了增加发起人的责任感，防止滥设公司以及以公司名义进行欺诈活动，各国公司立法均对发起人规定了较为严格的民事责任。按照我国《公司法》和司法解释的规定，发起人除应承担公司未成立的先公司责任外，还须承担下列责任：

1. 在公司成立的场合，发起人的责任：①资本充实责任。发起人须保证公司在登记时，其财产的实际价值不得少于章程所规定的资本额。如果公司登记时其财产不能满足章程所规定的数额的，发起人有义务填补这部分差额。这种责任又称为"差额填补责任"或"差额责任"，它是由德国公司法所确立的发起人的一项重要义务。[1] 此后，不少国家和地区的公司法都有类似规定。如日本《有

---

[1]　孙珺："德国股份公司设立中的法律问题"，载《中德经济法研究所年刊》，南京大学出版社1994年版，第121~122页。

限公司法》第 9 条规定，以金钱以外的财产出资时，如果出资标的财产在公司成立时的实际价额显著低于章程中所定的价额，则公司成立时的股东对公司负连带填补其差额的义务；第 15、16 条规定，股东未缴清股款或未全部给付出资时，公司负有连带缴纳其不足额的责任。大多数国家的公司法规定，凡未能缴足首期发行股份的，以及认股人逾期不能交付股金的，发起人应负连带认缴责任。我国《公司法》第 30 条规定："有限责任公司成立后，发现作为设立公司出资的非货币财产的实际价额显著低于公司章程所定价额的，应当由交付该出资的股东补足其差额；公司设立时的其他股东承担连带责任。"可见我国《公司法》也确立了这一义务。其目的是保证公司资本的充实，以维护公司和债权人的利益。②损害赔偿责任。为了防止发起人借设立公司之名侵害公司及第三人利益，各国公司法要求发起人须就自己的设立行为对公司负责。我国《公司法》第 94 条第 3 项明确规定："在公司设立过程中，由于发起人的过失致使公司利益受到损害的，应当对公司承担赔偿责任。"这一规定与国际上的通常做法是一致的。在这里，发起人对公司承担损害赔偿责任的责任基础是过错责任，即发起人只对自己的过错行为承担责任，这与发起人的资本充实责任不同。后者实行的是一种严格责任，即不论发起人于公司设立时对资本不实之事实是否知悉或应否知悉，均推定发起人有过错而承担补充责任。

2. 在公司不能成立的场合，发起人的责任：①对设立行为所产生的债务和费用负连带责任。设立费用及债务应由成立后的公司承担，但当公司不能成立时，只能由实施设立行为的主体（发起人）承担。由于发起人之间的关系近似于合伙关系，因此各国立法一般准用合伙的有关规定，即由发起人对设立行为所生费用和债务负连带赔偿责任。②对已收股款负返还的连带责任。在采取募集方式设立公司的情况下，发起人对认股人已缴纳的股款，还负有返还股款并加算银行同期存款利息的连带责任。

（三）公司设立无效和设立撤销

在西方国家，即使公司已登记成立，但如果发现公司设立行为违反强制性规定或存在其他民法上所规定的可撤销或无效条件，如禁治产者的设立行为、因欺诈或胁迫而实施的设立行为等，利害关系人也可以向法院提起宣告设立无效或设立撤销之诉。请求宣告设立无效或撤销的诉讼只能在公司成立后的一定期间内（一般规定 2 年内）提出。公司法中的设立无效判决和设立撤销判决，其效力虽可及于第三人，但无溯及力，不影响判决作出前公司、股东及第三人间产生的权利和义务，其目的在于保护交易的安全和经济秩序的稳定。因此，公司法中的设立无效和设立撤销制度并不完全等同民法上关于无效民事行为和可撤销的民事行为的有关规定。我国《公司法》目前仍无此项制度，但有学者认为有必要建立此项制度。

在我国公司实践中也普遍存在着公司设立瑕疵[1]的诸多情形，如虚报注册资本、提交虚假证明文件或者采取其他欺诈手段隐瞒重要事实取得登记，以及虚假出资和出资不实等。对此，我国《公司法》也有相应规制，即由公司登记机关视情节对相关责任主体作出罚款、撤销登记或者吊销营业执照等行政处罚。[2]显然，尽管其也可因撤销登记或吊销营业执照而使公司法人资格最终消灭，从而产生与设立无效或撤销相类似的法律后果，但显然这是一种依行政职权行使的行政处罚制度，与西方作为司法救济措施而存在、通过司法确认公司设立效力的设立无效和设立撤销制度有本质的区别。这种行政主导模式的有利之处在于便于国家对公司设立条件与程序的有效监督，保证了对公司设立瑕疵处理的便捷性，并有利于行政效率的提高。但缺陷也十分明显，因为其将认定和处理公司设立瑕疵的职权绝对化地限定于登记机关，从而剥夺了公司利害关系人的撤销请求权和诉权，也不利于法院审判权的行使。[3] 所以，越来越多的学者主张建立我国的公司设立无效和撤销制度，赋予利害关系人以诉讼权利。

## 第二节　公司设立的方式

### 一、发起设立

发起设立，亦称共同设立或单纯设立，是指公司的资本由发起人全部认购，不向发起人之外的任何人募集而设立公司的方式。

无限责任公司、两合公司和有限责任公司均属于封闭性公司，不能向社会发

----

[1] 所谓公司设立瑕疵，是指已被公司登记机关核准登记为公司并获得营业执照后，存在在设立过程中并未完全按《公司法》规定的条件或程序而设立公司的情形。

[2] 《公司法》第198条规定："违反本法规定，虚报注册资本、提交虚假材料或者采取其他欺诈手段隐瞒重要事实取得公司登记的，由公司登记机关责令改正，对虚报注册资本的公司，处以虚报注册资本金额5%以上15%以下的罚款；对提交虚假材料或者采取其他欺诈手段隐瞒重要事实的公司，处以5万元以上50万元以下的罚款；情节严重的，撤销公司登记或者吊销营业执照。"《公司法》第199条对出资不实的法律后果作出了如下规定："公司的发起人、股东虚假出资，未交付或者未按期交付作为出资的货币或者非货币财产的，由公司登记机关责令改正，处以虚假出资金额5%以上15%以下的罚款。"

[3] 根据现行立法，若法院在诉讼过程中发现公司设立撤销原因并经当事人申请时，无法主动依司法途径否定公司的法人资格，而只能暂时中止审理，并以司法建议书的形式要求公司登记机关撤销公司登记。但在实践中，受各种部门利益的影响，此种司法建议常常不受重视，从而降低了司法效率。

行股份，因此，只能采取发起方式设立公司。股份有限公司属于开放性公司，可以向社会发行股份，因而既可以采取发起方式设立公司，也可以采取募集方式设立公司。

发起设立具有设立程序简单的优点。其资本的筹集无须履行复杂的招股程序，可以有效地缩短公司设立的周期，减少公司的设立费用，降低公司的设立成本，因而是世界上较为通行的公司设立方式。但发起设立存在的明显不足是发起人须认购公司的全部资本，出资责任较重，对于资金需求量较大的大型股份有限公司来讲，发起设立尚难堪此任。因此，发起设立通常被认为是中小型公司常采用的一种设立方式。对于设立时就需要较多资金的公司，则不宜采取发起设立方式。

**二、募集设立**

募集设立，亦称渐次设立、复杂设立，是指发起人仅认购公司一定比例的股份，其余部分向外公开募集而设立公司的方式。募集设立与发起设立的主要不同在于公司在设立阶段可以向外招募股份，因此，只有股份有限公司方能采取募集设立方式设立公司。需要指出的是，募集设立行为仅发生在公司设立阶段，公司成立后虽仍可对外发行股份，但已不属于设立行为。

在广泛地募集社会巨额资金方面，募集设立具有发起设立所不能比拟的优越性。它可以通过发行股份的方式充分吸收社会闲散资金，在短期内筹集成立公司所需的巨额资本，缓解发起人的出资压力，便于公司的成立。但采取募集方式设立公司，审批手续极为复杂，需办理设立公司和发行股份两道审批手续，还可能受到国家金融政策等方面的制约。另外，募集设立的股份有限公司还具有股权分散、易受制于证券交易市场等特点。因而，当每个发起人有充足资金，并预测公司成立后收益颇丰的情况下，发起人也可能会情愿采取发起方式设立公司。这样，既可缩短设立周期，也可使公司股权不会因股东人数太多且分散而失控。因此，从总体上讲，募集设立主要是成立时即需要巨额资金的公司所采用的一种设立方式。

我国《公司法》77条第3款规定："募集设立，是指由发起人认购公司应发行股份的一部分，其余股份向社会公开募集或者向特定对象募集而设立公司。"由此可见，我国的募集设立可以分为社会募集设立和定向募集设立两种形式。社会募集设立，是指公司发行的股份除由发起人认购外，其余股份应向社会公众公开发行。定向募集设立，是指公司发行的股份除由发起人认购外，其余部分可向特定法人或特定自然人（如内部职工等）发行，但不公开向社会发行。采取社会募集方式设立的公司，可称为社会募集公司；采取定向募集方式设立的公司，被称为定向募集公司。"定向募集"在证券法理论中被称为"私募发行"或"非公开发行"（Private Placement 或 Private Offering），即在以不公开的方式向特定数额之内的特定对象发行证券时可以减少或者免除公司发行所必须的审批或备案手续。在《公司法》出台之前，我国国务院有关部门于 1992 年联合颁布的《股份有限公司规范意见》曾经规定有公司定向募集设立这种方式。由于当时的定向募集并没有发行对象的严格界定，更没有招募形式的控制，加之"定向募集"与"社会募集"之分与当时的股票发行配额交错，人为地造成了公司形态与证券形态的混乱，所以 1993 年《公司法》和 1998 年《证券法》都取消了"定向募集"，一律采取向社会公开发行的资本募集方法。然而，向社会公开募集发行，其发行条件、程序严格，耗时长，费用高，无法满足中小公司融资的需要，加之资本市场中机构投资者的日益壮大，我国私募发行证券的条件日益成熟。为此，我国 2005 年修订的《公司法》明确规定公司在设立时，可以向特定的对象募集股份，2005 年修订的《证券法》则从证券发行的角度，对发行对象的人数、非公开的方式等作了界定和规范。

各国公司法对采取募集方式设立公司时发起人认购的股份应占发行资本总数的比例，大都有限制性规定。这对于加重发起人的责任，保护广大投资者的利益是必要的。因为成立公司是要进行一定的经营活动以达到一定的经济目的，而进行经营活动必须要有一定的物质基础，才能保障债权人的利益。公司的经济能力来自于发起人和其他股东的出资，如果发起人不具备一定的经济能力，不出资或出资很少，仅凭借其他人的资本进行经营活动，那么发起人就不承担或承担很小的责任，这样很容易使发起人不经过认真调查研究就设立公司，甚至利用设立公司进行欺诈活动，损害广大投资者的利益。为此，我国《公司法》第 84 条规定："以募集设立方式设立股份有限公司的，发起人认购的股份不得少于公司股份总数的 35%；但是，法律、行政法规另有规定的，从其规定。"这里应当注意的是，发起人认购的股份是指所有发起人认购的股份的总额，而不是某一个发起人认购的股份。至于每一个发起人应当认购多少股份，《公司法》并未明确规定。在设立公司时，即使某一个或者某几个发起人认购的股份很少，但如果其他发起人认购的股份很多，所有发起人认购的股份在总额上达到了公司股份总额的 35%，也是符合《公司法》对募集设立股份有限公司的发起人认购股份的要求的。

## 第三节　公司设立的条件

公司设立的条件，是指公司取得法人资格所须具备的基本要素。我国《公司法》第 23 条、第 76 条分别对有限责任公司和股份有限公司的设立条件作出了明确的规定。尽管不同的国家对不同类型公司的设立条件所规定的宽严标准和具体内容有所不同，但一般都包括以下几个方面的要件。

**一、组织要件**

组织要件，包括公司的名称、种类、公司章程、组织机构、法定最低资本以及经营场所等。

设立公司必须确定公司的名称，制定公司章程，建立符合法律要求的组织机构，出资或股本要达到法定资本的最低限额，要有固定的生产经营场所。公司的名称是公司与其他经济组织相区别的标志，是公司的法定登记事项。公司章程是公司社团法人的自治规则，是公司股东和公司发起人意思表示一致的反映。而作为社会组织的公司，其团体意志的形成和实现均须借助于一定的组织机构，没有一定的组织机构，公司就不能作为有意志的独立主体进行活动，也不可能享有权利和承担义务。公司的注册资本则是公司运营的物质基础，是公司债务的总担保。而场所则是公司从事生产经营活动的地方，是公司组织体赖以生存的空间。因此，我国《公司法》要求，无论是有限责任公司还是股份有限公司，都须有公司名称，有公司章程，有注册资本，有符合要求的公司组织机构，有固定的生产经营场所。

**二、发起人的要件**

发起人，亦称创办人，是指订立公司发起协议，提出设立公司申请，向公司出资或认购股份，并对公司设立承担责任的人。由于发起人负有出资或认购股份的义务，在公司成立后即成为公司的首批股东。

设立股份有限公司离不开发起人的创设活动，但并非任何人都可以成为公司的发起人。除须具备民事权利能力和民事行为能力外，法律还对发起人的人数和资格作出了限制。

（一）发起人的人数限制

由于公司是社团法人，是人的组合，具有鲜明的股东多元化的特征，因此，除设立一人有限公司外，公司的发起人必须是2人以上，对于股份有限公司的发起人的人数要求更高。例如，法国、韩国、英国规定发起人应为7人以上，德国规定发起人应为5人以上，挪威、瑞典规定发起人应为3人以上。我国《公司法》允许设立一人有限责任公司，明确规定有限责任公司由50个以下股东出资设立，并规定设立股份有限公司应当有2人以上200人以下为发起人。

（二）发起人的资格限制

1. 发起人的身份限制。一般来讲，公司的发起人既可以是自然人，也可以是法人；既可以是本国人，也可以是外国人。只要发起人具有民事权利能力和民事行为能力，不属禁治产者即可成为公司的发起人。但有些国家的公司法对发起人的身份作了特殊要求。如瑞典公司法要求股份有限公司的发起人必须是本国人。意大利公司法规定，公司创办人不一定是具有意大利国籍的公民，但外国人拥有意大利公司30%以上股份时，需经意大利财政部批准。

在我国《公司法》颁布之前，自然人、私营企业、外商投资企业以及外国企业均不得作为股份有限公司的发起人（《股份有限公司规范意见》第10条）。但是这种限制违背社会主义市场经济的客观要求，而且在所有制分割的壁垒已经被突破的情况下，专门对某一类所有制企业设定限制，也缺乏可行性。因此，我国《公司法》取消了这种限制，将发起人主体资格扩大至包括自然人和法人在内的具有民事权利能力和行为能力的所有民事主体，而且对发起人的国籍不再作出具体限制，即外国公司或其他组织和个人，只要符合法律规定的条件，也可成为股份有限公司的发起人。但是，自然人作为发起人，应是具有完全民事行为能力的人；法人作为发起人，应为法律上不受特别限制的法人。我国现行法律规定，禁止党政机关及国家公务人员作为公司的发起人。

2. 发起人的住所要求。由于股份有限公司设立程序复杂，涉及社会公众较多，发起人在设立股份有限公司及股份有限公司成立之初责任重大，为了保证设立活动的顺利进行，加强国家对发起人的管理，防止发起人利用设立股份有限公司来损害广大社会公众的利益，不少国家对股份有限公司发起人的住所问题作出了特殊要求。例如，挪威公司法规定，如果公司创办人的招股书是向社会公开发出的，则发起人中起码应有一半人在挪威居住2年以上。我国《公司法》也要求股份有限公司的发起人须有半数以上在中国境内有住所。

### 三、物的要件

物的要件，是指作为资合公司的有限责任公司和股份有限公司所应具备的必要的物质条件，其中最主要的是资本条件。

资本，亦称股本，是指由全体发起人或股东认缴的股金总额。传统公司法理论认为，公司的资本是公司赖以生存的"血液"，是公司运营的物质基础，也是公司债务的总担保。因此，一些大陆法系国家的公司法要求公司必须拥有与其生产经营规模相适应的独立的财产，并规定了有限责任公司和股份有限公司的最低资本限额，如果公司达不到法定资本最低限额的要求，公司便不得成立。我国《公司法》原来也规定股东出资应达到的法定资本的最低限额，2013年修正《公司法》时，为方便公司设立，取消了公司注册资本的最低限额，但法律、行政法规以及国务院决定对有限责任公司注册资本实缴、注册资本最低限额另有规定的，从其规定。此外，我国《公司法》还对股东的出资方式、出资构成、出资程序、出资转让以及资本的增加与减少等作出了详尽的规定（详见本书第五章）。

**四、行为要件**

行为要件，是指公司发起人必须完成规定的设立行为，且设立行为须符合法律规定，否则公司不能成立。

设立行为是公司发起人为创办公司所从事的一系列连续性的准备行为，包括签订发起人协议、订立公司章程、认缴出资、确定公司机关、申请注册登记等。上述设立行为均须依照法定程序和要求进行。

## 第四节　公司设立的程序

**一、有限责任公司的设立程序**

按照《公司法》第二章第一节的有关规定，设立有限责任公司主要需经过下列程序：

**（一）签订发起人协议**

发起人协议是发起人之间就设立公司事项所达成的明确彼此之间权利义务关系的书面协议。与旨在规范成立后公司及成员行为的公司章程不同，它重在约束、规范发起人的行为，其性质类似于合伙协议。在公司设立程序中，组建公司的方案、股权分散或集中的程度、发起人之间的职责分工等，均由发起人协议形成最初格局。因此，签订发起人协议不仅对公司组建工作至关重要，而且对公司的未来发展也有着重要的影响。

**（二）订立公司章程**

订立章程是公司设立的一个必经程序，任何公司的设立均须订立公司章程。订立公司章程的目的是为了确定公司的宗旨、设立方式、经营范围、注册资本、组织机构以及利润分配等重大事项，为公司设立创造条件，并为公司成立后的活动提供一个基本的行为规范。

**（三）报经主管部门审批**

根据《公司法》第 6 条的规定，我国实行的是准则主义的公司设立制度，因此报经批准并不是设立公司的必经程序，只有法律、行政法规规定设立公司必须报经批准的，方须在公司登记前依法办理批准手续。值得注意的是，为了有效降低企业制度性交易成本，优化营商环境，激发市场活力和社会创造力，自 2013 年 3 月 1 日起，国务院授权深圳、上海等地开始进行商事登记制度改革试点，在试点区域，经营项目许可审批不再成为办理营业执照的前置条件。在总结试点经验的基础上，为进一步克服"准入不准营"现象，使企业更便捷地拿到营业执照并尽快正常运营，国务院于 2019 年 11 月发布了《关于在自由贸易试验区开展"证照分离"改革全覆盖试点的通知》，决定在全国各自由贸易试验区对所有涉企经营许可事项实行清单管理，率先开展"证照分离"改革全覆盖试点。特别经营资格的前置审批程序有望随着改革进程的加快而取消。

（四）认缴出资

公司的资本来源于股东的出资。出资是股东基于股东资格对公司所为的一定给付。凡股东都须履行约定的出资义务。除实行授权资本制的国家外，公司章程中所记载的资本总额，在公司成立时都必须落实到每一个股东名下，并按照章程的规定缴纳出资。在我国《公司法》实行认缴资本制后，股东可以分期缴付股款，但股东已经认购但尚未缴付的出资，也构成对公司债务的确切担保。认购和缴纳出资是有限责任公司设立的关键性程序，没有股东的出资认购和缴纳行为，公司便无从成立。

（五）确立机关

公司的机关是对内管理事务、对外代表公司的法定机构。作为法人组织的有限责任公司，其意志的形成和实现，均须依赖于法人机关及其成员的活动。因此，公司在成立登记前必须确定公司的权力机关、业务执行机关和监督机关的组成及其成员的分工，并须符合法律规定。应当特别加以注意的是，我国 2005 年修订的《公司法》将确定公司法定代表人的权力赋予了公司章程。《公司法》第13 条规定："公司法定代表人依照公司章程的规定，由董事长、执行董事或者经理担任，并依法登记……"由此可见，确定公司的法定代表人不仅是公司章程的必要记载事项，也是公司设立必不可少的重要程序。

（六）申请登记

设立有限责任公司，应当由全体股东指定的代表或共同委托的代理人向公司登记机关报送公司登记申请书、公司章程等文件，申请设立登记。法律、行政法规规定设立时必须经过审批的还应提交有关审批文件。公司登记机关对于申请设立登记的公司进行认真审查，凡符合《公司法》规定条件的，应予以登记。经公司登记机关核准并发给营业执照，公司即告成立。

**二、股份有限公司的设立程序**

股份有限公司既可采取发起方式设立，又可采取募集方式设立。设立方式不同，法律对设立程序的要求也不尽一致。因此，股份有限公司的设立程序因设立方式的不同而有所差异。

（一）发起设立的程序

采取发起方式设立股份有限公司，由于公司资本全部由发起人认缴，无须向社会公众招募，因此，其设立程序相对简单，与有限责任公司的设立方式基本相同，主要包括发起人签订发起协议、制订公司章程、办理审批手续、发起人认缴股款、选举公司机关成员、申请设立登记等。

（二）募集设立的程序

采取募集方式设立股份有限公司，因需对外招募股份，所以其设立程序比发起设立复杂。募集设立的主要程序是：

1. 发起人认足部分股份。发起人认足法定比例的股份，是保证公司设立顺利进行和加重发起人责任、保护众多出资人利益的需要，是各国普遍一致的做法。我国《公司法》第84条规定，以募集设立方式设立股份有限公司的，发起人认购的股份不得少于公司股份总数的35%。因此，发起人只有在认足上述规定比例的股份之后，方可进行其后的设立行为。

2. 制作招股说明书。招股说明书，又称募股章程，是指由公司发起人制作的、向社会公开的、旨在使社会公众了解公司的基本情况和认股具体办法，便于公众认购公司发行股份的书面文件。招股说明书是公司为获得募股资格而向证券管理部门报批的法定文件。就实质而言，招股说明书是一个包含发行条件的文件，也是一种向社会公众发出的认购公司股份的要约邀请。为了防止发起人以不正当的手段招股，保护认股人的利益，各国公司法都规定，在公开招股前，发起人应制作招股说明书。许多国家还对招股说明书的内容及制作虚假招股说明书的法律责任作了明确规定，我国也不例外。根据我国《公司法》第86条的规定，招股说明书应当附有发起人制订的公司章程，并载明下列事项：①发起人认购的股份数；②每股的票面金额和发行价格；③无记名股票的发行总数；④募集资金的用途；⑤认股人的权利、义务；⑥本次募股的起止期限及逾期未募足时认股人可撤回所认股份的说明。

3. 呈报国务院证券管理部门审批。由于公开募集股份涉及广大社会公众的利益，关系到社会经济秩序的正常和稳定，我国《公司法》要求发起人在向社会公开募集股份时，必须报经国务院证券管理部门审批。国务院证券管理部门对发起人递交和报送的文件进行审查，对符合《公司法》规定条件的募股申请，予以批准；对不符合《公司法》规定条件的募股申请不予批准，以调控股份的发行、所筹资金的投向以及防止滥发股份、欺骗社会公众现象的发生。未经国务院证券管理部门批准或者国务院证券管理部门对募股申请未予批准的，发起人不得向社会公开募集股份。

4. 公告和招募股份。发起人在募股申请得到国务院证券管理部门的批准后，即可向社会公告其招股说明书，邀约公众认购股份，同时制作认股书供认股人填写。认股书是社会公众认购公司发行股份的一种书面凭证。认股书应当载明招股说明书所载的有关事项，由认股人填写所认股份数、金额、住所，并签名、盖章。认股书具有合同性质，手续完备，即发生法律效力，认股人须按所认购的股份数额缴纳股款，否则应承担违约责任。

股份发行有直接发行与间接发行两种方式。公司直接向社会公众发行股份，为直接发行；由证券商作为中介机构向社会公众发行股份，为间接发行。我国目前只能采取后一种方式发行股份，即发起人向社会公开募集股份时，不得自行募集或者由任意一个机构去募集，而应当同依法设立的证券公司签订承销协议，由证券公司采取承销方式发行股份。

认股人有义务按认股书的要求缴纳股款。但发起人只能通过同银行签订协议的方式委托银行代收股款，代收股款的银行应当按照协议代收和保存股款，向缴纳股款的认股人出具收款单据，并负有向有关部门出具收款证明的义务。

发行股份的股款缴足后，必须经法定的验资机构验资并出具证明。

5. 召开创立大会。发起人应当自股款缴足之日起30日内主持召开创立大会。创立大会又称认股人会议，是由认股人参加，决定是否设立公司并决定公司设立过程中或公司成立之后的重大事项的会议。创立大会是公司成立前的决议机关，行使与股东大会类似的职权。根据规定，发起人应当在创立大会召开15日前将会议日期通知各认股人或者予以公告；必须有代表股份总数1/2以上的发起人、认股人出席，创立大会方可举行；大会决议必须经出席会议的认股人所持表决权过半数通过。

股份有限公司的创立大会作为公司成立前的决议机关，有权依法决定公司成立前的重大事项。《公司法》第90条规定创立大会行使下列职权：①审议发起人关于公司筹办情况的报告；②通过公司章程；③选举董事会、监事会成员；④对公司的设立费用进行审核；⑤对发起人用于抵作股款的财产的作价进行审核；⑥发生不可抗力或者经营条件发生重大变化直接影响公司设立的，可以作出不设立公司的决议。创立大会在选出董事会并完成它的使命后即告解散。

6. 申请设立登记。董事会应于创立大会结束后30日内，向公司登记机关报送有关文件，申请设立登记。公司营业执照签发之日，为公司成立的日期。

（三）国有企业改组为公司的一般程序

国有企业改组为公司必须按《公司法》及相关法律法规的要求进行一系列的准备工作，使其符合《公司法》规定的条件，并须办理法定的手续。按照规定，国有企业改组为公司应经过以下主要程序：

1. 报原企业资产所有者及政府授权部门批准。按照公司法规定，设立股份有限公司必须报国务院授权部门或省级人民政府批准。国有企业改组为公司应报企业原资产所有者或者其授权机构批准。因此，报原企业资产所有者及有关政府部门批准是企业改组的必经程序，只有在获得了资产所有者及有关部门的批准之后，方可进行公司化改组。

2. 达成发起人协议。依照规定，国有企业改组为公司，可以联合其他企业和单位共同发起设立，也可以由企业或其所有者单独发起设立。如果发起人为多人，发起人应就设立公司的有关事项进行协商，达成协议，并制订或修改公司章程。

3. 清理企业存量资产。清理企业存量资产，指对原企业的货币资本、有形资产及无形资产进行清理，同时还包括对原有企业的债权、债务进行清理。原有企业存量资产可先由原有企业的会计师负责清理，并编制财产清册、报表。企业存量资产清理完毕，编制好财产清册、报表以后，应委托具有资格的资产评估机构进行资产评估。

4. 评估资产。评估企业存量资产，主要是指具有资格的资产评估机构接受委托，对原企业的存量资产进行科学、公正、合理的价值估计。评估的对象主要是有形资产和无形资产。评估后应报同级国有资产管理部门核资、确认。

5. 界定产权关系。界定产权关系是指划分企业存量资产的归属。界定产权关系是设置股权的基础，其前提是首先弄清企业原始投资情况，搞清是一方投资还是多方投资，是谁投资，投资多少。其次要弄清原始投资的增值情况、增值的比例及具体数额，现有净资产是多少。如果原始投资者对于上述情况的结论无异议，可协商界定彼此在企业存量资产总额中所享有的产权比例，以及折合为人民币的具体数额。

6. 设置股权。设置股权是投资各方对经过改组重组后的公司利益的基本分配，是股东享有权利和承担义务大小的基础。采取发起方式组建的公司，公司资本或股份由发起人认购，不向发起人之外的任何人募集。至于各发起人的持股比例，视其出资的多少而定。采取募集设立方式组建的公司，则发起人认购的股份，不得少于公司应发行股份总数的35%，其余部分应向社会公开募集。

7. 转移资产及招股。发起人应按股权设置情况出资，并办理有关财产权转移手续。其中，采取募集设立方式组建股份有限公司的，还应制定招股说明书，报证券管理部门审批、公告招股，并委托银行代收股款，以向社会募集股份。

8. 建立规范的组织机构。采取发起设立方式组建的公司，应由发起人协商选举董事、监事，组成符合公司法要求的董事会和监事会；采取募集设立方式组建股份有限公司的，应于股份全部认缴后30日内召开创立大会，选举产生公司的董事会及监事会。

9. 申请设立登记。董事会成立之后，应于创立大会结束后 30 日内，持有关文件向公司登记机关申请设立登记。公司登记机关审核通过后，签发营业执照并公告公司成立。

## 第五节　公司章程

### 一、概述

公司章程，是指公司必备的规定公司组织及活动的基本规则的书面文件，是以书面形式固定下来的股东共同一致的意思表示。

大多数国家的公司章程由单一文件组成，一般记载公司的名称、宗旨、资本总额、组织机构以及其他重要事项。但在英、美等国家，公司章程则由两个文件组成。按英国公司法规定，在设立公司时，应先制定一项公司组织大纲（Memorandum of Association），处理公司的对外事务，主要包括公司的名称、住所、宗旨、公司种类、责任范围、资本等内容。此外，还要制定一项公司组织章程（Articles of Association），处理其内部事务。公司组织章程主要是关于股东与公司间的权利义务关系、公司的机构以及人员和活动等方面的规定。英国公司法还附有公司组织章程的标准格式。美国各州的公司法也要求在公司设立时须有两个基本文件：一个是公司章程（Charter），其性质和作用相当于英国的公司组织大纲；另一个是章程细则（By-Laws），只规定公司的内部事务，相当于英国的公司组织章程。但无论是在英国还是在美国，公司组织章程（Articles of Association）和公司章程细则（By-Laws）均被视为公司组织大纲（Memorandum of Association）及公司章程（Charter）的补充，不必提交注册登记机关备案，也不必向公众公布。在公司组织章程或细则与公司组织大纲和章程发生冲突时，分别以公司组织大纲和章程为准。

关于公司章程的性质，理论界尚有分歧。有的学者认为，公司章程是全体股东或发起人之间的一种协议；但更多学者认为，公司章程是社团法人的自治规则。因为公司章程一经批准，其效力就及于公司及公司的所有成员，它不仅对参与制定章程的股东或发起人具有约束力，对以后参加公司的股东也同样具有约束力，即公司章程的效力并不局限于参与制定章程的股东或发起人，这与协议在性质上是有明显的差别的。而且从公司章程的内容和作用来看，由于公司章程的内容涉及公司的组织原则、业务活动的范围、公司内部管理体制等各个方面，是公司及其所有成员的基本活动准则，它对公司从设立到解散的全过程，始终具有全面的指导和规范作用。因此，其同单纯规定当事人权利义务的协议也有所不同。我们同意后一种意见，认为公司章程是公司法人的自治规则，是公司及其成员的最高行为准则。

作为公司组织与行为的基本准则，公司章程对公司的成立及运营具有十分重要的意义，它既是公司成立的基础，也是公司赖以生存的灵魂。

1. 公司章程是公司设立的最基本条件和最重要的法律文件。各国公司立法均要求设立公司必须订立公司章程，公司的设立程序从订立章程开始，至设立登记结束。公司章程是公司对政府作出的书面保证，也是国家对公司进行监督管理的主要依据。没有章程，公司就不能获准成立。

2. 公司章程是确定公司权利、义务关系的基本法律文件。公司章程一经有关部门批准即对外产生法律效力。公司依章程享有各项权利，并承担各项义务。符合公司章程的行为受国家法律保护，违反章程的行为就要受到干预和制裁。

3. 公司章程是公司实行内部管理和对外进行经济交往的基本依据。公司章程规定了公司组织和活动的原则及细则，它是公司内外活动的基本准则。它规定的股东的权利义务和确立的内部管理体制，是公司对内进行管理的依据。同时，公司章程也是公司向第三者表明信用和相对人了解公司组织和财产状况的重要法律文件。公司章程向外公开申明的公司宗旨、营业范围、资本数额以及责任形式等内容，为投资者、债权人和第三人与该公司进行经济交往提供了条件和资信依据，便于相对人了解公司的组织和财产状况，便于公司与第三人间的经济交往。

## 二、公司章程的制定（订）

公司章程是出资人共同意志的体现，因此，无限责任公司、有限责任公司以及两合公司的章程，均应在设立阶段由公司最初的全体股东共同制定。股份有限公司的章程由全体发起人制订。股份有限公司是募集设立的，其章程还须由创立大会以决议形式通过。有的国家，如日本、法国及德国，还要求公司章程须经公证才能进行登记。我国《公司法》规定，有限责任公司的章程应当由全体股东共同制定；股份有限公司的章程应当由全体发起人共同制订，并经创立大会通过（在采取发起设立方式的情况下，由于不向社会募股，因而应理解为由发起人制订即可，无须创立大会通过）。由于国有独资公司的特殊性，国有独资公司的章程由国有资产监督管理机构制定；经授权，也可以由董事会制订，但须报国有资产监督管理机构批准。

关于章程的生效时间问题，认识上有分歧。有人认为，公司章程一经出资人签字、盖章（募集设立的股份有限公司一经创立大会通过）即发生法律效力。但不少学者对此持反对意见，他们认为公司章程是以登记机关登记为生效要件的，在登记机关批准之前并不具有任何约束力。有的学者取折衷态度，将章程效力分为对内效力和对外效力。他们认为，公司章程经出资人同意后即在出资人间发生效力，但其对外效力则是在登记机关批准以后才发生。我们认为，公司章程确定地发生效力的时间应是公司成立之时。在公司章程经发起人同意后、国家登记主管机关批准之前，公司章程所记载的涉及发起人相互关系的事项对发起人具有约束力。如果章程记载事项违反法律规定，其对内效力也同样丧失。

### 三、公司章程的记载事项

依据法律对公司章程记载的事项有无明确规定，以及所记载事项对章程效力的影响，章程的记载事项可分为绝对必要记载事项、相对必要记载事项和任意记载事项。

#### （一）绝对必要记载事项

绝对必要记载事项是指章程中必须予以记载的、不可缺少的事项，公司章程缺少其中任何一项或任何一项记载不合法，就会导致整个章程的无效。对于章程的绝对必要记载事项，各国公司法都予以明文规定，主要是公司性质所要求的章程的必备条款。通常包括公司的名称、住所地、公司的宗旨、注册资本、财产责任等。

依据我国《公司法》第25条和第81条的规定，有限责任公司章程应当载明下列事项：①公司名称和住所；②公司经营范围；③公司注册资本；④股东的姓名或者名称；⑤股东的出资方式、出资额和出资时间；⑥公司的机构及其产生办法、职权、议事规则；⑦公司的法定代表人。股份有限公司章程应当载明的事项包括：①公司名称和住所；②公司经营范围；③公司设立方式；④公司股份总数、每股金额和注册资本；⑤发起人的姓名或者名称、认购的股份数、出资方式和出资时间；⑥董事会的组成、职权和议事规则；⑦公司法定代表人；⑧监事会的组成、职权和议事规则；⑨公司利润分配办法；⑩公司的解散事由与清算办法；⑪公司的通知和公告办法。

#### （二）相对必要记载事项

所谓相对必要记载事项，是指法律列举规定的一些事项，可以听凭章程制定（订）人自主决定是否载入章程。一旦章程予以记载，便发生效力。如果不予记载或某项记载不合法，则仅该事项无效，章程的其他事项仍然有效，不影响整个章程的效力。显然，相对必要记载事项对于公司的意义和重要程度逊于绝对必要记载事项，所以公司法采取了比较宽松的态度。

综合德国《股份法》第26条和第27条、日本《商法典》第168条、法国《公司法实施细则》第55条等的规定，章程的相对必要记载事项通常包括发起人所得的特别利益、设立费用及发起人的报酬、有关出资、公司的期限、分公司的设立等。我国《公司法》虽对相对必要记载事项未作明确列举，但有的学者认为，《公司法》规定的"应当载明"的事项应理解为"必要记载事项"，其中实际上含有相对必要记载事项的内容。[1]

（三）任意记载事项

所谓任意记载事项，是指法律并不列举，只要不违反法律的强行规定、公共秩序和善良风俗，章程制定（订）人便可根据实际需要载入章程的诸事项。在公司章程中，这些事项与其他事项同样具有约束力，非依股东会的特别决议不能变更。如不加以记载，不影响整个章程的效力；如记载不合法，也仅该事项无效，章程的其他事项仍具效力。

从我国《公司法》第25条第1款第8项和第81条第12项的规定来看，"股东会会议（或股东大会会议）认为需要规定的其他事项"当属于任意记载事项。

**四、公司章程的变更**

与章程的性质和效力相适应，章程一经生效，应保持其内容的稳定性，不得随意加以变更。如因内、外部情况变化确需加以修改的，须遵守法定程序，变更不得违反法律和社会公共利益。

除个别国家（如美国大多数州）外，大多数国家的公司法都将变更公司章程的职权赋予股东会或股东大会，且规定修改或变更公司章程的决议应为特别决议，我国亦然。我国《公司法》要求修改公司章程的决议，必须经代表2/3以上表决权的股东通过或出席股东大会会议的股东所持表决权的2/3以上通过。

修改章程原则上在股东会或股东大会作出决议后生效，无须经过公证或有关机关批准等手续。但法律规定某些变更事项应经主管机关批准的，经过批准后才发生效力。登记事项发生变更时，公司应向公司登记机关申请进行变更登记，不作变更登记的，不得以变更事项对抗第三人。

需要特别指出的是，2005年修订的《公司法》在强化对公司法律规制的同时，突出强调了公司法人的团体自治。而公司自治则主要表现在章程的制定（订）和章程的效力上。据统计，我国《公司法》授权章程决定的事项、补充的事项，以及规定章程规定优于法律规定的事项有近20条。这说明章程的制定（订）不能千篇一律，更不可能有格式样本。每一个公司要体现自己的特色，每一公司的股东要体现自己的意志，必须依据本公司的特点及股东的意愿，按照《公司法》的规定自行拟定各具特色的章程。根据我国《公司法》的规定，章程

---

[1]　石少侠：《公司法》，吉林人民出版社1996年版，第90页。

的效力主要表现在以下三个方面：①法律授权章程规定。例如，《公司法》第44条第3款规定："……董事长、副董事长的产生办法由公司章程规定。"再如，《公司法》第50条第2款规定："执行董事的职权由公司章程规定。"②章程规定优于法律规定。例如，《公司法》第42条规定："股东会会议由股东按照出资比例行使表决权；但是，公司章程另有规定的除外。"再如，《公司法》第71条第4款规定："公司章程对股权转让另有规定的，从其规定。"③章程规定补充法律规定。例如，《公司法》第43条第1款规定："股东会的议事方式和表决程序，除本法有规定的外，由公司章程规定。"再如，《公司法》第48条第1款规定："董事会的议事方式和表决程序，除本法有规定的外，由公司章程规定。"公司股东或发起人必须熟知我国《公司法》对章程的具体规定，依法制定（订）好公司章程，使之真正成为对公司法人有用、有效的自治规则。

## 第六节　公司的名称和住所

### 一、公司的名称

（一）概述

公司的名称，是指公司在生产经营活动中用以相互区别的固定称谓，是公司人格特定化的标志。它是公司章程的绝对必要记载事项之一。

从严格意义上讲，公司名称属于商号的一种。所谓商号，又称商业字号，是商人（包括商法人和商自然人）在生产经营期间所使用的名称。在西方国家，商号的采用自公司始，后扩展于独资和合伙组织。而亚洲的商号概念的产生正好相反，它始于个体和合伙组织的经营活动，出现公司组织形式后才扩展适用于公司，以至于在不少东方人的观念中，"商号"仅指独资与合伙组织。须指出的是，我国的《企业名称登记管理规定》中的"商号"并不同于传统意义上所说的"商号"，它仅指企业名称中的一个组成部分，如"雅美服装店"中的"雅美"这一字号。

公司名称（商号）最重要的职能就是在营业交易中明确表现它的主体，是营业本身的标志，与用来识别和区分经营者生产经营的商品或提供的服务的商标和服务标记无论在性质上还是在功能上都有很大不同。

公司名称不单纯具有区别经营主体的功能，它还往往与特定的经营者的经营活动相联系，是构成公司形象的主要因素，属于公司"商誉"的重要组成部分，可以作为资本直接用以投资，也可以有偿转让，通常被视为"物""行为"之外的一种无体财产，也是《保护工业产权巴黎公约》所确认的工业产权的保护对象之一。因此，公司名称并非一个无足轻重的问题。保证公司名称相对稳定、雅致上口、不生歧义、不生误解，易被社会愉快接受，对公司的生产经营会带来无穷的好处。不少企业的创办人为给公司取一个理想名字而绞尽脑汁，美国新泽西州的美孚石油公司为给公司更名，不惜花费上亿美元便是明证。[1]

（二）公司名称权的性质

公司名称权，是指公司对自己的名称所依法享有的权利，它具有以下特征：

1. 权利内容上的双重性。公司名称权兼有人身权和财产权的双重属性。首先，公司名称作为主体的一种表达符号，始终与特定的公司相联系，具有人身权的鲜明特征，因此，被不少人视为法人的人格权。但公司的名称又不同于普通的自然人的姓名，它总是代表着一定经营活动和信誉，具有一定的财产价值，可以有偿转让，因而又具有财产权利的基本内容。

2. 权利效力上的排他性。一般来讲，公司名称一经登记注册，公司即取得该名称的专用权，在法律上具有排他的效力。这种排他性，一方面表现为排斥其他公司登记、使用同一名称或相近名称；另一方面，表现为可停止其他公司不正当使用同一名称，凡擅自使用他人已经登记注册的公司名称的行为，都构成对他人公司名称专用权的侵犯，被侵权人有权请求停止侵害，赔偿损失。

3. 可转让性。公司名称权作为一种财产权利，通常可以转让，但对公司名称权的转让一般都附有一定的条件限制。

（三）公司名称的选定

对公司名称的选定，世界各国的立法所采取的原则不尽相同。概括起来有两种：①商号真实原则，即选定的公司名称必须与经营者的名称或营业内容相一致，否则禁止使用，法国、瑞士、拉美诸国均采用此制；②商号自由原则，即公司选用何种商号，法律原则上不加限制，由当事人自由选择，英国、美国、日本等均采用此制。当然，所谓的商号自由是相对于商号真实原则而言，并不是绝对的自由。事实上，即使采用商号自由的国家，对公司名称的选定也附有一定的限制性条件，是有限制的或相对的商号自由原则。

除了上述两个原则外，还有一个世界上各个国家所普遍奉行的原则：单一名称原则，即一个公司原则上只准使用一个名称，公司设立的分支机构的名称以附加文字表示。只有在特殊情况下才允许同一公司使用两个以上的名称。

我国原则上采取商号真实原则。从《企业名称登记管理规定》第7条、第11条和《公司法》第8条的规定来看，公司名称通常应由以下四个部分组成：

---

[1] 沈四宝：《西方国家公司法概论》，北京大学出版社1989年版，第52页。

第一部分是公司所在地名称，即公司所在地省或市、县的行政区划名称；第二部分是公司的具体字号，这是公司名称的一个重要组成部分，是公司名称的核心；第三部分是公司的行业或营业部类；第四部分是公司的种类，即应在公司名称中标明"有限责任公司"或"股份有限公司"字样。

根据《企业名称登记管理规定》第9条，公司名称中不得含有下列内容和文字：①有损于国家或社会公共利益的；②可能对公众造成欺骗或者误解的；③外国国家（地区）名称、国际组织名称；④政党名称、党政军机关名称、群众组织名称、社会团体名称以及部队番号；⑤汉语拼音字母（外文名称中使用的除外）、数字；⑥其他法律、行政法规规定禁止的。此外，根据《企业名称登记管理规定》及其他相关法规，只有全国性公司、国务院或其授权的机关批准的大型进出口公司和大型企业集团才可以在公司名称中使用"中国""中华""全国""国际"等文字；只有具有3个以上分支机构的公司，才可以在名称中使用"总"字；只有私人企业、外商投资企业，才可以使用投资者的姓名作为商号。

我国也采用单一商号原则。《企业名称登记管理规定》第6条规定，企业只准使用一个名称，确有特殊需要的，经省级以上登记主管机关批准，企业可以在规定的范围内使用一个从属名称。

（四）公司名称的核准与登记

就世界各国的情况来看，取得商号的途径有如下几种：①因使用而自然取得，不需要注册。②需要注册。这里既包括将商号单独申请注册，也包括与企业登记同时进行注册。很多国家还规定商号权可以通过注册为商标或服务商标而获得。但大多数国家都规定，公司名称必须登记，因此，登记是公司取得名称权的基本途径。

我国《企业名称登记管理规定》第3条规定，企业名称在企业申请登记时，由企业名称的登记主管机关核定，企业名称经核准登记注册后方可使用，在规定的范围内享有专用权。可见，我国实行的是强制注册制。登记是取得企业名称权的唯一途径。

企业名称登记一般与公司开业登记同时进行，但根据《公司登记管理条例》第17条规定，设立公司应当申请名称预先核准；法律、行政法规或者国务院决定规定设立公司必须报经批准或者公司经营范围中有法律、行政法规或者国务院决定规定在登记前必须报经批准的项目的，应当在报送批准前办理公司名称预先核准，并以公司登记机关核准的公司名称报送批准。现行企业名称预先核准制度发源于改革开放初期，为企业筹备设立、办理审批等事宜提供了便利和保障，对保护企业合法权益和规范市场秩序发挥了积极作用，但作为一种行政许可措施，企业名称预先核准制度的正当性和合理性也不断遭到质疑。随着商事制度改革的不断推进，要求取消企业名称预先核准的呼声不断高涨，为此，国务院于2019年下发《关于取消和下放一批行政许可事项的决定》（国发〔2019〕6号），决定于2019年9月底前全面推行企业名称自主申报，不再发放《企业名称预先核准通知书》。涉及工商登记前置审批事的，申请人可以向企业登记机关申请企业名称预先登记，经企业登记机关确认予以保留的，在申请人办理企业登记时直接予以登记。因此《公司登记管理条例》的修订势在必行。

设立有限责任公司，应当由全体股东指定的代表或者共同委托的代理人向公司登记机关申请名称预先核准；设立股份有限公司，应当由全体发起人指定的代表或共同委托的代理人向公司登记机关申请名称预先核准。申请名称预先核准，应当提交下列文件：①有限责任公司全体股东或股份有限公司全体发起人署名的公司名称预先核准申请书；②全体股东或者发起人指定代表或者共同委托代理人的证明；③国务工商行政管理总局（现国家市场监督管理总局）规定要求提交的其他文件。登记机关作出核准决定的，应发给《企业名称预先核准通知书》。预先核准的公司名称保留期为6个月。在保留期内，不得以预先核准的公司名称从事营业，也不得转让预先核准的公司名称。

（五）公司名称的转让

公司名称可以转让。但为保护广大消费者及债权人的利益，现代商法大都规定商号不得单独转让，即公司名称的转让应当伴随该名称所代表的公司本身的全部或部分转让。我国1985年《工商企业名称登记管理暂行规定》曾规定，企业名称可随企业一同转让，也可单独转让。由于单独转让弊端较多，《企业名称登记管理规定》改用世界各国较一致的做法，废除了单独转让。其第23条规定，企业名称可随企业或企业的一部分一并转让，企业名称只能转让给一户企业。企业名称转让后，转让方不得继续使用已转让的企业名称，企业名称的转让方与受让方应当签订书面合同或者协议，由原登记主管机关核准。

**二、公司的住所**

公司住所对于公司来说是必不可少的，它是公司章程的绝对必要记载事项，也是公司注册登记的事项之一。公司住所应依法登记而不作登记的，其存在的合法性即具有瑕疵。公司变更住所而不变更章程，不作变更登记的，不得以该事项对抗第三人。

确认公司住所地具有十分重要的意义。它不仅是确定登记机关和管理机关的前提，也是在诉讼中确认地域管辖和诉讼文书送达的一项基本标准；同时，在涉外诉讼中，公司住所还是解决法律冲突的重要依据。因此，各国公司立法对公司住所均作出相应的规定。

关于公司住所的确认标准，各国法律规定不尽相同。有的国家以公司的业务执行地为其住所，也有的国家以公司的注册登记地为公司的住所。我国《公司法》第 10 条规定："公司以其主要办事机构所在地为住所。"这一规定与我国《民法典》第 63 条的规定相一致。所谓办事机构所在地，是指公司开展业务活动，决定和处理公司事务的公司机构所在地。如果公司住所变更，应履行变更登记程序。

■ 思考题

1. 试述公司设立的核准主义、准则主义的含义及我国关于公司设立的立法原则的主要变革。

2. 依照我国《公司法》规定，设立有限责任公司和股份有限公司应具备哪些条件？

3. 募集设立与发起设立在程序上有什么主要区别？

4. 什么是公司名称权？公司名称权具有什么效力？

5. 为什么说公司章程的制定（订）应体现和反映公司的特色和股东的意愿，而不能千篇一律？

6. 甲乙丙丁 4 人，准备成立"鸿翔纺织有限责任公司"生产纺织品，其资本总额为 100 万元，其中 4 人出资各占注册资本的 25%，并成立筹备组，向戊租赁房屋一间，每月租金 2 万元，作为办公之用。嗣后，发起人甲因车祸身亡，致使"鸿翔纺织有限责任公司"未能成立。假设筹备组的开销费用为 2 万元并欠戊房租 2 万元，请问有关费用及所欠房租应由何人负担？

# 第四章　公司的人格与能力

■ 学习目的和要求

　　学习本章要掌握公司人格独立的含义与意义，人格否认的含义与适用条件，以及人格独立与人格否认的辩证关系。要正确认识公司的权利能力和行为能力的含义及其相互关系，要熟悉公司权利能力因性质、法律规定和目的而受到限制的各种情形。

## 第一节　公司的人格独立与人格否认

### 一、公司的人格独立

　　一个设立中的公司，实施了法定的设立行为，履行了法定的设立程序，经核准登记，即取得了法人资格。公司作为最典型的法人，其"本质特征有二：一是它的团体性，二是它的独立人格性。团体性说明公司首先是一个团体、一个组织、一个人的集合体，而不是一个个人，这是它有别于自然人的特征。独立人格性则说明它具有独立的民事权利能力和行为能力，能够独立享受民事权利并承担民事义务，因而它具有独立的民事主体资格，这是它有别于非法人团体的特征。这两个特征融合在一起，就可以用最精炼、最概括的语言给法人下一个定义：法人者，团体人格也"[1]。公司是法人，法人都具有团体人格，这自然意味着公司也都具有团体人格。公司法人"人格学说中的'人'是指民事权利主体，'格'是指成为这种主体的资格。所以，人格者，民事权利主体资格之称谓也"[2]。

　　公司作为最典型的法人，具有独立的人格，一方面体现在它能够独立地承担民事责任；另一方面，则表现在公司必须独立于股东之外。公司能够具有独立的法人人格，首先，主要是因为它具备了团体人格独立的四大要素，即独立财产、

---

[1]　江平主编：《法人制度论》，中国政法大学出版社1994年版，第1页。
[2]　江平主编：《法人制度论》，中国政法大学出版社1994年版，第1页。

独立名称、独立意思和独立责任。"其中独立财产为本,独立名称为表,独立意思为其动力,独立责任为其一切民事活动的最终归宿。从这个意义上可以说,独立财产与独立责任是法人独立人格的两根基本支柱,而独立责任是独立财产的最终体现。"[1] 其次,还因为公司与股东人格的分离,这种分离的基础就是有限责任制。有限责任是相对于无限责任而言的,以出资额为限是有限责任,不以出资额为限是无限责任。有限责任公司不是指公司承担有限责任,而是指股东承担有限责任,而公司则须以其全部财产对公司的债务承担责任。由此可见,公司要独立于股东,不仅在财产权上要与股东相分离,而且在责任上也必须与股东相分离,而这种分离的基础就是有限责任制,亦即股东仅以其出资额为限对公司承担责任,超过了出资额,股东则无责任。从这个意义上说,有限责任制是现代公司制度的核心,被称为"传统的奠基石"。

公司有无独立的法人人格,直接关系到市场经济活动中有无适格的主体,质言之,也就是划分市场经济与计划经济的主要标志。在计划经济条件下,企业包括公司都是政府机关的附属物,并无独立的主体资格可言。就是在有计划的商品经济条件下,也只是承认企业或公司是相对独立的主体。而这种认识不仅与法人制度相悖,也不符合市场经济条件下现代企业制度的要求。有鉴于此,我国三十多年来一直把公司人格独立作为国有企业改革所追求的目标之一,希望通过确认企业法人和公司法人的人格独立,来实现政企分离。

公司人格独立至今仍在我国国企改革的实践中具有十分重要的意义,其意义在于:①只有公司人格独立,才能实现政企分离。要实现政企分离,不仅要承认公司具有独立的人格,还要承认公司具有独立的财产,更要承认公司独立承担民事责任。对此,我国《公司法》第3条第1款已经作出了明确规定:"公司是企业法人,有独立的法人财产,享有法人财产权。公司以其全部财产对公司的债务承担责任。"这寥寥数语,是我国国企改革的光辉结晶。正是因为有了这样的认识,才区分开了国家与国有企业之间的财产责任,国家不再为国有企业承担无限责任;正是因为有了这样的认识,才使公司摆脱了政府的控制和对政府的依赖。而国有企业的公司化改组,又大大推进了现代企业制度的建立,也营造了公司人格独立的外部环境。②只有公司人格独立,才能完善我国的法人制度。在我国,公司是最典型的法人,公司制度的发展就是法人制度的发展,公司制度的完善就是法人制度的完善。因此,承认了公司人格独立,也就是确立了法人制度;健全了公司人格独立的法律制度,也就是对法人制度的健全和完善。③只有公司人格

---

[1] 江平主编:《法人制度论》,中国政法大学出版社1994年版,第32页。

独立，才能鼓励股东投资。公司之所以对资本具有强烈的吸引力，追根溯源，在于有限责任。正是因为责任有限，才有效地化解了投资风险，使股东有了投资的热情和积极性。

## 二、公司的人格否认

所谓公司的人格否认，有两层含义：一是指国家对公司人格的彻底剥夺，即对公司法人人格的取缔。二是指在具体的法律关系中，基于特定事由，否认公司的独立法人人格，使股东对公司债务承担无限责任。它不是对公司人格的永久剥夺，因此，其效力是对人的，而不是对世的；是基于特定原因的，而非普遍适用的。公司法中所说的公司人格否认专指第二种情况，这种意义上的公司人格否认又被形象地概括为"揭穿公司的面纱"。

如前所述，要实行法人制度，必须承认法人人格独立和股东责任有限。然而，公司实践表明，将人格独立和有限责任绝对化或推向极致，亦可能导致一系列问题，即有时会对债权人有失公正，成为股东规避侵权责任的工具，为控股股东滥用公司的独立人格创造了机会。如果在任何情形下都必须坚持公司人格独立和股东责任有限，债权人的债权就难以实现，对债权人就不能说是公正的，这就是公司人格独立与股东有限责任的价值二重性。最能说明问题的是发生在印度博帕尔市的一起案件。1984年12月3日，由美国的一家母公司在印度博帕尔市设立的全资子公司——美资联合碳化物印度有限公司，因储存甲基异氰酸盐的金属罐泄漏，致使当地两千多名居民丧生，受到严重损害者达3万~4万人，其余受伤害者达52万人。对此，印度政府要求该子公司赔偿31.2亿美元，印度高等法院也作出了受害者胜诉的判决。但是，如果在此案中坚持子公司是法人——法人人格独立、财产独立、责任独立，这家子公司的全部财产也难以弥补受害人损失的万分之一。在这种情形下，为维护公平与正义，印度高等法院的法官援引美国在司法实践中首创的"揭开公司面纱原则"，判决由设在美国的母公司对其子公司的债务承担连带责任。这就是公司人格否认原则的具体适用，它与德国的"责任贯彻"理论、日本的"透视"理论，以及大陆法系的"直索责任"异曲同工，都体现了法律对公司债权人最为周到的保护。然而，令人遗憾的是美国法院及法官为维护其本国公司的利益，拒不承认印度法院基于美国司法判例首创的公司人格否认原则对本案作出的终审判决，致使该案最终也未能得到彻底的执行。

公司人格否认原则表明了法律的这样一种价值取向：法律应充分肯定公司人格独立的价值，将维护公司的独立人格作为一般原则；同时，又不能容忍股东滥用公司法人独立地位和股东有限责任，损害公司债权人的利益。因而，公司人格否认原则始终是、也只能是对公司人格独立原则的有益而必要的补充。正是二者的功能互补，才使法人制度得以发展和完善，才张扬了法律的公平与正义。

在我国的公司实践中也出现了滥用公司法人独立地位和股东有限责任从而损害债权人利益的情形，而我国原公司法对此并无规定，致使法院对此类案件无法处理。我国的法学学者对公司人格否认原则进行了深入的研究，主张引进该项制度的呼声不绝于耳。尽管在修订《公司法》时，对于是否规定公司人格否认制度仍有争议，但绝大多数专家学者和司法工作者都认为应当规定。因此，在2005年修订后的《公司法》中明确地规定了公司人格否认制度。2005年《公司法》第20条第1款和第3款规定："公司股东应当遵守法律、行政法规和公司章程，依法行使股东权利，不得滥用股东权利损害公司或者其他股东的利益；不得滥用公司法人独立地位和股东有限责任损害公司债权人的利益。""公司股东滥用公司法人独立地位和股东有限责任，逃避债务，严重损害公司债权人利益的，应当对公司债务承担连带责任。"2005年《公司法》第64条规定："一人有限责任公司的股东不能证明公司财产独立于股东自己的财产的，应当对公司债务承担连带责任。"可见这两条规定已经在我国的《公司法》中确立了"公司人格否认制度"。《民法典》吸收并采纳了《公司法》的规定，在总则编第83条又明确规定："营利法人的出资人不得滥用出资人权利损害法人或者其他出资人利益；滥用出资人权利造成法人或者其他出资人损失的，应当依法承担民事责任。营利法人的出资人不得滥用法人独立地位和出资人有限责任损害法人债权人的利益；滥用法人独立地位和出资人有限责任，逃避债务，严重损害法人债权人的利益的，应当对法人债务承担连带责任。"这就使"公司人格否认"制度推而广之，成为"营利法人人格否认"制度。

2005年修订后的《公司法》虽然确认了公司人格否认原则，但由于规定得较为原则，对于该项原则的具体适用，很长时间里没有出台司法解释。基于学者们的研究和学理解释，公司人格否认原则的适用条件是：①公司须合法有效成立。未取得法人资格、法人资格被消灭，或独立人格存在其他无效事由，都有特定的救济方法，不能适用该原则。②股东在客观上存在着滥用公司法人人格和股东有限责任的行为。这些行为的主要表现有以下几点：一是人格混同，即该公司与他公司之间没有严格的区别，如一人组成数个公司所引起的人格混同（俗称"一套人马，两块牌子"）、相互投资所引起的人格混同等；二是财产混合，即公司的盈利与股东的收益之间已无区别，2005年《公司法》第64条规定的情形即为典型；三是虚拟股东，虚拟的目的是为了规避法律或逃避债务；四是不正当控制，表现为母公司对子公司实施了过度控制，母公司完全操纵了子公司的决策过程，使被操纵的子公司完全丧失了独立性，完全成了母公司的工具。[1] 此外，"改变自我"亦可成为适用公司人格否认的情形。所谓改变自我，是指母子公司之间存在着所有权利益的一体化，致使子公司改变了自我，它就不再是一个独立的公司。③股东滥用公司人格和有限责任的行为严重侵害了债权人的利益。这一要件强调滥用行为应与损害结果之间具有因果关系，且"严重损害公司债权人利益"。

2019 年 9 月 11 日，经最高人民法院审判委员会民事行政专业委员会第 319 次会议原则通过的《全国法院民商事审判工作会议纪要》（以下简称《九民会议纪要》），借鉴了学者们的学理解释，总结了司法审判的实务经验，对公司人格否认的适用提出了指导性的意见。《九民会议纪要》强调指出：在审判实践中，要准确把握《公司法》第 20 条第 3 款规定的精神。一是只有在股东实施了滥用公司法人独立地位及股东有限责任的行为，且该行为严重损害了公司债权人利益的情况下，才能适用。损害债权人利益，主要是指股东滥用权利使公司财产不足以清偿公司债权人的债权。二是只有实施了滥用法人独立地位和股东有限责任行为的股东才对公司债务承担连带清偿责任，而其他股东不应承担此责任。三是公司人格否认不是全面、彻底、永久地否定公司的法人资格，而只是在具体案件中依据特定的法律事实、法律关系，突破股东对公司债务不承担责任的一般规则，例外地判令其承担连带责任。人民法院在个案中否认公司人格的判决，其既判力仅仅约束该诉讼的各方当事人，并不当然地适用于涉及该公司的其他诉讼，不影响公司独立法人资格的存续。如果其他债权人提起公司人格否认诉讼，已生效判决认定的事实可以作为证据使用。四是《公司法》第 20 条第 3 款规定的滥用行为，实践中常见的情形有人格混同、过度支配与控制、资本显著不足等。在审理案件时，需要根据查明的案件事实进行综合判断，既审慎适用，又当用则用。实践中存在标准把握不严而滥用这一例外制度的现象，同时也存在因法律规定较为原则、抽象，适用难度大，而不善于适用、不敢于适用的现象，均应引起高度重视。

总之，公司人格独立与公司人格否认是一个极具哲理性的命题，这一对关系不仅包含着我国建立现代企业制度的目标追求，而且还蕴含着对债权人利益及交易安全的价值判断，应当综合考察、辩证分析，方能悟出其中所包含的衡平、和谐的思想。此外需要特别指出的是，无论公司人格否认原则如何重要，它只能是公司人格独立原则的补充。在司法实践中一定要处理好二者的关系，要慎用公司人格否认原则，决不能本末倒置，从而导致对法人制度的破坏。

---

[1] 王利明："公司的有限责任制度的若干问题（下）"，载《政法论坛》1994 年第 3 期。

## 第二节　公司的权利能力与行为能力

### 一、公司的权利能力

根据我国《民法典》第 57 条和第 59 条的规定，公司法人作为民事、商事主体，和自然人一样，都具有民事权利能力，即享有民事权利和承担民事义务的资格。但是，公司法人与自然人在性质上的差异，以及《公司法》对公司的特殊要求，决定了公司的权利能力在性质上、法律上和目的上都受到限制，并由此形成了公司权利能力区别于自然人权利能力的种种特征。

（一）公司权利能力因性质受到限制

尽管公司和自然人一样，具有民事权利能力，但公司与自然人毕竟是两类不同性质的民事权利主体。公司作为一个组织，区别于作为生命体的自然人，不能享有自然人的那些以自然性质为前提的专属于自然人的权利，如生命健康权、肖像权、亲属权、自由权、隐私权等。除了上述权利外，公司权利能力不受性质限制。例如，公司可以享有名称权、受遗赠权，还可以成为其他公司的发起人，可以充任资合公司的股东、董事、监事以及清算人等。

（二）公司权利能力因法律规定受到限制

法人和自然人一样，其权利能力都要受到法律的限制，即主体只在法律规定的范围内享有权利能力。但是，公司作为法人，不仅要受到一般法律的限制，还要受到《公司法》的特别限制。《公司法》对公司权利能力的限制主要表现在：

1. 时间上的限制。公司权利能力始于公司成立而终于公司注销。设立中的公司不具有权利能力，最多属于具有有限权利能力的非法人团体，地位具有不确定性和特定性。解散后的公司在公司清算完毕并注销之前，属于清算公司，其权利能力虽然存在，但仅限于清算范围内，公司只能在清算范围内活动，不得从事与清算活动无关的事务。

2. 转投资的限制。公司作为民事主体应具有向其他公司或经济组织投资的权利能力，但为了保证公司的正常运作，维护公司债权人的利益，不少国家和地区的公司法对公司转投资作出了限制。这种限制主要表现在两个方面：①投资对象的限制。绝大多数国家和地区的公司法均禁止公司成为其他营利性经济组织中承担无限责任的成员，包括成为无限责任公司或两合公司中的无限责任股东以及承担无限责任的合伙人。这是因为无限责任股东或合伙人，对于公司或合伙企业的债务应负连带的无限清偿责任。如果公司成为他公司的无限责任股东或承担无限责任的合伙企业的合伙人，万一他公司或合伙企业倒闭，则公司势必受到牵连，加重公司的债务责任，危及公司自身的经营和债权人的利益。因此，不少国家和地区的公司法对此加以限制。②投资规模的限制。公司可以成为他公司的有限责任股东，对此并无歧义。但为了保证公司资本的充实与确定，保证公司债权人的债权能够得到及时、充分的实现，部分国家和地区曾对公司的转投资规模作出了一定的限制。此外，各国公司法还普遍禁止或限制子公司或从属公司持有母公司或控股公司的股份，或者限制公司互相持股的数额。

我国 1993 年《公司法》第 12 条规定，公司可以向其他有限责任公司、股份有限公司投资，并以该出资额为限对所投资的公司承担责任。公司向其他有限责任公司、股份有限公司投资的，除国务院规定的投资公司或者控股公司外，所累计投资额不得超过公司净资产的 50%，在投资后，接受被投资公司以利润转增的资本，其增加额不包括在内。该条规定虽然对于投资对象没有明确的禁止性规定，但隐含着公司不得成为公司之外其他企业特别是合伙企业的承担无限连带责任的出资人，也即实际上包括了对投资对象和投资规模的双重限制。由于转投资数额限制严重阻碍了公司的投资、融资活动，遭到实务界与理论界的强烈非议，2005 年修订后的《公司法》就彻底取消了关于公司转投资比例的限制，但仍然保留了对其投资对象的限制。《公司法》第 15 条规定："公司可以向其他企业投资；但是，除法律另有规定外，不得成为对所投资企业的债务承担连带责任的出资人。"依据该条规定，公司不应成为合伙企业中承担无限责任的普通合伙人。须说明的是，2006 年修订的《合伙企业法》却允许法人成为合伙企业的合伙人，也就是说公司可以成为合伙人并承担连带责任。《合伙企业法》的相关规定就与《公司法》的规定产生了冲突。在修订《合伙企业法》时争议比较大，立法机关的意见是：《公司法》第 15 条本来就允许立法作出例外规定，现在《合伙企业法》的规定就属于例外规定，因此，《合伙企业法》与《公司法》没有矛盾。但问题是，我国不存在无限公司这种企业形态，如果将合伙企业排除在外，实难再找出其他形式的连带责任出资人。因而，在《合伙企业法》修订后，我国《公司法》中关于转投资的限制基本上是被取消了。

3. 贷放款项的限制。公司资本是公司运营和对外承担责任的物质基础和保证，向社会贷放资金不仅会扰乱金融秩序，通常也超出了公司的经营目的，因此为不少国家和地区的公司立法所禁止。我国 1993 年《公司法》第 60 条也有"董事、经理不得挪用公司资金或者将公司资金借贷给他人"之规定。据此，无论公司董事、经理是以个人名义还是以公司名义，将公司资金借贷给他人，都为法律所禁止。1993 年《公司法》第 159 条、第 161 条还规定，公司为筹集生产经营资金，可以依照法律规定的条件和程序发行公司债券，但累计债券总额不得超过公司净资产额的40%。上述规定之本意在于确保公司资本的充实和确定及公司财务制度之健全，保护股东、公司和债权人的利益。但过于僵硬的规定，反过来限制了公司的投资、融资活动，与国际上放宽公司投资、融资限制的趋势不太吻合，故2005年《公司法》对此作出了调整。现行《公司法》第148条第1款第3项规定，公司的董事、高级管理人员不得"违反公司章程的规定，未经股东会、股东大会或者董事会同意，将公司资金借贷给他人或者以公司财产为他人提供担保"。由此，对于公司借贷仅从程序上加以限制。实际上，公司借贷限制已经很难说属于公司权利能力限制的范畴，而更多地蕴含有规范公司董事、高级管理人员行为之意义和功能。根据前述规定，董事、高级管理人员可以根据公司章程的特别规定或经股东会、股东大会或董事会同意，将公司资金借贷给他人。对于公司借贷问题的这种务实态度，实际上反映了公司信用观念的转变。

4. 对外担保的限制。除公司为自身的债务而设定抵押外，公司资产原则上不应作为他人债务的抵押物，否则，必将危及公司股东与公司债权人之权益。同理，公司为其他债务人作保证人，其后果亦相同。因此，禁止公司为他人债务提供担保是很多国家和地区公司法较为普遍的规定。我国台湾地区"公司法"规定："公司除依其他法律或公司章程规定得为保证者外，不得为任何保证人。"尽管我国台湾地区"公司法"对物的担保未作明文限制，但在实践中因其"与为他人保证之情形，并无不同"，而同样被予以限制。[1] 虽然出于便利融资之考虑，在我国台湾地区曾有不少学者提议对"公司不得为保证"的条款予以修改，放宽限制，但该类提议始终未得到立法机构认可。我国1993年《公司法》第60条第3款规定："董事、经理不得以公司资产为本公司的股东或者其他个人债务提供担保。"至于公司对其他公司债务的担保法律则未明确禁止。不过，2005年《公司法》对原《公司法》的该项规定也作出了进一步的完善。2005年《公司法》第16条规定："公司向其他企业投资或者为他人提供担保，依照公司章程的规定，由董事会或者股东会、股东大会决议；公司章程对投资或者担保的总额及单项投资或者担保的数额有限额规定的，不得超过规定的限额。公司为公司股东或者实际控制人提供担保的，必须经股东会或者股东大会决议。前款规定的股东或者受前款规定的实际控制人支配的股东，不得参加前款规定事项的表决。该项表决由出席会议的其他股东所持表决权的过半数通过。"另外，2005年《公司法》第149条进一步规定，公司的董事、高级管理人员不得违反公司章程的规定，未经股东会、股东大会或者董事会同意，以公司财产为他人提供担保。

---

〔1〕 柯芳枝：《公司法论》，三民书局1984年版，第28～29页。

从《公司法》的上述规定来看，我国《公司法》并未绝对禁止公司的对外担保，而是对相关问题作出了明确规定：①明确了公司对外担保的决策机构。公司对外担保只能依照公司章程的规定，由公司董事会或股东会、股东大会以决议方式作出，其他任何机构、任何个人不得擅自作出公司对外担保的决定。其中，公司为公司股东或者实际控制人提供担保的，必须经股东大会或者股东会决议。②明确了公司为股东及实际控制人提供担保的特殊决策程序及后果。公司为公司股东或者实际控制人提供担保的，该股东或者接受担保的实际控制人支配的股东，不得参加该事项的表决。该项表决由出席会议的其他股东所持表决权的半数以上通过。公司董事、高级管理人员违反公司规定，未经股东会、股东大会或者董事会同意，以公司财产为他人提供担保的，因此所得的收入应当归公司所有；给公司造成损害的，应当承担赔偿责任。③明确了公司的担保对象。在符合条件时，本公司的股东、其他个人都可以成为公司担保的对象。④明确了公司对外担保时要遵循公司章程关于担保总额及单项担保额的限额规定。这些具体规定使得公司对外担保的有关规则更加明确，也更为科学。

公司违反《公司法》规定对外担保的合同效力是司法实践中争议比较大的问题，存在"同案不同判"的情况。为此，最高人民法院于2019年11月14日发布的《九民会议纪要》对此作出了统一规范。《九民会议纪要》第17条规定："法定代表人未经授权擅自为他人提供担保的，构成越权代表，人民法院应当根据《合同法》第50条关于法定代表人越权代表的规定，区分订立合同时债权人是否善意分别认定合同效力：债权人善意的，合同有效；反之，合同无效。"上述条款为法院判断公司对外担保合同提供了双重判断标准。一是要根据《公司法》第16条判断是否构成越权代表。不论是关联担保还是非关联担保，法定代表人未经公司决议程序擅自对外提供担保的，构成越权代表。二是根据《合同法》第50条，区分相对人是否善意来判断越权代表的效力。相对人是善意的，则构成表见代表，公司应当承担担保责任；反之，相对人恶意，则公司不承担担保责任。

5. 对公司收购自身股份及对自身股份收质的限制。公司原则上不得收购自身股份，这是由股份的不可返还性及股东平等原则所决定的。首先，如果允许公司以其资金收购自己的股份，则公司将会成为自身股份的拥有者，这样股东与接受投资者同为一个主体，在逻辑上难以自圆其说。而且，更为重要的是，会发生与向股东返还股款（即股东收购投资）相类似的效果，这与股份的不可返还性相矛盾，与股东不得退股和公司资本维持等原则相悖离。容易使公司萎缩，不利于公司资本的充实和公司财产的巩固，不利于维护公司和债权人的合法权益。其次，如果允许公司以其自有资金有偿取得自己的股份，就等于对出卖股份的股东予以优待，有违股东平等原则。因为其实质等于赋予出卖股份于公司的股东以收回投资的权利，客观上会损害其他股东的利益。最后，如果允许公司持有自身股份，容易使自有股份成为公司操纵股价的手段。因为公司能够及时掌握自己的财务信息，当股票价格下跌时，它可尽力收买，而当股票价格上涨时，它又可以再行卖出，这无疑助长了公司的投机行为，不利于股票交易的正常进行。但公司在特定的情况下收购自身股份，不仅为公司经营所必需，而且不会损害债权人利益，甚至会有利于债权人利益的最终实现。所以，现代公司立法对公司收购自身股份只是限制，而非绝对地予以禁止。公司为减少注册资本、推行职工持股计划、避免重大且急迫的损害而取得股份，以及公司应特定股东大会决议中反对股东的股份买回请求权而取得股份，均为立法所准允。

我国《公司法》第 142 条规定"公司不得收购本公司股份。但是，有下列情形之一的除外：……"即确立的是原则禁止、例外允许的股份回购规则，这是资本维持原则的要求体现。由于我国《公司法》关于禁止公司股份回购例外情形规定较为狭窄以及资金来源等限制，导致实践中我国公司股份回购积极性不高，极大地阻碍了公司股份回购制度在资本市场上的功能发挥，不利于其作为一种资本运作方式在公司商事运营中的充分运用，从而也一定程度上影响了公司的经营和股东的投资，加之过于严格的限制也不利于公司的正常运营。为此，我国《公司法》先后于 2005 年和 2018 年对股份回购条款作出修改，不断放宽其限制，最终形成了如下例外情形：①减少公司注册资本；②与持有本公司股份的其他公司合并；③将股份用于员工持股计划或者股权激励；④股东因对股东大会作出的公司合并、分立决议持异议，要求公司收购其股份；⑤将股份用于转换上市公司发行的可转换为股票的公司债券；⑥上市公司为维护公司价值及股东权益所必需。除上述规定外，我国《公司法》第 74 条第 1 款还规定："有下列情形之一的，对股东会该项决议投反对票的股东可以请求公司按照合理的价格收购其股权：①公司连续 5 年不向股东分配利润，而公司该 5 年连续盈利，并且符合本法规定的分配利润条件的；②公司合并、分立、转让主要财产的；③公司章程规定的营业期限届满或者章程规定的其他解散事由出现，股东会会议通过决议修改章程使公司存续的。"这是关于有限责任公司股权回购的例外允许情形。

现行《公司法》对股份回购的处理规则也做了相应规定：①《公司法》第 142 条规定，公司因前述第（1）项、第（2）项规定的情形收购本公司股份的，应当经股东大会决议；公司因前述第（3）项、第（5）项、第（6）项规定的情形收购本公司股份的，可以依照公司章程的规定或者股东大会的授权，经 2/3 以上董事出席的董事会会议决议。②上市公司收购本公司股份的，应当依照《中华人民共和国证券法》的规定履行信息披露义务。上市公司因该条第 1 款第（3）项、第（5）项、第（6）项规定的情形收购本公司股份的，应当通过公开的集中交易方式进行。③要求回购股份应在规定的时间内处理。公司因减少公司注册资本的，应当自收购之日起 10 日内注销；与持有本公司股份的其他公司合并以及股东因对股东大会作出的公司合并、分立决议持异议，要求公司收购其股份的，应当在 6 个月内转让或者注销；在出现将股份用于员工持股计划或者股权激励、将股份用于转换上市公司发行的可转换为股票的公司债券以及上市公司为维护公司价值及股东权益所必需三种情形时，公司合计持有的本公司股份数不得超过本公司已发行股份总额的 10%，并应当在 3 年内转让或者注销。④公司持有的本公司的股份应无表决权。

可否以公司自身股份收质，同样是理论界予以关注的问题。我国《公司法》第 142 条第 5 款明确规定，公司不得接受本公司的股票作为质押权的标的。这与国际惯例是一致的。禁止公司将自身股份收为质物的目的在于限制公司拥有自身股份。因为假如公司接受债务人以本公司的股票作为质押物，债务人无力清偿到期债务而拍卖质押物又无人应买，自然公司会成为自己股份的所有人，从而违背公司不得拥有自身股份的一般规则。且若不予以禁止，公司很可能以接受自己股份为质押标的之名而行取得自己股份之实。故"唯恐容许公司收质自己股份有被利用为禁止取得自己股份之脱法行为之虞，遂亦禁止公司收质自己之股份"[1]。但由于自己股份的收质与收购自己股份在动机和效果上并非完全一样，是否应将自己股份的取得与收质完全等同看待，各国之间以及不同学者之间的认识并不一致。有人认为，公司有自己的股份作为债权的担保，总比没有任何担保为佳，在必要时应允许公司接受自己的股份作为质押物。因而，日本政府就采取了较为灵活、务实的做法。1981 年日本《商法》修改后，允许公司于发行股份总数 1/20 的限度内，以自己的股份作为债权的担保。笔者认为，日本的做法并非无任何参考价值。

（三）公司权利能力因目的受到限制

对于公司的权利能力应否受到目的范围的限制，各国立法对此有不同的规定，学理上也有不同的解释。19 世纪的民商法要求法人必须在目的范围内活动，至今，仍然有一些大陆法系国家的民商法规定法人的权利能力须受目的限制。在英美法系国家也有越权原则，认为法人从事章程所规定的目的以外的行为无效，

---

[1]　柯芳枝：《公司法论》，三民书局 1984 年版，第 249 页。

公司的权利能力因目的条款而受到了严格的限制。目的限制和越权原则的理论依据在于，每个法人的成立目的不同，其经营范围和业务活动范围也不相同，因此，其权利能力也会有所不同。并且传统公司法理论认为目的限制和越权原则也是出于保护股东、债权人利益和维护交易安全的需要。因为：①股东是根据经营范围或公司目的条款来预测投资风险、作出投资决策的，公司通过章程对股东作出承诺——股东的出资将用于经营范围内的项目。如果公司超越经营范围就可能违背股东的投资初衷，实际上是让股东承担了本不是股东所打算承担的投资风险。②由于公司经营目的不同，其成立的条件和履约能力会有很大的差异，第三人可以通过章程来判断公司的经营范围和履约能力，如果公司超越了经营范围，可能因其履约能力欠缺，而使第三人的利益受损，进而影响交易秩序的安全。

然而，自20世纪以来，特别是近几十年以来，目的限制和越权原则受到了越来越多的抨击。早在1945年，由英国的科恩委员会起草的一份关于修改公司法的报告中就指出，越权原则对股东来说是虚幻的保护，对不注意的第三人是一个陷阱，而且是不必要的争论和烦扰的根源。因为在现代社会，随着股权的分散和所有权与控制权的分离，股东越来越远离经营圈子，对董事、经理的具体行为是否超越经营范围，往往无从得知，所以根本无法有效行使制止权；而对于第三人来说，按传统的公司法理论，第三人在与公司或其代理人进行交易时，必须首先查清公司或其代理人是否越权，否则，根据推定知悉原则，他就要与公司一起承担交易无效的后果，这对第三人显然是不利的，有时也是极不公平的。为此，该报告主张废弃目的限制和越权原则。

为了保证第三人的交易安全，改善不幸被俘获的第三人的不利地位，同时也是为了保证公司更经济有效地进行生产经营活动，一些国家在判例和学理上对传统的目的限制和越权原则进行了修正和改革。欧共体1968年颁布的公司法第1号指令规定，由公司的机关实施的行为对公司具有约束力，即便这些行为不在公司的目的范围之内，但如果能够证明对方当事人知道或不可能不知道此种行为超出了公司的目的条款所规定的范围，公司可以免除自己的责任。英国为同此指令保持一致，颁布了《1972年欧共体法案》，改变了传统的越权行为无效的原则。根据该法第9条第1款的规定，为了保护一个与公司善意交易的人，任何由公司董事会决议的交易，即使超出了公司组织大纲中所规定的权力范围，对公司也有约束力。美国修正后的标准公司法规定得更为精练：不得因为公司欠缺权利能力而对其行为提出无效之诉。[1]

---

[1]　张民安："现代英美董事法律地位的新特点"，载《中外法学》1995年第4期。

我国《民法通则》第42条曾规定："企业法人应当在核准登记的经营范围内从事经营。"很长一段时间内，公司的权利能力仍然受到章程中的目的条款所确定的经营范围的严格限制，凡公司超出登记机关核准的经营范围从事经营的，一般都被认定为无效行为。但是，由于大量的交易行为因此被宣布无效，在一定程度上增加了交易成本，影响了交易秩序的稳定，特别是随着我国市场经济体制的确立和完善以及我国商事登记制度改革的不断推进，有无必要对目的限制和越权原则加以修正，已经成为一个普遍关注的话题。《九民会议纪要》对于越权行为的效力事实上采取了相对有效的立场，即除非交易相对人知道公司代表人越权，否则不轻易认定公司交易无效。这也是对公司权利能力受目的限制理论的修正和扬弃。

**二、公司的行为能力**

公司的行为能力，是指公司以自己的意思或行为独立地取得权利、承担义务的资格。由于对法人的本质有不同的看法，因此在对待公司的行为能力问题上，也存在着分歧。采取法人拟制说的认为，只有自然人才可以成为权利义务的主体，法人乃法律所假设，并无实体存在，因此，法人无行为能力，公司当然不具有行为能力；采取法人实在说的则认为法人并非法律拟制的结果，法人有其实体存在，因而主张公司有行为能力。我国《民法典》第57条规定："法人是具有民事权利能力和民事行为能力，依法独立享有民事权利和承担民事义务的组织。"因而，公司也应该具有民事行为能力。

公司不同于自然人，其本身不能实施民事行为，是通过它的机关来实现其行为能力的。公司的机关是公司的组成部分，公司机关以公司名义对外进行的民事法律行为就是公司本身的行为。因为它体现着公司的团体意志，代表的是公司的整体利益，其产生的权利和义务自然应该由公司享有和承担，所以公司的行为能力是通过公司的机关来实现的。公司有时也通过其代理人进行民事活动。代理人根据公司的委托，以公司的名义与第三人进行民事法律行为，从而实现公司的民事行为能力。但代理人不同于公司的机关，公司的机关是公司的一个组成部分，与公司是同一主体，它是代表公司进行活动的；而公司的代理人则与公司是两个独立的主体，代理人的意志和法人的团体意志是各自独立存在的。代理人的行为须有公司的授权委托才能对公司产生效力，而公司的机关以公司的名义实施的民事行为，自然对公司发生效力。对此，我国《民法典》有明确的规定。根据《民法典》第61条第2款和第3款的规定，公司法定代表人以公司名义从事的民事活动，其法律后果由公司承受。公司章程或者公司股东会等权力机构对法定代表人代表权的限制，不得对抗善意相对人。

### 三、公司的侵权行为能力

有关公司侵权行为能力问题，同样也受法人本质学说所左右。依法人实在说，自然承认公司的侵权行为能力。相反，若依法人拟制说，因其否认公司的意思能力，从而也就否认公司的侵权行为能力。我国《民法典》规定，法人应能独立承担民事责任，该法第 62 条进一步明确规定："法定代表人因执行职务造成他人损害的，由法人承担民事责任。法人承担民事责任后，依照法律或者法人章程的规定，可以向有过错的法定代表人追偿。"因此公司具有侵权行为能力是显而易见的。

公司的侵权行为能力须具备下述几个要件：

1. 须属公司代表机关或者其他有权代表公司者实施的行为。如上所述，公司法人代表机关的行为，就是公司本身的行为，公司须为之负责。其他的有权代表公司者（通常是公司的工作人员）所实施的行为，公司也须为之负责。除此之外，非公司的代表机关或不能代表公司的一般从业人员所实施的侵权行为，不能作为公司的侵权行为。

2. 须是公司机关成员在执行公司职务时所实施的行为。公司机关成员以公司名义对外代表公司实施的民事行为，属于公司本身的行为，公司须为之负责。但并不是公司代表机关成员的一切民事活动，都须由公司负责。因为机关成员本身具有独立的自然人和法人代表的双重身份，只有当机关成员行使法律或公司章程所规定的职权，或者在职权不明而以公司的名义从事经营活动时，其行为才能代表公司。相反，如果公司机关成员以自然人身份从事与自己经济利益有关的经营活动时，其行为则只能由其个人负责。

3. 须是机关成员在执行职务时所实施的侵权行为，即必须具备一般侵权行为的要件。包括：①有损害事实；②损害的发生与加害行为之间具有因果关系；③加害行为无违法阻却事由；④加害行为出于过错。

公司因侵权行为致他人受损害时，对受害人负损害赔偿责任。公司赔偿了他人损害后，可视具体情况请求实施侵权行为的公司机关成员作出补偿，但这种补偿在性质上已非民事责任，而是根据公司章程及公司内部规章制度所承担的一种内部责任。

如何科学地界定法人的责任和内部成员的责任，是法律制定和法学研究的一个重要课题。目前，我国有的学者将《民法通则》所确立的区分责任界限的原则称为"经营原则"，即只要是企业法人的法定代表人或工作人员在经营范围内（执行职务过程中）的一切行为，都应视为法人实施的行为，而不是他们个人的行为，因此而产生的责任也应由法人承担，而不是由他们个人负担；但有的学者认为"以'经营原则'作为界定责任的标准比较宽泛，尤其是当法人的法定代表人或工作人员在经营活动中从事一些违反法人利益的非法活动时，仍要由法人来承担责任就很不合理了"，从而主张采用越权原则，即便是在公司的经营范围内，如果法人的法定代表人或工作人员超越了法律、法规、章程所规定的权限，均应由他们本人承担责任，而不应由公司承担。[1] 应该说，这一主张对于保护公司的利益，限制其法定代表人和工作人员滥用权力的行为是有积极作用的。但该主张对公司债权人可能极为不利。特别是公司对公司法定代表人权力限制的一些内部约定，交易相对人很难知悉，采取单纯的越权原则会损害善意第三人的利益。因机关成员的个人财产与法人财产相比毕竟微弱得多，难以补偿受害人之损失，加之注重对债权人的保护是现代各国公司立法的趋势，因而我们认为，规定公司法定代表人或机关成员执行职务时有恶意或重大过失的，法定代表人或该机关成员与公司对第三人负连带赔偿责任似乎更为科学，既可以加重公司机关成员的责任，也可以更为有效地保护债权人的利益。

■ **思考题**

1. 什么是公司人格独立？公司人格独立有何意义？
2. 什么是公司人格否认？适用公司人格否认应具备哪些条件？
3. 请简要分析公司权利能力限制理论及其发展。
4. 公司侵权行为能力需要具备哪些要件？

---

[1]　江平主编：《法人制度论》，中国政法大学出版社 1994 年版，第 39 ~ 40 页。

# 第五章　公司的资本制度

■ 学习目的和要求

公司资本制度具有丰富的内容。学习本章，一要搞清公司资本的三原则及具体内容；二要正确认识公司资本制度的基本类型；三要结合实务，准确把握公司资本的具体构成；四要掌握股东和发起人违反出资义务应负的民事责任；五要熟悉股份的种类及增资、减资的程序规定。

## 第一节　公司资本制度概述

### 一、公司资本的概念及意义

公司资本是公司法中一个具有特定含义的范畴，专指在公司成立时由章程所确定的由股东出资构成的公司财产总额。

要正确理解公司资本的含义，应注意以下几个方面：

1. 必须搞清公司资本与公司资金的关系。公司的资本与公司的资金虽然只有一字之差，却是两个含义不同的概念。公司资金，是指可供公司支配的以货币形式表现出来的公司资产的价值，它主要包括公司股东对公司的永久性投资、公司生产经营的盈余、公司发行债券的收入以及公司向银行的贷款等。尽管通过发行公司债券和贷款的方式所筹集的资金可供公司支配，但这些资金实质上是公司的债务，在公司资产负债表上是以"债"来表示的。只有公司股东的出资，才是公司的自有资本。由此可见，公司资金是一个外延比公司资本更加宽泛的概念，公司资本只是公司资金的组成部分。在实践中，各国公司法对这两个概念都加以严格的区分，且大都对公司资本作出了明确的定义。例如，法国公司法就明确规定，公司的资本是全体股东所缴股金之总额。区分资本与资金，在公司设立阶段尤为重要，因为绝大多数国家的公司法，都要求资合公司的成立必须具备一定的资本而不是一般意义上的资金，更不允许以贷款和公司债券充作公司的资本。我国在计划经济体制下，回避使用资本的概念，笼统地将注册资本称之为注册资金。此种现象在《公司法》中已被纠正，我国《公司法》第26条第1款明确规定："有限责任公司的注册资本为在公司登记机关登记的全体股东认缴的出资额。"第80条第1、2款规定："股份有限公司采取发起设立方式设立的，注册资本为在公司登记机关登记的全体发起人认购的股本总额。在发起人认购的股份缴足前，不得向他人募集股份。股份有限公司采取募集方式设立的，注册资本为在公司登记机关登记的实收股本总额。"

2. 要正确认识公司资本的含义，还必须把它放到特定的公司资本制度中加以考察。经过长期的实践，迄今为止，西方国家公司法已经确认了相对独立的三种公司资本制度，即法定资本制、授权资本制和折衷资本制。由于在不同的公司资本制度中，公司资本的表现形式有所差异，公司资本的具体含义也迥然有别，这就决定了要在具体的公司资本制度中来认识和分析公司资本的实质。

3. 要搞清公司资本的含义，还必须将它与公司的具体类型相联系，作出具体的分析。尽管任何公司都必须有一定的资本，但因公司的类型不同，在资合公司和人合公司中，资本的作用不尽一致，资本的构成也有所不同。例如，资合公司较之人合公司更看重公司的资本，而人合公司则更看重股东个人的信用；无限公司的股东可以用信用、劳务作为出资，而股份有限公司的资本构成则无此成分。

总之，深入了解公司资本的概念，不能只局限于某一定义，离开了对上述相关因素的联结考察，公司资本就只能是一个空泛的概念，难以展示其丰富多彩、生动活泼的具体内容。

公司资本是公司赖以生存的"血液"，是公司运营的物质基础，是公司债务的总担保。资本作为公司的"血液"，犹如人的血液，人无血即无法生存，公司无资本则不能成立，更无法存续。同时，由于资合公司的股东都承担有限责任，公司资本便成了股东对公司债务的总担保。当公司资不抵债时，超出公司资产的债务则无法受到清偿。尽管因公司经营的好坏，公司的资产可多于或少于资本，但不能因此而低估或否认公司资本在公司运营和债务担保中的作用。为保护债权人的利益和交易的安全，必须确定和维持一定数额的公司资本，并将其公之于众，以便与公司发生经济往来的相对人了解和掌握公司的资本状况，决定其交易的范围和条件。正是由于公司资本有着如此重要的意义，各国公司法都把公司资本作为一项不可或缺的重要内容，作出明确具体的规定，并以其对公司资本各具特色的规定，形成了种种不同的公司资本制度。

**二、公司资本的原则**

为保护债权和交易安全，大陆法系国家的公司法普遍确认了公司资本的三项基本原则，即资本确定原则、资本维持原则和资本不变原则，并称之为"资本三原则"。资本三原则不仅直接适用于股份有限公司，而且也为有限责任公司资本制度所遵循，因而是普遍适用的原则。

（一）资本确定原则

资本确定原则，是指公司在设立时，必须在章程中对公司的资本总额作出明确的规定，并须由股东全部认足，否则公司就不能成立。为大陆法系国家公司法所确认的资本确定原则，其含义有二：①要求公司资本总额必须明确记载于公司章程，使之成为一个具体的、确定的数额；②要求章程所确定的资本总额在公司设立时必须分解、落实到人，即由全体股东认足。确定的公司资本数额是公司资本实力的直接标志，也是有限责任股东承担责任的限定范围。无限公司股东的责任范围虽不以其所认缴的资本额为限，但将确定的资本数额分解、落实到具体的股东，却是无限责任股东明确各自应当承担的债务数额或比例的重要依据。从各国公司法都规定注册资本为章程必要记载事项的角度而言，可以说资本确定原则是一项普遍适用的公司资本原则。资本确定原则能够有效地保证公司的资本真实可靠，股东责任的范围大小，防止公司设立中的欺诈、投机行为。

我国《公司法》第23条第2项规定，设立有限责任公司应当"有符合公司章程规定的全体股东认缴的出资额"；第25条第1款第3项规定，公司章程应当载明"公司注册资本"；第26条第1款规定："有限责任公司的注册资本为在公司登记机关登记的全体股东认缴的出资额"；第28条规定："股东应当按期足额缴纳公司章程中规定的各自所认缴的出资额……"；等等。这些都是资本确定原则的具体体现。

（二）资本维持原则

资本维持原则又称资本充实原则，是指公司在其存续过程中，应经常保持与其资本额相当的财产。公司资本不仅是公司赖以生存和经营的物质基础，也是公司对债权人的总担保。在公司成立后的经营活动中，盈利或亏损以及财产的无形损耗，都将使公司的实有财产的价值高于或低于公司的资本，使公司的资本实质上成为一个变数。当公司的财产价值高于公司资本时，其偿债能力亦随之增强，一般不成问题。但当公司的实际财产价值低于其资本时，就必然导致公司无法按其资本数额来承担财产责任。为防止因公司资本的减少而危害债权人的利益，同时也是为了防止股东对盈利分配的过高要求，确保公司本身业务活动的正常开展，各国公司法都确认了资本维持原则。

资本维持原则在我国《公司法》中具体表现为以下规定：

1. 不得抽逃出资。为确保公司资本的真实可靠，我国《公司法》第35条规定："公司成立后，股东不得抽逃出资。"《公司法》第91条规定："发起人、认股人缴纳股款或者交付抵作股款的出资后，除未按期募足股份、发起人未按期召开创立大会或者创立大会决议不设立公司的情形外，不得抽回其股本。"《公司法》第200条规定："公司的发起人、股东在公司成立后，抽逃其出资的，由公司登记机关责令改正，处以所抽逃出资金额5%以上15%以下的罚款。"

2. 亏损必先弥补。依据我国《公司法》第166条的规定，公司分配当年税后利润时，应当提取利润的10%列入公司法定公积金，公司的法定公积金不足以弥补以前年度亏损的，在提取法定公积金之前，应当先用当年利润弥补亏损。在公司弥补亏损和提取法定公积金之前向股东分配利润的，股东必须将违反规定分配的利润退还公司。

3. 转投资的限制。我国1993年《公司法》第12条规定，公司可以向其他有限责任公司、股份有限公司投资，并以该出资额为限对所投资公司承担责任。公司向其他有限责任公司、股份有限公司投资的，除国务院规定的投资公司和控股公司外，所累计投资额不得超过本公司净资产的50%。2005年修订后的《公司法》取消了上述限制，规定"公司可以向其他企业投资；但是，除法律另有规定外，不得成为对所投资企业的债务承担连带责任的出资人"（《公司法》第15条）。这一方面表明2005年《公司法》对转投资采取了更为宽容的态度，但另一方面也表明《公司法》对转投资并非毫无限制。

4. 股票的发行价格不得低于票面金额。股票是股份有限公司股份的表现形式，股份的总和即为公司的资本。为维持公司资本的实际财产价值，《公司法》第127条规定，股票可以溢价发行，价格可以按票面金额，也可以超过票面金额，但不得低于票面金额。

5. 公司不得收购本公司的股份。我国《公司法》第142条规定，公司不得收购本公司的股份，但有下列情形之一的除外：①减少公司注册资本；②与持有本公司股份的其他公司合并；③将股份用于员工持股计划或者股权激励；④股东因对股东大会作出的公司合并、分立决议持异议，要求公司收购其股份的；⑤将股份用于转换上市公司发行的可转换为股票的公司债券；⑥上市公司为维护公司价值及股东权益所必需。就公司的财产性质而言，公司不能成为自身的股东，当然也不能持有自己的股份。因此，《公司法》规定，因减少公司注册资本收购本公司股份的，应当自收购之日起10日内注销；因将股份用于员工持股计划或者股权激励，因将股份用于转换上市公司发行的可转换为股票的公司债券，或因上市公司的维护公司价值及股东权益所必需，应当在3年内转让或注销；因公司合并或因对公司合并、分立决议持有异议而收购本公司股份的，应当在6个月内转让或者注销。

6. 有限责任公司的初始股东对非货币财产的出资承担连带责任。我国《公司法》第30条规定，有限责任公司成立后，发现作为设立公司出资的非货币财产的实际价额显著低于公司章程所定价额的，应当由交付该出资的股东补足其差额；公司设立时的其他股东承担连带责任。

（三）资本不变原则

资本不变原则，是指公司的资本一经确定，即不得随意改变，如需增加或减少资本，必须严格按法定程序进行。公司资本不变并非绝对不能改变，事实上，在公司成立后运营的过程中，因各种原因（如经营规模的扩大或缩小、经营宗旨的改变、经营范围的变动、股东人数的增减等）都可能导致公司资本的增加或减少。公司的增资或减资，不仅为法律所允许，且与资本不变原则亦不相悖，因为资本不变只是指不得随意改变，公司资本一经确定即应相对稳定，不能朝令夕改，不能随意增减。就立法意图而言，资本不变原则与资本维持原则基本一致，都是为了防止因公司资本总额的减少而导致公司责任能力的降低，从而强化对债权人利益和交易安全的保护。资本不变原则与资本维持原则又有着密切的联系，这表现在前者是对后者内容的延伸和细化。因为如果没有资本不变原则的限制，资本维持原则即失去了其维持的依据；如果公司可随意增减资本，资本维持原则也就没有了实际意义。有人认为，资本维持原则维持的是公司资本的实质，资本不变原则维持的则是公司资本的形式，此种认识不无道理。

公司资本的三原则是大陆法系国家公司资本制度的核心，其基本出发点都是为了保护债权人的利益和交易的安全，以及公司自身的正常发展。尽管为顺应经济关系和经营方式的变化，公司资本制度也在不断地发展，但是公司的资本三原则仍为许多大陆法系国家公司法所确认，并对英美法系国家的公司资本制度产生了重大的影响。

**三、公司的最低资本额**

对于公司要不要有最低资本额的限制，两大法系国家的公司法采取了不同的立法态度。

大陆法系国家的公司法大都采取法定资本制。出于维护交易安全、保护债权人利益的同一立法目的，大陆法系国家的公司法一般对公司最低资本额都有明确的规定。其立法的共性是：鉴于有限责任公司的人合性特点及其多为中小企业组织形式的现实，一般对有限责任公司最低资本额的要求不高；而对具有资合性特点并可成为大企业形态的股份有限公司，往往规定了大大高于有限责任公司的最低资本额。[1] 值得注意的是，为方便投资、鼓励创业，近年来一些大陆法系国家的公司法也逐渐取消了公司最低注册资本额的规定。

与采取法定资本制的大陆法系国家不同，英美法系国家出于鼓励投资创业、方便投资人投资的目的，对公司的最低资本额则要求不严，甚至法无明文规定。在 20 世纪 60 年代前，美国各州的法律普遍规定公司必须具有一定数额的资金方可开业。如果董事允许公司在不具备法定最低资本额的情况下开业，则要负个人责任。关于公司的最低资本额，一般都规定为 1000 美元，个别州规定为 500 美元，也有的州规定为一定比例的法定资本。到了 20 世纪 80 年代末，已有 15 个州取消了这项规定。据美国学者解释，之所以采取这一措施，是认为这种规定不能为投资者提供任何有意义的保护。公司最低资本额规定存在的问题，在于没有考虑到不同公司开始营业所需的资本额是不同的，有的可能需要 100 万美元，有的则可能只需要 100 美元。如果不考虑实际情况，一律规定为 1000 美元是行不通的。另外，以 1000 美元作为公司开业所需的最低资本额，也许在五六十年代比较合适，但由于通货膨胀等因素的影响，这个数字就未必适应 80 年代的情况。[2] 美国《标准公司法》早在 1969 年就取消了有关公司最低资本额的规定，同时也取消了一些相类似的规定。目前在美国的大多数州，从理论上讲，公司可以以一分钱的资本开业，公司设立的资本条件极为宽松。尽管如此，在美国仍有一些州的法律保留了有关公司最低资本额的规定，在这些州内，董事在未筹足法定最低资本额之前，对公司的全部债务要承担个人责任。换言之，法律不承认此类公司具有独立的法人人格。

比较各国公司法对公司最低资本额的不同规定，可以清楚地看到，凡是规定有公司最低资本额的公司法，都是基于权利与义务一致和利益与风险并存原则的考虑，因此要求公司必须具备一定的资本，作为从事生产经营活动的基础，作为对公司债权人的担保。由于各国公司法都规定公司的注册资本须记载于公司章程，并须在营业执照中明示，与公司进行交易的相对人虽无从知悉公司的实际资产，但从明示的注册资本中亦可推测公司的实力，故公司的注册资本对于交易安全的判断并非全无意义。加之在实行股东有限责任的公司制下，公司的赔偿能力和股东责任的范围直接取决于公司资本的多少，因此依法确定公司的最低资本额，就成为使公司承担责任的能力达到一定程度的外在保证。英美公司法从表面上看，似乎是完全为便利投资人考虑，而置债权保障与公司经营能力于不顾，但

〔1〕　石少侠：《公司法》，吉林人民出版社 1996 年版，第 126 页。
〔2〕　Robert W. Hamilton, *The Law of Corporations*, West Publishing Co., 1980, pp. 43~44.

实际上对公司投资人的行为却有着另一种微妙的否定措施，即公司人格否认原则。当法院判定投资人（发起人）的行为是在滥用公司形式时，即可适用公司人格否认原则，责令公司发起人对公司债务承担无限的连带责任，这无疑也是一种行之有效的债权保障措施。特别是美国自在阿诺（Arnold）案件的判决中确认了公司资本充实原则后，即以此原则来衡量公司资本充实所需的最低资本，将具有充足的公司资本作为承认公司法人人格并赋予股东有限责任的先决条件。凡在公司资本与公司经营规模不相符合的情况下，公司创办人都负有充实资本的义务，他所投入的资金（包括以股东贷款形式对公司的投入，即使股东为自己向公司的贷款设定了担保）均为公司的资本，而不得视为对公司的债权。尽管此种方法在具体适用时，可能具有较大的随意性，但仍不失为一种比较有效的补救措施。

我国法学界对于公司最低资本额问题有着不同的认识，立法机关先后采取了三种不同的立法态度。在1993年制定公司法时，因受当时大陆法系国家的立法影响，1993年的《公司法》第23条第2款规定："有限责任公司的注册资本不得少于下列最低限额：①以生产经营为主的公司人民币50万元；②以商品批发为主的公司人民币50万元；③以商业零售为主的公司人民币30万元；④科技开发、咨询、服务性公司人民币10万元。"第78条第2款规定："股份有限公司注册资本的最低限额为人民币1000万元……"

对于我国1993年《公司法》的上述规定，学术界和实务界早有非议，大都认为我国《公司法》对公司最低注册资本额的要求偏高，人为地抬高了公司设立的门槛，不利于公司的设立，纷纷建议予以修订。在2005年修订《公司法》时，虽然对于将公司最低注册资本额规定为多少合适有分歧，但是对于降低公司的最低注册资本额形成了广泛的共识。几经研讨，最后2005年修订的《公司法》对原《公司法》作出了较大的修改，大幅度地降低了各类公司的注册资本最低限额。2005年修订的《公司法》第26条第2款规定，有限责任公司注册资本的最低限额为人民币3万元；第59条第1款规定，一人有限责任公司的注册资本最低限额为人民币10万元，股东应当一次足额缴纳；第81条第3款规定，股份有限公司注册资本的最低限额为人民币500万元。

2013年12月28日，我国立法机关对《公司法》又作出了重大的修正，其中最重要的是对公司资本制度作出了重大变革，即除法律、行政法规以及国务院决定对注册资本最低限额另有规定外，取消了其他公司注册资本的最低限额，进一步降低了市场的准入门槛；除采取募集方式设立的股份有限公司，以及27类特殊金融公司[1]仍实行注册资本实缴制度外，将其他公司注册资本由实缴登记制改为认缴登记制。修正后的《公司法》于 2014 年 3 月 1 日开始实施。据报道，各地都出现了数目不等的"1 元公司"。面对此种状况，一些企业家们对于放宽注册资本登记条件是否会造成"皮包公司"泛滥，是否会增加交易风险，是否会导致对公司实力的误判，是否会落入"空壳公司"所设计的商业陷阱，以及欠缺配套措施对交易安全进行保障而深感忧虑。我们认为，这些忧虑或顾虑不无道理，应当引起法学界和司法实务界的重视并提出切实可行的应对举措。对此，我们认为除工商行政管理机关要强化事中监管和事后监管，并构建市场主体的信用信息公示制度外，还亟需采取下列配套措施：

第一，尽快制定新的司法解释。针对公司资本制度的变革，最高人民法院应当尽快制定新的司法解释（严格讲已公布的《九民会议纪要》尚不完全具备司法解释的条件）。目前，亟需出台的应当是对《民法典》第 83 条和《公司法》第 20 条的解释，即如何正确理解和准确适用滥用股东权利、滥用公司法人独立地位和滥用股东有限责任的规定。迄今为止，尽管在公司实务中"三个滥用"行为层出不穷，但司法机关尚未对何为"滥用"作出具有法律效力的司法解释。司法实务中或依学理解释作为裁判的依据，或以某地高级法院制定的审判指南为准绳，或依法官的个人理解自由裁量，致使同案不同判的现象屡有发生，亟需尽快作出统一的司法解释。在新的形势下，阐明何谓"滥用"，对于规范公司行为、保障交易安全尤为重要和紧迫。为解燃眉之急，建议应在《九民会议纪要》的基础上，尽快出台专门的司法解释。

第二，适时引入资本充实原则。奉行资本自由并取消最低注册资本额的美国，为维护公司法人独立人格和股东有限责任，早在 1941 年阿诺案件的审理中就确立了一项重要的司法原则，即法院以具有充足的公司资本作为承认公司人格独立并赋予股东有限责任的前提和基础。如果股东在公司成立时仅提供较少的注册资本，而在公司成立后企图以股东个人给公司贷款的方式来补足公司资本的，法院应确认股东向公司的贷款为股东向公司的追加投资，从而否认其债权，哪怕是股东为此笔贷款设置了优先偿还的担保。总之，无论法律是否具有公司最低注册资本额的规定，公司法人的成立必须具有足以达成其经营目的的基础资本，这

---

[1] 这 27 类特殊金融公司是：采取募集方式设立的股份有限公司、商业银行、外资银行、金融资产管理公司、信托公司、财务公司、金融租赁公司、汽车金融公司、消费金融公司、货币经纪公司、村镇银行、贷款公司、农村信用合作联社、农村资金互助社、证券公司、期货公司、基金管理公司、保险公司、保险专业代理机构和保险经纪人、外资保险公司、直销企业、对外劳务合作企业、融资性担保公司、劳务派遣企业、典当行、保险资产管理公司、小额贷款公司。

是股东承担有限责任的对价。资本充实原则作为英美公司法取消公司最低注册资本的必备配套措施，可资我国借鉴，并应赋予法官在个案中适用资本充实原则的自由裁量权。

第三，适时引入"深石"原则和"深口袋"理论。得名于深石石油公司诉讼案件的"深石"原则和由破产判例发展起来的"深口袋"理论认为，如果控股股东行为不端，或者公司原始资本严重不足，在公司进入破产程序后，股东的债权将劣后于债权人和优先股股东受偿；或者将有担保的股东请求权视为无担保的请求权，否定其优先清偿权。在确认上述原则的同时，还应强化破产制度的适用，不允许任何依据公司法设立的公司自生自灭，真正体现对公司的宽进、严管和依法消灭，从而确保市场经济主体适格和诚实信用、维护交易安全和社会经济秩序的稳定。

### 四、公司资本制度的类型

经过长期的实践，迄今为止，西方国家公司法已经形成了相对独立的三种公司资本制度，即法定资本制、授权资本制和折衷资本制。

#### （一）法定资本制

所谓法定资本制，又称确定资本制，是指公司在设立时，必须在章程中对公司的资本总额作出明确的规定，并须由股东全部认足（但允许分期缴付），否则公司即不能成立。因法定资本制中的公司资本，是公司章程载明且已全部发行的资本，所以在公司成立后要增加资本时，必须经股东会作出决议，变更公司章程中的资本数额，并办理相应的变更登记手续。法定资本制为法国、德国公司法首创，并为许多大陆法系国家所效仿，成为一种较典型的公司资本制度。

#### （二）授权资本制

所谓授权资本制，是指在公司设立时，资本总额虽亦应记载于章程，但并不要求发起人全部认足，只认定并缴付资本总额中的一部分，公司即可成立；未认定部分，授权董事会根据需要，随时发行新股募集之。因未认定部分系在章程中记载的资本总额之内，故再行募集时，无须变更章程，亦不必履行增资程序。这种为英、美公司法所创设的授权资本制，使公司资本内容趋于复杂化，并呈现出四种不同的具体形态：

1. 注册资本，又称名义资本或核定资本，是指公司依照章程规定有权筹集的全部资本。由于注册资本并不要求发起人或股东全部认足，实际上它本身还不是公司的真正资本，只不过是公司预计的发展规模和政府允许公司发行资本的最高限额。因此，授权资本制下的注册资本与法定资本制下的注册资本虽名称同一，其含义却迥然有别，绝不能混为一谈。

2. 发行资本，是指公司已经招募并由股东认购的股本总数。发行资本是发起人或股东同意认购的股金总额，并非股东实缴的资本。鉴于实行法定资本制的国家，一般都允许股东在认足全部资本后分期缴纳现金出资，因此，授权资本制下的发行资本基本上等同于允许分期缴纳股本的法定资本制下的注册资本。

3. 实缴资本，又称实收资本，是指公司通过催缴分派已经收到的现金或其他出资的总额。

4. 储备资本，是指在正常营业限度内始终不得催缴的发行资本保留部分。储备资本只有在公司歇业时才能依股东会特别决议催缴，故又称为"储备债权"。

（三）法定资本制与授权资本制的利弊分析

比较法定资本制与授权资本制，从不同角度观之，二者利弊兼存。

1. 为大陆法系国家所奉行的法定资本制，因其强调公司资本的确定、不变和维持，加之在公司设立时，就要求全部注册资本分解落实到人，显然具有保证公司资本真实、可靠，防止公司设立中的欺诈和投机行为，以及有效地保障债权和交易安全等优点，故至今仍为一般大陆法系国家所采用。同时，由于法定资本制要求在公司成立后增资时，需履行股东会决议、变更章程、变更登记等繁琐程序，因此，实行法定资本制的诸多不便也是显而易见的。

2. 为英、美公司法所创立的授权资本制，因其并不要求发起人全部认足公司注册资本，甚至只认定注册资本总额中的一小部分公司亦可成立，显然它具有便于公司迅速成立的优点。特别是在授权资本制下，公司增资时，可随时发行新股募集之，无须变更章程，亦不必履行变更登记程序，故适应市场经济对公司决策迅速、高效的客观要求。然而，在授权资本制下，公司的实收资本可能微乎其微，且注册资本的相当部分未能落实到人，加之资本内容复杂，显然更可能被欺诈行为所利用，减弱了对公司债权人利益的保护。此外，将发行新股的权利完全赋予董事会，对股东权益的保护也有失周全。

对上述两种公司资本制度利弊的取舍，归根结底取决于立法者的立法意图及两大法系不同的司法制度。从法定资本制和授权资本制的立法意图来考察，前者重在对公司债权人及社会交易安全的保护，更多地体现了社会本位的立法思想；而后者则侧重于为投资人和公司提供种种便利的条件，较多地体现了个人本位的立法原则。正是由于立法指导思想的不同，才产生了两种公司资本制度的若干差异。从两大法系不同的司法制度来考察，采用法定资本制的大陆法系国家，法官的使命在于适用既定的成文法律，因而公司立法务求缜密，公司资本力求确定。只有这样，才能防患于未然，使公司依法运作，避免因公司资本不实给社会经济秩序造成紊乱。而采用授权资本制的国家，法官的司法判决可以创设法律，因成文法不兴所产生的漏洞，基本上是依靠判例法予以弥补的。如英、美司法判例所确认的公司人格否认原则、公司资本充实原则等，无一不是对授权资本制的补充和完善。因此，采用授权资本制可能引发的若干弊端，在英美法系国家便被其独特的司法制度逐一消除，至少不会演化成社会"公害"。英美法系司法制度的这一特点，恰恰是大陆法系国家所不具备的，这也是某些大陆法系国家照搬英美法而少有建树的重要原因之一。

（四）折衷资本制

正是由于法定资本制和授权资本制各有利弊，一些国家的公司立法在权衡利弊的基础上，作出了趋利除弊的选择，于是，一种新的公司资本制度——折衷资本制便应运而生了。折衷资本制又称认可资本制，是介于法定资本制和授权资本制之间的一种新的公司资本制度，是两种制度的有机结合。尽管折衷资本制在不同国家的公司法中，其表现形式及具体内容均略有差异，但概而言之，在对公司资本的立法技术处理上，大致有以下几种做法：①对公司资本的含义加以特别的限定。例如，日本于 1950 年修正商法后，虽采用授权资本制，但对授权股份数不称之为资本，而是另行规定："公司的资本，除本法有特别规定外，是指已发行面额股份的股款总额及已发行无面额股份的发行价格的总额。"日本商法的这一规定，实质上是将公司资本限定为发行资本，而非注册资本。在这一点上与法定资本制无异，可避免由于实行纯粹的授权资本制易使相对人对公司资本产生误解的弊端。②对授权发行的期限加以限定。即在公司设立时，虽不必将全部资本认足，可以授权董事会随时发行，但此种发行权限须在一定期限内行使（如德国规定为 5 年），并且首期发行数额不得少于资本总额的一定比例，如 1/2（法国）或 3/4（日本）。③对授权发行的资本加以特别的限定。例如，卢森堡公司法规定，在公司设立时，全部资本必须予以发行。但是，在公司成立后增加资本时，允许存在已经授权而尚未发行的资本。这实际上是在公司设立和成立的两个阶段，分别采取了两种不同的资本制度。这种折衷的处理方式，亦可收到避免由于实行纯粹的法定资本制或授权资本制而产生的弊端之功效。有的国家在基本实行法定资本制的基础上，对授权资本制也有条件地予以认可。如奥地利的公司法规定，公司的资本（包括增资）必须全部认购和发行，但在某些特殊情况下可有所例外，即附条件增资和授权增资时，允许采取授权资本制。

应当特别指出的是，无论是法定资本制、授权资本制，还是折衷资本制，投资者对所认购的出资额或股份一般均无须一次缴足，许多国家的公司法都允许分期缴付股款。事实上，已认购尚未缴付的股款，也是对公司债务的一种确定的担保。当然，允许分期缴付股款的仅限于参与股份有限公司设立的首批股东。尽管自 20 世纪 50 年代以来,有一些国家或地区相继修改公司法,改法定资本制为授权资本制,但大都基于各自的国情对授权资本制加以种种限定,实质上多为折衷资本制。在当今世界,法定资本制、授权资本制和折衷资本制仍是三种并存的公司资本制度。从发展趋势上看,随着各国法律文化的交汇融合,折衷资本制更可能是一种富有生命力的资本制度,德国股份法和法国公司法对法定资本制的修正即为明证。

(五) 对我国公司资本制度的分析

我国 1993 年的《公司法》所确认的资本制度主要体现在第 23 条和第 78 条的规定。第 23 条第 1 款规定:"有限责任公司的注册资本为在公司登记机关登记的全体股东实缴的出资额。"第 25 条第 1 款规定:"股东应当足额缴纳公司章程中规定的各自所认缴的出资额。股东以货币出资的,应当将货币出资足额存入准备设立的有限责任公司在银行开设的临时账户;以实物、工业产权、非专利技术或者土地使用权出资的,应当依法办理其财产权的转移手续。"第 78 条第 1 款规定:"股份有限公司的注册资本为在公司登记机关登记的实收股本总额。"基于上述规定,有些学者将我国当时实行的公司资本制度理解为法定资本制。实际上从以上规定可以看出,1993 年的《公司法》不仅不允许授权发行资本,也不允许分期缴纳股金,公司的注册资本在设立时必须全部发行,发行资本必须一次缴清。这就决定了不能将我国当时实行的公司资本制度简单地归结为前述三种资本制度中的任何一种,我国当时实行的实际上是具有传统计划经济色彩且又极为严格的"企业注册资金"制度。

我国公司资本制度的实践表明,1993 年《公司法》规定的公司资本制度既不符合市场经济规律,更不适应现代公司制度的发展,应当适时地对我国公司资本制度作出必要的修改。2005 年修订《公司法》时顺应民意,修改了我国的公司资本制度。2005 年修订后的《公司法》第 26 条第 1 款规定:"有限责任公司的注册资本为在公司登记机关登记的全体股东认缴的出资额。公司全体股东的首次出资额不得低于注册资本的 20%,也不得低于法定的注册资本最低限额,其余部分由股东自公司成立之日起 2 年内缴足;其中,投资公司可以在 5 年内缴足。"第 81 条第 1、2 款规定:"股份有限公司采取发起设立方式设立的,注册资本为在公司登记机关登记的全体发起人认购的股本总额。公司全体发起人的首次出资额不得低于注册资本的 20%,其余部分由发起人自公司成立之日起 2 年内缴足;其中,投资公司可以在 5 年内缴足。在缴足前,不得向他人募集股份。股份有限公司采取募集方式设立的,注册资本为在公司登记机关登记的实收股本总额。"分析 2005 年《公司法》这两条的具体规定,可以确认 2005 年修订后的

《公司法》采用的才是真正的法定资本制，这是因为：①对于有限责任公司和采取发起设立方式设立的股份有限公司，要求注册资本在公司成立时必须由全体股东或发起人全部认缴或认购；采取募集方式设立的股份有限公司，其注册资本为在公司登记机关登记的实收股本总额，可见并不存在所谓的授权资本，因而2005年《公司法》采用的并非授权资本制。②允许股东分期缴纳所认缴的出资，这完全符合法定资本制的一般做法，改变了原《公司法》必须实缴而不允许分期缴付的规定，因而2005年《公司法》的公司资本制度并非对原《公司法》的沿用。③法定资本制符合我国当时的国情，既切合实际又便于操作。

对于2013年《公司法》修正后我国实行的公司资本制度的性质，学术界有不同的认识。有的认为是将实缴资本制改为认缴资本制，我们认为这种认识和表述并不准确。如果说实行的是认缴资本制，那么早在2005年《公司法》修订时就已经作出了注册资本可以认而不缴和分期缴付的规定，而2013年《公司法》的修正只是取消了首次实缴额及分期缴付期限等限制性规定，将有限制的认缴资本制变为无限制的认缴资本制。[1] 资本的缴付方式只是资本制度的内涵之一，其本身尚不足以构成与三大资本制度并列的一种新的资本制度。在宏观资本制度概念下归类，所谓认缴资本制究其实质仍应为法定资本制，仍应适用法定资本制的原则与规则，以及由此所产生的出资权利、义务与责任。

## 第二节　公司资本的构成

公司资本虽在章程中均应货币化，表现为一定的货币金额，但就其具体构成而言，并不以货币或现金为限，在不同类型的公司中，其资本的构成也不尽一致。依据我国《公司法》的规定，有限责任公司和股份有限公司的资本由货币以及实物、知识产权、土地使用权等可以用货币估价并可以依法转让的非货币财产等构成。

### 一、货币

货币或现金是资本最基本的构成，任何类型的公司都离不开货币出资，因为货币是商品交易的一般等价物，公司要进行交易，货币必不可少。以货币出资不仅价值量准确，无须重新作价，且运用自如，不受限制。

为了保证公司资本中有足够的货币，用以满足公司的经营需要，许多国家的

---

[1] 参见赵旭东："资本制度变革下的资本法律责任——公司法修改的理性解读"，载《法学研究》2014年第5期。

公司法，特别是大陆法系国家的公司法，都对货币应占公司资本的比例作出了明确的规定。例如，法国规定股份有限公司的货币出资应占公司总资本的 25% 以上，德国规定股份有限公司的资本中必须至少有 25% 的货币，意大利规定货币出资为公司资本的 30%，瑞士、卢森堡规定为 20%。毫无疑问，对货币出资应占公司资本的比例加以限定是完全必要的，但如对货币出资的比例要求过高，在一定程度上，势必增加公司设立的难度，造成公司资金的积压或沉淀。因此，对货币出资数额的限制，原则上应以是否达到了启动公司经营需要为准。如果具备了这一条件，则无须对货币出资作出高比例的规定。我国 2005 年《公司法》第 27 条第 3 款规定，全体股东的货币出资金额不得低于有限责任公司注册资本的 30%。2013 年修正时取消了这一规定。

股东对公司的货币出资，可否以贷款或借款充之？对此，许多国家的公司法未作明确规定，但在我国公司实践中却常有发生。此种情形被称为"过桥借款"，是指公司股东为履行出资义务，从第三人处取得借款；股东在将借入资金交付公司并取得公司股权后，再将公司资金直接或间接归还给出借人，用以抵销股东对出借人的欠款。如前所述，虽然我国《公司法》对是否允许以借款出资未作规定，但就公司资本为公司债务担保而言，股东不得以贷款或借款充作出资，似为公司资本的应有之义。我国的《中外合资经营企业合营各方出资的若干规定》即曾明确规定合营各方向合营企业认缴的出资，必须是合营者自己所有的资金，合营企业任何一方都不得用以合营企业名义取得的贷款作为自己的出资。"过桥借款"不仅会导致公司名义资本与实际资本之间的差异，而且还会造成股东名义股权与实际股权不符，且违背权利与风险相一致的原则。据此，对于"过桥借款"的股东应认定为具有名义股东身份而无实质股东资格。这样认定的意义有三：①未出资股东应继续承担出资义务，避免股东借机逃避出资义务；②未出资股东失去了利润分配的权利；③公司债权人可根据代位权直接向未出资股东提出追索，以落实公司法保护债权人的法律理念。[1]

股东对公司的货币出资是公司注册资本的组成部分，尽管可以分期交付，但必须实际履行，如实缴纳，而且不得撤回。否则，即属抽逃资本，构成对注册机关的欺诈和交易安全的威胁，依法应受制裁。公司资本中的货币，并不是不得动用的金额，在公司成立后，公司即可以此为营业的资金，用于公司的生产经营活动。

**二、实物**

实物，也叫有形资产，主要包括建筑物、厂房和机器设备等。如前所述，货

---

[1] 叶林、王世华："公司法定资本制的检讨"，载《法律适用》2005 年第 3 期。

币出资确有诸多好处，但因种种原因，股东或发起人不可能都以货币作为出资或股份的对价。事实上，有的实物是公司运营所必不可少的，如果股东都以货币出资，为满足公司设立的条件，还必须再以货币购置公司为进行生产经营活动所必需的实物，这势必增加公司设立的成本。因此，当公司发起人或股东有条件为公司提供其所需的实物时，各国公司法无一例外都允许以实物作为投资或股份的对价，我国的《公司法》也作出了同样的规定。

并非任何实物都可以作为股东的出资，股东出资的实物应为公司生产经营所需的建筑物、设备或其他物资，这是实物作为股东出资的先决条件。股东对用以出资的实物必须拥有所有权，并应出具拥有所有权和处分权的有效证明。任何人都不得以租赁物或他人的财产作为自己的出资，也不得以虽为自己所有但已设立担保的实物作为出资。

对于以实物出资的，各国公司法都规定必须一次付清，并办理实物出资的移转手续。我国《公司法》规定，以实物出资的，应当依法办理其财产权的转移手续。综观各国的公司实践，实物出资所面临的共同问题是作价困难，特别是实物在运营中的耗损及物价指数的变动，使实物价值的确定更加困难。这就要求有较权威的评估机构和较科学的计算方法。对此，国外有许多经验可资借鉴，我国的国有资产管理部门在这方面也积累了许多成功的经验，确认了收益现值法、重置资本法、现行市价法、清算价格法等资产评估方法。实践证明，这些评估方法都是行之有效的。由于对实物价值的评估直接涉及其他投资人的利益，因此，评估结果还必须得到其他发起人或股东的认可。否则，被评估的实物资产也难以成为发起人对公司的出资。为确保评估结果具有一定的公正性和权威性，评估应委托具有资质的资产评估机构进行；数额不大的，可由股东各方按照国家有关规定协商确定实物的作价。其中以国有资产出资的，评估结果应由国有资产管理部门核资确认。

### 三、知识产权

知识产权包括专利权、商标权、著作权等。

专利权是指按《专利法》的规定，由国家专利机关授予发明人、设计人或其所属单位在一定期限内对某项发明创造享有的专有权。在我国，专利权的主体包括专利权的所有人和持有人。专利权人既可以是公民，也可以是法人；既可以是非职务发明人本人，也可以是职务发明人的工作单位或雇主，还可以是合法受让人。他们都有权将自己所有或持有的专利权作为向公司的出资，并以此为对价取得公司的股份。

商标权是指企业、事业单位或个体工商业者对于依照法定程序，经由商标局核准的注册商标所享有的商标专用权。商标起着标示和保证商品质量的作用，商品质量同商标信誉总是联系在一起的，商标和商品质量的这一联系，通过市场竞争实际上起着促进企业保证产品质量的作用。商标作为商品的附着物和标记，有其自身的价值，特别是为法律保护并取得专用权的驰名商标，更是商标权人的一笔无形资产。商标权人不仅可以依法有偿转让商标权，而且可以将自己所有或持有的商标权折价作为向公司的出资。

著作权，又称版权，是指文学、艺术、自然科学和社会科学作品的作者及其相关主体依法对作品所享有的人身权利和财产权利。它是自然人、法人或者其他组织对文学、艺术或科学作品依法享有的财产权利和人身权利的总称。著作权分为著作人格权与著作财产权。其中著作人格权包括公开发表权、署名权及禁止他人以扭曲、变更方式，利用著作损害著作人名誉的权利。著作财产权是无形的财产权，是基于人类智识所产生的权利，故属知识产权的一种，包括复制权、广播权、放映权、表演权、信息网络传播权、展览权、改编权、出租权等。著作权自作品创作完成之日起产生，在中国实行自愿登记原则。

### 四、土地使用权

土地使用权，是指非土地所有人对土地加以利用和取得收益的权利。在我国，土地归国家和集体所有，非土地所有人可以通过出让、转让或划拨方式取得土地使用权。因此，土地使用权可区分为国有土地使用权与集体土地使用权，二者均可作价出资入股。

国有土地使用权是指国有土地的使用权人依法利用土地并取得收益的权利。国有土地使用权的取得方式有划拨、出让、出租、入股等。有偿取得的国有土地使用权可以依法转让、出租、抵押和继承。划拨土地使用权在补办出让手续、补缴或抵交土地使用权出让金之后，才可以转让、出租、抵押。

集体土地使用权是指农民集体土地的使用权人依法利用土地并取得收益的权利。农民集体土地使用权可分为农用地使用权、宅基地使用权和建设用地使用权。农用地使用权是指农村集体经济组织的成员或者农村集体经济组织以外的单位和个人从事种植业、林业、畜牧业、渔业生产的土地使用权。宅基地使用权是指农村村民住宅用地的使用权。建设用地使用权是指农村集体经济组织兴办乡（镇）企业和乡（镇）村公共设施、公益事业建设用地的使用权。按照《土地管理法》的规定，农用地使用权通过发包方与承包方订立承包合同取得。宅基地使用权和建设用地使用权通过土地使用者申请，由县级以上人民政府依法批准取得。

出资人以划拨土地使用权出资，或者以设定权利负担的土地使用权出资，公司、其他股东或者公司债权人主张认定出资人未履行出资义务的，法院应责令当事人在指定的合理期间内办理土地变更手续或者解除权利负担；逾期未办理或者未解除的，法院应认定出资人未依法全面履行出资义务。

出资人以房屋、土地使用权或者需要办理权属登记的知识产权等财产出资，已经交付公司使用但未办理权属变更手续，公司、其他股东或者公司债权人主张认定出资人未履行出资义务的，法院应责令当事人在指定的合理期间内办理权属变更手续；在前述期间内办理了权属变更手续的，法院应认定其已经履行了出资义务；出资人主张自其实际交付财产给公司使用时享有相应股东权利的，法院应予支持。出资人以前述规定的财产出资，已经办理权属变更手续但未交付给公司使用，公司或者其他股东主张其向公司交付并在实际交付之前不享有相应股东权利的，法院应予支持。

**五、其他**

除上述所列各项外，《公司法》还采取列举和概括并用的方式，进一步明确了公司资本的构成。该法第 27 条第 1 款规定："股东可以用货币出资，也可以用实物、知识产权、土地使用权等可以用货币估价并可以依法转让的非货币财产作价出资；但是，法律、行政法规规定不得作为出资的财产除外。"由此可见，依法可以转让并可以用货币估价的非货币财产，如股权、债权等，都可以作为股东的出资。这不仅扩大了股东出资的范围，还明确了股东出资范围的边界，便于实际操作，亦可化解因股东出资范围所产生的纠纷。

出资人以不享有处分权的财产出资，当事人之间对于出资行为的效力产生争议的，法院可以参照《民法典》第 311 条的规定予以认定。

以贪污、受贿、侵占、挪用等违法犯罪行为所得的货币出资后取得股权的，对违法犯罪行为予以追究、处罚时，应当采取拍卖或者变卖的方式处置其股权。

出资人以非货币财产出资，未依法评估作价，公司、其他股东或者公司债权人请求认定出资人未履行出资义务的，法院应当委托具有合法资格的评估机构对该财产评估作价。评估确定的价额显著低于公司章程所定价额的，法院应认定出资人未依法全面履行出资义务。

出资人以其他公司股权出资，符合下列条件的，法院应当认定出资人已履行出资义务：①出资的股权由出资人合法持有并依法可以转让；②出资的股权无权利瑕疵或者权利负担；③出资人已履行关于股权转让的法定手续；④出资的股权已依法进行了价值评估。股权出资不符合上述第①、②、③项的规定，公司、其他股东或者公司债权人请求认定出资人未履行出资义务的，法院应责令该出资人在指定的合理期间内采取补正措施，以符合上述条件；逾期未补正的，法院应认定其未依法全面履行出资义务。股权出资不符合上述第④项的规定，公司、其他股东或者公司债权人请求认定出资人未履行出资义务的，法院应按照《公司法司法解释（三）》第9条的规定处理。

出资人以符合法定条件的非货币财产出资后，因市场变化或者其他客观因素导致出资财产贬值，公司、其他股东或者公司债权人请求该出资人承担补足出资责任的，人民法院不予支持。但是，当事人另有约定的除外。

### 六、股东出资的禁止

《公司登记管理条例》第14条规定："……股东不得以劳务、信用、自然人姓名、商誉、特许经营权或者设定担保的财产等作价出资。"

## 第三节　股东的出资

### 一、股东的出资方式

（一）有限责任公司股东的出资方式

世界各国及地区对有限责任公司股东出资方式的立法主要有以下三种制度：

1. 出资平等主义。亦称复数主义，即规定有限责任公司股东的每份出资额是均等的，股东可以认购一份，也可以认购数份。日本《有限公司法》与法国《公司法》都采用出资平等主义原则，如日本《有限公司法》规定，每股出资应归一律，并不得少于1000日元。尽管这种复数主义的出资，在形式上与股份有限公司的股份相同，但在实质上仍有明显区别，如证明此种出资的权利证书为股单（日本称之为"持份"）而非股票（日本称之为"株式"），股单不可流通等。因而，即使在这种情况下，也不可将其与股份有限公司的股份相提并论，更不能因此而抹煞有限责任公司与股份有限公司的区别。

2. 出资不平等主义。也称单一出资制，指股东只能认购一份出资，但各股东所认购的出资额可以不同。在我国的中外合资经营企业中，合营各方的出资即采用单一出资制。实践中的有限责任公司股东的出资，基本上也采用单一出资制，我国台湾地区亦同。此种出资方式的有利之处是，股东出资完全可依公司资本的需求而定，方便易行；其不利之处是，股东表决权的行使与计算多有不便。

3. 基本出资制。基本出资制是出资平等主义与出资不平等主义两种出资方式的结合，即每一股东只能认购一份出资，每一份出资数额可以不同，但必须是基本出资数额的整倍数。例如，德国《有限责任公司法》第5条规定："公司设立时，每一股东只能认购一份出资，每一份出资数额可以不同，但均须为100德国马克的整倍数。"此种出资方式既有利于克服出资平等主义在出资方式上与股份有限公司的混同，又有利于消除出资不平等主义在股东表决权计算上的弊端，可作为我国确立有限责任股东出资方式的一种选择和借鉴。

（二）股份有限公司股东的出资方式

对于股份有限公司股东的出资方式，世界各国的立法规定基本一致，均确认资本分为股份，股份集为资本。股份为资本构成的最小单位，具有不可分性；股份的表现形式为股票，具有可流通性。在大陆法系国家，大都以法律确认股份的最低额，如德国规定股份最低额为 50 马克，法国规定为 100 法郎，日本规定为 500 日元。有些国家则对股份最低额无限制，可由发行股票的公司自行决定。我国目前对股份最低额无限制，在实践中做法不一。

**二、股东出资的缴纳**

出资是股东最基本的义务，任何公司的股东都必须履行出资义务。

有限责任公司的资本总额应由各股东全部认足，至于出资是否必须一次缴清，各国立法规定不同。有的国家规定，有限责任公司的资本总额应由各股东全部缴足，不得分期缴纳，如日本、法国等；有的国家则允许分期缴纳出资，但附之以限制性规定。如德国《有限责任公司法》第 7 条规定，公司成立前，股款缴纳不得少于 1/4；如果有金钱外财产出资，股本的实际总额中现金出资加上金钱外财产出资总额至少应达到 2.5 万德国马克；如果公司仅由一人设立，且现金出资未全部缴清，还应提供担保。对于股份有限公司股东的出资，无论是实行法定资本制，还是实行授权资本制，大都允许分期缴纳。

由于我国 1993 年的《公司法》实行严格的资本制度，强调注册资本足额、真实，故不允许股东分期缴纳出资，有限责任公司的注册资本为在公司登记机关登记的全体股东实缴的出资额，股份有限公司的注册资本为在公司登记机关登记的实收股本总额。

2005 年修订后的《公司法》采用了法定资本制，允许股东分期缴纳出资。现行《公司法》第 26 条第 1 款规定："有限责任公司的注册资本为在公司登记机关登记的全体股东认缴的出资额。"第 28 条规定："股东应当按期足额缴纳公司章程中规定的各自所认缴的出资额。股东以货币出资的，应当将货币出资足额存入有限责任公司在银行开设的账户；以非货币财产出资的，应当依法办理其财产权的转移手续。股东不按照前款规定缴纳出资的，除应当向公司足额缴纳外，还应当向已按期足额缴纳出资的股东承担违约责任。"

**三、违反出资义务的民事责任**

（一）有限责任公司股东违反出资义务的责任

我国《公司法》第 28 条第 1 款规定："股东应当按期足额缴纳公司章程中规

定的各自所认缴的出资额。股东以货币出资的，应当将货币出资足额存入有限责任公司在银行开设的账户；以非货币财产出资的，应当依法办理其财产权的转移手续。"这是《公司法》规定的有限责任公司的股东必须履行的出资义务，股东违反出资义务，依法应承担下列责任：

1. 违约责任。我国《公司法》第28条第2款规定，股东不按照法律规定缴纳出资的，除应当向公司足额缴纳外，还应当向已按期足额缴纳出资的股东承担违约责任。

2. 差额补足责任。我国《公司法》第30条规定，有限责任公司成立后，发现作为设立公司出资的非货币财产的实际价额显著低于公司章程所定价额的，应当由交付该出资的股东补足其差额；公司设立时的其他股东承担连带责任。

（二）股份有限公司发起人的责任

根据我国《公司法》的规定，股份有限公司的发起人在不同的情形下应当承担不同的法律责任：

1. 公司不能成立时，发起人对设立行为所产生的债务和费用负连带责任（《公司法》第94条第1项）。

2. 公司不能成立时，发起人对认股人已缴纳的股款，负返还股款并加算银行同期存款利息的连带责任（《公司法》第94条第2项）。

3. 在公司设立过程中，由于发起人的过失致使公司利益受到损害的，应当对公司承担赔偿责任（《公司法》第94条第3项）。

4. 在公司设立过程中，发起人不按照公司章程的规定缴纳出资的，应当按照发起人协议承担违约责任（《公司法》第83条第2款）。

5. 股份有限公司成立后，发起人未按照公司章程的规定缴足出资的，应当补缴；其他发起人承担连带责任（《公司法》第93条第1款）。

6. 股份有限公司成立后，发现作为设立公司出资的非货币财产的实际价额显著低于公司章程所定价额的，应当由交付该出资的发起人补足其差额；其他发起人承担连带责任（《公司法》第93条第2款）。

**四、虚报注册资本、虚假出资和抽逃出资的法律责任**

为确保注册资本的真实可靠，我国《公司法》还对"虚报注册资本""虚假出资""抽逃出资"等行为作出了禁止性规定。

（一）虚报注册资本

所谓"虚报注册资本"，是指行为人在申请公司登记时，使用虚假的证明文件或者采取其他欺诈手段夸大注册资本的数额，欺骗公司登记主管机关，取得公司登记的行为。虚报的具体表现是实际上并无资本而谎称其有资本，或者是提交虚假材料，或者是采取欺诈手段隐瞒重要事实，或者是申报登记注册的资本数额多于其股东认缴的资本数额。《公司法》第198条规定，对虚报注册资本的公司，处以虚报注册资本金额5%以上15%以下的罚款；对提交虚假证明文件或者采取其他欺诈手段隐瞒重要事实的公司，处以5万元以上50万元以下的罚款；情节严重的，撤销公司登记或者吊销营业执照。

**（二）虚假出资**

所谓"虚假出资"，是指公司发起人、股东违反《公司法》的规定，未交付或者未按期交付作为出资的货币或者非货币财产或者未转移作为出资财产的财产权而取得股份或出资证明的行为。虚假出资与未交股款不同，前者是无对价而取得股份，其行为性质为欺诈；后者是未交股款，亦未取得股份，其行为性质属违约。《公司法》第199条规定，对股东、发起人虚假出资的，由公司登记机关责令改正，处以虚假出资金额5%以上15%以下的罚款。

**（三）抽逃出资**

所谓"抽逃出资"，是指公司发起人、股东在公司成立时业已出资，而在公司成立后又采用非法手段抽回其出资或转移其出资的行为。抽逃出资的典型表现是发起人或股东在秘密状态下，从公司抽回或转移出相当于本人出资额的财产，同时继续持有公司的原有股份。

抽逃出资的具体表现形式为：①将出资款项转入公司账户验资后又转出；②通过虚构债权债务关系将其出资转出；③制作虚假财务会计报表虚增利润进行分配；④利用关联交易将出资转出；⑤其他未经法定程序将出资抽回的行为。公司成立后，公司、股东或者公司债权人以相关股东的行为符合前列情形之一且损害公司权益为由，请求认定该股东抽逃出资的，人民法院应予支持。

股东抽逃出资的，公司或者其他股东有权请求其向公司返还出资本息，协助抽逃出资的其他股东、董事、高级管理人员或者实际控制人对此应承担连带责任。公司债权人有权请求抽逃出资的股东在抽逃出资本息范围内对公司债务不能清偿的部分承担补充赔偿责任，协助抽逃出资的其他股东、董事、高级管理人员或者实际控制人对此应承担连带责任。抽逃出资的股东已经承担上述责任，其他债权人提出相同请求的，人民法院不予支持。

《公司法》第200条规定，对抽逃出资者处以抽逃出资金额5%以上15%以下的罚款。

## 第四节　增资与减资

公司虽然要遵守资本确定、资本维持、资本不变的原则，但由于公司成立后各种客观情况的变化，公司的资本也不可能一成不变。随着公司生产经营情况和市场状况的变化，公司的资本也要相应地增加或减少。

### 一、增加资本

增加资本，简称增资，是指公司为筹集资金、扩大营业，依照法定的条件和程序增加公司的资本总额。由于增资能够增强公司的实力，提高公司的信用，扩大公司的经营规模，不会造成对社会交易安全和债权的威胁，各国公司法对增资的条件限制较少，各类公司在必要时均可依法定程序增加资本。

有限责任公司的增资程序较之股份有限公司的增资程序相对简便。公司可以根据自己的需要，由股东会经代表 2/3 以上表决权的股东通过，作出决议，股东对新增注册资本额有优先认购权。有限责任公司的增资方式因其出资方式不同而不同。采用单一出资制的公司，可以按原有的出资比例增加相应的资本，增资后各股东的出资比例不变，也可以通过增加新股东并增加新的出资的方式进行。在我国，有限责任公司的增资大都采用上述两种方法。采用基本出资制的公司的增资，也可适用单一出资制的原则。采用出资平等制的公司，既可以通过增加每一份出资的出资额的方式来增加资本，还可以通过增加新的出资份额来增加资本。

股份有限公司的增资程序较之他种公司的增资程序略显复杂，其中在实行法定资本制国家的公司法中，对股份有限公司的增资程序规定得尤为严格。一般应首先以特别决议通过增资决议，即由代表股份总数 2/3 以上的股东出席，并由出席股东的 2/3 以上的表决权通过。我国《公司法》规定，经出席会议的股东所持表决权的 2/3 以上通过即可。其次，要变更公司章程。最后，还要办理相应的变更登记手续。而上述程序在实行授权资本制的股份有限公司中则可被一概免除，只要董事会决议通过，即可直接实施。

股份有限公司增加资本的方式有三种：①增加股份的数额，即公司在原定股份总数之外发行新的股份。如原有股份 100 万股，每股 10 元，现新发行 50 万股，每股 10 元。公司资本即由原来的 1000 万元增至 1500 万元。新增的股份既可由原有股东优先认购，也可以向社会发行。向原有股东发行新增股份时，既可以采取由原有股东另外缴纳股款的方式，也可以采取将股息或红利转化为股东的股份的方式。向社会发行股份时，还可以将可转换公司债券转换成公司的股份。②增加股份金额，即公司在不改变原定股份总数的情况下增加每个股份的金额。

此种方式的增资，只能在原有股东内部进行，不向社会发行。③既增加股份的数额，又增加每股的金额，即同时采用前两种方法。在实践中，因第二、三种方法的运用涉及股东的态度及复杂的计算，不便操作，故多采用第一种方法。公司的增资是公司成立后的行为，因此，在公司设立阶段分期发行的股份不得视为增资。

股份有限公司增加资本，除可采用上述方法外，还可以将公司的公积金转为公司资本。股份有限公司经股东大会决议将公积金转为资本时，按股东原有股份比例派送新股或者增加每股面值。但法定公积金转为资本时，所留存的公积金不得少于转增前注册资本的25%。

资本的增加涉及股东的利益和公司资本的变化，因而法律规定了一定的限制条件。我国《证券法》第12条规定，公司首次公开发行新股，应当符合下列条件：①具备健全且运行良好的组织机构；②具有持续经营能力；③最近3年财务会计报告被出具无保留意见审计报告；④发行人及其控股股东、实际控制人最近3年不存在贪污、贿赂、侵占财产、挪用财产或者破坏社会主义市场经济秩序的刑事犯罪；⑤经国务院批准的国务院证券监督管理机构规定的其他条件。上市公司发行新股，应当符合经国务院批准的国务院证券监督管理机构规定的条件，具体办法由国务院证券监督管理机构规定。

## 二、减少资本

减少资本，简称减资，是指公司资本过剩或亏损严重，根据生产经营的实际情况，依照法定条件和程序减少公司的资本总额。按照资本不变原则的要求，一般不允许公司减少资本。因为资本的减少有可能危及社会交易的安全，容易减弱对债权人的保护。但当公司的预定资本过多，从而形成资本过剩，并造成公司资本凝固，以及当公司的营业状况不佳，亏损严重，致使公司的资本额与其实有资产差额悬殊时，如仍坚持资本不变，就可能造成资本在公司中的停滞和不实，不利于充分发挥社会财富的经济效益，资本也就失去了它作为公司运营的物质基础和标示公司信用状况的应有作用。在这种情况下，就应当允许公司依照法定程序来减少公司资本。因预定资本过多并形成资本过剩的减资是实质性减资，因亏损严重致使实有资产显著小于注册资本而导致公司减资的是形式性减资。实质性减资从反面进一步说明了盲目追求公司高资本的危害，要求公司的创办人必须实事求是地预定公司资本的需求，立法机关也必须科学地确定各类公司的最低资本额，以免造成不必要的资本过剩。

为保护债权人的利益，有限责任公司一般不得减少资本。有的国家虽然允许有限责任公司减资，但为债权人利益，对减资的程序作出了严格的限制。如德国

《有限责任公司法》第 58 条规定，减少资本时不仅要有股东会的特别决议，而且关于减资的决议应在规定的报纸上公告 3 次，同时催告公司的债权人向公司申报债权。已向公司申报的债权人不同意减资的，公司应对其债权予以清偿或提供担保。我国《公司法》对有限责任公司的减资程序也作出了严格的限制，例如，减资决议的作出，必须经代表 2/3 以上表决权的股东通过；公司决议减少注册资本时，必须编制资产负债表及财产清单；公司应当自作出减少注册资本决议之日起 10 日内通知债权人，并于 30 日内在报纸上公告；债权人自接到通知书之日起 30 日内，未接到通知书的自公告之日起 45 日内，有权要求公司清偿债务或者提供相应的担保；法律、行政法规以及国务院决定对股份有限公司注册资本最低限额另有规定的，公司减资后的注册资本不得低于法定注册资本最低限额。

股份有限公司的减资，不仅缩小了公司的责任范围，直接影响到公司债权人的利益，而且还直接涉及股东的权益。因此，股份有限公司的减资决议应由股东大会作出，由出席股东所持表决权的 2/3 以上通过。减少公司发行的任何类别股份的总数，还必须报有关部门审查同意。同时，须履行与有限责任公司相同的法定减资程序。

与股份有限公司的增资方法相对应，股份有限公司的减资方法也有三种：①减少股份数额，即每股金额并不减少，只是减少股份总数。如原有 100 万股，减少为 50 万股。此方法还可细分为消除股份和合并股份两种。前者是指取消一部分特定股份，依是否需要征得股东的同意，又分为强制消除和任意消除；后者是指合并两股或两股以上的股份为一股。②减少股份金额，即不改变股份总数，只减少每股的金额。此方法又可细分为免除、发还、注销三种。免除是对尚未缴足股款的股份，免交全部或部分所欠股款；发还是对已缴足股款的股份，将部分股款返还于股东；注销是在公司亏损时减少每股金额，以抵销应由股东弥补的资本亏损。③既减少股份数额，又减少股份金额，即对上述两种方法同时并用。

## 第五节　股份与股票

### 一、股份

（一）股份的概念与特点

股份是股份有限公司资本构成的最小单位，即公司的全部资本分为金额均等的股份，全部股份金额的总和即为公司资本的总额。换言之，资本分为股份，股份集为资本。

股份有限公司的股份与他种类型公司股东的出资相比较，具有以下特点：

1. 股份是资本构成的最小单位，具有不可分性。资本分为股份，股份则不可再分，是资本构成的基本单位。股份的不可分性并不排除某一股份为数人所共有。当股份为数人所共有时，股权一般应由共有人推定一人行使。共有人是对股份利益的分享，不是对股份本身的分割。

2. 股份是对资本的等额划分，具有金额的均等性。股份所代表的资本额一律相等。对于额面股份，表现为股份金额相等；对于无额面股份，则表现为在资本总额中所占比例相等。

3. 股份是股东权的基础，具有权利上的平等性。股份是股东法律地位的表现形式，股份所包含的权利义务一律平等。每一股份代表一份股东权，股东权利义务的大小，取决于其拥有股份数额的多少。除法律另有规定外（如对特别股股东权利的限制等），公司不得以任何理由剥夺股东的固有权利。

4. 股份表现为有价证券，具有自由转让性。股份表现为股票，是股票的实质内容，而股票则是股份的证券形式，是公司签发的证明股东所持股份的凭证。除法律对特定股份的转让有限制性规定外，股份可以自由转让和流通。股份的转让和流通，是通过股票交易形式进行的，合法取得股票者即合法取得股份，亦即取得股权。

（二）股份的种类

依据不同的标准，可以将股份有限公司的股份划分为不同的种类。在不同的国家中，股份的分类也不尽一致。归纳概括，各国通行的股份分类主要有以下几种：

1. 依股东享有权益和承担风险的大小，可将股份分为普通股和优先股。

（1）普通股，即普通股份，是指对公司权利一律平等，无任何区别待遇的股份。普通股是公司资本构成中最基本的股份，也是公司中风险最大的股份。普通股具有以下三个特点：①其股息不固定，视公司有无利润及利润多少而定，且须在支付了公司债利息和优先股股息后方能分得；②在公司清算时，普通股股东分配公司剩余财产，亦须排列于公司债权人和优先股股东之后；③普通股股东一般都享有表决权，即参与公司重大问题决策的权利。普通股股东在公司获利时是主要的受益者，其股息率上不封顶；在公司亏损时是主要的受损者，不仅股利全无，甚至连本赔掉。可见普通股是公司中风险最大的股份。

（2）优先股，是特别股的一种，是指对公司享有比普通股优先内容或优先权利的股份。与普通股相对应的特别股，包括两种股份：优先股和后配股。以普通股为基准，凡比普通股具有优先内容或优先权的股份为优先股；凡权利不及普通股权利者为后配股。后配股又称劣后股，是指在公司盈余、公司剩余财产分配给普通股之后才能参加分配的股份。由上可见，特别股包括优先股和后配股两种，将优先股直接等同于特别股的说法是不准确的。

与普通股相比，优先股具有以下三个特点：①可优先获得股息，且股息一般是固定的，它不受公司经营状况好坏的影响，在一定程度上表现出债权的性质，是股权债权化的典型表现。正因如此，优先股又被人形象地称之为"旱涝保收股"。②可优先分配公司的财产。当公司破产或解散清算时，优先股的票面值将从公司的剩余财产中优先于普通股受偿。③优先股一般均无表决权，这实质上是取得盈余分配方面优先权的一种代价，换言之，是以盈余分配方面的优先作为无表决权的补偿。

按照优先股所享有的具体优先权内容的不同，可将优先股分为：

第一，累积优先股与非累积优先股。累积优先股是指公司当年盈余不足以分配该股的股息，不足部分由以后年度的利润予以补足的优先股。在未补足所欠累积优先股股息前，公司不得对普通股股息予以分配。非累积优先股是指股利的分配只以当年的公司盈余为限，未达到优先股应分的股利的，对于不足部分，其后年度不再补足。

第二，参与优先股与非参与优先股。参与优先股是指除按固定比率从每年度盈余中优先分配股息外，还参与同普通股一起分配其余利润或剩余财产的优先股。按照参与优先股参与分配对象的不同，还可以分为参与分配股息优先股和参与分配资产优先股。前者对公司的利润，除有权获得其应得的固定股息外，还有权与普通股一起分配其股息；后者在公司清理其资产时，在退还各种定额股利后，还有权参与公司剩余财产的分配。非参与优先股，是指股东只能按原定比例分配公司盈余，此后即使公司仍有充分盈余，也不能再参加分配的优先股。

依据我国《公司法》的规定，公司可设普通股，并可设置优先股，优先股为法定累积优先股。虽未规定参与优先股，但按优先股多为章程约定产生的惯例，只要不损害国家利益和社会公益，公司设置各种优先股应予允许。对于国家股，现行法规规定一般应为普通股。对此，学界认识分歧较大。有的从有利于政企分开的角度出发，为防止造成国家对企业的直接干预，主张把国家股作为优先股，以保证国家资产以保值增值为主要目的。我们认为，对国家股不宜作普通股或优先股的"一刀切"式的规定，事实上，让占有某些公司资本总额大部分比例的国家股成为优先股，从而放弃表决权，不仅是不公允的，也是不现实的。因此，就目前情况看，规定国家股一般应为普通股是必要的。在国家投资逐步走入正轨后，特别是在国家股的管理规范化后，应当允许国家股东基于投资目的的不同，对所持股份应为普通股还是优先股，作出灵活的、实事求是的选择。

　　近年来，对类别股的研究已是公司法理论研究的热点问题之一，在公司实践中也出现了类别股设置形态多样化的趋势。例如，限于表决权类的类别股和附特殊权利的类别股，前者主要以超级表决权股、无表决权股为代表，后者则主要以附董事选任权股、一票否决权股为表现形式。与通行的、传统的类别股设置侧重于股东自益权不同，我国公司法理论研究和公司实践却侧重于股东共益权的设置与行使。对此，我们的基本观点是：在因地制宜不断健全类别股股东共益权行使方式与内容的同时，更要关注类别股股东自益权的行使。由于类别股的出现使公司的分配方式和治理结构更加复杂，在立法、司法和实践中都需要进一步深入研究，决不能顾此失彼，盲目滥设类别股，使公司的治理结构失去平衡。

　　2. 依据股份是否以金额表示，可将股份分为额面股和无额面股。

　　(1) 额面股，是在股票票面上标明了一定金额的股份。额面股的每股金额必须一致，但具体数额多少，各国规定不一。一些国家仅规定了股票面额的最低限额，而未作最高额限制，如德国规定股份最低额为 50 马克，法国规定为 100 法郎，日本规定为 500 日元。有些国家则对股票面值没有最低限额的规定。我国对此并无规定，但在实践中以不低于人民币 1 元为限。额面股份的发行价格可以高于股份金额，即允许溢价发行，但不允许以低于股票面额的价格发行股份，其目的是为了维持公司资本，防止造成公司资本的虚空。

　　(2) 无额面股，又称比例股或部分股，即股票票面不表示一定金额，只表示其占公司资本总额的一定比例的股份。此种股份的价值随公司财产的增减而增减，其实际上占公司资产总额比例的价值也是一个变数。无额面股的好处在于当公司增资时，无须再发行或增加新的股份，只要实际上增加每股所代表的资本额即可。其弊端在于股份所代表的金额，经常处于不确定状态之中，增加了股份转让和交易的难度。目前，允许发行无额面股的国家已为数不多，只有美国、日本、卢森堡等少数国家，且大都对无额面股的发行作出了种种限制性的规定。我国禁止发行无面值股票（无额面股），只允许发行额面股。

　　3. 依是否在股票上记载股东的姓名，可将股份分为记名股和无记名股。

　　(1) 记名股，是将股东的姓名或名称记载于股票的股份。记名股份的权利只能由股东本人享有，非股东持有股票，无资格行使股权。记名股的转让必须由股东以背书形式进行，将受让人的姓名或名称记载于公司股票之上，并将受让人的姓名或名称记载于公司股东名册之中。否则，转让不产生对抗之效力。我国《公司法》第 129 条第 2 款规定："公司向发起人、法人发行的股票，应当为记名股票，并应当记载该发起人、法人的名称或者姓名，不得另立户名或者以代表人姓名记名。"第 143 条规定："记名股票被盗、遗失或者灭失，股东可以依照

《中华人民共和国民事诉讼法》规定的公示催告程序，请求人民法院宣告该股票失效。人民法院宣告该股票失效后，股东可以向公司申请补发股票。"

（2）无记名股，是股票上不记载股东姓名或名称的股份。无记名股份与股票不可分离，凡持有股票者，即为公司股东，享有股东权。在买卖无记名股票时，将股票交付给受让人，即发生转让的效力。

4. 依股份有无表决权，可将股份分为表决权股和无表决权股。

（1）表决权股，即享有表决权的股份。表决权股的股东在任免董事人选等公司重大问题上，有权无条件地行使表决权。表决权股还可以细分为普通表决权股和多数表决权股，前者一股享有一票表决权；后者给予特定股东以超过其拥有股份数的表决权，如一股享有两票或三票表决权等，有的甚至赋予某些特别股东一票否决权。设置多数表决权股的目的，是为了保持自己对公司的控制权。但由于多数表决权股助长了少数股东的特权，公司易被少数股东操纵，故目前各国已极少采用，表决权股基本上都是普通表决权股。

（2）无表决权股，是依法或依据章程被剥夺了表决权的股份。依法被剥夺表决权的股份主要是公司的自有股份；依据章程被剥夺表决权的股份，主要是享有特别分配利益的优先股。享有优先权的优先股股东，投资的目的是为了获取股利，而不是积极参与公司的管理。因此，这类股东按章程规定不享有表决权。此外，还有表决权受到公司章程限制的股份，即限制表决权股。例如，有的国家公司法规定，股东持有股份占公司资本总额一定比例（如3%）以上时，公司应以章程限制其表决权，目的是为了防止大股东对公司事务的控制与操纵。

我国实行公司制度伊始，除采用国际通行的股份类别外，还结合中国的国情，按照不同的标准，对股份进行了新的分类，形成了独具特色的股份种类。例如，依投资主体的不同，将股份分为国家股、法人股、个人股和外资股；依是否以人民币认购或交易股份，将股份分为 A 股与 B 股。A 股又称人民币股，是指专供我国的法人和公民（不含我国香港、澳门、台湾地区的投资者）以人民币认购或买卖的股份；B 股是指以人民币标明股票面值，以外币认购和进行交易，专供外国和我国香港、澳门、台湾地区的投资者以及我国境内居民个人买卖的股份。尽管学界对我国独创的股份类别看法不一，但鉴于我国国情的特殊性，这些分类在一定时期内仍有其存在的必要。

**二、股票**

（一）股票的概念与特征

股票与股份有着十分密切的联系，二者形同表里，股份采取股票形式，而股票本身则只不过是股份的证券表现形式。

股票是指由股份有限公司签发的证明股东按其所持股份享有权利和承担义务的书面凭证。股票具有以下特征：

1. 股票是一种有价证券。有价证券是设定并证明持券人享有取得一定金额的权利的凭证，它反映的是一种财产权利，且该财产权利的行使以提示证券为前提。股票作为有价证券的一种，一方面，它代表着一定的财产价值，是一种特定的价值符号；另一方面，股票又是一种提示证券。因股票种类不同，其提示效果也不尽一致，其中无记名股票是一种典型的提示证券，而记名股票则是一种非典型提示证券。

2. 股票是一种证权证券。股票是证明股东与公司之间股权关系的一种法律凭证，仅具有权利证书的效力，而不具有创设权利的效力。因此，股票是一种证权证券，而非设权证券。

3. 股票是一种流通证券。股票可以在市场上流通，是一种典型的流通证券。股票的流通方式有二：①上市交易，即到证券交易所挂牌交易；②柜台交易，即使采取柜台交易的方式，也不丧失股票的流通性特征。

4. 股票是一种要式证券。股票须按法定方式制作，并须记载法定事项。我国《公司法》规定，股票应载明下列事项：①公司名称；②公司成立的日期；③股票的种类、票面金额及代表的股份数；④股票的编号。此外，股票要采用纸面形式或国家规定的其他形式。股票须由法定代表人签名并经公司盖章后生效。

5. 股票是一种风险证券。严格讲，凡证券权利的实现都具有一定的风险性。但由于股票投资本身就是一种具有高度风险的投资方式，其风险性在诸种证券中尤为突出。尽管股票投资的风险莫测，但因股票投资具有收益高额化的可能，仍是广大投资者所乐于选择的一种投资方式。也正是因为股票收益应包含风险的补偿收入，收益高额化就成了对股票持有人面临的高度风险的一种必要的补偿和鼓励。

### （二）股票的发行

1. 股票发行的种类。股票发行就是公司以募集资本为目的，分配或出售自己的股份。公司自设立到成立后的运营，一般都不止一次地发行股份。在设立时，要通过发行股份募集到注册资本；在成立后增资时，也要发行股份。在不同阶段发行股份，都有其不同特点和专门的法律要求。因此股份的发行可以分为两类，即设立发行和新股发行。

设立发行，是在公司设立过程中所进行的股份发行。公司的设立方式有两种，即发起设立和募集设立。在采取发起方式设立时，第一次发行的股份应由发起人全部认足，不再向社会募集；在采取募集方式设立时，第一次发行的股份除由发起人认缴一部分外，其余股份可向社会公开募集，也可向特定对象定向募集。设立发行的目的是募足公司得以成立的资本，使公司符合法定或章程约定的资本条件。

新股发行，是在公司成立后再次发行股份。依新股发行的目的、要求及方式的不同，新股发行还可细分为：

（1）增资的发行与非增资的发行。增资的发行是指公司的资本要超过原注册资本所进行的股份发行。在法定资本制及我国的公司资本制度下，公司章程所记载的注册资本在公司设立时即应全部发行完毕。因此，当成立后的公司为增加资本而再次发行股份时，须按增资的法定程序进行，即由股东大会决议、修改章程并进行变更登记。非增资的发行是指实行授权资本制的公司再次发行股份。因在授权资本制下，公司首次发行的股份只是章程记载的注册资本的一部分，公司成立后再次发行股份，也不会超出章程记载的注册资本额，故属非增资的发行。但与首次发行的股份额（发行资本）相比，其实质仍为增资。

（2）通常的发行与特别的发行。通常的发行即以增资为目的所进行的新股发行；特别的发行则不以增资为目的，而是为了分配盈余，将公积金转为资本或将可转换公司债转变为股份所进行的新股发行。特别的发行虽不以增资为目的，但其结果是公司资本的必然增加。

（3）不公开发行与公开发行。不公开发行也称定向发行，是指只由特定的法人、股东或公司内部职工（公司雇员）认购股份，而不向社会公众发行股份。公开发行是指向社会公众发行股份。因公开发行涉及社会公众的利益，其法定要求较之不公开发行更为严格。

2. 股票发行的条件。股票发行的共同条件是：股票发行人必须是具有股票发行资格的股份有限公司，包括已经成立的股份有限公司和经批准拟成立的股份有限公司。除此之外，任何其他类型的公司都无权发行股票。股票的发行事关社会经济秩序的稳定及投资人的利益，因此，各国对股票发行的条件都有具体的规定。我国的《公司法》《证券法》对设立发行、改组发行及增资发行的条件，都作出了明确具体的规定。

（1）设立发行的条件。在我国，以募集设立方式设立股份有限公司的，应当符合下列条件：①发起人认购的股份不得少于公司股份总数的35%；②发起人向社会公开募集股份，必须公开招股说明书，并制作认股书；③发起人向社会公开募集股份，应当由依法设立的证券公司承销，签订承销协议；④发起人向社会公开募集股份，应当同银行签订代收股款协议；⑤发行股份的股款缴足后，必须经依法设立的验资机构验资并出具证明。

（2）改组发行的条件。改组发行，是指原有企业改组设立股份有限公司进行的股份发行。原有企业改组设立股份有限公司，在我国企业转制中具有突出的意义。所谓股份制企业试点，着重解决的也是原有企业的改组问题。我国现有的股份有限公司，基本上都是在原有企业改组的基础上形成的。因此，对改组发行股票的条件作出明确的规定，显得尤为重要。

依据《股票发行与交易管理暂行条例》第9条的规定，原有企业改组设立股份有限公司申请公开发行股票，除应符合设立发行的条件外，还应当符合下列条件：①发行前一年末，净资产在总资产中所占比例不低于30%，无形资产在净资产中所占比例不高于20%，但是证券委另有规定的除外；②近3年连续盈利。国有企业改组设立股份有限公司公开发行股票的，国家拥有的股份在公司拟发行的股本总额中所占的比例，由国务院或国务院授权的部门规定。

（3）增资发行的条件。股份有限公司为增加注册资本发行新股时，股东认购新股，依照《公司法》设立股份有限公司缴纳股款的有关规定执行。

3. 股票发行的程序。我国股票发行的审批程序，依法可分为申请、审批、复审三个阶段，具体规定详见《证券法》。

4. 股票发行的方式。我国规定，公开发行的股票应当由证券经营机构承销，承销包括包销和代销两种方式。所谓包销，是指证券经营机构向发行公司承诺，如在一定期间内未能将本次发行的全部股票售于公众，剩余部分即由证券经营机构自行买下的一种承销方式。所谓代销，是指承销机构（即证券经营机构）代理发售股票，在发行期结束后，将未售出的股票全部退还给发行人或包销人的承销方式。由此可见，代销又可细分为两种：①承销机构代理发行公司发售股票；②代销机构代理包销人发售股票。一般说来，包销因包销人所承担的风险较大，故包销佣金较高，而代销的佣金则相对较低。对于那些尚未建立起信誉的发行公司，以及虽信誉卓著却要节省承销佣金的发行公司，大都采用代销的方式。

证券公司承销股票应当与发行人签订代销或者包销协议。代销或者包销协议应当载明下列事项：①当事人的名称、住所及法定代表人的姓名；②代销、包销股票的种类、数量、金额及发行价格；③代销、包销期限及起止日期；④代销、包销付款的日期及方式；⑤代销、包销的费用和结算方法；⑥违约责任；⑦国务院证券监督管理机构规定的其他事项。

证券公司承销股票，应当对公开发行募集文件的真实性、准确性、完整性进行核查。发现有虚假记载、误导性陈述或重大遗漏的，不得进行销售活动。已经销售的，必须立即停止销售活动，并采取纠正措施。

在承销期内（最少不得少于 10 日，最多不得超过 90 日），承销商应当尽力向认购人出售其所承销的股票，不得为本机构保留所承销的股票。承销期满后，尚未售出的股票按照承销协议约定的包销或者代销方式分别处理。

■ **思考题**

1. 试述公司资本三原则的具体内容。
2. 试述法定资本制与授权资本制的含义、区别与利弊。
3. 试述公司资本的构成。
4. 股份有限公司的发起人在不同情形下应承担何种责任？
5. 依据不同的标准，可以将股份划分为哪些种类？
6. 股票具有哪些特征？

# 第六章　公司债

■ **学习目的和要求**

　　本章主要讲述公司债的基本理论与我国公司法关于公司债的基本规定，通过本章学习，重点了解公司债的概念、公司债与一般金钱债务以及股份等的区别、公司债债权人的保护制度，掌握公司债的发行、转让、清偿的一般规则。

## 第一节　公司债的概念与种类

### 一、公司债的概念与特征

（一）公司债的概念

　　公司债是指公司以发行债券这一有价证券的方式，向社会公众公开募集筹措资金，从而形成的一种金钱债务。从本质上说，公司债当然属于对发债公司形成的具有消费借贷性质的金钱债务。但由于公司债的债务人为公司，而债权人为社会一般公众，且属于借入金额巨大、借入期间较长、借入条件同一、借入形式表现为有价证券的一种金钱债务，因而，对于公司债需要有专门的法律加以调整，以对公司债的集中举债、流通转让、还本付息等进行特别的技术性处理，对公司债的债权人给予相应的团体性保护。我国《公司法》中的公司债券发行、转让等规定，即属于有关公司债的一般规则。此外，在《证券法》以及其他有关证券交易的法律、法规中，也包含着有关公司债发行、交易等的若干具体规则。在公司举借公司债时，必须遵照《公司法》和其他有关法律、法规的规定进行，不得有所违反。据此，可以说公司债乃是公司依照法定条件和程序，与社会一般公众形成的一种金钱债务。

　　公司为发展和扩大经营而筹措资金，在发行公司债以外，通常可以通过以下两个途径实现：①通过发行新股，即以发行股份的方式，来增加公司的资本总额，从而获得所需的资金；②通过向银行或者其他金融机构贷款获得所需的资金。但当公司采用发行新股的方式集资时，在取得所需资金的同时，也发生了对新股进行利润分配的负担，并可能因此使利润分配的比率降低；而通过一般的贷款方式，通常只能从相关的金融机构取得有限的资金，难以获得高额的、长期的资金供应。为克服上述融资方式的弊端，举借公司债这种向广大社会公众筹措资金的方式，便伴随着公司这一经营形态应运而生，并逐渐发展起来，成为现代公司筹措资金的一种重要途径。

（二）公司债的特征

公司债作为具有消费借贷性质的金钱债务，除具有金钱债务的一般特征外，还具有不同于其他筹资方式的特殊性。将公司债同其他相关的或者相似的筹资方式加以比较，就可以揭示出公司债所独有的特征。

1. 公司债与一般金钱债务。公司债与一般金钱债务虽然均属于消费借贷的金钱债务，但二者有以下显著区别：①公司债的债权人具有公众性。公司债的债权人属于不特定的多数人；而公司的一般金钱债务的债权人通常为特定的金融机构，不具有公众性的特点。②公司债的举债具有集中性。公司债是在一定的时期内，将借入总额依一定金额予以划分，然后以同一条件分别与不同的债权人成立借贷关系。因此，就公司债的举债方式而言，具有明显的集中性。而公司的一般金钱债务的成立，虽然也可能在同一时期内与不同的债权人成立借贷关系，但通常并无总额的特别划分，也不一定以同一条件成立，因而不具有集中性。③公司债的表现形式为债券。公司债具有有价证券的性质，债权人所持有的债券可以流通转让，具有较强的流通性；而公司的一般金钱债务通常表现为借贷契约或契据，债权人所持有的借贷契据不能流通，仅在符合债权转让的法定条件时，方可在有限的当事人之间进行转让。

2. 公司债与企业债。在我国，由于过去长期以来没有规范的公司制度，与公司制密切联系的公司债制度也极不发达。因而，公司债与企业债经常被作为同一概念，不加区别地混同使用。有的人认为公司债券即企业债券，其发行主体已"扩大到一切具有法人资格的企业"[1] 这种观点反映了人们对企业与公司概念认识的发展过程。我国《公司法》颁布实施之前，无论是在立法上还是法理上，对于公司和企业都没有作出明确的界定，从而导致了人们认识上的混乱，并进而导致了对公司债与企业债的误解。

从我国债券发行的发展过程来看，1987 年国务院颁布了《企业债券管理暂行条例》，允许具有法人资格的全民所有制企业在境内发行债券，而禁止其他企

---

[1] 江平主编：《新编公司法教程》，法律出版社 1994 年版，第 116 页。

业和个人发行债券；1993 年 8 月国务院又颁布了新的《企业债券管理条例》，将企业债券的发行主体扩大到境内具有法人资格的企业，而不限于全民所有制企业。但由于这两个条例都是在我国《公司法》颁布实施之前制定的，因而，在条例中仅规定了企业债券的发行，而并不涉及公司债券的发行。1993 年 12 月全国人大常委会通过了《公司法》，并于 1994 年 7 月 1 日起施行，在《公司法》中明确规定：股份有限公司、国有独资公司和两个以上的国有企业或者其他两个以上的国有投资主体投资设立的有限责任公司，为筹集生产经营资金，可以依照本法发行公司债券；与此同时，《公司法》也明确规定了公司债的发行条件、审批程序、发行要求等多项内容。可以说，1993 年《公司法》的上述规定表明，在立法上已经对公司债与企业债的发行作了明确区分。但可惜的是，在《公司法》中并未明确依照该法所发行的公司债是否仍属于企业债的一种，而依旧适用 1993 年《企业债券管理条例》，因此在公司债的发行审批以及交易管理等活动中，发生了若干问题。

1998 年 12 月全国人大常委会通过了《证券法》，其中明确规定"股票、公司债券和国务院依法认定的其他证券的发行和交易，适用本法"，但在《证券法》中仅对公司债券上市交易的有关事项作了规定，而对有关公司债的发行等事项几乎未作规定。此外，在《证券法》中，仍然没有明确公司债券是否仍受《企业债券管理条例》的约束。可以说，在《证券法》颁布之后，就公司债而言，不仅原有的矛盾问题没有解决，又增加了新的矛盾问题，即《公司法》《证券法》与原有的《企业债券管理条例》之间的效力冲突。有鉴于此，国务院于 1999 年开始着手修订《企业债券管理条例》，后于 2011 年 1 月对该条例进行了部分修改，不过，前述的问题依然存在。而自 2003 年开始，根据我国社会经济发展的实际需要，全国人大常委会着手修订《公司法》与《证券法》，并于 2005 年 10 月同时通过了修订后的《公司法》与《证券法》。在修改后的两法中，对有关公司债的规定进行了整合，将原《公司法》中关于公司债券发行条件的规定平移至《证券法》中，从而使公司债券的发行、上市等具体规定集于《证券法》一身，同时在《公司法》中明确规定"公司发行公司债券应当符合《中华人民共和国证券法》规定的发行条件"。是否可以认为，这在实际上已经解决了有关公司债与企业债的前述矛盾问题？

客观地讲，在《公司法》颁布之前，我国实际上并不存在公司债制度，存在的只是企业债制度，而规范的公司债制度，则产生于《公司法》实施之后。因此，从顺序上说，在我国是先有企业债券，后有公司债券。尽管从公司只是企业形态之一的角度观之，公司债也属于企业债，但企业债并不等于公司债，二者分别适用于不同的企业组织，并适用不同的法律规范。我国《公司法》将公司债从企业债中分离出来，并建立起独立的公司债制度与规则，这对于健全和完善公司制度，无疑是完全必要的。[1]

3. 公司债与股份。公司债与股份均属于公司融资的方式，同时也都属于社会投资人的投资对象，因此，二者在经济功能上有共同之处。但在法律性质上，公司债与股份却有着明显的区别，二者的区别表现在：①权利的性质不同。公司债的债权人仅享有对公司的债权，不享有对公司经营管理的参与权；而股份持有人即股东则享有法律规定的和章程约定的自益权与共益权，有权参与公司的经营和管理。②权利的内容不同。公司债的债权人无论公司有无盈余，均有确定比率的利息请求权，在公司债的偿还期限届满时，亦有请求返还本金的权利；而股东则仅在公司有可分配的盈余时，才有依盈余多寡确定分配比率的股息或红利的请求权，且在公司存续期间，股东原则上不能请求股本的返还。③风险的负担不同。在公司破产或解散时，公司债的债权人有权优先于股东就公司财产获得清偿；而股东则须在公司债权人获得清偿后，才能就公司的剩余财产进行分配。

对公司债与股份比较分析所反映出来的二者的差异，主要表现为理论上的区别，而在实际社会经济生活中，则存在着二者相互接近的可能性。正如国外一些学者指出的那样，由于存在着一般股东对公司经营管理缺乏特别的热心，较少亲自行使表决权等经营管理参与权的情况，因而将会发生所谓"股东公司债债权人化"的现象，使得公司债与股份在事实上相互接近；[2]而在法律上，也出现了诸如优先股、偿还股、无表决权股等使"股份债权化"的制度，以及转换公司债、参加分配公司债等使"公司债股份化"的制度，从而使二者在法律上的距离亦显缩短。[3]

**二、公司债与公司债券的关系**

公司债与公司债券，经常被作为同一概念来使用，而在事实上，在涉及有关发行、转让、种类等绝大多数情况下，公司债与公司债券也确实可以在同一意义上使用。我国《公司法》明确规定了公司债券的概念。我国《公司法》第153条第1款规定："本法所称公司债券，是指公司依照法定程序发行、约定在一定期限还本付息的有价证券。"这是公司债券的法定概念。但在我国《公司法》中，并未同时规定公司债的概念。尽管人们经常在同一意义上使用这两个概念，

[1]　石少侠：《公司法》，吉林人民出版社1996年版，第147页。
[2]　[日]八木弘编著：《商法小辞典》，中央经济社1979年版，第171页。
[3]　[日]铃木竹雄、竹内昭夫：《会社法》，有斐阁1989年版，第441页。

但确切地说，公司债与公司债券是两个不同的概念。从二者的关系看，公司债与公司债券的关系，和股份与股票的关系完全相同；公司债券是公司债的表现形式，而公司债则是公司债券的具体内容。

公司债券作为债券之一，与公债券（国家债券、地方债券）及企业债券有着相同的性质和特征，如均须依法发行，均以社会公众为发行对象，均属于约期还本付息的有价证券。同时，公司债券与公债券及企业债券又有着明显的区别，其最主要的区别在于发行的目的、发行的根据和发行的主体不同。公债券是为筹集国家经济建设资金，根据《国库券条例》等行政法规的规定，由政府发行的债券；企业债券则是为筹集企业经营所需资金，根据《企业债券管理条例》的规定，由企业发行的债券；而公司债券则是为筹集公司经营所需资金，根据《公司法》的规定，由公司发行的债券。

公司债券作为有价证券之一，与股票、票据以及海运提单等有价证券，也有着相同的性质和特征。例如，均属于表明一定财产性权利的证券，均有着较强的流通性，均属于权利运行的载体。[1]但公司债券也有着不同于其他有价证券特别是不同于股票的独自的特征，这主要表现在：①公司债券既可以是记名证券，也可以是无记名证券，且在通常情况下大多为无记名证券；而股票虽然也允许以无记名证券形式发行，但一般均为记名证券；票据、提单等则通常为指示证券，且为法定指示证券。②公司债券有强大的流通性。法律对债券持有人一般无特别的限制，同时法律亦并未禁止发债公司受让自己的公司债券；而法律对股票的转让则有较多的限制，在通常情况下，法律禁止公司收购自己的股票，即使在特殊情况下允许收购，亦须在法律规定的期间内进行相应的处分。③公司债券为设权证券。公司债债权人依公司债券的发行而取得对公司的公司债债权，成为公司债债权人；而股票则属于非设权证券，公司设立时，无论是发起设立还是募集设立，在公司登记成立之前，认股人即应交纳股款，在交纳股款后，即取得股东地位，但不能同时取得股票的交付，只有在公司登记成立后，方能取得股票的交付。[2]

---

[1]　赵新华：《票据法》，吉林人民出版社1996年版，第5页。

[2]　关于公司债是否为设权证券，依立法技术处理及具体法律规定的不同，结论也有所不同。我国公司法直接规定了公司债券的发行，而未规定公司债的发行，因而是依公司债券的发行使公司债债权人取得公司债债权，故此可认为我国的公司债券应为设权证券。而在日本等国的商法中，首先规定的是公司债的募集，同时规定非于公司债全部缴款后，不得发行公司债券，因而，公司债债权人先依公司债契约取得公司债债权，而在公司债券发行时，才将该债权表现于公司债券，故此可以认为日本等国的公司债券属于非设权证券。

### 三、公司债的种类

公司债的发行，可以根据发债公司的意愿和需要，采取不同的发行形式，或者约定不同的发行条件，由此而产生不同种类的公司债。在通常情况下，发债公司可以发行何种公司债，均由《公司法》或者其他有关法律事先加以明确规定，发债公司在法律规定允许发行的公司债种类之内，确定发行何种公司债。我国《公司法》明确规定发债公司可以发行记名公司债和无记名公司债、转换公司债和非转换公司债；《公司法》也允许发行担保公司债和无担保公司债、登记债和实物债。此外，还存在普通公司债和参加公司债、附新股认购权公司债和无新股认购权公司债、金融债和事业债等种类。

（一）记名公司债与无记名公司债

依公司债是否在公司债券上记载公司债债权人的名称，可将公司债分为记名公司债和无记名公司债。我国《公司法》第156条规定："公司债券，可以为记名债券，也可以为无记名债券。"根据这一规定，发债公司既可以确定发行记名公司债，也可以确定发行无记名公司债。而且，法律亦未禁止同时采用两种方式，因而，也可以认为，在同一次公司债的募集中，不妨碍同时发行记名公司债和无记名公司债。

记名公司债所形成的债权为记名债权，依照《公司法》规定，应将债权人名称等记载于公司债券存根簿上。在记名公司债转让时，应依背书或者其他法定方式进行，且须办理债权人变更记载手续，即由公司将受让人名称等记载于公司债券存根簿上。从我国《公司法》第160条第1款前段关于"记名公司债券，由债券持有人以背书方式或者法律、行政法规规定的其他方式转让"的规定来看，对于记名公司债的转让，转让人在公司债券上完成背书并予以交付，相对于转让人和受让人来说，应为记名公司债转让的生效要件，此时即在两当事人之间成立公司债转让关系；而从我国《公司法》第160条第1款关于记名公司债券"转让后由公司将受让人的姓名或者名称及住所记载于公司债券存根簿"的规定来看，公司将受让人名称等记载于公司债券存根簿上，相对于公司（债务人）和第三人来说，则应为记名公司债转让的对抗要件，亦即公司债券的受让人，非经记载于公司债券存根簿，不得对公司及第三人主张拥有公司债债权。[1]

无记名公司债则属于无记名债权，因而无须在公司债券存根簿上记载公司债债权人名称等事项，转让时亦无须进行背书及履行债权人变更记载手续。依照《公司法》规定，无记名公司债的转让，在债券持有人将债券交付给受让人时，

---

[1] 有关公司债转让的生效要件与对抗要件，参看本章第三节。

即发生公司债转让的效力。在通常情况下，公司债大多以无记名公司债的形式发行。

### (二) 转换公司债与非转换公司债

依公司债是否可以转换为公司股份，可将公司债分为转换公司债和非转换公司债。前者得依公司债债权人的请求，依据事先确定的办法，将公司债转换为公司股份，后者则不能将公司债转换为公司股份。我国《公司法》第 161 条规定："上市公司经股东大会决议可以发行可转换为股票的公司债券……"从这一规定可以看出，可以发行转换公司债的公司，仅限于上市公司，非上市公司目前尚不能发行转换公司债。

转换公司债在性质上仍为公司债，但由于这种公司债具有转换为股份的可能性，因而在经济上被视为潜在的股份，也是公司债股份化的一种表现。对于投资者来说，投资公司债，在到期时能够取得本金和固定利息，因而具有投资上的安全性，但同时也使收益带有固定性；而投资于股份，则有可能取得更丰厚的收益，因而具有投资上的机会性，但同时也使收益带有极大的风险性。转换公司债则使两者结合起来，使得投资者有可能兼收两种投资方式之利，而又同时避开两种投资方式之弊。转换公司债的债权人，在公司股票价格下跌时，可以依本来的公司债取得还本付息，以保证固定的收益；而在公司股票价格上升时，则可以将公司债转换为股份，以获取股票增值的收益。由于转换公司债赋予了公司债债权人转换选择权，使转换公司债在权利行使上具有了更大的灵活性，使得一般投资者乐于认购，从而使发债公司更易于进行公司债的募集。同时，对于发债公司自身来说，在发行转换公司债并可能实现其向股份的转换时，可以在取得增资的同时，减少相应的债务负担。

对于转换公司债的发行，我国《公司法》规定了较非转换公司债更为严格的条件。转换公司债的发行，大体上相当于股票的发行，因而，发行转换公司债的公司，必须为股份有限公司，而且还必须为上市公司，亦即必须同时具备发行公司债和发行股票并能将其上市的条件。此外，在发行转换公司债时，必须特别报请国务院证券监督管理机构核准。

### (三) 担保公司债与无担保公司债

依公司债在偿还上是否有担保，可将公司债分为担保公司债和无担保公司债。前者就公司债的偿还设定一定的担保，公司债债权人在其公司债债权不能实现时，得依担保权的行使而优先受偿；后者则无此种担保，公司债债权人仅能作为一般债权人取得受偿，而不能通过担保权的行使优先受偿。在我国《公司法》中，虽然没有对担保公司债的发行作出专门规定，但在有关公司债募集办法中，规定了在募集办法中应当载明债券担保情况；而在现实的公司债发行中，主管部门均要求发债公司提供债券发行的担保，以确保债券发行的信用。因而可以认为，我国的公司债发行，既可以发行担保公司债，也可以发行无担保公司债。从国外公司债发行的实际情况来看，绝大部分普通公司债均采用担保公司债的方式发行，仅有转换公司债等特殊种类的公司债，以及经营业绩特别优良的公司发行的公司债，才可能以无担保公司债的方式发行。

就担保公司债来说，存在着人的担保和物的担保两种情况。人的担保是由发债公司以外的第三人，对公司债的偿还提供保证，在发债公司不能偿还到期的公司债时，由该保证人承担偿还义务。因此，设定人的担保的担保公司债，也称为保证公司债或者保证债。在由发债公司以外的其他公司承担保证时，为一般保证债；在由政府承担保证时，则为政府保证债。实际上，发债公司通常均由银行作为保证人，为其所发行的公司债提供担保。物的担保则是由发债公司以自己所有的财产，对公司债的偿还提供担保，在发债公司不能偿还到期的公司债时，公司债债权人有权从提供担保的公司财产中优先获得清偿。设定物的担保的担保公司债，乃是为全体公司债债权人设定共同的担保权，使之共同享受担保利益的公司债。物的担保的标的物，通常应为发债公司的现有财产。在以发债公司的总财产作为担保物，公司债债权人有权从公司总财产中优先获得清偿的，为一般担保公司债；以发债公司的特定财产作为担保物，公司债债权人有权从该特定财产中优先获得清偿的，为特别担保公司债。

（四）实物债与登记债

依公司债是否以实物券方式发行，可以将公司债分为实物债与登记债。前者为发行实物形态债券的公司债，后者为不发行实物形态的债券，而仅通过登记机关对公司债债权人进行登记而发行的公司债。在我国《公司法》中，仅对实物债作出了明确规定，《公司法》第155条规定："公司以实物券方式发行公司债券的，必须在债券上载明公司名称、债券票面金额、利率、偿还期限等事项，并由法定代表人签名，公司盖章。"但这并不表明我国不允许发行登记债。

（五）其他种类的公司债

在上述主要的公司债种类以外，还存在若干其他的公司债类型，例如参加公司债、附新股认购权公司债、分离债、可交换公司债等。但在我国《公司法》中，目前对前述各类公司债尚无具体规定。参加公司债是约定在公司股利分配比例超过公司债利率时，即依一定比例增加公司债利息的公司债，由此可以使公司债更接近于股份。附新股认购权公司债是约定给予公司债债权人以新股认购权，公司债债权人得在确定的期间内，依确定的数额，请求买进公司发行的新股；公司债债权人依新股认购权的行使，而得成为公司股东，在这一点上，附新股认购权公司债与转换公司债相同；但附新股认购权公司债债权人在行使新股认购权后，并不丧失公司债债权人的地位，而同时兼有公司债债权人与公司股东的双重地位，在这一点上，又与转换公司债不同。分离债乃是分离交易转换公司债的简称，是转换公司债的一个变种，在公司发行公司债时，按照一定比例附送一定数量的认股权证，认股权证持有人有权按照事先约定的条件认购公司股份；而所谓"分离交易"，乃是指依此种规则发行的公司债和认股权证，可以相互分离，分别上市交易。可交换公司债是上市公司的股东依法发行、在一定期限内依据约定的条件可以交换成该股东所持有的上市公司股份的公司债券。

## 第二节　公司债的发行

### 一、公司债的发行主体

公司债作为公司筹措经营资金的一个便利途径，为公司经常采用。然而并非任何形态的公司均具有发行公司债的资格，何种公司可以成为公司债的发行主体，各国一般都在公司法中明确作出规定。只有公司法规定允许发行公司债的公司，才具有发行主体资格。之所以对公司债的发行主体加以限制，主要是考虑到公司债这一特别的公司举债方式具有广泛的社会性影响，并涉及公众性利益，因而，从保障社会经济秩序和社会公众利益的要求出发，需要限定只有具备相当规模、具有较为坚实的经营基础的公司，才能允许其发行公司债。而从公司法的规定来看，股份有限公司在最低资本金的数额、公司经营组织的健全、公司财务及运营管理制度等方面，一般均可符合前述要求，而其他形态的公司，则较少能够符合这些条件。因此，在大部分国家的公司法中，通常规定只有股份有限公司才能发行公司债，而包括有限责任公司在内的其他形态的公司，在一般情况下不能成为公司债的发行主体。

在我国，早在1993年《公司法》颁布之前，就已经允许企业发行债券，即企业债券。根据1987年制定的《企业债券管理暂行条例》的规定，企业债券的发行主体仅限于"具有法人资格的全民所有制企业"；而1993年制定的《企业债券管理条例》，则将企业债券的发行主体进一步放宽，规定凡属"中华人民共和国境内具有法人资格的企业"，均可发行企业债券。根据该条例的规定，企业债券的发行主体已不再限于全民所有制企业，而是扩大到境内一切具有法人资格的企业（即企业法人）。鉴于该条例制定于《公司法》颁布之前，在当时尚无公司法规定的情况下，对于公司债的发行当然亦应适用该条例的规定。

其后，1993 年颁布了《公司法》，对于公司债的发行主体进行了严格限制，明确规定，"股份有限公司、国有独资公司和两个以上的国有企业或者其他两个以上的国有投资主体投资设立的有限责任公司，为筹集生产经营资金，可以依照本法发行公司债券"。依据这一规定，我国公司债券的发行主体可以分为三类，即：在我国依法设立的股份有限公司、属于国有独资公司的有限责任公司、由两个以上的国有企业或国有投资主体出资设立的有限责任公司，只有符合上述条件的公司，才能成为公司债的发行主体。这在实际上否定了民营企业、外商投资企业等属于非国有企业的公司发行公司债的资格。在我国公司这一现代企业形态发展的初期，对公司债发行主体进行必要的严格限制，可能是有必要的。但是，随着我国社会主义市场经济体制的逐渐形成、公司制度的逐渐成熟，对公司债的发行主体继续进行严格限制，则将阻碍我国社会经济的发展。有鉴于此，2005 年修订《公司法》时，删除了前述关于公司债发行主体的规定，不再对公司债发行主体设定限制。

**二、公司债的发行条件**

在 1993 年《公司法》中，明确规定了公司债的发行条件，在 2005 年修订《公司法》时，考虑到与《证券法》的协调，对两法中有关公司债的规定进行了整合，将原来写在《公司法》中的公司债发行条件的规定，移至《证券法》中重新加以规定；《公司法》中不再规定公司债的发行条件，仅规定公司发行公司债券应当符合《证券法》规定的发行条件。2005 年《证券法》第 16 条具体规定了公司债的发行条件。2007 年，中国证券监督管理委员会曾根据《公司法》《证券法》的规定，发布了《公司债券发行试点办法》，对公司债的发行条件作了进一步详细的规定。

2014 年 8 月 31 日，我国修正了《证券法》。2015 年 1 月 15 日，中国证监会对《公司债券发行试点办法》进行了修订，并将其更名为《公司债券发行与交易管理办法》。根据《证券法》及《公司债券发行与交易管理办法》的规定，公司债的发行条件依其性质可以分为两类：一类为必要事项，即发行公司债时必须具备的事项，如不具备该事项，则不得发行公司债；一类为限制事项，即发行公司债时不应存在的事项，如存在该事项，则不得发行公司债。

（一）公司债发行的必要事项

1. 公司具备健全且运行良好的组织机构。公司是否具备健全且良好的组织机构，是衡量公司是否具备财产责任能力和公司信用程度高低的标志。鉴于公司债所具有的数额巨大的特点，要求公司债发行主体必须具备健全且运行良好的组织机构，如此才能保证公司债的成功发行及按期还本付息。

2. 公司营业利润须达到一定水平。公司债发行需要公司债发行主体在经营上有良好的业绩，以确保发债公司有足够的偿债能力，而作为业绩优劣的评定标准，其营业利润要达到一定水平。此外，发债公司的良好业绩表现，也表明公司在一定时期内有发展前景，从而使公司债的发行更具有安全性。我国《证券法》规定，发行公司债时，发债公司最近3年的平均可分配利润，必须达到足以支付1年的公司债应付利息的水平。

（二）公司债发行的限制事项

1. 公司债的用途限制。通过公司债发行而筹集的资金，其具体用途可能有所不同，既可以用于购置设备等固定资产的投资，也可以用于厂房等生产设施的基本建设，还可以用于一般经营周转。发行公司债所筹资金的具体用途，一般均应在公司债的发行申请中载明，并经证券管理机构核准。我国《证券法》第15条第2款规定，公开发行公司债券筹集的资金，必须按照公司债券募集办法所列资金用途使用，不得用于弥补亏损和非生产性支出。

2. 公司债的再发行限制。为防止随意发行公司债，确保公司债债权人的利益，对于公司债发行后再次发行公司债的情形，需要给予一定的限制。我国《证券法》第17条对此规定了两项限制：①违约的限制，即已发行的公司债或者其他债务有违约或者迟延支付本息的事实且仍处于继续状态时，不得再次发行公司债。该限制的发生，首先是已发行的公司债有违约的事实存在，包括迟延支付本息以及违反其他约定的义务；其次是该违约的事实仍持续存在而未能改变。如果在先虽有违约的事实，但其后已经予以补救的，则仅构成对发债公司信誉的影响，而不构成对再发行的限制。②违法的限制，即违反《证券法》关于公司债用途限制的规定，改变公开发行公司债所募资金的用途的，不得再次发行公司债。

**三、公司债的发行程序**

公司债的发行，必须依照《公司法》规定的程序进行。在程序上，公司债的发行与股份有限公司的新股发行相类似，一般需要经过决议、申请、审批/核准、募集四个阶段。

（一）公司债发行的决议

符合公司债发行条件的公司，在发行公司债时，首先需要对公司债的发行作出决议。由于发行公司债对于公司来说，属于大量的、长期的举债，对于公司财务、股东利益有极大的影响，属于公司经营上的重大事项，因而，我国《公司法》第37条、第99条规定，有关公司债发行的决议，属于有限责任公司股东会、股份有限公司股东大会的决议事项。而有关公司债发行的具体方案的制订，则属于董事会的职责。据此，在发行公司债时，需要由董事会制订方案，由股东会或者股东大会作出相应的决议。在证券交易所上市的股份有限公司，符合《公司法》规定的股票发行条件，发行转换公司债时，须经股东大会作出发行转换公司债的决议。

（二）公司债发行的申请

公司作出公司债发行的决议或者决定后，需要向国务院授权的部门或者国务院证券监督管理机构申请核准发行公司债。我国1993年《公司法》第165条规定了公司发行公司债时应当履行的申请程序，但在2005年《公司法》修订时，则将有关公司债发行的申请程序规定移入《证券法》中。《证券法》第16条规定，申请公开发行公司债券，应当向国务院授权的部门或者国务院证券监督管理机构报送下列文件：①公司营业执照；②公司章程；③公司债券募集办法；④国务院授权的部门或者国务院证券监督管理机构规定的其他文件。此外，在依《证券法》规定需要聘请保荐人时，还应当报送保荐人出具的发行保荐书。

（三）公司债发行的核准

在公司债发行的初期，鉴于我国社会经济发展状况以及经济体制改革的现实需要，我国对公司债的发行实行了较为严格的计划管理，采用发行配额分配制度，每一年度的公司债发行规模均由国务院事先确定，并通过相应的途径，向各地方和部门分配公司债的发行配额；而国务院的证券管理部门，则需要依国务院确定的公司债发行规模和发行配额，对公司提出的公司债发行申请进行审批，对于符合《公司法》规定的公司债发行申请，由国务院证券管理部门予以批准；对不符合规定的，则将其退回。这称为公司债发行的审批制。与此相应，1993年《公司法》第163条第3款明确规定，在公司作出发行公司债的决议或者决定后，应当向国务院证券管理部门报请批准。随着我国市场经济体制的建立与证券市场的逐渐成熟，对于公司债的发行，也开始从批准制向核准制过渡。2005年修订的《公司法》删除了前述关于公司债发行审批的规定，而代之以发行公司债须经国务院授权的部门核准的规定；同时，在《证券法》中规定了相应的证券发行核准程序。因此，可以认为，我国公司债的发行已经进入了核准制的阶段，只要发债公司向国务院授权的部门或者国务院证券监督管理机构报送符合规定的申请核准文件，经主管部门核准，即可发行公司债。

（四）公司债的募集

公司债的发行申请经国务院授权的部门或者国务院证券监督管理机构核准后，即可进行公司债的募集。公司债的募集方式，包括直接募集和间接募集两种，前者是由发债公司自己直接向社会公众进行募集，而后者则是由发债公司委托证券承销商，主要是银行或者其他证券经营机构，进行公司债的募集。由于间接募集是通过证券承销商进行的，因而也称为承销募集。我国《公司法》《证券法》并未明确规定公司债的募集方式，仅在《公司法》第 154 条中规定，在公司债券募集办法中应当载明公司债券的承销机构；而从实际运作来看，公司债的募集一般不能采取直接募集的方式，而应采取承销募集的方式。承销募集可以采取两种形式，即包销与代销。采取包销形式的，承销商将发债公司发行的公司债按照协议全部购入，或者在承销期结束时将售后剩余公司债全部自行购入；采取代销方式的，承销商代发债公司发售公司债，在承销期结束时，将未售出的公司债全部退还给发债公司。

公司债的募集，通常经过以下三个阶段：

1. 签订公司债承销协议。公司发行公司债的申请经主管部门批准后，即可选择相应的证券承销商，与其签订公司债承销协议，约定有关公司债承销的事项。可以从事公司债承销的承销商，应该为具有证券经营资格的证券经营机构，非证券经营机构和个人不能经营公司债承销业务。

2. 公告公司债募集办法。发债公司与证券承销商签订公司债承销协议后，即由发债公司就有关公司债募集办法，向社会公众进行公告。我国《公司法》第 154 条第 2 款规定，在公告的募集办法中应当载明下列主要事项：①公司名称；②债券募集资金的用途；③债券总额和债券的票面金额；④债券利率的确定方式；⑤还本付息的期限和方式；⑥债券担保情况；⑦债券的发行价格、发行的起止日期；⑧公司净资产额；⑨已发行的尚未到期的公司债券总额；⑩公司债券的承销机构。

3. 认购、缴款及债券交付。公司债募集办法公告后，承销商即依预定的募集期间，开始向社会公众进行公司债的募集。在实际进行募集时，从我国《公司法》的规定和实际做法来看，通常采取现场购买的方式。在公司债为实物债时，认购、缴款、债券交付同时进行，认购人在承销公司债的证券经营机构营业所认购公司债时，当即依认购数额缴款，同时亦由证券经营机构向其交付相应数额的公司债券；在公司债为登记债时，则在认购、缴款的同时，完成公司债债权人的登记手续。在作为实物债的公司债券上，必须载明公司名称、债券票面金额、利率、偿还期限等事项，并由法定代表人签名，公司盖章。在该公司债券为转换公司债债券时，应在债券上特别标明"为可转换公司债券"字样。

此外，在公司债募集完成后，发债公司应当制作公司债券存根簿，备置于公司。发行记名公司债时，在公司债券存根簿上应载明下列事项：①债券持有人的姓名或者名称及住所；②债券持有人取得债券的日期及债券的编号；③债券总额及债券的票面金额、利率、还本付息的期限和方式；④债券的发行日期。发行无记名公司债时，则应在公司债券存根簿上载明债券总额、利率、偿还期限和方式、发行日期及债券的编号。

## 第三节　公司债的转让

### 一、公司债转让的一般原则

公司债有别于公司一般债务的显著特点，即在于公司债乃是以公司债券这一有价证券形式所表现的债务。而有价证券的最大特点，则在于其具有较强的流通性。因而，公司债的转让为法律所认可，是理所当然的；而公司债的转让，在实际上也当然表现为公司债券的转让。换言之，公司债的转让与股份有限公司的股份转让一样，乃是采取证券交易的形式进行的。

基于公司债转让的上述性质，产生了公司债转让的一般原则，这就是我国《公司法》第159条规定所表明的自由转让和价格约定的原则。首先，对公司债实行自由转让的原则，对公司债的转让不附加任何特别的限制。允许公司债自由转让，对于发债公司来说，不但没有任何不利的影响，反倒可以吸引社会公众认购公司债，保障公司债的成功发行。因为对于认购人来说，公司债的自由转让，乃是一项很大的便利，在其有资金需求或者认为有转移投资风险的需要时，即使公司债偿还期限尚未到来，也可以通过公司债的转让，随时提前收回所投入的资金。其次，对公司债的转让实行价格约定的原则，即其转让价格由转让人和受让人自行约定，而不受发行价格、票面金额或者其他方面的特别限制。在通常情况下，考虑到利率的因素，公司债的转让价格当然要高于发行价格或票面金额，特别是可转换公司债，加上有可能转换为股票这一有利因素，其转让价格则有可能更大幅度地超过发行价格或票面金额。

在1993年《公司法》中，基于公司债的大量性和公众性，从维护当时的一般社会经济秩序和金融秩序的需要出发，限定公司债的转让应当在依法设立的证券交易场所进行。在证券交易已经逐渐趋于成熟之后，对公司债转让的场所限制，就显得有些多余。因而，在2005年修订《公司法》时，取消了对公司债券转让场所的限制，仅规定在证券交易所上市的公司债券，必须按照证券交易所的交易规则转让。

### 二、公司债转让的方式

公司债转让的方式，依其为记名公司债还是无记名公司债而有所不同。

（一）记名公司债的转让方式

记名公司债的债券为记名有价证券，亦即在证券上载明权利人名称的有价证券。作为记名有价证券，通常不具有当然指示性，亦即在权利转让时通常不承认其依背书转让，而只能依一般债权转让的规则进行转让；即使采用了背书方式转让，也仅仅是一种形式上的背书，不具有善意取得保护与抗辩切断保护的效力。但是，由于记名有价证券在权利行使时，仍然需要提示证券，否则不能行使权利，因而，对于记名有价证券的转让来说，通知债务人这一对抗要件已经失去意义。[1] 我国《公司法》第160条第1款明确规定："记名公司债券，由债券持有人以背书方式或者法律、行政法规规定的其他方式转让；转让后由公司将受让人的姓名或者名称及住所记载于公司债券存根簿。"可以看出，在我国《公司法》上，记名公司债券的背书转让，与依其他方式，如通过制作公司债转让文件的方式进行的公司债转让并无特别区别，仅仅是确认当事人具有转让公司债这一意思的一种形式。换言之，我国《公司法》上的记名公司债的背书转让，仍然属于一般债权转让方式，不具有我国《票据法》上的票据背书转让的效力。

（二）无记名公司债的转让方式

无记名公司债的债券为无记名有价证券，亦即在证券上不载明权利人名称的有价证券。无记名有价证券的转让方式相对简单，通常仅依单纯交付，即可完成转让。我国《公司法》第160条第2款规定："无记名公司债券的转让，由债券持有人将该债券交付给受让人后即发生转让的效力。"由于无记名公司债在债券管理及转让方面，具有简便易行、迅速快捷的优点，因而，在一般情况下，发债公司大多采用无记名公司债的形式发行公司债。

**三、公司债转让的要件**

公司债转让的要件，可以分为生效要件和对抗要件两类，前者是针对转让人与受让人之间关系而要求的要件，亦即确定在转让人与受让人之间是否成立公司债转让的要件；后者则是针对受让人与发债公司及第三人之间的关系而要求的要件，亦即确定受让人是否得向发债公司及第三人，主张自己为公司债债权人的要件。[2]

（一）公司债转让的生效要件

就公司债转让的生效要件而言，记名公司债与无记名公司债有所不同。

记名公司债转让的生效要件通常应当包括两项，即当事人的意思表示与公司债券的交付。在依背书方式进行公司债转让时，转让人在公司债券上记载受让人

---

[1] 参见［日］河本一郎、田边光政编著：《手形法·小切手法小辞典》，中央经济社1989年版，第48页。

[2] 参见［日］仓泽康一郎监修：《商法》，自由国民社1996年版，第319页。

并进行签章，即完成公司债券转让的意思表示；在非依背书方式进行公司债转让时，通常需要做成公司债转让契据或者文书，并由转让人签章，才能完成公司债转让的意思表示。无论采取何种转让方式，均需要在意思表示的基础上，进行公司债券的交付。记名公司债在作出公司债转让的意思表示和交付后，即在转让人和受让人之间发生公司债转让的效果；只要有公司债转让的意思表示和交付，即使未在公司债券存根簿上进行记载，转让人亦不得主张转让无效而要求返还债券。

无记名公司债转让的生效要件较为简单，其转让的生效要件仅为交付，转让人一经完成交付，将公司债券交付给受让人，受让人即取得该债券并成为权利人。换言之，无记名公司债券作为无记名有价证券的一种，得依单纯交付进行转让。只要有交付行为，债权转让的意思表示即成立，而无需其他书面形式。

（二）公司债转让的对抗要件

就公司债转让的对抗要件而言，记名公司债与无记名公司债也有所不同。

记名公司债转让的对抗要件，乃是将受让人的姓名或者名称及住所记载于发债公司设置的公司债券存根簿，这一程序通常也称为公司债的更名过户。记名公司债在转让成立但未将受让人记载于公司债券存根簿时，则不得与公司相对抗；换言之，受让人不得向公司主张自己为公司债债权人，而要求行使权利，公司亦无须向受让人履行义务。[1]一般认为，公司债券存根簿上的记载，同时也构成对公司以外的第三人的对抗要件，亦即记名公司债的转让，在未经记载于公司债券存根簿时，不得对抗第三人。但国外也有人主张，对于第三人来说，交付即已构成对抗要件；仅对于发债公司来说，记载才能构成对抗要件。[2]

在无记名公司债转让时，作为其成立要件的债券交付，同时也构成其对抗要件。亦即对于无记名公司债来说，其转让的对抗要件仅为交付，一经完成交付，受让人即成为公司债债权人，得对发债公司行使公司债债权人的权利，同时亦得以此对抗第三人。

## 第四节　公司债债权人的保护

### 一、公司债债权人的权利

公司债债权人就其法律地位来说，与公司一般债权人在本质上完全相同，即

---

〔1〕　江平主编：《新编公司法教程》，法律出版社1994年版，第122页。
〔2〕　［日］仓泽康一郎监修：《商法》，自由国民社1996年版，第319页。

同属于对公司拥有一定数额的债权、有权在该债权到期时请求公司偿还本息的债权人。但在权利的行使及其保障等方面，公司债债权人则要比公司一般债权人具有更为有利的地位。此外，在发行特别种类的公司债时，公司债债权人得依与发债公司之间的特别约定而享有不同于一般债权人的特别权利。例如，担保公司债债权人有就担保标的物优先受偿的权利，转换公司债债权人有将债权转换为股份的选择权，等等。

公司债债权人的基本权利，是就所认购的公司债享有本金偿还请求权和利息支付请求权。本金的偿还期限、偿还方法、偿还金额以及利息的支付时间、支付方法、利率标准等，均在公司债发行前预先确定，并载明于公司债募集办法及公司债券上。在偿还期限到来之前，发债公司无须偿还本金，而公司债债权人亦无义务接受本金的偿还。在偿还期限到来时，发债公司则有偿还的义务。不过，由于《公司法》中并未规定发债公司不得收购本公司的公司债券，因而，在偿还期限到来之前，如果发债公司认为收购本公司已发行但尚未到期的公司债更为有利时，也不妨碍发债公司依法收购，从而在事实上提前偿还公司债。

此外，由于公司债是表现为公司债券的证券性权利，因而，公司债债权人有权自由转让公司债，或者以公司债为标的设定权利质权。根据我国《民法典》第440条、第441条的规定，债券可以出质，以债券出质的，质权自权利凭证交付质权人时设立；同时，第442条还规定，以债券设定质权时，如债券的兑现日期先于主债权到期的，质权人得先期兑现，并与出质人协议将兑现的价款提前清偿债务或者提存。因此可以认为，为使质权人得以行使债券上的权利，除无记名公司债得依债券单纯交付而成立质权以外，以记名公司债为标的设定质权时，尚需参照记名公司债转让的要求，在债券上进行相应的背书，并在公司债券存根簿上进行设定质权的记载，否则，在质权人依《民法典》规定行使债券上的权利时，可能因不具备公司债转让的对抗要件而受到阻碍。

**二、公司债债权人的特殊性**

就公司债债权人整体来说，其是一类特殊的债权人，具有特殊的地位。其地位既不同于公司一般债权人，也不同于公司股东，在一定意义上可以说，大体上介于一般债权人与股东之间。这种特殊性，主要表现在以下三个方面：

（一）公司债债权人具有利益上的一致性

从公司债发行和募集的具体过程来看，应该说，实际上是由各认购人分别与发债公司成立债权债务关系，并由此而成为公司债债权人的。但对各个公司债债权人来说，则有着共同的债务人即发债公司，并且就同一公司债适用同一偿还期限、偿还方式及利率，享有同等的权利。因而，各公司债债权人有着共同的利害关系。尽管各公司债债权人并非有意识地站在同一立场上，但客观存在的利益上的一致性，使得公司债债权人能够共同关注公司的重大举措和特别变故，共同对公司施加一定程度的影响。

（二）公司债债权人具有松散的团体性

利益上的一致性，使全体公司债债权人能够形成类似于股东的利益共同体。但公司债债权人的团体性与股东的团体性相比，则相对比较松散，且在很大程度上具有临时性。在通常情况下，只要发债公司能够正常地履行债务，偿还本金、支付利息，则无须任何团体性活动，仅在发债公司有怠于偿还本金或者怠于支付利息等特别情况时，才有发挥团体性作用的临时需要。

（三）公司债债权人具有行为上的统一性

公司债债权人通常均为一般社会大众，且每一公司债债权人各自的利益相对于公司债总体来说，显得相当微小。在这种情况下，在对发债公司行使权利或者为其他行为时，例如为取得偿还而提起诉讼、申请发债公司破产等，如果按照一般原则，由公司债债权人个别进行，则可能发生一定的困难，使其权利不能获得充分的保护。因而，公司债债权人就需要有统一的行为，由一部分公司债债权人作为代表，为全体公司债债权人的共同利益而为一定行为，而其结果也当然及于所有公司债债权人。

鉴于公司债债权人所具有的上述特殊性，对于公司债债权人的保护，就需要有特别的法律措施。从国外公司法的规定来看，可以采取设置公司债管理人的办法，赋予其为使公司债债权人取得偿还而为一切必要行为的权限；也可以采取设置公司债债权人会议的办法，以其作为公司债债权人的机关，就有利害关系的重大事项作出决议，并采取相应的处置措施；甚至可以同时采取上述两种办法，以求得对公司债债权人的充分保护。[1] 目前，在我国《公司法》中，尚未对有关公司债债权人的保护作出明确规定，但在 2007 年中国证券监督管理委员会发布的《公司债券发行试点办法》（2015 年 1 月修订并更名为《公司债券发行与交易管理办法》）中，则明确规定了对债券持有人权益的保护，这可以认为是对我国公司债债权人保护的具体规定。

### 三、公司债债权人的保护措施

（一）设置公司债券受托管理人

在国外的有关公司立法上，明确规定发债公司应当委托具备一定资格的公司作为公司债管理人，为公司债债权人处理有关公司债的若干管理事务。例如，日

---

〔1〕 ［日］仓泽康一郎监修：《商法》，自由国民社 1996 年版，第 312 页。

本《商法》第 297 条明确规定，发债公司有义务委托银行等作为"公司债管理公司"，为公司债债权人代理受领清偿、债权保全及其他有关公司债的事务。在通常情况下，只有银行、信托公司或者其他经许可从事信托业务的金融机构，才能作为公司债管理人，承担相应的管理任务。

在我国，根据《公司债券发行与交易管理办法》的规定，发债公司应当为债券持有人亦即公司债债权人聘请债券受托管理人，并订立债券受托管理协议；在债券存续期限内，由债券受托管理人按照规定或者协议的约定，维护债券持有人的利益。公司债券受托管理人由本次发行的承销机构或者其他经中国证监会认可的机构担任，通常为证券公司或者金融公司。由发债公司为公司债债权人聘请债权受托管理人，目的在于委托公司债券受托管理人为公司债债权人行使管理权限，因而，发债公司与公司债券受托人之间的契约，实际上是"为第三人利益的契约"。

公司债券受托管理人的主要权限为：①持续关注发行人和保证人的资信状况、担保物状况、增信措施及偿债保障措施的实施情况，出现可能影响债券持有人重大权益的事项时，召集债券持有人会议；②在债券存续期内监督发行人募集资金的使用情况；③对发行人的偿债能力和增信措施的有效性进行全面调查和持续关注，并至少每年向市场公告一次受托管理事务报告；④在债券存续期内持续督导发行人履行信息披露义务；⑤预计发行人不能偿还债务时，要求发行人追加担保，并可以依法申请法定机关采取财产保全措施；⑥在债券存续期内勤勉处理债券持有人与发行人之间的谈判或者诉讼事务；⑦发行人为债券设定担保的，债券受托管理协议可以约定担保财产为信托财产，债券受托管理人应在债券发行前或债券募集说明书约定的时间内取得担保的权利证明或其他有关文件，并在担保期间妥善保管；⑧发行人不能偿还债务时，可以接受全部或部分债券持有人的委托，以自己名义代表债券持有人提起民事诉讼、参与重组或者破产的法律程序。

公司债券受托管理人对全体公司债债权人负有公平、诚实管理公司债的义务，同时也负有善良管理人的注意义务。公司债券受托管理人怠于执行其职务，对公司债债权人造成损害时，应当承担赔偿责任。

（二）设置公司债券持有人会议

在国外的有关公司立法上，明确规定了有关公司债债权人会议设置的事项。公司债债权人会议，是由全体公司债债权人组成的临时性合议机关，是对与公司债债权人有重大利害关系的事项，依公司债债权人的综合意志作出决定的机构。通过公司债债权人会议，公司债债权人可以就有关公司债的事项形成共同意志，采取必要的措施，从而维护公司债债权人的共同利益。同时，对于发债公司来说，也可以就公司债债权人会议的决议采取相应的措施，从而避免与每个公司债债权人个别解决问题的麻烦。我国《公司法》目前尚无公司债债权人会议的规定，根据《公司债券发行与交易管理办法》的规定，发债公司应当与债券受托管理人制定债券持有人会议规则，约定债券持有人通过债券持有人会议行使权利的范围、程序和其他重要事项；投资者认购本期债券，即视为同意债券持有人会议规则。可以认为，前述的债券持有人会议，即相当于国外有关公司立法上的公司债债权人会议。

公司债券持有人会议在发生下列情况时即应召开：①拟变更债券募集说明书的约定；②拟修改债券持有人会议规则；③拟变更债券受托管理人或受托管理协议的主要内容；④发行人不能按期支付本息；⑤发行人减资、合并、分立、解散或者申请破产；⑥保证人、担保物或者其他偿债保障措施发生重大变化；⑦发行人、单独或合计持有本期债券总额10%以上的债券持有人书面提议召开；⑧发行人管理层不能正常履行职责，导致发行人债务清偿能力面临严重不确定性，需要依法采取行动的；⑨发行人提出债务重组方案的；⑩发生其他对债券持有人权益有重大影响的事项。在公司债券持有人会议上，对上述事项作出相关决议。

在债券受托管理人应当召集而未召集债券持有人会议时，单独或合计持有本期债券总额10%以上的债券持有人有权自行召集债券持有人会议。

一般而言，在公司债券持有人会议上，各公司债券持有人应当按公司债的每一最小单位，享有一个表决权。在通常情况下，对于一般性问题的决议，由代表公司债券持有人表决权过半数的公司债券持有人表决通过；对于公司债的延期偿还、免除不履行的责任、提起诉讼等重大问题的决议，也可以约定由代表公司债券持有人表决权2/3以上的公司债券持有人表决通过。公司债券持有人会议决议的效力，及于全体公司债券持有人。

■ **思考题**

1. 从公司债的特征综合比较公司债与一般金钱债务、公司债与公司债券、公司债与股份的区别与联系。

2. 比较分析各种公司债在法律上的区别与联系。

3. 分析我国对公司债债权人的保护是否充分。

# 第七章    股东与股权

■ **学习目的和要求**

学习本章要正确理解股东的含义及其权利义务。要掌握股权划分的种类、股权的性质以及《公司法》对有限责任公司的股权转让和股份有限公司的股份转让的具体规定。要搞清在虚假出资、瑕疵出资和隐名出资情形下的股权确认。

## 第一节    股    东

### 一、股东概述

从一般意义上说，股东是指向公司出资并对公司享有权利和承担义务的人。由于公司的类型不同、投资人向公司出资的时间不同以及取得股权的方式不同，对股东的含义还可以作不同的表述。综合考虑上述因素，有限责任公司的股东是指在公司成立时向公司投入资金或在公司存续期间依法继受取得股权而享有权利和承担义务的人；股份有限公司的股东就是在公司成立时或在公司成立后合法取得公司股份并对公司享有权利和承担义务的人。

我国《公司法》在有关股份有限公司的规定中，使用了发起人的概念，实际上发起人与股东是两个既有联系又有区别的概念。公司的发起人，是指参加订立发起人协议，提出设立公司的申请，认购公司股份，并对公司设立承担责任的人。由于法律规定发起人必须认缴一定比例的股份，因此，发起人是公司当然的股东。发起人虽必为公司的股东，但公司的股东却并不以发起人为限，发起人只是公司股东中的一小部分。除发起人外，任何在公司设立阶段和公司成立后认购或受让公司股份的人都可以成为公司的股东。在有限责任公司，股东一般都是公司的发起人，除非公司在成立后又吸收新的股东，或因受让股权而成为新的股东，否则股东就是公司的发起人，发起人也就是公司的全部股东。

就取得股东资格的时间及方式而论，股东资格的取得可分为原始取得和继受取得两种。凡在公司成立时就因创办公司或认购公司首次发行的股份而成为股东的，属原始取得，这些股东即为原始股东；凡因转让、继承、公司合并等概括承继取得公司股份的，其股东资格均为继受取得，此类股东则为继受股东。原始股东主要包括公司的发起人或创办人，以及在股份有限公司募集设立时即认购了股份的人；继受股东主要包括受让原始股东的出资或股份的人，以及因其他事由继受他人的出资或股份的人。

各国或地区公司法一般对继受股东的资格限制较少，对公司的发起人则要求较严，这些限制主要表现为：

1. 自然人作为发起人应具有完全行为能力，无行为能力人或限制行为能力人不得作为发起人。例如，在英国，未成年人认购股票可以导致合同的撤销，某些公司的细则往往限制或禁止未成年人成为股东，或者限制未成年人和无行为能力人的表决权。[1] 我国《公司法》虽然未对自然人作为发起人的条件作出规定，但就设立行为属法律行为而论，应当适用《民法典》关于自然人权利能力与行为能力的规定。

2. 法人作为发起人，应是法律上不受限制的法人。有的国家或地区的公司法规定，法人为发起人仅以公司为限，排除行政机关类法人，因该类法人的设立，并非以营利为目的。我国三令五申禁止党政机关经商办企业，自然也禁止党政机关作为公司的发起人。

3. 公司的发起人必须符合法定最低人数。各国或地区公司法对股东人数一般没有上限（有限责任公司除外），但对发起人人数大都有下限。例如，对有限责任公司的发起人，一般都规定不得少于2人。对股份有限公司的发起人，有的规定至少为7人（如英国、法国、爱尔兰、卢森堡、比利时、日本等国及我国台湾地区的"公司法"），有的规定为5人以上（如德国的《股份法》），有的规定为3人以上（如挪威、瑞典的《公司法》），有的规定发起人应为2人以上（如意大利、瑞士、奥地利等国的《公司法》）。世界上只有极少数的国家（如美国等）规定公司的发起人可为1人或数人。

我国在2005年修订《公司法》时，全面承认了一人公司，因此对有限责任公司股东取消了下限的规定，但保留了上限的规定，即规定有限责任公司由50个以下股东出资设立。设立股份有限公司应当由2人以上200人以下为发起人。

4. 对公司发起人的国籍和居住地的限制。西方国家公司法一般都没有发起人必须具有所在国国籍的规定，但也有部分国家作出了一些限制性的规定。例

---

〔1〕 董安生等编译：《英国商法》，法律出版社1991年版，第258页。

如，意大利《公司法》规定，公司发起人虽不一定具有意大利国籍，但外国人持有意大利公司30%以上股份时，须经意大利财政部批准；挪威《公司法》规定，发起人至少应有一半人须在挪威居住2年以上。我国《公司法》规定，设立股份有限公司须有半数以上的发起人在中国境内有住所。

在我国，国家作为特殊的民事主体也可以成为公司的股东，但为了界定产权关系，明确投资责任，《公司法》规定由国务院或者地方人民政府授权本级人民政府的国有资产监督管理机构履行出资人职责。在这种情况下，实质上的股东虽仍为国家，但形式上的股东实际上是具体的代表国家投资的国有资产监督管理机构。

**二、股东的法律地位**

就出资人成为公司股东的动机而言，在理论上可将公司股东分为三类，即投资股东、经营股东和投机股东。投资股东取得公司股份的目的在于投入资本赚取股息及红利等收益；经营股东投资的目的是取得经营企业的权利，当然并不排除其营利目的；投机股东一般都是短线投资，其目的是伺机牟取暴利。尽管股东因出资动机不同，其股权内容有所差异（如投资股东多为优先股股东，经营股东多为普通股股东），但各类股东的法律地位一律平等。股东的法律地位既表现在股东与公司的法律关系之中，又表现在股东相互间的法律关系之中，离开对具体的公司法律关系的分析，股东的法律地位就无从谈起。以此为基点，可见股东的法律地位主要表现在：

**（一）股东享有股东权**

股东享有股东权，是股东与公司之间的法律关系和股东法律地位的集中表现。公司是由股东出资组成的法人组织。股东将自己的财产交由公司进行经营，即按其出资份额对公司享有一定的权利并承担一定的义务，这种权利和义务的总称就是股东权。股东权既是股东法律地位的具体化，又是对股东具体权利义务的抽象概括。在不同的公司类型中，股东权的内容不尽一致，股东权与所有权联系的紧密程度也迥然有别。一般来说，无限公司因所有与经营合一，股东权与所有权的内容差异不大，二者的联系较为紧密，股东权中仍存有浓厚的所有权痕迹。在股份有限公司中，由于所有权与经营权发生了分离，股东不再有直接支配其投入到公司的财产的权利，股东权的内容与传统所有权的权能有了较大的差异，二者的联系亦较为疏远，甚至使股东权成为与所有权迥然有别的一种新型权利。然而，无论股东权的具体内容在不同的公司类型中表现如何，作为股东向公司出资的"对价"，它是各种公司的股东所普遍享有的权利。股东正是在行使股东权时，表现着他在公司中的法律地位，揭示着他与公司间的法律关系。

（二）股东平等原则

股东的法律地位不仅表现在股东与公司之间的法律关系之中，而且还表现在股东相互间的法律关系之中。法律基于股东的资格，对其权利义务给予平等的对待，这就是公司法所确认的股东平等原则。各股东按其所持有的股份比例或拥有的出资额享有权利，承担义务，不得对任何股东予以歧视。股东平等是在资本平等基础上的平等，是同股同权，同股同利，一股一票表决权。股东平等原则是公司得以存在的基础，它对于维护股东权益，防止大股东的专横和独断，都具有重要的意义。应当指出的是，股东平等原则并不排除股权内容的不同，也不是说所有的股东都只能享有同样的权利和义务。恰恰相反，股权不仅有普通股与特别股之分，股东所拥有的出资额和所持有的股份也有多寡之别。享有不同股权的股东和持有不同股份的股东，不可能都享有同样的权利和义务。特别是2018年出台的《国务院关于推动创新创业高质量发展打造"双创"升级版的意见》（国发〔2018〕32号），明确提出了"推动完善公司法等法律法规和资本市场相关规则，允许科技企业实行'同股不同权'治理结构"，并因此而出现了各种同股不同权的类别股。我们认为，承认类别股份不是对股东平等原则的违背，更不是对股东平等原则的否定。因为公司法中的股东平等，都是由公司章程所规定的，即使是因特殊原因承认了同股不同权，那也是股东共同一致的意思表示，这本身也是股东平等原则的体现。

**三、股东的权利与义务**

（一）股东的权利

如前所述，股东的权利因公司的种类及股权的性质不同而不尽一致，但就各国公司法共同确认的股东一般权利而言，股东主要有以下权利：

1. 出席或委托代理人出席股东（大）会并行使表决权，但无表决权股除外。

2. 按照公司法及公司章程的规定转让出资或股份。

3. 查阅公司章程、股东（大）会会议纪要、会议记录和会计报告，监督公司的经营，提出建议或质询。

4. 按其出资或所持股份取得股利，即公司盈余分配的请求权。

5. 公司终止后依法取得公司的剩余财产，即剩余财产的分配请求权。

6. 公司章程规定的其他权利。

为切实保障股东的合法权利，某些大陆法系国家和英美法系国家的公司法还赋予股东派生诉权，即当董事、监事或高级管理人员对公司应负责任而公司未予追究时，可由股东为公司提起追究其责任的诉讼。此外，当股东（大）会的召集程序及其决议内容或方法违法或违反章程时，股东亦可就此提起诉讼。对股东派生诉权，有的国家的公司法允许任何股东行使，如美国、法国等；有的国家为防止滥诉，只允许拥有一定股份（通常为持有公司股份的 5%～10%）的少数股东行使。我国 2005 年修订《公司法》，也赋予了股东派生诉权。

（二）股东的义务

各国公司法对股东义务的规定大同小异，基本上共同确认了股东应承担以下义务：

1. 向公司缴纳股款的义务。该义务又称出资义务，即股东应按其所承诺的出资额或所认购的股份金额，向公司缴纳股款。这一义务的履行，是认股人取得股东资格的前提条件。在认股人履行这一义务前，他还未成为公司股东；当他成为公司股东时，就表明他已经履行了缴纳股款的义务。因此，在不允许分期缴纳股款的情况下，该义务事实上只是认股人的义务，而非股东义务；在允许分期缴纳股款的情况下，认股人只要缴纳了首期出资，即取得了股东资格，他此后所负的出资义务，则为股东义务。

2. 对公司所负债务的义务。股东对公司所负债务的义务，因公司类型不同而异。无限公司的股东及两合公司中的无限责任股东，对公司所负的债务承担无限责任，即不以股东的出资为限。有限责任公司及股份有限公司的股东，对公司债务的承担则仅以其出资额或认缴的股份为限，此外，不负其他财产责任。

股东除应履行上述义务外，还要承担遵守公司章程的义务，在公司登记后不得抽回出资的义务等。对此，我国《公司法》都作出了明确的规定，股东不得违反。

当股东不能履行上述义务时，应承担相应的法律责任。如当认股人逾期不能缴纳股金时，应视为自动放弃所认股份。因此对公司造成损害的，应负赔偿责任。

# 第二节 股 权

## 一、股权的概念与种类

股权，亦即股东权，可作狭义和广义两种理解。狭义的股权，是指股东因向公司出资而享有的权利。而广义的股权，则是对股东权利和义务的总称。本节采用狭义的股权概念，并在此基础上，探讨股权的有关问题。

股权是任何公司类型中的股东都普遍享有的权利。股东之所以向公司出资，归根结底无非是借此取得股权，从而实现自己的经济目的。因此，股权实为公司法中的核心问题之一。

要深入探讨股权问题，不仅要熟知股权的具体内容，而且还要对股权进行科学的分类，这是正确认识股权性质及有效行使股权的前提条件。尽管在不同公司或同一公司的不同股东中，股权的内容及其表现形式有所差异，但仍可按不同的标准对股权进行科学的分类。各国公司法理论通常确认的股权分类主要有以下几种：

1. 按股权内容不同，将股权分为自益权与共益权。这是公司法理论上对股权所作出的最基本的分类，也是在公司实践中最常见的股权分类。凡股东为自己的利益而行使的权利是自益权，主要包括发给出资证明或股票的请求权、股份转让过户的请求权、分配股息红利的请求权，以及分配公司剩余财产的请求权等。凡股东为自己的利益并兼为公司的利益而行使的权利是共益权，主要包括出席股东会的表决权、任免董事等公司管理人员的请求权、查阅公司章程及簿册的请求权、要求法院宣告股东（大）会决议无效的请求权，以及对公司董事、监事提起诉讼权等。就自益权与共益权的性质而论，前者主要是财产权，后者则主要是公司事务的参与权，二者相辅相成，共同构成了股东所享有的完整股权。

2. 按股权性质不同，将股权分为固有权与非固有权。固有权又称不可剥夺权，是公司法赋予股东的不得以章程或股东（大）会决议予以剥夺或限制的权利。非固有权又称可剥夺权，是指依章程或股东（大）会决议可剥夺或可限制的权利。共益权多属固有权，而自益权则多属非固有权。将股权分为固有权与非固有权的意义，在于让公司发起人和股东明确哪些权利是可依章程或决议予以限制的，哪些权利是不得以章程或决议予以限制的，从而增强其权利意识。凡对固有权加以限制的行为，均为违法行为，股东可依法主张其权利，并采取相应的补救措施。

3. 按股权行使方式不同，将股权分为单独股东权与少数股东权。单独股东权是指可以由股东一人单独行使的权利，包括股东在股东会上的表决权、宣告股东（大）会决议无效的请求权等。此种权利只要普通股股东持有一股即可享有，每一股东都可依自己的意志单独行使。少数股东权是指持有已发行股份一定比例以上的股东才能行使的权利。如我国《公司法》规定，股份有限公司中持有公司股份10%以上的股东有召集临时股东大会的请求权，即为少数股东权。享有少数股东权的少数股东既可能是1人，也可能是数人。设少数股东权的目的是防止股权的滥用，就其性质而言，应属共益权。

**二、股权的性质**

（一）关于股权性质的主要学说

股权是公司法上的一项重要的内容，也是公司章程中的法定必要记载事项。

对股权内容的规定，各国公司法大同小异，学理上亦无较大分歧。在大陆法系早期的公司法理论上，对股权性质认识的通说是，股权既非物权亦非债权，更非专用权，而是基于股东的地位所获得的多数权利与义务的集合体。直到近代，才出现了股东地位说和新债权说等不同的认识。在我国法人理论的研讨中，以及对股份制企业性质的探索中，学者们对股权性质的认识也出现了较大的分歧，提出了种种不同的观点。应当指出的是，与其他国家研讨股权性质的目的不同，我国学者对这一问题研讨的实质在于试图用股权性质来说明国家（股东）与企业（公司）的财产关系，这是理论争议上的价值取向，对于明晰产权关系具有积极的意义。

在我国法学界对股权性质研讨的过程中，较有影响的观点主要有：①"股权所有权说"。持此观点的学者认为股权是物权中的所有权。他们认为，在公司中并存着两个所有权，即股东享有所有权，公司法人也享有所有权，并称之为"所有权的二重结构"。公司法人所有权并不是对股东所有权的否定，只是使股东所有权表现为收益权及处分权。所有权的二重结构并不破坏"一物一权"规则，也并不意味着国家所有权的丧失。[1] ②"股权债权说"。持此观点的学者主张股权实质上是债权。他们认为，从公司取得法人资格时起，公司实质上就成了财产所有权的主体。此时，股东对公司的唯一权利仅仅是收益，即领取股息和红利，这是股东所有权向债权的转化。这一转化的完成，使股份公司作为所有权的唯一主体，完全按自己的意志占有、使用、收益、处分公司的财产，而不必受股东的左右和控制。股东也只关心到期股息、红利能否兑现，无意介入公司的经营管理或参与决策。特别是在20世纪后期，随着公司所有权与经营管理权的决裂，股东的所有权逐渐被削弱，主要表现为处分权基本上丧失殆尽。股票已纯粹变成了反映债的关系的凭证。就发展趋势看，股票与公司债券的区别也正在缩小，股东的收益权已成为一种债务请求权。[2] ③"股权社员权说"。持此观点的学者认为股权是社员权。所谓社员权，是指股东因出资创办社团法人，成为该法人成员而在法人内部拥有的权利和义务的总称，它是解决社团法人内部关系的一种法律手段。股东转移财产所有权，以形成独立的法人所有权，同时，股东也相应地取得一定的权利，以解决其物质利益的法律问题。股东享有社员权是作为产权交换的代价。[3] ④"股权独立民事权利说"。持此观点的学者在对股权的传统学说及本

---

〔1〕　王利明："论股份制企业所有权的二重结构——与郭锋同志商榷"，载《中国法学》1989 年第 1 期。

〔2〕　郭锋："股份制企业所有权问题的探讨"，载《中国法学》1988 年第 3 期。

〔3〕　储育明："论股权的性质及其对我国企业产权理论的影响"，载《安徽大学学报》1989 年第 3 期。

质特征进行深入分析的基础上，对股权进行了重新界定，认为股权不同于社员权，而是一种自成一体的独立权利类型，是作为股东转让出资财产所有权的对价的民事权利。作为独立民事权利的股权具有目的权利和手段权利有机结合、团体权利和个体权利辩证统一的特征，兼有请求权和支配权的属性，具有资本性和流转性。股权是由特定的法律行为创设的，即分别由出资合同行为及转让行为等创设，创设行为是产生股权的法律事实。股权与公司财产所有权是相伴而生的孪生兄弟。只有股权独立化才可能产生公司所有权，而公司所有权的产生必然要求股权同时独立化。股权与公司所有权的分化又是现代市场经济的伴生物，是商品经济长期孕育和发展的必然结果，也是现代企业制度的重要标志。[1]

在上述学说中，我国 1993 年《公司法》选择了"双重所有权说"。1993 年《公司法》第 4 条第 3 款规定："公司中的国有资产所有权属于国家。"基于该款规定，国家股东对投入到公司中的国有资产享有所有权，按照股东地位平等的原则，意味着股东对投入到公司中的资产都享有所有权；而公司对公司的资产也享有法人所有权，从而在法律上肯定了所有权的二重结构。

用"双重所有权说"或"所有权的二重结构"来解释股东与公司之间的财产权关系，在逻辑上无法自圆其说；在理论上也与公司法原理不合，充斥着难以克服的矛盾；在实践中也无助于公司的规范治理和运作。因此，一直被学术界所质疑。

（二）股权性质评析

究竟应当如何认识股权的性质，在我国事关对国家与公司财产关系的界定，是我国经济体制改革和企业进行公司化改造必须解决的问题。上述四种学说都不约而同地承认公司法人的财产所有权，分歧在于在承认公司所有权的前提下，如何认识股东权利的性质。前三种学说虽然都从不同的角度进行了分析，不乏可取之处，但各自都存在着理论上的缺陷，值得商榷。

我们主张并赞同股权是独立的民事权利的观点，主要的理论与法律依据是：

1. 我国《公司法》明确规定，公司享有由股东投资形成的全部法人财产权。众所周知，财产权是一个含义广泛的概念，它既包括以所有权为核心的物权，也包括以商标权、专利权等为内容的无形财产权，甚至还应当包括公司所享有的债权。总之，一切可以给公司带来财产收益的权利都是公司的财产权。从这个意义上理解财产权的概念，可见我国 1993 年《公司法》实际上已经承认了公司法人所有权。在业已承认了公司法人所有权的前提下，就不产生在同一物上存在双重

---

〔1〕　江平、孔祥俊："论股权"，载《中国法学》1994 年第 1 期。

所有权的问题，更不能再将股权的性质解释为所有权。否则，必将形成与"一物一权"定理的悖论。

2. 股东出资是转移财产所有权的法律行为，由股东出资而形成的公司资本属公司本身所有，出资并不导致股东对具体存在的公司资产拥有所有权。[1] 股权的产生与形成，表现了股东出资由实物形态向价值形态的转变过程。股权是以价值形态存在的财产权益，它不再强调对实物财产的直接占有，而侧重于对物的使用、利用所取得的财产收益。股权脱离具体财产形态而抽象存在，其客体不是任何特定之物，而是证明股东向公司出资并据此享有股东权益的股票或股单。

3. 股东和公司分别为独立的民事主体，公司资产既非某一股东个人财产，亦非全体股东共有财产，而是公司自身的财产。[2]

4. 所有权的权能是占有、使用、收益与处分，而股权的内容是自益权与共益权，二者的权利内容判然有别。

基于上述分析，在股东与公司的财产关系上只能得出这样的结论：公司享有法人财产所有权，股东享有股权，而股权是不同于所有权的独立的民事权利。实行公司制度，必须树立起权利转换的观念，把传统的所有权行使方式适时地转变为股权的行使方式。这一权利行使方式的转变，对于国家股东而言，具有划时代的历史意义；对于公司而言，则是法人人格的完全实现。

我国 2005 年修订的《公司法》已经明确地放弃了"双重所有权"，取消了1993 年《公司法》第 4 条第 3 款的规定。2005 年《公司法》第 3 条第 1 款规定："公司是企业法人，有独立的法人财产，享有法人财产权。公司以其全部财产对公司的债务承担责任。"第 4 条规定："公司股东依法享有资产收益、参与重大决策和选择管理者等权利。"由此可见，2005 年《公司法》分别确认了法人财产权（所有权）和股东股权，这既是对股权本质的复归，也是对我国国有股权理论的深化和完善，是具有历史意义的、划时代的理论进步。

### 三、股权的行使

股东既可以亲自行使股权，也可以委托代理人代为行使股权，这在一般情况下并无问题。需要探讨的只是对代理行使股权应否有所限制，是否允许招揽代理权。对此，我国《公司法》未作规定。我们主张应对代理行使股权有所限制，每个代理人代为行使的股权总数以不超过股本总额的 3% 为宜；对于招揽代理权的行为应予禁止。主要理由是：与其让小股东通过招揽代理权的方式来抗衡大股

---

〔1〕 江平主编：《新编公司法教程》，法律出版社 1994 年版，第 75 页。

〔2〕 江平主编：《新编公司法教程》，法律出版社 1994 年版，第 75 页。

东，决定公司的命运，还不如让大股东直接主宰公司的前途。因为按照出资多少与风险大小相一致的原则，大股东一般会比小股东更加关心公司的发展和前途，更加关注自己的投资能否盈利。

在我国，正确行使股权，不仅要注意解决西方国家在公司实践中出现的股权代理行使的问题，更重要的是要设计出完善的国家股权的运作模式。国家股权运作模式的设计，直接关系着政企能否真正分开，"两权"能否真正分离，是决定国有企业公司化改组成败的关键所在。对此，学术界进行了热烈的讨论，提出了许多有益的建议。有的政府职能部门还对此作出了原则性规定，例如，国家体改委等政府机关在《股份制试点企业国有资产管理暂行规定》（已失效）中，对国有股权的运营也作出了模式设计，其基本思路是：由国有资产管理部门委托控股公司、投资公司、企业集团的母公司、经济实体性总公司及某些特定部门行使国家股权和依法定程序委派股权代表。进入 21 世纪后，随着国家国有资产监督管理委员会（简称"国资委"）的设立，国有资产的监管和运营又采取了一种新的模式，即由国务院和地方人民政府授权本级人民政府国有资产监督管理机构履行出资人职责，行使国有股权。

总之，我国国有企业的公司化实践，迫切要求在理论上和实务中进一步完善国家股权的运作模式。这实质上是在公司制下社会主义公有制经济的自我完善，是具有历史意义的伟大变革和实践，它不可能一蹴而就，需要在改革的进程中不断健全和完善。与此同时，还要尽快建立和健全国家股权的委托代理制度，完善对国家股权代表（出资人及由出资人委派在公司中的董事等）的约束机制、责任制度及权利义务等。这些问题的解决，在西方国家的公司立法中基本上是无先例可循的，必须紧密结合我国的实际，进行实事求是地分析和探讨，作出切实可行的规定。

### 四、股权的转让

无论何种类型的公司，股东的出资均可转让，但因公司的性质不同，法律对股东转让出资的限制也宽严有别。我国《公司法》将有限责任公司股东的出资转让称为股权转让，将股份有限公司股东出资的转让称为股份转让。鉴于在以往的公司实践中，出资的转让特别是有限责任公司的股权转让存在较多的纠纷，且又经常形成"僵局"，现行《公司法》对此作出了更加详尽的规定。

（一）有限责任公司的股权转让

有限责任公司虽在性质上属于资合公司，但因股东人数不多，股东又重视相互间的联系，具有人合的因素，因此股权的转让并非易事，在实践中经常发生欲退不行、欲转不能的"僵局"现象。在修改《公司法》时，立法机关充分注意到这个问题，专门用一章对有限责任公司的股权转让作出了规定，最高人民法院也作出了相应的司法解释，其主要内容如下：

1. 有限责任公司的股东之间可以相互转让其全部或者部分股权。这是各国公司法通行的规定。因为股东相互间的转让，一般不会涉及人合或信任问题，但容易产生公司控制问题等争议。

2. 股东向股东以外的人转让股权，因有限责任公司的人合因素，容易产生公司原有股东对新股东是否信任的问题。因此，规定此种转让应当经其他股东过半数同意。对外转让股权的股东应就其股权转让事项书面通知其他股东并征求其同意。为防止其他股东因故不予理睬，不表明是否同意转让，《公司法》规定其他股东自接到书面通知之日起 30 日未答复的，视为同意转让。如果出现其他股东半数以上不同意转让的，为保证股东出资退股自由，《公司法》规定不同意的股东应当购买该转让的股权；如果既不同意转让又不购买的，视为同意转让。由此可见，《公司法》充分保障了股东投资退股的自由，最大限度地化解了因股权转让可能出现的"僵局"。

3. 经股东同意转让的股权，在同等条件下，其他股东有优先购买权。两个以上股东主张行使优先购买权的，协商确定各自的购买比例；协商不成的，按照转让时各自的出资比例行使优先购买权。

4. 转让股权本质上属于处理私权，应当奉行意思自治的原则。有鉴于此，《公司法》对股权转让作出了约定优于法定的规定，即"公司章程对股权转让另有规定的，从其规定"。这就要求股东在公司设立、制定章程时，要预先考虑到股权转让问题，如有与《公司法》第71条不同的考虑，就应在章程中另行规定，从而取得优先适用的效力。

5. 股权的转让除出于股东自愿外，还可能因法院依照强制执行程序而转让。在这种情形下，《公司法》规定法院应当通知公司及全体股东，其他股东在同等条件下有优先购买权。其他股东自法院通知之日起满 20 日不行使优先购买权的，视为放弃优先购买权。

6. 转让股权后，公司应当注销原股东的出资证明书，向新股东签发出资证明书，并相应修改公司章程和股东名册中有关股东及其出资额的记载。对公司章程的该项修改不需再由股东会表决。

7. 有下列情形之一的，对股东会该项决议投反对票的股东可以请求公司按照合理的价格收购其股权：①公司连续 5 年不向股东分配利润，而公司该 5 年连续盈利，并且符合《公司法》规定的分配利润条件的；②公司合并、分立、转让主要财产的；③公司章程规定的营业期限届满或者章程规定的其他解散事由出现，股东会会议通过决议修改章程使公司存续的。虽出现上述情形，但自股东会会议决议通过之日起 60 日内，股东与公司不能达成股权收购协议的，股东可以自股东会会议决议通过之日起 90 日内向人民法院提起诉讼。

8. 1993 年《公司法》对股权继承问题未作明确规定，鉴于实践中此类情况屡有发生，2005 年《公司法》第 76 条（2018 年《公司法》第 75 条）作出了规定："自然人股东死亡后，其合法继承人可以继承股东资格；但是，公司章程另有规定的除外。"可见该条规定也考虑到了有限责任公司的人合性因素，赋予了章程约定排除法律规定的效力，这同样是股东在制定公司章程时应当充分酝酿并预先约定的问题。

9. 有限责任公司的股东未履行或者未全面履行出资义务即转让股权，受让人对此知道或者应当知道，公司请求该股东履行出资义务，并请求受让人对此承担连带责任的，人民法院应予支持；公司债权人依照《公司法司法解释（三）》第 13 条第 2 款向该股东提起诉讼，同时请求前述受让人对此承担连带责任的，人民法院应予支持。受让人根据上述规定承担责任后，向该未履行或者未全面履行出资义务的股东追偿的，人民法院应予支持。但是，当事人另有约定的除外。

10. 股权转让后尚未向公司登记机关办理变更登记，原股东将仍登记于其名下的股权转让、质押或者以其他方式处分，受让股东以其对于股权享有实际权利为由，请求认定处分股权行为无效的，人民法院可以参照《民法典》第 311 条的规定处理。原股东处分股权造成受让股东损失，受让股东请求原股东承担赔偿责任，请求对于未及时办理变更登记有过错的董事、高级管理人员或者实际控制人承担相应责任的，人民法院应予支持；受让股东对于未及时办理变更登记也有过错的，可以适当减轻上述董事、高级管理人员或者实际控制人的责任。

（二）股份有限公司股份的转让

在各类公司中，唯有股份有限公司的股东可以自由地转让其股份。由于股份有限公司是典型的资合公司，以公司资本为其信用基础，股东间的人身关系较为松散，因此，股份可以自由转让和流通。股份有限公司股份的转让是以股票转让的形式表现出来的，股份的转让是能在当事人间产生法律后果的法律行为。

在我国，股份有限公司的股东持有的股份可以依法转让，但不得违反以下规定：

1. 股东转让其股份，应当在依法设立的证券交易场所进行或者按照国务院规定的其他方式进行。

2. 记名股票由股东以背书方式或者法律、行政法规规定的其他方式转让；转让后由公司将受让人的姓名或者名称及住所记载于股东名册。股东大会召开前

20 日内或者公司决定分配股利的基准日前 5 日内，不得进行股东名册的变更登记。但是，法律对上市公司股东名册变更登记另有规定的，从其规定。

3. 无记名股票的转让，由股东将该股票交付给受让人后即发生转让的效力。

4. 发起人持有的本公司股份，自公司成立之日起 1 年内不得转让。公司公开发行股份前已发行的股份，自公司股票在证券交易所上市交易之日起 1 年内不得转让。

5. 公司董事、监事、高级管理人员应当向公司申报所持有的本公司的股份及其变动情况，在任职期间每年转让的股份不得超过其所持有本公司股份总数的 25%；所持本公司股份自公司股票上市交易之日起 1 年内不得转让。上述人员离职后半年内，不得转让其所持有的本公司股份。公司章程可以对公司董事、监事、高级管理人员转让其所持有的本公司股份作出其他限制性规定。

6. 公司不得收购本公司股份。但是，有下列情形之一的除外：①减少公司注册资本；②与持有本公司股份的其他公司合并；③将股份用于员工持股计划或者股权激励；④股东因对股东大会作出的公司合并、分立决议持异议，要求公司收购其股份的；⑤将股份用于转换上市公司发行的可转换为股票的公司债券；⑥上市公司为维护公司价值及股东权益所必需。公司持有本公司的股份与公司原理相悖，因为公司不能成为本公司的股东，因此《公司法》对因上述情形而出现的公司持有本公司股份的情形，都规定了具体的注销或转让期限。

7. 公司不得接受本公司的股票作为质押权的标的。

8. 上市公司的股票，依照法律、行政法规和证券交易所的交易规则上市交易。

### 五、股权的确认

股权的确认实质上就是股东资格的确认。在司法实践中，因股东资格而产生的股权确认之诉是较为常见的一种诉讼，也是在法理上和实务中较为复杂的诉讼。从学理上概括，涉及股权确认的主要有三种情形，即虚假出资的股权确认、瑕疵出资的股权确认和隐名出资的股权确认。

#### （一）虚假出资的股权确认

虚假出资，是指实际上并未出资而在形式上具有股东名义的行为。常见的虚假出资表现为虚拟股东、虚构股份、虚资实债以及其他的虚假出资行为。所谓虚拟股东，是指名为股东者实际上并未向公司出资，只是公司的挂名股东。所谓虚构股份，是指名为股东者并未向公司实际出资，却谎称投资，并在形式上具有股东身份，多表现为一物二投或一股二投，即以同一实物或同一股份分别在两个公司取得两份股权。所谓虚资实债，是指虽有出资形式或股东名义，但实际上却按债务履行。

对于虚假出资的股权确认，因判断标准的差异，常常会导致对同一案件作出截然不同的判决，是司法实践中较为复杂和疑难的问题。对于虚假出资的股权确认，存在着多种不同的观点：有的主张应以投资行为作为股权确认的标准；有的认为应以股东名册的记载或以出资证明书、公司章程的记载作为确认股东资格的依据；还有的主张应以公司登记机关的登记内容作为股权确认的根据。笔者认为，股东资格的取得和股东权利的享有应以出资行为为实质要件，而出资证明书、股东名册、公司登记机关的登记均为形式要件。在实质要件与形式要件不一致时，应侧重审查实质要件，即以是否有出资的意思表示和是否有实际的出资行为作为确认股权的基本依据。这一判断标准的法理基础是股东享有股权应以实际出资为前提，虚假出资者不得享有股权；或曰有出资有股权，无出资无股权。据此，在虚假出资的情形下，原则上应否认虚假出资者的股东资格，其不得享有股权。但是，由于在实践中导致虚假出资的原因多种多样，在个案中对于虚假出资的股权确认还要结合其他证据，对当事人的真实意思表示作出实事求是的判断。

上述学理解释已为司法解释所认可，《公司法司法解释（三）》第 24 条第 2 款明确规定，实际出资人与名义股东因投资权益的归属发生争议，实际出资人以其实际履行了出资义务为由向名义股东主张权利的，人民法院应予支持。名义股东以公司股东名册记载、公司登记机关登记为由否认实际出资人权利的，人民法院不予支持。

对于因虚假出资所引起的诉讼，在处理时要区分以下情形：一是在虚拟股东的情形下，因公司资本已由实质上的股东全部缴足，股权确认不涉及第三人的利益，故无论在公司盈利还是公司亏损的场合，都要否定虚拟股东的股权，由实质股东享有股权并承担义务。当公司盈利时，虚拟股东不得以此为由主张股权；当公司亏损时，实质股东也不得以此为由推卸义务。对于虚拟股东以与实质股东形成出资上的债务关系为由，愿意承担出资债务而主张股权的，应侧重审查出资时当事人之间有无代为出资的约定，如无此约定，亦应否认其股权；如有约定，则应另当别论。二是在虚构股份的情形下，涉及股东内部争议的，应否定虚构股份者的股权；涉及第三人利益的，虚构股份者只要具备股东资格的形式要件，足以让第三人相信其具有股东身份的，就应依法承担股东责任。三是在虚资实债的情形下，无论公司盈利抑或亏损，都要否定名为出资实为债权者的股权。总之，对虚假出资的股权确认，既要充分把握股权构成的实质要件，也要充分考虑对交易安全及善意第三人利益的保护。

（二）瑕疵出资的股权确认

瑕疵出资，是指用以出资的财产、财产权利或出资行为不符合法律规定或章程约定。瑕疵出资主要有三种表现形式：一是出资不足，二是出资不实，三是抽逃出资。所谓出资不足，是指虽有出资行为，但未依约足额缴纳出资。所谓出资不实，是指虽有出资行为，且形式上已足额缴纳，但用以出资的非货币财产的实际价额显著低于公司章程所定价额。所谓抽逃出资，是指虽有出资行为，且已足额缴纳，但在公司成立后以各种理由非法撤资，从而导致公司注册资本的减少。

瑕疵出资与虚假出资不同，瑕疵出资者均有实际出资行为，而虚假出资者并无实际出资行为。因此，瑕疵出资虽有瑕疵，但应承认瑕疵出资者的股东资格，其享有股权，承担义务，并应依法承担民事责任。这是瑕疵出资与虚假出资的重要区别。

出资不足的，依法要承担违约责任。我国《公司法》第28条第2款规定，股东未按照公司章程的规定足额缴纳出资的，除应当向公司足额缴纳外，还应当向已按期足额缴纳出资的股东承担违约责任。

出资不实的，依法要承担补足差额责任。我国《公司法》第30条规定："有限责任公司成立后，发现作为设立公司出资的非货币财产的实际价额显著低于公司章程所定价额的，应当由交付该出资的股东补足其差额；公司设立时的其他股东承担连带责任。"

抽逃出资的，依法要承担改正、罚款责任。我国《公司法》第200条规定："公司的发起人、股东在公司成立后，抽逃其出资的，由公司登记机关责令改正，处以所抽逃出资金额5%以上15%以下的罚款。"应当指出的是，与出资不足和出资不实不同，抽逃出资构成犯罪的，应依法被追究刑事责任。

（三）隐名出资的股权确认

隐名出资，是指实际出资人以他人名义登记为股东的行为。对隐名出资性质的确认有如对"阴阳合同"（又称"黑白合同"）效力的认定，是一个较为复杂的问题。

隐名出资的原因多种多样，性质不同，效力也不尽一致。常见的多为为规避法律强制性规定而隐名，如：本人为公务员，为规避法律和行政法规有关国家机关公务人员不得投资办企业的规定，而以亲朋好友的名义投资的。也有因其他合法原因而隐名的，实务中的情况较为复杂。

隐名出资涉及名义股东（显名股东）和实质股东（隐名股东）之间的关系。对此，有的认为类似于《合同法》规定的委托关系，有的认为类似于信托关系。对于名义股东、实质股东与公司之间的关系，有的认为尽管名义股东与实质股东之间的约定不能对抗公司，但如果公司或公司的绝大多数股东均明知名义股东与实质股东之间的关系而未表示异议，则实质股东可以直接向公司主张权利；另一种观点则认为，公司应当只认可名义股东。

笔者认为，对于隐名股东与显名股东的关系，应视其相互关系的性质及形成的基础和前提作出不同的判断。因规避法律强制性规定而形成的隐名出资，原则上应依法确认该种行为无效，隐名者不得成为公司的股东。在具体案件的处理上，除否定此类隐名出资者的股权外，不得免除其应负的责任，隐名出资者仍需对公司债务承担相应的民事责任，这也是基于对交易安全和善意第三人利益的保护。因其他原因而隐名的，如隐名股东与显名股东发生股权争议，应以股权取得的实质要件来确认股权。处理时可以确认隐名股东的股权，让隐名股东显名，从而否认显名股东的股权。如涉及隐名股东与公司之间的关系，无论隐名股东与显名股东有无约定，均应认可显名股东行使股权，但全体股东明知隐名关系存在并认可隐名股东行使股权的除外。因此类隐名关系所引起的民事责任，均应由显名股东承担，并由隐名股东承担连带责任。

### ■ 思考题

1. 对公司发起人有哪些限制性规定？
2. 股东主要有哪些权利？
3. 按不同标准，可对股权做哪些分类？
4. 对股权性质的认识有哪些学说？你是如何认识股权性质的？
5. 我国《公司法》对有限责任公司的股权转让有哪些具体规定？
6. 《公司法》对股份有限公司股份的转让有何限制？
7. 虚假出资有哪些表现形式？应如何确认股权？
8. 瑕疵出资有哪些表现形式？应如何确认股权？
9. 简述隐名出资的股权确认。

# 第八章 公司的组织机构

■ 学习目的和要求

　　本章要求学生在对公司组织机构设置的原则、特点及演变规律有所了解的基础上，系统掌握公司股东（大）会、董事会和监事会的地位、职权、构成及运行模式，深刻理解并领会公司董事、监事及高级管理人员的权利、义务和责任，并能结合理论和实践问题加以具体分析和运用。

## 第一节 公司组织机构概述

### 一、公司组织机构的含义

　　公司的组织机构是由公司本身的组织机能所决定的，是公司组织机能的外在形式。

　　尽管公司不是生命体，不可能存在像自然人一样的大脑、心脏、四肢和五官，但公司法人作为独立的民事主体，法律已经赋予其生命机制，要求公司必须具有同自然人一样的组织机能，即形成自己的意志，表达并实现自己的意志，以维系法人生命运动的基本功能。公司的组织机构就是为了适应公司的组织机能而依法设置的实现其民事权利能力和民事行为能力的有机统一的组织系统，通常包括公司的意思形成机构、业务执行机构和内部监督机构。广义的公司组织机构还包括公司的工会组织和公司内部的一些其他职能部门。

　　与公司组织机构相关的一个概念是公司的机关。公司机关又称公司的代表机关，是指就公司事务对外代表公司的法人管理机构。公司机关仅是公司组织机构中的一部分，是公司组织机构的核心和灵魂。在大多数情况下，公司的业务执行机构是公司以法人名义进行活动的法定代表机关。但在特殊情况下，监督机构也可以作为代表机关。另外，在公司的特别阶段，公司代表机关也不相同。如在公司整顿阶段，代表机关是根据法律组成的整顿机构；在公司清算阶段，则是依法成立的清算机构。

公司的组织机构是公司组织体赖以存在和运作的组织保障，是公司实现其民事权利能力和民事行为能力的组织基础。稳定、健全的组织机构对公司的成立和有效运作至关重要。因此，各国公司立法在造就了公司法人的同时，也设计了公司的组织机构。

**二、公司组织机构设置的基本原则**

西方国家在长达三百多年的公司实践中，不仅探索出了一系列各具特色、构思精巧的管理办法，也逐渐形成了一些为各国公司立法所普遍遵循的公司内部机构设置的基本原则。综观各国公司法的有关规定可以看到，在公司内部组织机构设置问题上，各国普遍确认并奉行以下原则：

（一）分权制衡原则

尽管各国公司内部组织机构的设置并不存在统一的模式，但分权制衡却是各国共同奉行和遵循的一个基本原则。各国公司的组织机构大都按照所有权和经营权相分离的原则来设置，普遍遵循决策权、执行权、监督权三权相互配合、相互制约的思想。在大陆法系国家，公司组织机构的设置一般采用"双轨制"，即在股东会或股东大会之下分设董事会和监事会，其中，由全体股东组成的股东会或股东大会是公司的权力机关，行使公司决策权；由股东会或股东大会选举产生的董事会为公司的业务执行机关，行使经营管理权；监事会为公司的内部监督机构，代表股东对董事及经理的业务活动进行监督。在英美法系国家，公司组织机构的设置一般采用"单轨制"，即在股东会或股东大会之下只设董事会而不设监事会。为了实现分权制衡，在董事会中分别设置了内部董事和外部董事，内部董事亦称业务董事，主要负责公司的生产经营；外部董事亦称独立董事，通常由会计师、律师等专业人士充任，主要负责对公司和内部董事行为的监督。可见英美法系国家虽不设监事会，但不乏权力制衡机制，其对公司的分权制衡是在董事会内部实现的。无论是"双轨制"还是"单轨制"，都体现了"以权力制约权力"和"分权制衡"的西方宪政思想对公司组织机构设置的影响。按照分权的要求，各国公司法都强调特定的机构只能行使特定的权力，任何一个机构都不能独揽全部权力，同时也不能任意替代其他机构行使权力。在分权的基础上，为了保证各个机构正确地行使职权，就必须通过一定的组织形式使它们的权力受到一定的制约，在它们之间形成一个互相依赖、互相作用并互相制约的组织系统，通过权力制约权力，平衡公司内部不同利益主体之间的利益，以实现经济利益的最大化。我国《公司法》在公司组织机构的设置上采用的是"双轨制"，即在股东会或股东大会之下分设董事会和监事会，它们各司其职、各负其责，共同对股东会或股东大会负责。

## （二）效率优先兼顾公平原则

公司是以营利为目的的社团法人。面对瞬息万变的现代商事活动，公司必须高效运作，因而，效率成为公司内部组织机构设置的首要原则。一个公司能否以高效决策来面对不断变化的市场，关系到公司的生死存亡。要使公司如同自然人一样反应敏捷、进退自如，就必须赋予其构筑精巧、反应灵活的内部组织机构。公司内部组织机构的设置不应相互掣肘、扯皮，影响公司的决策效率。现代公司法弱化股东（大）会作用、强化董事会功能的发展趋势，就是公司法贯彻效率优先原则的直接反映。但公司法强调效率优先，绝不是置公平于不顾，更不是不要公平的效率。因此，各国公司立法在强化董事会职权的同时，也在不断加重董事的责任，完善股东诉权及其他救济制度，以加大对股东、特别是对中小股东的保护力度。

## （三）经济民主与经济集中相结合原则

公司是由多数人为特定目的而组成的社团法人。因此，保证公司决议的执行确能代表与反映内部成员之共识，且客观上符合该团体的最大利益，是公司立法的基本任务之一，也是公司法在设计公司组织机构时必须坚持的一项基本原则。否则，就会违背"谁投资、谁决策、谁收益"这一基本法则，公司赖以存在的基础就会动摇；且日益复杂的商事交易和经营活动，在客观上也要求决策者必须集思广益。但是，现代公司制度的民主化并不意味着公司运营控制的民主化。在股权越来越分散的情况下，由股东即出资人决定所有事务已不可能，也无法适应高速、快捷的现代经济生活的客观需要。因此，为提高决策效率，使经营者更好地为出资人谋取经济利益，就必须赋予公司董事、经理等经营管理人员更多的经营自主权，在保证董事和董事会不滥用权力的前提下，达到科学、高效决策的目的。

## 三、公司组织机构设置的特点及演变

公司企业与合伙企业、独资企业等非公司企业的最大的一个区别，就是与公司复合式的股权结构相适应，采取了分权制衡的管理模式。公司的组织机构事实上就是所有者（股东）、经营决策者和监督者之间通过公司权力机构（股东会或股东大会）、经营决策机构（董事会及经理）、监督机构（监事会）而形成各自独立、责任明确、相互制约的关系，并依法律、公司章程等规定予以制度化的统一机制。而与高度一体化的权力结构相适应，独资企业和合伙企业的组织机构设置则相当单一，业主往往既是决策者又是执行者。

公司特别是股份有限公司的组织机构经历了一个由股东会中心主义到董事会中心主义的变迁。在资本主义早期阶段，公司规模不大，股东人数不多，许多国家并不强制公司必须设立董事会，加之受当时"个人本位"理论的影响，人们不承认或不愿承认集体、团体的权力和独立的地位，认为只有股东大会才是公司意志的代表，而董事则不过是根据公司（即股东大会）的授权而进行活动的公司代理人而已。即使在较早采用"法人实体说"的大陆法系国家，虽然承认董事会是公司的法定机关，但受经济民主思想的影响，认为股东的共同意思才是公司的意志，董事会的权力是极为有限的。因此，早期各国公司法都普遍规定股东大会是最高意思机关，与公司有关的事项，股东大会均有权决定，董事会仅作为公司的意思执行机关而存在。这一时期为股东会中心主义时期。但进入 20 世纪以来，随着股权的不断分散，数量众多的投资股东再也无法像过去那样单独或共同拥有控制公司所必需的股权，许多股东将自己的注意力和兴趣点从公司的经营转向证券市场，加上市场竞争的加剧，使得公司经营越来越复杂，而大多数的非职业投资者（即一般股东）缺乏相应的经营管理知识，股东对公司的实际控制能力不断地受到削弱，股东在公司中所处的地位变得微不足道，不少大型股份有限公司的控制权事实上已转移到了公司的经营管理人员手中，公司出现了所有权与控制权相分离的趋势。现实经济生活的客观变化，对现代公司立法产生了深刻影响。各国立法纷纷扩大董事会权限，限制股东大会的权力，董事会逐步成为公司组织机构的核心和公司的主宰，股东会中心主义被董事会中心主义所取代。

在所有权与控制权相分离的现实条件下，如何保证公司董事和其他经营管理人员不滥用权力，尽职尽责地为公司和股东工作，成为各国公司立法必须着力解决的一个重大问题。各国都充分认识到了权力扩张的过程也应该是责任加重的过程，必须做到权力与责任相统一，董事会权力的扩张与董事会责任的强化必须协调一致。因此，无论是大陆法系国家还是英美法国家都对董事会规定了较为严格的责任。

在我国的公司实践中，由于种种原因，董事、经理的权力过于集中和缺乏约束，成为我国公司特别是国有企业通过改组而成立的公司普遍存在的问题，"内部人控制"现象仍很突出，有效的内部监督机制尚未真正建立起来。[1] 因此，进一步转变观念，切实按照《公司法》的要求建立和健全公司的组织机构，在公司内部建立起有效的监督制衡机制，并进一步规范公司经营管理人员的行为，仍是贯彻实施《公司法》的关键。

---

[1]　冯果："浅析经济转轨过程中的'内部人控制'现象及其法律对策"，载《法学评论》1996 年第 6 期。

## 第二节　股　东　会

### 一、股东会的概念和职权

（一）股东会的概念

股东会的概念有广义和狭义的理解。从广义上说，股东会泛指在各类公司中由全体股东组成的公司权力机构，它包括股份有限公司的股东大会和有限责任公司的股东会。从狭义上说，股东会专指由全体股东组成的有限责任公司的权力机构，在股份有限公司中则专称股东大会。本节所讲的股东会为广义上的股东会。

无论是何种类型的公司，股东会都具有以下特征：

1. 股东会须由全体股东组成。我国《公司法》第 36 条规定，有限责任公司股东会由全体股东组成。第 98 条规定，股份有限公司股东大会由全体股东组成。这就说明，即使股份有限公司的股东大会，其组成成员也应是全体股东，不能将任何一个股东排除在外。换言之，凡是具有股东资格者均是股东会的成员，有权出席股东会会议，即使无表决权的优先股股东也不例外。因为无表决权仅意味着持有这类股份的股东不能参与表决，并不意味着该类股东无出席会议的权利。相反，他们仍可以出席股东会会议或就议案提出质疑或陈述意见，只有这样，股东权才可以得到充分实现。目前，在我国公司实践中，有些股份有限公司采取股东代表大会制，将股东代表大会作为公司的权力机构，股东代表则根据股东拥有股份多少及股东分布情况来确定。应该说，这类做法是极为不当的。当然，股东会和股东会会议并不是两个完全相等的概念，股东会会议是股东会为行使职权而采取的会议形式。对于人数众多的股份有限公司而言，要求全体股东一律出席股东会会议，既无必要也不可行。所以，只要符合法定比例，股东会会议即可召开。但是否出席股东会会议应视股东的意愿而定，法律与公司章程不得强行剥夺股东出席股东会会议的权利。

2. 股东会是公司的最高权力机构。根据《公司法》第 36 条、第 98 条的规定，股东会是公司的权力机构。就其性质而言，股东会也是公司的意思形成机构。众所周知，公司的资本来源于全体股东的出资，公司是由全体股东组成的社团法人，全体股东的共同意志便是公司法人的意志。但由于股东人数较多，这就需要有一个专门供股东表达意愿和将单个股东的意愿汇集起来形成股东集体意志的机构或场所。股东会就是担负上述职能的法定机构。从理论上讲，由全体股东组成的体现股东集体意志的股东会应有权对公司的一切重要事务作出决议，但随着传统公司法的股东会中心主义被现代公司法的董事会中心主义所取代，股东会的职权也受到了一定的限制。尽管如此，股东会仍然是公司的最高意思机关，也就是说，股东会形成的意思居于最高地位，属于公司的意思，对董事会、监事会具有约束力。

董事会执行公司业务，虽可决定日常的经营意思，但它不可与股东会的意思相抵触，且董事会成员和监事会成员均由股东会决定产生，董事会和监事会均须对股东会负责。所以，从另一种意义上讲，在公司内部没有比股东会地位更高的机构存在，股东会是公司的最高权力机构。作为公司的意思形成机构，股东会只能就法定事项形成决议，不能对外代表公司，也不能对内执行管理业务。

3. 股东会是公司的法定但非常设机构。尽管现代公司股东会权力日渐缩小，董事会权力日渐扩大，但在大多数国家中，股东会仍然是公司立法规定必设的股东表达其意愿的机关。在我国，中外合资经营的有限责任公司一般都不设股东会，而以董事会作为公司的最高权力机构。《有限责任公司规范意见》（已失效）也规定股东会是可设机构，即有限责任公司可设股东会，也可不设股东会。但这样做的结果是股东会在公司内部机构中呈现出一种不确定状态，导致有限责任公司的不规范运行。因此，我国《公司法》在总结经验教训的基础上，明确规定股东会是有限责任公司的法定必设机构。股东会虽为必设机构，但并非常设机构，仅以普通年会和临时会议的形式行使职权，在股东会闭会后，股东只能通过有关参与权的行使，对公司的生产经营活动施加影响。

关于股东会是常设机关还是非常设机关，学者之间存在着不同见解。有的学者认为，股东会诸多权力之行使，必须以召集会议的方式进行。既然股东会属公司法定必要的意思机关，就其地位而言，应属于经常存在而随时召集开会的机关（尽管其开会次数有限），故应属常设机关。[1] 但通说认为，股东会应属于非常设机关。

（二）股东会的职权

各国早期的公司法均奉行股东会中心主义，赋予股东会广泛的决议权，规定了必须由股东会决议的事项、可由股东会决议的事项以及是否经股东会决议由股东会自行决定的事项。股东会除享有法定职权外，还在章程中为自己设定了种种职权。自20世纪初以来，各国公司立法开始奉行董事会中心主义，逐渐强化董事会的职权。与此相应，股东会的职权大为削弱。除公司法规定须由股东会决议的事项和公司章程规定必须由股东会决议的事项外，其余职权均可由董事会决议行使。于是，实际上由股东会决定的事项只剩下少数涉及公司生存与发展的重大

---

[1]　柯芳枝：《公司法论》，三民书局1984年版，第264～265页。

问题。而且在不同种类的公司中，股东会所实际行使的职权及行使职权的条件也不尽相同，它与公司的规模大小、股权结构和股东的偏好密切相关。一般说来，有限责任公司股东会行使的权力要远比股份有限公司大，股权集中的公司股东会的权力比股权分散的公司大。

从我国《公司法》第 37 条和第 99 条的规定看，有限责任公司和股份有限公司股东会的职权基本一致，股东会或股东大会依法行使下列职权：

1. 决定公司的经营方针和投资计划；

2. 选举和更换非由职工代表担任的董事、监事，决定有关董事、监事的报酬事项；

3. 审议批准董事会的报告；

4. 审议批准监事会或者监事的报告；

5. 审议批准公司的年度财务预算方案、决算方案；

6. 审议批准公司的利润分配方案和弥补亏损方案；

7. 对公司增加或者减少注册资本作出决议；

8. 对发行公司债券作出决议；

9. 对公司合并、分立、解散、清算或者变更公司形式作出决议；

10. 修改公司章程；

11. 公司章程规定的其他职权。

从上述规定事项来看，我国公司的股东会仍享有较为广泛的职权。前 10 项职权均为法定职权。此外，公司章程若规定股东会行使法定职权以外的其他职权，自然亦应为法律所允许。

**二、股东会的种类**

股东会既是由全体股东组成的公司权力机构，又是定期或临时举行的由全体股东出席的会议。依据会议召开的原因及时间和方式的不同，股东会通常分为普通会议（或定期会议）和特别会议（或临时会议）两种。

（一）普通会议

普通会议，又称股东常会、股东年会或定期会议，是指公司按照法律或章程的规定按时召开的会议。普通会议是每年必须召集的股东会议，一般是一年一次，也有的公司章程规定一年召开两次。

普通会议是全体股东行使最高决议权的基本形式，它通常行使法律或章程所规定的基本职权。当然，除行使股东会的法定职权外，也可以安排议定一些特殊事项。

普通会议一般在年度结束之后的一定期限内举行。对两次年会之间的间隔期限，各国规定不尽相同，一般均在 13 个月 ~ 15 个月之间。我国《公司法》规定，股份有限公司的股东年会每年召开一次，一般应于每会计年度终结后 6 个月内召开，行使公司法和公司章程规定的职权；有限责任公司的定期股东会议应依章程规定的时间召开。

（二）特别会议

特别会议，又称临时会议或特别股东会，是指必要时在两次年会之间不定期召开的全体股东会议。按照各国公司法的规定和传统做法，召开股东特别会议的法定情形主要有以下几种：①董事会或监事会按照公司章程的规定，认为必要时而决定召开；②应持法定比例以上股份的股东提议或请求而召开；③法院责令召开。

我国《公司法》第 100 条规定，股份有限公司在董事人数不足法定人数或章程所定人数的 2/3 时，公司未弥补的亏损达实收股本总额的 1/3 时，单独或者合计持有公司股份 10% 以上的股东请求时，董事会认为必要时，以及经监事会提议召开时，都应当在 2 个月内召开临时股东大会。《公司法》第 39 条规定，有限责任公司经代表 1/10 以上表决权的股东提议，经 1/3 以上的董事提议，以及经监事会或者不设监事会的公司的监事提议，都应当召开临时会议。

三、股东会的召集

（一）召集人

无论是普通会议，还是特别会议，召集人原则上为董事会。董事以个人名义召集的股东会为非法。有些国家的公司法还规定，除董事会外，监事会也可行使股东会的召集权。

在我国的公司实践中，因种种原因，经常存在着股东会会议无法召开的情形。为杜绝此类现象的发生，我国《公司法》在修改时作出了十分缜密的规定。《公司法》第 38 条、第 40 条规定，有限责任公司的首次股东会会议由出资最多的股东召集和主持。设立董事会的，股东会会议由董事会召集，董事长主持；董事长不能履行职务或者不履行职务的，由副董事长主持；副董事长不能履行职务或者不履行职务的，由半数以上董事共同推举 1 名董事主持。有限责任公司不设董事会的，股东会会议由执行董事主持。董事会或者执行董事不能履行或者不履行召集股东会会议职责的，由监事会或者不设监事会的公司的监事召集和主持；监事会或者监事不召集和主持的，代表 1/10 以上表决权的股东可以自行召集和主持。《公司法》第 101 条规定，股份有限公司的股东大会由董事会依法负责召集，由董事长主持；董事长不能履行职务或者不履行职务的，由副董事长主持；副董事长不能履行职务或者不履行职务的，由半数以上董事共同推举 1 名董事主持。董事会不能履行或者不履行召集股东大会会议职责的，监事会应当及时召集和主持；监事会不召集和主持的，连续 90 日以上单独或者合计持有公司 10% 以上股份的股东可以自行召集和主持。

（二）召集程序

股东会之召集应以书面形式于会议召开的一定期限之前通知或通告股东。对于通知期限，各国要求并不完全一致。一般对股份有限公司要求比较严格，有限责任公司则相对宽松。股份有限公司的通知期限一般不迟于会前三周；有限责任公司的通知期限则多为会前一周或两周。而且，在不少国家，如德国和日本，有限责任公司的通知期限还可以依章程缩短，也可不经召集程序而直接开会，只要会议是经全体股东同意或由全体股东参加即可。

我国《公司法》规定，召开股份有限公司的股东大会会议，应当将会议召开的时间、地点和审议的事项于会议召开 20 日前通知各股东；临时股东大会应当于会议召开 15 日前通知各股东；发行无记名股票的，应当于会议召开 30 日前公告会议召开的时间、地点和审议事项。由此可见，股份有限公司召集股东大会，对记名股东采取"通知"方式，即"发信主义"，而非"送达主义"，受通知人是否确实收到，并不影响股东大会召集的效力。对于无记名股东则采取"公告"方式。有限责任公司因股东人数较少，召集程序亦相对简单，要求公司在会前 15 日通知全体股东。依公司法的有关规定和公司法的一般原理，在"通知"或"公告"中，应载明股东会决议的事项，即召集股东会的事由，以便股东作准备。

基于股东会议应有一定的代表性，应能反映多数股东意愿的立法指导思想，许多国家的公司法都规定了参加各类股东会的股东须达到法定人数，股东会才能合法召开，通过的决议方为有效。我国《公司法》对此未作规定，笔者认为，这一遗漏不仅有可能削弱股东和股东会的权力，且势必加速股东会权力弱化的步伐。虽然这可能是立法者基于效率优先原则有意作出的取舍，但这种选择是否是对效率与公平的最佳衡平值得探讨。

**四、股东表决权及其行使**

（一）股东表决权的含义

表决是股东会作出决议的重要方式，股东们通过表决作出决议，以表达他们对公司的意见和要求，参与公司重大事项的决策，实现对公司的控制。表决权（Shareholders' voting right）就是指股东基于股东地位而享有的、就股东会的议案作出一定意思表示的权利。表决权是公司股东权利的中心内容，是股东基于其股东地位而享有的一种固有权利，除非依据法律规定，不得以公司章程或股东会决议予以剥夺或限制。作为一种特殊的民事权利，当表决权为公司所侵害时，股东得以此为由提起股东会决议撤销之诉，可对直接参与此种侵权行为之董事请求损害赔偿；当表决权为第三人所侵害时，股东可依侵权法的一般原则，向侵权人请求停止侵害、排除妨碍和损害赔偿。

（二）股东表决权行使的一般原则及例外

由公司的资合性特点所决定，多数国家的公司立法都确立了股东行使表决权的基本原则，即资本多数决原则或一股一票原则。我国《公司法》也规定股份有限公司股东大会的表决采取一股一票制；有限责任公司股东会由股东按出资比例行使表决权。

资本多数决或一股一票原则一般为强行性法律规范中的效力规定，除非公司法另有规定，公司不得以章程或股东会决议设立这一原则之例外，如限制或剥夺某种股份或股东的表决权，规定一股有数个表决权。但为了防止拥有较多股份的大股东操纵股东会的表决，压制少数股东，一些国家的公司法规定，公司得以章程限制其表决权。这种限制通常包括：①对表决权数上的限制。拥有股份数额超过一定比例的，如5%，其超额部分以8折或5折计算。②对表决权代理的限制。规定受托人的代理表决权不得超过股份总数表决权的一定比例，如3%。③表决权行使的回避。对于某些表决事项，事关某些股东的特别利益，表决结果可能因此损害公司利益时，该股东应回避表决。此外，为了维护中小股东的利益，美国公司法还创设了累积投票制。

我国2005年修订后的《公司法》在坚持"一股一票制"的同时，为维护中小股东的权益，又引进了累积投票制。《公司法》第105条规定，股份有限公司的股东大会选举董事、监事时，可以依照公司章程的规定或者股东大会的决议，实行累积投票制。所谓累积投票制，是指股东大会选举董事或者监事时，每一股份拥有与应选董事或者监事人数相同的表决权，股东拥有的表决权可以集中使用。实行累积投票制的目的原本是保护中小股东的权益，然而由于股份有限公司的股东众多、股权高度分散，中小股东难以在投票时形成共同的表决意思，因此累积投票制在美国公司实践的结果是很少能起到预期的作用。据了解，美国一些本来实行累积投票制的州已于近年来陆续废止了该项制度。累积投票制在我国的实践结果如何，尚需拭目以待。

（三）股东表决权行使的方式

股东表决权的行使以股东亲自行使为常态，以直接投票为形式。在股东亲自行使的情况下，须证明其股东身份。根据我国《公司法》的规定，无记名股票持有人出席股东大会会议的，应当于会议召开5日前至股东大会闭会时将股票交存于公司，以证明股东身份，并防止因会议期间发生股票转让而导致股东不稳定，影响股东大会对所议事项作出决议。记名股票持有人出席股东大会时，股东名册上记载的股东方可行使表决权。如果股份发生转让，受让人姓名或名称未记载于股东名册者不得行使表决权。股东名册闭锁期间亦然。公司依法可以回购公司股份从而拥有自身股份，但其持有的本公司股份没有表决权。但由于受公众公司股东大众化的影响，不直接出席股东会的股东日益增多，加之网络和高科技的发展，股东表决权的行使方式也呈现出多样化的特点。概而言之，股东表决权的行使方式可以分为本人投票与委托投票、现场投票与通信投票、直接投票与累积投票等。

1. 本人投票制与委托投票制（表决权代理与表决权信托）。

（1）本人投票制。本人投票制是指股东亲自行使其表决投票权。本人投票制既包括股东亲自出席股东会在会议现场进行投票，即参会投票，也包括现场之外的书面投票制。出席股东会并行使表决权是股东的固有权利，因此股东亲自出席股东会议并进行投票是股东直接行使其表决权的最为常见的方式。但在股东不能出席股东会而又不愿委托他人行使其表决权时，国外还普遍建立了表决权的书面行使制度，即书面投票制。所谓书面投票制，是指不出席股东会的股东在书面投票用纸上就股东会决议中的有关事项表明其赞成、否定或弃权的意思，并将该书面投票用纸在股东会召开之前提交公司以产生表决权行使效果的法律制度。书面行使制度为股东表决权亲自行使的一种方式。它以股东会在确定的地点召开为前提，解决的仅是个别不能参会的股东的投票权问题。与后面说的通信投票制不同。通信投票制是所有股东均不出席股东会，而是全部利用现代通信工具投票。为了保证书面投票的公正性和判断的独立性，在建立了书面投票制的国家，均要求股东的书面投票须在股东会召开之前提交公司方能产生表决权行使效果。我国《公司法》目前尚未明确该项制度。但笔者认为，应该允许股东书面投票以保证股东权利的正常行使。

（2）委托投票制。委托投票制是指股东不亲自行使其表决权，而是委托他人行使。根据公司实践，委托投票制可以分为表决权代理和表决权信托两种制度。

表决权代理是指股东通过一定的方式将自己股份所具有的表决权授予他人，由他人以本人的名义行使表决权。在现代社会，囿于时间、精力及经验和知识等方面的限制，股东委托他人出席股东会并代为行使表决权已经成为股东行使股东权利、参与公司决策的重要方式。我国《公司法》第106条规定，股东可以委托代理人出席股东大会会议，代理人应当向公司提交股东授权委托书，并在授权范围内行使表决权。此规定确立了我国股份有限公司股东表决权的代理机制。表决权的代理行使实际上是本人和代理人的关系，因而其应受一般代理规划的调整，但由于代理表决制极易为个别经营者或股东所利用，成为其谋取私利、操纵股东会的工具，因而为保障公司股东会决议的客观公正，防止为部分别有用心者所利用，各国公司法和证券法都对代理人的资格、代理人的人数、授权书的有效期限、代理人所控制的表决权的比例等方面作出了严格的规定，并严格限制有偿收购代理权的行为。相反，我国《公司法》的规定则过于原则和抽象，需进一步制定相应的配套法规，健全我国的代理表决制度。

表决权信托（Voting Trust of Shareholder），是指为了统一行使股份上的表决权，持有公司股份的股东作为委托人和受益人，通过其与受托人之间签订的信托协议，在一定的期限内将自己的股份信托转移给受托人，该受托人为了委托人和受益人的利益，在信托期间持有委托人的股份，行使该股份上的表决权及其他股东权利，并向作为委托人的委托股东交付表决权信托证书的一种法律制度。该制度是信托法原理在股东表决权领域的具体运用。表决权信托制度最早产生于美国，迄今已有一百多年的历史。由于表决权信托无论在主观上还是在客观上都极大地扩充了股东行使权利的自由，特别是中小股东可以通过表决权信托将分散的表决权联合起来实现对公司的有效控制或扩大对公司事务的参与与决策，故而已成为中小股东实现对公司控制的工具；加之，因采取了信托的方式而具备了信托制度所拥有的诸如灵活性、富有弹性等特点，从而使得这一制度获得了可以充分发挥想象力的空间，得到了世界上不少国家立法和司法的认可。但股东表决权信托也可能导致对公司的不正当控制，所以对股东表决权信托的效力也存有不同的争论，为发挥表决权信托的积极作用，消除其消极作用，西方国家普遍建立起了相对完善的规则。我国目前关于股东表决权信托的立法几乎为空白，既没有肯定股东可以通过信托方式实现其表决权，也没有股东表决权信托的禁止性规定，而实践中股东表决权信托却并不鲜见。[1] 基于此，学界普遍认为，股东表决权信托并不应该因为缺乏制定法而无效。问题是，在没有确定制定法的情况下，被误用、滥用的股份信托，比起因承认表决权信托而产生的危害可能更大，美国早期发生的表决权信托滥用的历史已经充分证明了这一点，因此，应该制定股东表决权信托的专门规则，以规范股东表决权信托行为。

2. 现场投票制与通信投票制。现场投票制是指通过召开股东大会由参会股东在会议现场投票，是最为传统、也是最为常见的股东表决权行使方式。通信投

---

[1]　2002 年发生的"青啤股权变更案"就是典型的股东表决权信托事例。

票制则是指不将股东召集在一起，而是利用现代通信工具如网络等进行表决和投票。随着高科技和互联网等现代通信工具的不断涌现，为降低投票成本，提高中小股东的投票积极性，越来越多的国家和地区开始承认利用现代通信工具投票的有效性。我国《公司法》虽未就通信投票作出规定，但 2018 年国家证监会发布的《上市公司治理准则》和上交所于 2015 年修订的《上市公司股东大会网络投票实施细则》则对此均予以肯定。

3. 直接投票制与累积投票制。直接投票制，是指在行使股东表决权时，针对股东会的一项决议，股东只能将所持股份的表决票数一次性直接投在该项决议上。在直接投票制度下，公司的控制股东可以选任全部董事，并以此对公司施加控制，小股东则无法选任自己的代表人进入董事会。为保障小股东对公司事务也能够拥有一定的发言权，不少国家和地区的公司法在公司董事会成员的选任上实行累积投票制度。与直接投票制不同，在累积投票制下，每一个股东所持有的每一个股份并非仅拥有一个投票权，而是拥有与当选的董事或监事人数相等的投票权，股东既可以把所有的投票权集中选举一人，也可分散选举数人，最后按得票之多寡决定当选董事和监事。这两种投票制均以"同股同权""一股一权"为基础，但在表决票数的计算和具体投向上存在根本差异。直接投票制体现了传统的多数决和一股一票原则，贯彻了由大股东控制公司的权利义务对等的理念。在直接投票制下，在股东会讨论并就具体方案进行表决时，除非根据规定大股东必须回避投票或者因法律或者公司章程对大股东的投票权有所限制外，股东会决议的结果与大股东的意见必然一致。而累积投票制允许股东将其在选举每位董事或监事上的表决权累加，并且股东的票数可以集中投向，即允许股东在选举董事或者监事时的总票数为其持有股份决定的表决票数乘以拟选举的董事或监事人数，股东可以选择将总票数集中投于一个董事或监事候选人名下，也可以选择分散投入数人名下。如此为那些仅持有少量股份的中小股东赢得公司董事或监事席位，从而为在公司董事会或监事会中拥有代言人提供了可能。

累积表决制度最早起源于英国，在美国得到了很大发展。由于该项制度可以有效地保障中小股东将代表其利益和意志的代言人选入董事会和监事会，从而在一定程度上起到平衡大股东和小股东的利益的作用，故为不少国家或地区的公司法所认可。但由于累积投票制度计算相对比较复杂，也有可能因之导致公司管理机关内部的不和谐，降低公司的决策和运作效率，故不同国家和地区立法对其态度也不完全一样。有的国家和地区将累积表决制度作为一种强制性制度加以规定，实行强制性的累积投票制度（Mandatory Cumulative Voting），但越来越多的国家和地区则由原来的强制性累积投票制度转而实行替代性的许可性累积投票制

（Permissive Cumulative Voting），即对于是否实行累积投票制，公司法并不作强行性规定，而是赋予公司以选择权利。在实行许可性累积投票制的国家和地区，具体又存在选出式和选入式两种立法例：①除非公司章程作出相反规定，否则就应实行累积投票制，此为选出式（Opt-out）；②除非公司章程规定了累积投票制，否则不实行累积投票制，此为选入式（Opt-in）。我国公司立法原无累积投票制度的规定，2002 年国家证监会、国家经济贸易委员会发布的《上市公司治理准则》（已失效）中规定，控股股东控股比例在 30% 以上的上市公司，应当采取累积投票制，即对达到法定条件的上市公司推行强制性的累积投票制度。2005 年《公司法》第 106 条（2018 年《公司法》第 105 条）也采取了选入式的许可主义立法。该条规定：“股东大会选举董事、监事，可以依照公司章程的规定或者股东大会的决议，实行累积投票制。本法所称累积投票制，是指股东大会选举董事或者监事时，每一股份拥有与应选董事或者监事人数相同的表决权，股东拥有的表决权可以集中使用。”就目前的规定来看，我国对存在控股股东的上市公司实行强制性累积投票制，对于一般上市公司和非上市公司则实行许可性累积投票制。

### 五、股东会决议

（一）股东会决议的种类

对于股东会的不同决议事项，法律规定了不同的多数标准。根据具体的决定事项和多数标准，股东会的决议分为普通决议和特别决议。

1. 普通决议。普通决议是指决定公司的普通事项时采用的以简单多数通过的决议。“简单多数通过”是指有出席会议的 1/2 的表决权通过决议即可生效。对普通决议所适用的事项，各国公司法很少作强行性规定，而将其留给或允许公司章程作出规定。在我国，除《公司法》明文规定应以特别决议进行的事项外，一律以普通决议进行。股东大会作出决议，必须经出席会议的股东所持表决权过半数通过。

2. 特别决议。特别决议是指决定公司的特别事项时采用的以绝对多数才能通过的决议。在不同的国家里，对不同的表决事项，绝对多数的数量要求不同。有的要求要有出席会议股东 2/3 以上表决权通过；有的要求有出席会议股东的 3/4 以上的表决权通过。我国《公司法》第 43 条第 2 款规定，有限责任公司股东会会议作出修改公司章程、增加或者减少注册资本的决议，以及公司合并、分立、解散或者变更公司形式的决议，必须经代表 2/3 以上表决权的股东通过。《公司法》第 103 条第 2 款规定，股份有限公司股东大会作出修改公司章程、增加或者减少注册资本的决议，以及公司合并、分立、解散或者变更公司形式的决议，必须经出席会议的股东所持表决权的 2/3 以上通过。

### （二）股东会的议事记录

各国公司法一般都规定，股东会的决议事项应有完备的记录。在记录中，应标明会议的时间、场所、主席的姓名、议事的内容和结果等，并由主席签名盖章。议事记录应与出席或被代理出席的股东名单及出席委托书等一并保存。我国《公司法》也规定：股东大会会议应作记录，主持人、出席会议的董事应当在会议记录上签名。会议记录应与出席股东的签名册及代理出席的委托书一并保存。

### （三）股东会决议的无效和撤销

我国《民法典》第 134 条第 2 款规定："法人、非法人组织依照法律或者章程规定的议事方式和表决程序作出决议的，该决议行为成立。"股东会的决议是公司团体的意思表示，一经依法形成，即发生效力。然而，由于各种原因的存在，股东会的决议可能存在瑕疵：或者在内容上有悖于法律或公司章程，或者在程序上违反法律或者章程的规定。上述瑕疵的存在会导致决议产生相应的法律后果。西方国家公司法分别视股东会决议违反法律或章程的具体情况，确立了股东会决议无效和可撤销制度。我国《公司法》第 22 条对股东会（董事会）决议的无效和撤销作出了明确具体的规定。

1. 股东会决议的无效。股东会决议内容违反法律或行政法规的，该决议即属无效决议。由于决议内容是否违反法律或章程，由决议本身即可作出判断，无须经其他程序确认，因此，这种无效被称作当然无效。与民法中的绝对无效的民事行为相同，自始无效，绝对无效，不以特定人提起诉讼为无效要件。股东也可向法院提起确认无效之诉，其提起的时效不受限制，可随时提出。应当注意的是，我国《公司法》并未将违反公司章程作为股东会决议无效的事由，只是强调"决议内容违反法律、行政法规的无效"。显然，我国《公司法》对股东会和董事会决议的无效范围，还是有所限定的。

2. 股东会决议的撤销。股东会的召集程序或决议方法违反法律、行政法规和章程规定，或者决议内容违反章程时，股东在一定期限内，可以请求法院作出撤销其决议的判决，宣告其决议无效。因决议瑕疵中程序上的瑕疵较为轻微，且其判定往往因时间之经过而有困难，因此经特定的人在特定的期间（自决议作出之日起 60 日）内提出，方能判定是否无效。所以，它仅属于相对无效，或宣告无效，而非当然无效。

需要注意的是，最高人民法院在总结司法实践经验的基础上，于 2017 年 8 月 25 日正式发布的《最高人民法院关于适用〈中华人民共和国公司法〉若干问题的规定（四）》（以下简称《公司法司法解释（四）》），进一步从以下三个方面，完善了股东会（股东大会、董事会）决议效力瑕疵诉讼的法律适用规则：①确定了决议不成立之诉。因为我国《公司法》第22条规定了确认决议无效和撤销决议之诉，均系针对已经成立的决议，未涵盖决议不成立的情形，而在现实生活中确实还存在决议不成立之情形，如未召开股东会或者股东大会、董事会，虚构决议；虽召开了会议但未对决议事项进行表决；出席会议的人数或者股东所持表决权不符合《公司法》或公司章程规定条件，或者会议的表决结果未达到《公司法》或者依照公司章程规定的通过比例没有形成有效决议等。当然，并非所有在召集、主持、通知和股东大会决议形成中存在的瑕疵，均会导致决议不成立。只有达到足以认定决议不存在或者未能形成有效决议的标准，才构成决议不成立。②明确了决议效力案件的原告范围。《公司法司法解释（四）》在严格贯彻《公司法》第22条的立法宗旨的基础上，确认决议无效或者不成立之诉的原告，包括股东、董事、监事等；决议撤销之诉的原告应当在起诉时具有股东资格。③明确了确认决议无效或者撤销决议的法律效力。关于公司内部规定或者决议的外部效力问题，《民法典》通过第61条、第85条（原《民法总则》第61条、第85条）等规定予以了明确，基本确立了内外有别、保护善意相对人合法利益的原则。据此，《公司法司法解释（四）》第6条明确规定，股东会或者股东大会、董事会决议被人民法院判决确认无效或者撤销的，公司依据该决议与善意相对人形成的民事法律关系不受影响。

3. 股东诉讼的担保。为维护公司权益，防止股东滥诉，我国《公司法》规定，股东提起股东会、董事会决议无效或撤销之诉的，人民法院可以应公司的请求，要求股东提供相应的担保。在诉讼前，公司根据股东会、董事会决议已办理变更登记的，法院宣告该决议无效或者撤销该决议之后，公司应当向公司登记机关申请撤销变更登记。

# 第三节 董 事 会

## 一、董事会的概念和职权

（一）董事会的概念

董事会是由股东会选举产生的，由全体董事组成的行使经营决策和管理权的必设的集体业务执行机关。董事会的这一概念，具有以下内涵：

1. 董事会是公司的业务执行机关。尽管股东是公司财产的最终所有人，股东会是权力机构，但股东会的特点和弱点，决定了股东会只能是公司的意思形成机关，股东会作出的各项决议必须由董事会负责实施和执行。

2. 董事会是集体执行公司事务的机关。董事会是会议体机关，其权限通常应以会议之形式行使。董事会就公司重大事务形成决议，表达董事会成员之共同意思，故为集体执行公司事务的机关。

3. 董事会是公司经营决策和领导机关。董事会不仅仅是股东会之下的业务执行机关，它还有独立的权限和责任。特别是随着董事会权力的不断扩大和股东会职权的日渐削弱，董事会已成为事实上的经营决策和领导机关。除法律和公司章程另有规定外，"公司的一切权力都应由董事会行使或由董事会授权行使，公司的一切活动和事务都应在董事会的指示下进行"[1]一些原属于股东会决议的事项，决策权已转移到董事会；除法定的股东会决议事项外，董事会对公司的其他各事项，均可作出决定。

4. 董事会是公司法定的常设机关。在公司的各种机关中，董事会是一个必设机关。自公司成立起，董事会就作为公司不可缺少的一个机关。虽然其作为会议体有开会、闭会、休会之分，其人员有选任或撤换之变动，但其作为一个法定组织始终存在，其成员的活动并不停止。目前，我国学术界也有人认为，"董事会不必是公司的常设机构，通常是以董事集会方式行使职权"[2]但多数人仍将其视为常设机关。盖"董事会"一词，从概念上可区分为由全体董事组成之会议体机关及该机关为行使权限所召集之会议。作为机关之董事会，乃是经常存在的，董事长、执行董事等董事会成员并不因会议结束而停止其活动；而作为会议的董事会，才是因召集而临时存在。二者并非同一概念，不能因为董事会会议的临时性，就认为董事会也是临时的或非常设的。

（二）董事会的职权

对董事会的职权范围，各国公司法的规定不尽相同。有的国家明确授予董事会各种职权（如美国、德国）；有的未对董事会的职权作出明确规定，而将其留待公司章程和细则去规定；较多的是采用排除的方法，赋予董事会行使除必须由股东会行使的重要权力之外的一切日常管理、决策权。无论各国公司立法如何规定，董事会作为公司的业务执行和经营管理机构，具有十分广泛的职权。这种职权概括起来为两个方面，即对内的经营管理权和对外的业务代表权。

1. 对内经营管理权。董事会对内的经营管理权主要包括：①决策权，即对公司生产经营的方向、战略、方针以及重大措施的决定权。由于股东会日益脱离

---

[1] 美国《标准公司法》第35条。

[2] 江平主编：《新编公司法教程》，法律出版社1994年版，第205页。

公司的管理过程，或由于其他种种原因无法真正行使这种权力，董事会事实上已成为公司主要的决策者。②执行权，即执行、实施章程规定的宗旨以及股东会所作的决议，负责具体业务的管理的权力。③人事任免权，即选任公司的高级职员的权力。④监督权，即监督公司高级职员的活动的权力。

2. 对外代表权。代表权，是指以公司名义对外从事活动的权利。一般可以根据代表权的来源分为"法定代表人"和"一般代表人"。就"法定代表人"而言，各国公司法的规定有很大差异。主要有四种类型：①规定董事会作为一个整体享有代表权。如奥地利、比利时等国的公司法均规定，任何董事个人未经董事会授权不得对外代表公司进行活动。②规定董事长享有代表权，如法国。③规定常务董事均享有代表权，如日本。④规定全体董事均有代表权，如德国当公司未设董事会时的有关规定。尽管在各国立法上有以上差异，然而在实践中，这种差异却并不明显。其主要原因是：①即使在规定董事会享有代表权的国家，公司实际上往往将此代表权转授给部分董事，特别是董事长或执行董事；②为了保护善意第三人，各国公司法、民法大都规定公司对董事会在经营范围内的活动，即使属于越权、侵权行为，亦必须对第三人承担连带责任。申言之，公司对无代表权的董事的行为一般亦应负责。

我国公司立法对董事会的职权采用列举的方式明确规定，赋予董事会较为广泛的职权。从我国《公司法》第 46 条和第 108 条第 4 款的规定来看，董事会主要行使以下职权：①召集股东会会议，并向股东会报告工作；②执行股东会的决议；③决定公司的经营计划和投资方案；④制订公司的年度财务预算方案、决算方案；⑤制订公司的利润分配方案和弥补亏损方案；⑥制订公司增加或者减少注册资本以及发行公司债券的方案；⑦制订公司合并、分立、解散或者变更公司形式的方案；⑧决定公司内部管理机构的设置；⑨决定聘任或者解聘公司经理及其报酬事项，并根据经理的提名决定聘任或者解聘公司副经理、财务负责人及其报酬事项；⑩制定公司的基本管理制度；⑪公司章程规定的其他职权。

采用列举方式规定董事会的权限，可以给人一目了然之感，在公司制尚未被人们真正了解的情况下更是如此。但是，值得注意的是，现代公司法均避免采用列举方式规定董事会的权限，"一是法律难以通过列举而穷尽董事会应有的权限；二是具体细节应留给当事人在公司章程中予以规定，立法者没有必要去代替当事人设想他们可能面临的情况"[1] 因此，随着公司运作的不断规范，在适当时候，立法应采用排除法来规定董事会的权限。

---

[1]　江平主编：《新编公司法教程》，法律出版社 1994 年版，第 207 页。

### 二、董事会的产生和组成

（一）董事会的产生

1. 董事的任职资格。在公司发展的早期阶段，对董事并无公开的资格要求。随着管理专业化倾向的迅速发展，公司立法和股东才开始对董事提出一定的资格要求，以确保有经营经验和管理能力的人进入董事会，从而科学、高效地管理公司。综观各国及地区公司立法规定，董事的任职资格主要包括以下条件：

（1）身份条件。关于董事的身份问题，实质是董事是否必须是股东以及法人与自然人的问题。对于董事是否是股东的问题，各国及地区的规定大致可归纳为三种模式：①有资格股模式，即法律明文规定董事须拥有资格股。要求董事必须拥有资格股的立法目的，是激励董事努力为公司服务，并以此为质押，作为董事违背义务时的担保。英国、法国及我国台湾地区均采用此种模式。②无资格股模式，即公司立法对董事的选任无资格股的限制。如日本商法规定，公司不得以章程规定董事必须是股东；美国许多州的公司法对董事也无资格股的限制。③任意选择模式，即公司立法原则上对董事无资格股的限制，但允许公司以章程要求董事具有资格股，如德国。但从世界各国及地区立法的趋势看，为便利公司在股东之外求取人才，以适应所有权与经营管理权分离的需要，一般都不再规定董事须持有资格股。我国公司立法亦顺应这一潮流，不对董事资格股作出规定，即董事既可由股东担任，也可由非股东担任。如果董事是本公司的股东，持有本公司的股份，就应当向公司申报其所持有的本公司的股份，且其在任职期间的股份转让亦受法律限制。在是否允许法人担任董事方面，美国、德国、法国（双重委员会制公司）、奥地利、意大利、瑞士、丹麦等国家规定，董事必须是自然人，法人不能担任董事；英国、法国（单一委员会制公司）、比利时、荷兰公司法及我国台湾地区"公司法"规定，法人可以担任董事，但须指定1名有行为能力的自然人为其常任代表。我国《公司法》对此未作规定，应理解为允许法人董事单位存在，但须指定1名有行为能力的自然人为其代表。

（2）年龄条件。对年龄条件的下限，各国规定一致，即未成年人不能担任董事。我国规定无民事行为能力者和限制民事行为能力者，不得担任公司的董事。对年龄条件的上限，多数国家没有规定，也有的国家作了限制。如英国公司法规定，除非章程另有规定，或者股东会决议同意对超龄董事的任命并在决议中特别说明其已到达的年龄，否则，董事的年龄不得超过70岁。法国公司法规定，除非章程另有规定，已超过70岁的董事的人数不得超过董事会成员的1/3，且董事长和总经理年龄不得超过65岁。

（3）国籍条件。多数国家对董事的国籍没有限制，但有少数国家限制董事的国籍或居民身份。如瑞士公司法规定，若公司只有 1 名董事，该董事必须是居住在瑞士境内的居民，若有数名董事，那么董事会的多数成员必须是居住在瑞士境内的瑞士公民。丹麦公司法规定，董事不一定必须是丹麦国民，但丹麦公司至少一半的董事和全部的经理应居住在丹麦，除非商务大臣特许例外（欧盟成员国不受此限制）。我国对董事的国籍没有作出限制。

（4）兼职条件。为了防止董事利用其特殊地位损害公司利益，并保证董事有充足的精力处理公司事务，各国一般都对董事兼任其他公司的董事或实际管理人作出限制甚至禁止规定。例如，德国公司法规定，未经许可，董事不得成为其他公司或商号的董事或实际管理人；法国公司法限制兼职的数目，即除少数例外，任何人不得兼任 8 个以上法国公司的董事。我国《公司法》第 69 条规定："国有独资公司的董事长、副董事长、董事、高级管理人员，未经国有资产监督管理机构同意，不得在其他有限责任公司、股份有限公司或者其他经济组织兼职。"但国有独资公司之外的其他公司的董事可否兼职，则法无明文规定。鉴于董事兼职所滋生之流弊，不少学者主张应对董事兼职问题作出必要的限制。

（5）品行条件。多数国家的公司立法都规定，某些曾被追究刑事责任或者有严重违法行为的人以及个人资信状况较差的人，在一定期限内不得担任公司的董事。我国《公司法》第 146 条对董事、监事、高级管理人员的消极资格作出了规定，规定有下列情形之一者，不能担任公司的董事、监事、高级管理人员：①无民事行为能力或者限制民事行为能力；②因贪污、贿赂、侵占财产、挪用财产或者破坏社会主义市场经济秩序，被判处刑罚，执行期满未逾 5 年，或者因犯罪被剥夺政治权利，执行期满未逾 5 年；③担任破产清算的公司、企业的董事或者厂长、经理，对该公司、企业的破产负有个人责任的，自该公司、企业破产清算完结之日起未逾 3 年；④担任因违法被吊销营业执照、责令关闭的公司、企业的法定代表人，并负有个人责任的，自该公司、企业被吊销营业执照之日起未逾 3 年；⑤个人所负数额较大的债务到期未清偿。公司违反上述规定选举、委派董事、监事或者聘任高级管理人员的，该选举、委派或聘任无效。董事、监事、高级管理人员在任职期间出现上述①所列情形的，公司应当解除其职务。

（6）其他条件。有些国家公司法还规定政府官员、公证员、律师等不得兼任公司的董事。此外，为了保证监督权的独立，各国公司法都规定董事不得兼任监事。

2. 董事的人数。世界各国公司立法对董事的人数规定不一，即使是在同一个国家，对不同类型公司的董事人数的规定也不尽一致。董事人数多少一般取决于公司的业务管理、经营范围、规模以及公司类型的需要。董事人数或多或少都有弊端。董事人数太少，容易形成独裁，不利于民主决策和科学管理，对公司和股东都不利；董事人数太多，则机构臃肿庞杂、职责不清、人浮于事，难以形成决议，削弱个人责任感。因此，各国公司立法一般都视公司类型的不同，对董事的人数作出较具弹性的规定。我国《公司法》规定，有限责任公司董事会成员为 3～13 人，但规模较小和股东人数较少的有限责任公司也可以不设董事会，只设 1 名执行董事；股份有限公司董事会的成员为 5～19 人。

3. 董事的选任。对于公司的首届董事，如公司采取发起方式设立，由发起人选任；如公司采取募集方式设立，则由创立大会选任。在公司成立后，董事一般应由股东会选任。但个别欧洲国家（如德国）规定董事由监事会选举产生。

值得注意的是，董事选任可能会因股东会之选任决议存在瑕疵而导致无效。股东会选任决议之瑕疵通常包括选任决议无效和选任决议可撤销两种情形。前者是指决议内容本身违法（如当选董事不具备法定资格）而导致决议当然无效；后者是指股东会的召集或决议程序违法而经过诉讼程序宣告无效。除此之外，还存在决议不成立之情形。董事之选任若属无效，则被选人自始即非董事，其行为对公司应不发生效力。但该被选任人若以董事身份执行业务，则在对第三人的关系上应如何处理，颇值得探讨。日本商法从维护善意第三人权益和交易安全考虑，规定公司对善意第三者亦须就该行为负责（日本《商法》第 262 条）。我国台湾地区理论界也普遍认为应类推适用民法表见代理之规定，公司应对第三人负责。至于被选任董事与公司之间的内部关系，则依民法无因管理之原则处理。上述做法是值得我们借鉴和参考的。

董事在任职期间，股东会原则上不得无故罢免。但当董事工作不称职（如丧失行为能力）或有违反法律或章程的行为（如严重玩忽职守）时，原选任机关可作出决议予以罢免。董事任期届满而又未能连选连任者，即应解任。董事在任期内亦可辞职。

4. 董事的任期。关于董事的任期，各国的规定不同，短者 1 年～2 年，长者 5 年～6 年。我国规定董事任期由公司章程规定，但每届任期不得超过 3 年，可以连选连任。董事任期届满未及时改选，或者董事在任期内辞职导致董事会成员低于法定人数的，在改选出的董事就任前，原董事仍应当依照法律、行政法规和公司章程的规定，履行董事职务。

（二）董事会的组成

董事会由符合条件的董事组成。根据不同的标准，董事有不同的分类，常见的分类有：①股东董事和职工董事。这是以董事产生的渠道及所代表的利益不同作为标准所作的区分。其中，由股东会选举产生的董事为股东董事，是最具一般意义的董事，股东董事可能具有股东身份也可能不具有股东身份；而职工董事则是指以职工代表大会、职工大会或者其他民主形式由职工选举产生的董事，职工董事是职工在公司董事会中的代表，应具有公司职工的身份。②执行董事和非执行董事。以董事是否在任职的公司中担任董事以外的其他职务为标准，理论上可将董事分为执行董事和非执行董事。执行董事（Executive Director），也称内部董事（Inside Director），是指在公司中除了董事职务之外还担任公司的经营管理等职务的董事；非执行董事（Non-executive Director），是指公司中除了董事职务之外不再同时担任公司其他职务的董事，他们通过参加董事会会议、审议董事会议案行使自己的权利，没有管理公司的执行职能。非执行董事通常是兼职董事，在公司之外另有自己的事务，所以又称外部董事（Outside Director）。③独立董事和非独立董事。这是依据董事与公司利益的关联程度不同而作出的划分。独立董事（Independent Director）意指那些独立于公司管理层、与公司没有任何可能严重影响其作出独立判断之交易或关系等情形存在的董事。反之，即为非独立董事（Non-independent Director）。[1]　此外，在允许法人董事存在的国家和地区，董事依据身份的不同，还可以划分为自然人董事和法人董事。

根据我国《公司法》规定，股份有限公司的董事会由5～19人组成。董事会设董事长1名，可设副董事长。董事长和副董事长由董事会以全体董事过半数选举产生。董事长负责召集和主持董事会会议，检查董事会决议的实施情况。副董事长协助董事长工作，董事长不能履行职务或者不履行职务的，由副董事长履行职务。有限责任公司的董事会成员由3～13人组成，但股东人数较少或者规模较小的有限责任公司，可以设1名执行董事，不设董事会。无论有限责任公司还是股份有限公司，董事长、副董事长的产生办法均由公司章程规定。此外，两个以

---

[1]　独立性是独立董事的根本特征。为确保独立，独立董事不能担任公司执行职务，因此，在许多场合，独立董事又被称为非执行董事（Non‐executive Director）和外部董事（Outside Director）。但实际上二者之间仍有一定的差别。正如有学者所分析的，"非执行"主要是指不从事公司日常经营管理；"外部"则强调与公司关系的疏密程度。但"非执行"和"外部"只是保证"独立"的形式，并不必然代表着"独立"。单就外部董事而言，就存在着有关联关系的外部董事和无关联关系的外部董事。前者尽管在公司中不担任执行职务，但与公司有实质性利害关系，如是公司的大股东或者是公司高管的亲朋好友、公司供应商的总裁等。在此情况下，尽管其是非执行董事，但不能称为独立董事，而只有无关联关系的外部董事才有可能成为真正意义上的独立董事。也就是说，独立董事的"独立"，除了有形式要件的含义，即就职务而言除担任公司的董事外，不得担任其他有利益冲突关系的职务，还包含有实质要件的含义，即能够在不受其他董事的控制或影响情况下对公司决策和有关事务作出独立判断并发表独立的意见。因此，"独立"较"非执行"及"外部"，不仅含义更为宽泛，标准也更为严格。周友苏：《公司法通论》，四川人民出版社2002年版，第541页。

上国有企业或者两个以上的其他国有投资主体投资设立的有限责任公司,其董事会成员中应有职工董事。职工董事由公司职工通过职工代表大会、职工大会或者其他民主形式选举产生。上市公司董事会还应有一定比例的独立董事。

（三）上市公司独立董事制度

独立董事制度起源于美国 1940 年《投资公司法》,其目的是解决由于缺乏独立的监督机构而造成的管理层擅权、治理结构扭曲等问题,后为绝大多数的英美法系国家所采用。纽约证券交易所等主要证券交易中心也将设立独立董事作为公司上市的基本条件,要求独立董事所发表的意见须在董事会决议中列明;公司关联交易必须经独立董事签字后方能生效等。这些要求对于独立董事制度在全球的推广起到了积极的推动作用。目前,日本、法国等不少大陆法系国家的公司立法和实践也引入了独立董事制度,OECD 等国际组织也颁布了涉及独立董事制度的公司治理结构改革的报告、原则、准则,独立董事所发挥的特殊作用已经为越来越多的国家所认识。

我国公司法原无独立董事制度,但上市公司长期存在着严重的内部人控制问题,极大地降低了公司治理绩效,严重制约了资本市场的发展。为解决公司治理中存在的问题,证监会开始考虑移植独立董事制度。1997 年证监会发布的《上市公司章程指引》允许上市公司根据需要设立独立董事制度,但因其非强制性,实践中很少采用。国家经贸委与中国证监会 1999 年联合发布的《关于进一步促进境外上市公司规范运作和深化改革的意见》率先在海外上市公司中强制推行独立董事制度;在此基础上,中国证监会又于 2001 年 8 月发布了《关于在上市公司建立独立董事制度的指导意见》(以下简称《意见》),开始在上市公司全面推行独立董事制度。按照其规定,独立董事应为上市公司必设,并在 2003 年 6 月30 日前,上市公司董事会成员中应当至少包括 1/3 的独立董事,而且至少应包括 1 名具有高级职称或注册会计师资格的会计专业人士。上市公司董事会下设薪酬、审计、提名等委员会的,独立董事应当在委员会成员中占有 1/2 以上的比例。为了使独立董事更好地发挥作用,《意见》赋予了独立董事特别的职权,包括对重大关联交易的事前认可权、特殊事项的提议权、独立决定权、征集投票权以及独立发表意见权等,对独立董事的产生方式、任期、报酬、工作条件等作了相应规定,这一切对推动独立董事制度起到积极作用。

2002 年 1 月中国证监会与国家经贸委联合发布了《上市公司治理准则》(以下简称《准则》),并于 2018 年进行了修订,专节规定了独立董事制度。《准则》第 34 条规定,上市公司应按照有关规定建立独立董事制度,独立董事不得在上市公司兼任除董事会专门委员会委员外的其他职务。第 37 条规定,独立董事应当依法履行董事义务，充分了解公司经营运作情况和董事会议题内容，维护上市公司和全体股东的利益，尤其关注中小股东的合法权益保护。独立董事应当按年度向股东大会报告工作。上市公司股东间或者董事间发生冲突、对公司经营管理造成重大影响的，独立董事应当主动履行职责，维护上市公司整体利益。第 38 条规定，上市公司董事会应当设立审计委员会，并可以根据需要设立战略、提名、薪酬与考核等相关专门委员会。专门委员会对董事会负责，依照公司章程和董事会授权履行职责，专门委员会的提案应当提交董事会审议决定。专门委员会成员全部由董事组成，其中审计委员会、提名委员会、薪酬与考核委员会中独立董事应当占多数并担任召集人，审计委员会的召集人应当为会计专业人士。至此，独立董事制度在上市公司中得以全面推行。

由于独立董事制度和监事会制度是英美法系和大陆法系两种不同的公司治理模式下所产生的制度，二者在各自的体制范围内各有优缺点，在我国已经采取了监事会模式的情况下，独立董事的定位及其与监事会之间的关系问题就成了困扰大家的一个难题。独立董事制度是否需要在《公司法》中加以规定，是仅仅作为一种特殊制度有条件地存在于上市公司还是在所有的公司类型中都予以推广，一时成为大家争执不下的问题。学界比较普遍的看法是，鉴于中国的法律文化传统，我们没有必要用独立董事制度取代监事会制度，但鉴于上市公司的特殊情况及独立董事在上市公司实践中的作用，在上市公司中可以全面推行独立董事制度，至于有限责任公司和非上市的股份有限公司则没必要强制推行，应由公司自由决定是否设立，否则确实会导致叠床架屋，造成资源浪费，导致公司治理的低效。该意见在 2005 年《公司法》修订时最终被采纳。现行《公司法》第 122 条规定：“上市公司设独立董事，具体办法由国务院规定。”该规定为我国继续探索上市公司独立董事制度，尤其是其与监事会的关系留下了制度空间。[1]

当然，独立董事制度移植于英美国家，因此如何使其与我国已有的公司治理模式相适应，如何使其真正发挥作用，还有许多问题值得进行更深一步的探讨。我们认为，独立董事制度的建立对制衡公司高级管理层的权力会产生一定的积极效果，但在公司股权结构不做根本性调整的情况下，对独立董事制度的期望值不能过高，单纯依靠一个独立董事制度来彻底解决上市公司所有权与经营权分离所产生的“代理问题”及中小股东权益保护问题是不现实的。上市公司治理的改善不仅依赖于监督机制的建立，激励与约束机制的完善也十分重要，而上市公司

---

股权结构的优化则更具有现实意义。上市公司独立董事制度本身也需要在任免机制、工作条件等方面予以进一步的改进和完善，唯有如此，独立董事制度才不至于形同虚设。

### 三、董事会会议

董事主要是通过参加董事会会议并以形成决议的方式来行使权利的，因此，关于董事会会议的规定是各国公司立法的主要内容。

#### （一）董事会会议的种类

与股东会会议的分类相一致，董事会会议亦可分为普通会议和特别会议。普通会议是公司章程规定的定期召开的董事会，可为 1 年一次，亦可为半年一次。我国《公司法》第 110 条第 1 款规定"董事会每年度至少召开 2 次会议"，多则不限。特别会议也称临时会议，是不定期的必要时召开的会议。《公司法》第 110 条第 2 款、第 3 款规定："代表 1/10 以上表决权的股东、1/3 以上董事或者监事会，可以提议召开董事会临时会议。董事长应当自接到提议后 10 日内，召集和主持董事会会议。董事会召开临时会议，可以另定召集董事会的通知方式和通知时限。"

#### （二）董事会会议的召集

为保证董事会会议的效率，一般国家公司立法都特别确定有权召集董事会会议的人。我国《公司法》规定，董事会会议由董事长负责召集并主持，如果董事长不能履行职务或者不履行职务的，由副董事长召集和主持；副董事长不能履行职务或者不履行职务的，由半数以上董事推举 1 名董事召集和主持。

对于会议的召集期限和程序，各国公司立法多无限制性规定。我国《公司法》第 110 条第 1 款规定"每次会议应当于会议召开 10 日前通知全体董事和监事"。

#### （三）董事会会议的法定人数

董事会会议要合法举行，进而形成有效决议，首先必须达到出席董事会会议的法定人数。为贯彻民主原则，法定人数应占董事会成员的多数。我国《公司法》第 111 条第 1 款规定："董事会会议应有过半数的董事出席方可举行。董事会作出决议，必须经全体董事的过半数通过。"

在董事会权力扩大和责任加重的形势下，董事会会议应由董事本人出席。董事因故不能出席的，可以书面委托其他董事代为出席，委托书中应载明授权范围。

此外，我国《公司法》规定公司经理、监事有权列席董事会。监事有权对董事会决议事项提出质询或者建议。

（四）董事会会议的决议

一般说来，董事会的决议也可分为普通决议和特别决议两种。无论是普通决议还是特别决议，要取得法律效力，首先要求内容上合法，即符合法律和公司章程的规定。此外，形式上也要合法。值得注意的是，上述两种决议均与股东会的决议不同，它以董事的"人数"为计算出席及决议的标准，而不是以董事持有的股份或出资额作为计算出席及决议的依据。用于决定一般事项的决议，只需符合法定人数的出席董事的多数同意，即可通过。用于决定特别事项的特别决议，往往要求有 2/3 董事出席并经出席董事过半数同意方能形成。我国 2005 年修订后的《公司法》规定，董事会的议事方式和表决程序，除本法有规定的外，由公司章程规定。

按照《公司法》第 48 条第 3 款和第 111 条第 2 款的规定，董事会决议的表决实行一人一票制，即每一名董事对所需决议的事项有一票表决权。为使决议公开并确保无损于公司或其他股东的利益，各国公司法或公司章程一般规定，凡涉及董事自身利害关系的事项，该董事不得参加表决，亦不得代理他人进行表决，但应计算在董事会出席人数之内。

我国《公司法》规定，股份有限公司的董事会会议应有过半数的董事出席方可举行。董事会作出决议，必须经全体董事的过半数通过（第 111 条）。有限责任公司董事会的议事方式和表决程序，可由公司章程规定（第 48 条第 1 款）。

（五）董事会会议记录

董事会应当将会议所议事项的决定作成会议记录，出席会议的董事应在会议记录上签名。董事会会议记录既是作为决议已获通过的证明和贯彻决议、执行业务的依据，又是董事对董事会决议承担责任或免除责任的根据。我国《公司法》第 112 条第 3 款规定："董事应当对董事会的决议承担责任。董事会的决议违反法律、行政法规或者公司章程、股东大会决议，致使公司遭受严重损失的，参与决议的董事对公司负赔偿责任。但经证明在表决时曾表明异议并记载于会议记录的，该董事可以免除责任。"据此，董事会有必要做好会议记录并妥善保存，以备审查。

**四、董事的义务和责任**

（一）董事的义务

随着董事会中心主义的加强，各国公司立法纷纷将董事的义务列为董事对公司最重要的且法定不可改变的义务。强化董事对公司的义务，成为公司立法不可逆转的潮流。在大陆法系国家，董事与公司的关系多被视为一种委任关系。基于此，董事对公司负有"善管义务"（即善良管理人之注意义务）、忠实义务以及从忠实义务中独立出来的竞业禁止义务。英美法系国家的公司法学者则多将董事与公司之间的关系视为一种代理关系或者信托关系。"但无论是代理关系还是信托关系，都是基于人身信任基础而产生的。公司或股东有权期待受托人或代理人行使合理的注意与技巧。因此，董事应承担忠实善意的主观义务和自身的利益不得与公司利益相冲突的客观义务。"[1] 因而，在英美法系国家，董事的义务主要包括受信托义务以及利益不相冲突之义务。其中前者又包括注意义务（Duty of Care）和忠实义务（Duty of Loyalty）。总体而言，尽管不同法系国家在董事与公司的关系上采取的理论不同，但其推导出的董事对公司的义务却是极为相似的，即：①注意义务，或称善管义务和勤勉义务。要求董事像普通谨慎人（Common Prudent-man）或善良管理人在相似的情况下（In a Like Position）给予合理的注意一样，机智谨慎、克尽勤勉地管理公司事务。②忠实义务，即董事对公司负有忠实履行其职务的义务。简言之，就是禁止背信弃义和自我交易，不得使自身利益与公司利益发生冲突。

我国《公司法》第 147 条第 1 款明确规定："董事、监事、高级管理人员应当遵守法律、行政法规和公司章程，对公司负有忠实义务和勤勉义务。"其中特别是对勤勉义务的明确，是对原公司法的一项重要补充。

我国《公司法》对于董事义务规定的基本原则是：董事应当遵守公司章程，忠实履行职务，维护公司利益，不得利用在公司的地位和职权为自己谋取私利。《公司法》第 147 条和第 148 条对董事、高级管理人员的义务作出了明确的规定，禁止董事、高级管理人员实施下列行为：

1. 不得利用职权收受贿赂或者其他非法收入。《公司法》第 147 条第 2 款规定："董事、监事、高级管理人员不得利用职权收受贿赂或者其他非法收入……"第 148 条第 6 项规定，不得接受他人与公司交易的佣金归为己有。如果董事收受了贿赂或其他非法收入，即构成对忠实义务的违反，须承担没收违法所得、由公司给予处分的责任。构成犯罪的，追究刑事责任。

2. 不得侵占公司的财产。这是《公司法》第 147 条第 2 款规定的董事、监事、高级管理人员的又一义务。董事负有维护公司财产完整性的义务，侵占公司财产同样是对其忠实义务的违反，应负返还公司财产、由公司给予处分的责任。构成犯罪的，也应追究刑事责任。

3. 不得擅自处分公司财产。董事对公司财产的管理权和处分权的取得是建立在信赖的基础之上的，"得人之信、受人之托、代人理财"乃是其对外活动中

---

[1] ［英］R. E. G. 佩林斯等：《英国公司法》，上海翻译出版公司 1984 年版，第 221 页。

个人身份的本质特征。因此，董事负有不得将公司财产当做个人财产擅自处理的义务，即不得挪用公司资金；不得将公司资金以其个人名义或者以他人名义开立账户储存；不得违反公司章程的规定，未经股东会、股东大会或者董事会同意，将公司资金借贷给他人或者以公司财产为他人提供担保。违反这一义务的董事、高级管理人员，亦须承担相应的法律责任。

4. 不得使自己置身于与公司的利益冲突之中。这主要是指实施反向交易行为和竞业禁止行为。前者是指违反公司章程的规定或者未经股东会、股东大会同意，与本公司订立合同或者进行交易；后者是指未经股东会或股东大会同意，利用职务便利为自己或者他人谋取属于公司的商业机会，自营或者为他人经营与所任职公司同类的业务。无论是对反向交易行为的禁止，还是对竞业行为的禁止，其目的都是避免董事自身的利益与公司利益发生冲突，从而损害公司利益。

5. 不得擅自披露公司秘密。保守公司秘密，是董事对公司应负的基本义务，这是忠实维护公司利益的必然要求。但在依据法律规定必须对公众充分披露信息而公开自身的秘密时，则不应视为对忠实义务的违反。

我国《公司法》还规定了公司归入权，即董事、高级管理人员违反上述规定，其所得收入应当归公司所有。

（二）董事的民事责任

董事违反了法律、行政法规和章程规定的各项义务就要承担相应的法律责任。法律责任包括民事责任、行政责任及刑事责任三个方面。就公司法作为民商法的特别法而言，对董事的民事责任应予特别关注。

1. 董事对公司的责任。董事与公司之间是建立在信赖关系的基础之上的，董事管理公司事务，应以对公司的忠诚和勤勉为其行为之自律要求，同时应遵守法律、章程及股东会的决议。否则，董事应对公司承担责任。董事之所以产生对公司的民事责任，是因其违反应尽的忠诚和勤勉义务致使公司遭受损害，因而承担相应的法律后果。一般来说，董事承担民事责任有四个要件：①对公司或股东负有义务；②有违反义务的主观过错行为（包括积极行为和消极行为以及故意行为和严重过失行为）；③对公司造成了损害；④不属于责任豁免的范围。

我国公司法顺应世界各国公司立法的潮流，在扩大董事以及董事会权力的同时，强化董事会成员的责任。我国《公司法》第149条规定："董事、监事、高级管理人员执行公司职务时违反法律、行政法规或者公司章程的规定，给公司造成损失的，应当承担赔偿责任。"从而确立了董事对公司承担民事责任的一般原则。

一般来说，董事对公司的民事责任应包括如下几个方面：

（1）董事参与董事会决议而产生的对公司的民事责任。董事管理公司事务，通常是依董事会的意思决定而进行，但如果董事会的决议违反法律、行政法规或者公司章程，致使公司遭受损失的，参与决议的董事对公司应负赔偿责任。但经证明在表决时曾表明异议并记载于会议记录的，该董事可免除责任。

（2）董事违反董事会合法、有效的决议而产生的对公司的民事责任。董事作为董事会成员，管理公司事务应遵从董事会决议，否则，给公司造成损失的应负赔偿责任。董事对董事会的无效决议没有服从义务，董事不执行董事会的无效决议，对公司不负个人责任。

（3）董事越权行为而产生的对公司的民事责任。董事的越权行为是指董事超越其职权范围的行为。如董事违反《公司法》第148条的规定，挪用公司资金，或以法律禁止的方式转移公司资金，致使公司受到损害的，董事应对公司承担赔偿责任。

（4）董事违反竞业禁止的规定给公司造成损失而产生的民事责任。我国《公司法》规定在董事违反竞业禁止义务时，公司可以依法行使归入权。但如果公司无法行使归入权或归入权的行使不足以弥补其损失时，公司应有权追究董事的赔偿责任。

（5）董事对其在管理公司事务中故意或过失给公司造成严重损失的，应负赔偿责任。

正是由于确认了董事对公司的民事责任，随之《公司法》又规定了股东的派生诉讼，以便将该项责任落到实处。

2. 董事对股东的责任。对于董事滥用权力致使股东遭受损害的行为，董事应否承担责任，各国的立法实践并不一致，但要求董事与公司对股东共负连带赔偿责任，是现代公司法的发展趋势。在我国，由于受苏联民法理论的影响，我国传统民法理论、立法与司法实践均采用单一代表责任论，否认法人机关对第三人的民事责任，认为法人机关在执行职务过程中的行为应为法人之行为，由法人机关承担责任或与法人共同承担责任，这在法理上是矛盾的。因而，我国原《公司法》几乎没有关于董事对股东和第三人责任的规定。对此，不少学者指出，排除董事对第三人承担民事责任的做法不符合市场经济的客观要求，不利于规范董事的行为，不利于保护社会交易的安全，因此主张从现实经济生活的客观需要出发，明确董事对股东和第三人应负的民事责任，使董事的民事责任体系化、规范化、完整化，以便切实保护公司、债权人及股东的合法权益和维护第三人的交易安全。[1] 2005年修订后的《公司法》确认了董事对股东的民事责任。《公司法》

---

[1]　耀振华："公司董事民事责任制度研究"，载《法学评论》1994年第3期；梅慎实："论董事的民事责任"，载《法律科学（西北政法学院学报）》1996年第2期。

第152条规定："董事、高级管理人员违反法律、行政法规或者公司章程的规定，损害股东利益的，股东可以向人民法院提起诉讼。"从而完善了股东诉讼制度，使股东的利益得到了更加有效的保障。

## 第四节　监事会

### 一、监事会的概念和职权

（一）监事会的概念

各国公司法对监事会这一机构的称谓不同。有的称为监事会，有的称为监察委员会，也有的叫会计监察人或监察人。尽管称谓不同，但无实质差别。监事会是对公司的业务活动进行监督和检查的常设机构。

监事会与公司其他机构相比，在各国公司法、各类公司中差别最大，变化也最大。在有限责任公司中，监事会一般是公司的任意机关，公司可设监察人一至数人，也可不设。有些国家对资本数额较小或职工人数较少的小型公司监事会的设置与否原则上不加干预，对资本达到一定数额、职工人数达到一定规模的，则规定必须设置监事会。在股份有限公司中，对监事会的设置与否，各国的立法规定也不尽一致。有的国家，如德国，实行"双轨制"，即在股东会下设董事会和监事会两个机构，由监事会对董事会的活动进行监督；有的国家，如英国和美国，则实行"单轨制"，即只设董事会而不设监事会，通过在董事会内部设立外部董事来监督内部董事的行为；还有的国家，如法国，实行"单轨制"与"双轨制"并存的体制，即规定公司可设监事会，也可不设监事会，由公司章程作出选择。从各国的公司管理实践来看，监事会设与不设各有利弊：设者，可以有效制约董事会成员的行为，但容易导致公司内部机构庞大、关系复杂；不设者，董事会职权较大，经营效率高，但随之而来的是监察权难以实现。

我国实行"双轨制"，对监事会或监事的设置采取强制性规定。《公司法》第51条第1款规定："有限责任公司设监事会，其成员不得少于3人。股东人数较少或者规模较小的有限责任公司，可以设1～2名监事，不设监事会。"《公司法》第117条第1款规定，股份有限公司设监事会，其成员不得少于3人。

（二）监事会的职权

对监事会的职权，各国的规定也不相同，有的权限广泛，有的则职权有限；有的规定详细而严格，有的则粗疏而宽泛。西方国家的公司实践业已证明：制度健全、权限广泛者，能收到实效；权限较小且规定不严者，则难有监督之实。

我国《公司法》对监事会的地位和权限也作了明确规定，作为公司的法定监督机构，其职权主要包括：①检查公司的财务；②对董事、高级管理人员执行公司职务的行为进行监督，对违反法律、行政法规、公司章程或者股东会决议的董事、高级管理人员提出罢免的建议；③当董事、高级管理人员的行为损害公司的利益时，要求董事、高级管理人员予以纠正；④提议召开临时股东会会议，在董事会不履行法定的召集和主持股东会会议职责时召集和主持股东会会议；⑤向股东会会议提出提案；⑥依法对董事、高级管理人员提起诉讼；⑦公司章程规定的其他职权。为了保证监事能够及时了解公司的经营决策和业务执行情况，公司法还规定，监事有权列席董事会会议，并对董事会决议事项提出质询或者建议；监事会、不设监事会的公司的监事发现公司经营情况异常的，可以进行调查；必要时，可以聘请会计师事务所等协助其工作，费用由公司承担；监事会、不设监事会的公司的监事行使职权所需的费用，由公司承担。

从《公司法》的上述规定来看，我国公司监事会的职权范围较之 1993 年《公司法》有所增加，主要规定了监事会在特定情况下享有直接召集和主持股东会的权利，在特定情况下享有代表公司对董事、高级管理人员提起诉讼的权利。同时，我国《公司法》对监事会或监事依法履行职权规定了必要的物质保障。这些规定都在一定程度上强化了监事会对董事会的制衡功能，强化了监事会对董事、高级管理人员的监控力度。这些规定对充分实现监事及监事会的价值功效，树立监事会的应有地位，都具有十分重要的作用。

## 二、监事会的组成

### (一) 监事会的人数

关于监事会的人数，各国立法一般视公司的股本规模、职工人数而定。大多数国家对监事会的人数都未作上限规定，授权公司根据具体情况以章程确定。我国公司的监督机构原则上采取委员会制，规定监事会的人数不得少于 3 人。但股东人数较少和规模较小的有限责任公司可不采取委员会制，仅设 1~2 名监事。

### (二) 监事会的成员结构

在传统公司法里，监事会成员一般是在有行为能力的股东中选任。但进入20 世纪后，德国首创的"职工参与制"，即职工参与企业决策制度（也叫"共决制"，Management Codetermination），对西方其他国家，特别是对欧洲大陆国家产生了较大的影响。现在欧洲大陆不少国家，如德国、荷兰、奥地利等，都通过立法规定监事会成员中应有一定比例的职工代表参与公司的经营监督。职工监事所占比例高的为 1/2，一般都规定监事会的 1/3 成员由职工代表担任。

我国《公司法》第 51 条第 2 款及第 117 条第 2 款均规定，监事会应当包括股东代表和适当比例的公司职工代表，其中职工代表的比例不得低于1/3，具体比例由公司章程规定。可见，我国公司监事会也是由股东代表和职工代表两部分人士组成，这对于树立企业职工的主人翁地位，维护企业职工的合法权益，无疑具有重要意义。

### 三、监事的任免

#### （一）监事的产生办法

除实行职工参与制的国家外，监事会成员一般由股东会选举产生，其选举办法与董事相同。在实行职工参与制的国家，监事会成员则分别由股东会、雇工和工会选任。我国《公司法》规定，监事会中的股东代表，由股东会选举产生，职工代表则由公司职工通过职工代表大会、职工大会或者其他形式民主选举产生。

#### （二）监事的任职资格

监事会成员需具备一定的资格。像董事一样，有的国家允许法人担任监事会成员，但必须任命一个有行为能力的自然人作为它的代表。但有的国家，如德国，则只允许自然人担任监事。为了保证监事会的独立，各国公司法都规定，公司的董事、高级管理人员不得兼任公司的监事，我国《公司法》也有同样的规定。除此之外，监事的任职资格与董事、经理的任职资格相同。

#### （三）监事的任期

在国外，监事会的任期一般比董事会短，以便于监督作用的发挥。因为人员的更替可使前后两届监事会对同一届董事会进行交替监督。许多国家规定，监事会成员任期届满，可连选连任。但由此产生的弊端是：监事会成员与董事会成员连选连任，容易使监督与被监督的关系扭曲，甚至使二者相互勾结，营私舞弊。为此，有的国家，如日本，干脆对监事会成员的连选连任不再作出规定。

我国《公司法》规定，监事的任期与董事相同，每届任期为3年，可以连选连任。

#### （四）监事的卸任与免职

监事会成员卸任与免职的原因和方法与董事基本相同，即任期届满时卸任；本人请求辞职；被原选任机关罢免；因丧失任职资格而被解除；等等。

### 四、监事的义务与责任

各国公司法对监事会成员责任的规定基本与董事相同，我国亦然。依据我国《公司法》的规定，监事与董事、高级管理人员一样，对公司负有忠实义务和勤勉义务。监事疏于履行职责而给公司造成损害的，应对公司承担赔偿责任。

## 第五节　经　理

### 一、经理的概念和职权

经理，又称经理人，是指由董事会作出决议聘任的主持日常经营工作的公司负责人。在国外，经理一般由公司章程任意设定，设立后即为公司常设的辅助业务执行机关。

在传统公司法中，董事会一般被视为公司的业务执行机构，它既负责作出经营决策，也负责实际管理和代表公司对外活动。然而，现代化大生产的不断发展，对公司的经营水平和管理能力提出了更高的要求，原有的大多由股东组成的董事会已很难适应现代化管理的要求，需要广开门路，在更广泛的范围内选拔有专长、精于管理的代理人。于是，辅助董事会执行业务的经理机构便应运而生。公司设置经理的目的就是为了辅助业务执行机构（董事会）执行业务。因此，有无必要设置经理机构完全由公司视自身情况而由章程决定，法律并不作强制性规定，经理一般是由章程任意设定的辅助业务执行机关。

作为董事会的辅助机关，经理从属于董事会，他必须听从作为法定业务执行机关之董事会的指挥和监督。对于专属于董事会作出决议的经营事项，经理不得越俎代庖，擅自作出决定并执行。经理的职权范围通常来自董事会的授权，只能在董事会或董事长授权的范围内对外代表公司。

尽管公司经理在各国公司法中多为由章程任意设定的机构，但事实上在现代公司中一般都设置有经理机构，尤其是在实行所有权与经营权、决策权与管理权相分离的股份有限公司及有限责任公司中，经理往往是必不可少的常设业务辅助执行机关。而且，随着董事会中心主义的不断加强，董事会的地位和职权也在不断发生变化，主要权力逐渐由传统的业务执行向经营决策方面转变。董事会可以决定股东会权力范围外的一切事务，而公司的具体业务执行多由董事或经理去完成，经理的作用也越来越普遍地受到重视。

我国《公司法》规定，有限责任公司可以设经理，股份有限公司设经理，均由董事会聘任或者解聘。经理的法定职权是：①主持公司的生产经营管理工作，组织实施董事会决议；②组织实施公司年度经营计划和投资方案；③拟订公司内部管理机构设置方案；④拟订公司的基本管理制度；⑤制定公司的具体规章；⑥提请聘任或者解聘公司副经理、财务负责人；⑦决定聘任或者解聘除应由董事会决定聘任或者解聘以外的负责管理人员；⑧董事会授予的其他职权。公司章程对经理职权另有规定的，从其规定。公司董事会可以决定由董事会成员兼任经理。

在董事会权力被不断扩大的社会背景下，公司立法同样呈现出经理地位被不断强化的趋势。因此，正确界定并处理董事会与经理的关系，是公司立法与公司实践必须解决的问题。既不能失去对经理的控制，使董事会形同虚设，沦为经理的附庸，又不能事无巨细，都由董事会议决，使经理无所事事。董事会与经理的关系，诚如有的学者所言，是以董事会对经理实施控制为基础的合作关系。其中，控制是第一性的，合作是第二性的。[1] 在我国由传统企业领导体制向现代企业领导体制转换的过程中，确实存在着重新审视董事会与经理关系的必要，不仅要在股东会、董事会和监事会之间建立起有效的监督制衡机制，而且在公司经营阶层内部也要形成一定的分权与制衡机制，这也是我国的公司实践亟待解决的问题之一。

**二、经理的选任与解聘**

作为董事会的辅助执行业务机构，经理的选任和解聘均由董事会决定。对经理的任免及报酬决定权是董事会对经理实行监控的主要手段。董事会在选聘经理时，应对候选者进行全面综合的考察。我国《公司法》对经理的任职资格作出了与董事相同的要求，不符合法律规定的任职资格的人不得成为公司经理。必须明确法定的资格限制仅是选聘经理的最基本条件，因而出任公司经理的人除应符合法律规定的任职条件外，还应当具备相应的经营水平和管理才能。只有选聘那些德才兼备者，才能有效地提高公司的经营水平和竞争能力。

经理入选后，其经营水平和经营能力要接受实践检验，要通过述职、汇报和其他形式接受董事会的定期和随时监督。董事会根据经理的表现，可留聘或解聘，并决定经理的报酬事项。

解聘不合格的经理，是董事会对经理进行事后制约的重要手段，其作用不可低估。在西方国家，当一个经理由于经营不善而对公司衰落负有责任时，在其被解聘的同时，也在他的任职历史上记载下了一笔不可抹杀的失败记录。有过市场失败的记录者，很难重新谋求到经理的位置。因此，在国外即使已经取得经理职位的人，也十分珍惜其职位。保住经理职位的唯一途径是提高公司的利润水平，不断增强公司的实力，使公司得以长期稳定地发展。

**三、经理的义务与责任**

经理在行使职权的同时，也必须履行相应的义务，承担相应的责任。

作为基于委任关系而产生的公司代理人，经理对公司所负的义务与董事、监

---

〔1〕段毅才等：《现代公司董事会》，中国社会科学出版社1995年版，第124～125页。

事基本相同，即依法对公司负有忠实义务和勤勉义务。我国《公司法》对董事、监事、经理规定了相同的义务。如果经理违反法律、行政法规或者公司章程规定的义务，使公司遭受损失或损害股东利益的，应对公司或股东负赔偿责任。在国外，经理在执行职务的范围内，违反法律、法规或章程规定，致使第三人受到损害的，对第三人还应与公司一起承担连带赔偿的责任。

## 第六节　股东诉讼

### 一、股东诉讼的概念与种类

股东诉讼作为公司法保护股东权益的一项重要制度，历经近三百年的发展与完善，迄今已为各国公司法普遍接受，我国公司法也全面规定了股东诉讼制度。

股东诉讼，顾名思义，是指由股东提起的诉讼。股东诉讼一般被分为直接诉讼与派生诉讼两种。直接诉讼，是指股东在作为公司成员所享有的个人性权利受到侵害时所提起的一种诉讼。例如，请求支付合法股利的诉讼、行使公司账簿和记录查阅权的诉讼、保护新股认购优先权的诉讼、防止对股东比例利益的诈欺或稀释的诉讼等。派生诉讼又称股东代表诉讼、传来诉讼，是指当董事、监事、高级管理人员执行职务时违反法律、行政法规或者公司章程的规定，给公司造成损失，而公司董事会、监事会或股东大会对此不提起诉讼的，由公司一个或多个股东代表公司对违法、加害的董事、监事或公司高级管理人员提起的诉讼。

派生诉讼与直接诉讼的主要区别在于：①被侵害的权利性质不同。直接诉讼中被侵害的权利属于股东自身的个人性权利，而派生诉讼中被侵害的权利则属于公司的团体性权利。②提起诉讼的权利主体不同。直接诉讼可由股东个人以自己的名义提起，是一种单独股东权；而派生诉讼本应由公司提起，只是由于存在法定的特殊原因，才由符合法定条件的股东代为行使。③诉讼的目的不同。直接诉讼的目的是为了股东个人的利益，胜诉所获得的利益归属于股东个人；而派生诉讼事实上是股东在为公司的利益进行诉讼，股东只是诉讼中名义上的原告，判决之利益仍由公司享有，作为原告的股东只能根据公司法的规定与其他股东分享公司由此而获得的利益。

股东诉讼与一般民事诉讼中的共同诉讼或代表诉讼不同。一般民事诉讼中的所谓共同诉讼，是指当事人一方或双方为2人以上，其诉讼标的是共同的或者同一种类的诉讼；一般民事诉讼中的所谓代表诉讼或代表人诉讼，是指当事人一方或双方人数众多，人数众多的一方当事人由其中一人或数人为代表人进行诉讼，并接受由此而产生的诉讼结果的诉讼形式。这些诉讼形式在我国的《民事诉讼法》中早有明确规定，且可径行适用于股东直接诉讼，就诉讼主体而言，并不存在任何法律障碍。然而，如果据此就将共同诉讼或代表诉讼等同于股东派生诉讼，则失之准确。一般民事诉讼中的共同诉讼或代表诉讼与股东派生诉讼除存在着前列区别外，至少还存在着以下明显差异：①一般民事诉讼中的共同诉讼或代表诉讼均为直接诉讼，原告应为全体权利受侵害人；而在股东提起派生诉讼的场合，原告本应为公司，只是在公司因种种原因拒不起诉时，方允许由特定股东代为行使。②一般民事诉讼中的共同诉讼或代表诉讼中的原告，通过诉讼追求的是自己的直接利益，只要存在权利被侵害的事实，任何人都有权提起；而股东提起派生诉讼时追求的是公司的直接利益，只有享有少数股东权的股东才有权提起。③作为可以归类于一般民事诉讼中的共同诉讼或代表诉讼的股东直接诉讼，在《公司法》中早有规定，尽管其范围狭隘；而股东派生诉讼则是 2005 年修订《公司法》时新增加的一项制度，在没有这项制度前，法院尚没有受理此类案件的法律依据。在我国，因法学界和法律界已经习惯于将股东派生诉讼称之为股东代表诉讼，本书顺应共识，书中所称的股东派生诉讼均为股东代表诉讼。

**二、股东诉讼制度的形成与作用**

由西方国家公司法首创的股东诉讼制度（特别是股东派生诉讼制度），对股权保护发挥着独特而卓有成效的作用，被视为股权保护的最后屏障。如同公司法中的其他许多制度一样，股东诉讼制度也是随着公司的发展而逐渐形成的。

在公司这种企业组织形态诞生之初，公司的权力中心是股东会，而董事会的权力是极其有限的。由于"所有与经营"的密切联系，公司主要是由股东进行经营，因而在当时既无设立股东诉讼制度之必要，更无进行股东诉讼之可能。

进入 20 世纪以来，随着股权的不断分散，数量众多的投资股东再也无法像过去那样单独或共同拥有控制公司所必需的股权，许多股东开始将自己的注意力和兴趣点从公司的经营转向证券市场。加上市场竞争的加剧，使得公司的经营越来越复杂，而大多数的非职业投资者（即一般股东）又缺乏相应的管理知识。因此，股东对公司的实际控制能力不断地受到削弱，股东在公司中所处的地位变得越来越微不足道。不少大型股份有限公司的控制权事实上已经转移到了公司的经营管理人员手中，公司出现了所有权与控制权相分离的趋势。现实经济生活的客观变化，对现代公司立法产生了深刻的影响，各国立法纷纷扩大董事会权限，限制股东会的权力，董事会遂逐步成为公司组织机构的核心和公司的主宰。公司内部的权力中心从股东会中心主义向董事会中心主义过渡，发展至股东会中心主义亦被董事会中心主义所取代。

董事会成为公司权力的中心，意味着所有权与控制权已发生了分离。在这种新的形势下，如何保护股东权益，如何确保公司管理人员不滥用职权，尽职尽责地为公司和股东服务，便成为各国公司立法和公司实践必须着力解决的重大问题。各国都充分认识到权力扩张的过程也应该是责任加重的过程，董事会权力的扩张与董事会责任的强化必须协调一致。正是在这种情况下，无论是大陆法系国家还是英美法系国家，都对董事会规定了较为严格的责任。然而，在董事会作为公司意思机关的情形下，即使法律为董事和董事会设定再多的义务，当董事和董事会违反义务而不受追究时，这些义务都必然是形同虚设。为了切实维护股东权利，使董事和董事会的权力受到必要的制约和平衡，公司法除为公司设立专门的监督机构外，又开始赋予股东诉权。

赋予股东诉权是适应"所有权与经营权相分离"而产生的一项重要的公司法律制度，它在公司法的发展史上具有重要意义，对于在新形势下重构公司的治理结构发挥着不可取代的作用。股东诉权的取得，一方面表明了股东与公司的密切联系，公司的资本是由股东出资构成的，股东不可能对由自己出资所构成的公司资本的运营漠不关心；另一方面也表明即使是在董事会权力中心主义的情形下，也不能漠视股东的权利，公司内部主体的权力必须受到制约和平衡。

尽管因种种因素致使股东诉讼在大陆法系国家和英美法系国家的实践效果迥然不同，但各国的公司实践均已证明，只要法律赋予股东诉权，对于董事和董事会都是一种实实在在的约束，都能起到对董事和董事会权力的制衡作用。因而，股东诉权绝不是一种可有可无的权利，而是为了完善公司治理结构、维护股东权益，必须赋予公司股东的一项重要的诉权。

在我国，赋予股东诉权有着更为重要的作用：①赋予股东诉权有利于切实维护股东权益。在我国特殊的国情下赋予股东诉权，特别是赋予国有股东以派生诉权，可以有效地遏制公司董事、监事和高级管理人员滥用职权，从而实现对国有股权的保护。同样，赋予股东诉权，对于保护公司中的中小股东权益也具有重要的作用，当大股东或公司董事、监事和高级管理人员侵害中小股东利益或公司利益时，他们同样可以通过诉权的行使来切实维护自己的股权。②赋予股东诉权有利于强化公司的治理结构。在我国的公司实践中，由于种种原因，法定的公司治理结构还难以实现预期的立法目的。在公司实践中，"内部人控制"现象仍很突出，大股东"掏空"公司（甚至是上市公司）财产的事例屡有发生。在这种情况下，进一步完善股东诉讼制度，特别是赋予股东派生诉权，有利于敦促董事、监事、高级管理人员认真履行忠实义务和勤勉义务，也有利于促使股东积极维护自身利益和公司利益。尽管有的学者认为在大陆法系国家，股东派生诉讼仅为"死的文字"而很少被付诸实施，主张对派生诉讼的作用不可期待过高，但我们坚信，只要赋予股东诉权，对于董事、监事、高级管理人员滥用权力就是一种现实的威慑。从这个意义上讲，股东诉讼制度本身就是公司治理结构不可或缺的重要内容或应有之义；同时，它对于强化和规范公司的治理结构，也具有不可替代的重要作用。

### 三、股东诉讼的法律依据与要件

#### （一）股东诉讼的法律依据

我国原《公司法》不仅没有规定股东派生诉讼，就是对股东直接诉讼的规定也仅有 1 条，仅限于决议违法，且只能提起停止违法行为和侵害行为之诉。2005 年修订的《公司法》不仅扩大了股东直接诉讼的范围，且明确规定了股东的派生诉讼，并具有较强的操作性。现行《公司法》涉及股东诉讼的主要是第 21、22、149、151、152、182 条的规定，这些规定是股东提起直接诉讼和派生诉讼的重要法律依据。鉴于股东直接诉讼的条件和程序可以直接适用《民事诉讼法》的有关规定，故在此从略。以下主要阐述股东派生诉讼的条件和程序。为便于归纳和理解，现将《公司法》中有关股东派生诉讼的规定照录如下：

《公司法》第 149 条规定："董事、监事、高级管理人员执行公司职务时违反法律、行政法规或者公司章程的规定，给公司造成损失的，应当承担赔偿责任。"

《公司法》第 151 条规定："董事、高级管理人员有本法第 149 条规定的情形的，有限责任公司的股东、股份有限公司连续 180 日以上单独或者合计持有公司 1% 以上股份的股东，可以书面请求监事会或者不设监事会的有限责任公司的监事向人民法院提起诉讼；监事有本法第 149 条规定的情形的，前述股东可以书面请求董事会或者不设董事会的有限责任公司的执行董事向人民法院提起诉讼。监事会、不设监事会的有限责任公司的监事，或者董事会、执行董事收到前款规定的股东书面请求后拒绝提起诉讼，或者自收到请求之日起 30 日内未提起诉讼，或者情况紧急、不立即提起诉讼将会使公司利益受到难以弥补的损害的，前款规定的股东有权为了公司的利益以自己的名义直接向人民法院提起诉讼。他人侵犯公司合法权益，给公司造成损失的，本条第 1 款规定的股东可以依照前 2 款的规定向人民法院提起诉讼。"

#### （二）股东派生诉讼的要件

1. 股东派生诉讼的程序要件。根据《公司法》第 151 条的规定，穷尽内部救济手段是股东提起派生诉讼的前置程序要件。股东在提起诉讼前，首先应当书面请求董事会或执行董事、监事会或监事提起诉讼，只有在这些机构拒绝起诉或超过法定期限未起诉时，股东方可行使派生诉权，这是股东提起派生诉讼的一般程序。《九民会议纪要》阐明：在一般情况下，股东没有履行该前置程序的，应当驳回起诉。但是，该项前置程序针对的是公司治理的一般情况，即在股东向公司有关机关提出书面申请之时，存在公司有关机关提起诉讼的可能性。如果查明的相关事实表明，根本不存在该种可能性的，人民法院不应当以原告未履行前置程序为由驳回起诉。

2. 股东派生诉讼的主体要件。

（1）原告。有限责任公司的所有股东都可以充任股东派生诉讼的原告。股份有限公司的股东担任股东派生诉讼的原告须同时具备两个条件：①须连续180日以上持有公司的股份；②须单独或者合计持有公司1%以上的股份。由此可见，股东派生诉权是少数股东权而非所有股东都可以行使的权利，其目的是为了防止股东的滥诉。根据《九民会议纪要》的规定，提起代表诉讼的股东何时成为股东并不影响起诉。股东提起股东代表诉讼，被告以行为发生时原告尚未成为公司股东为由抗辩该股东不是适格原告的，人民法院不予支持。

（2）公司。股东派生诉讼是股东为了公司利益提起的诉讼，公司在此种诉讼中处于何种地位，不同法系和国家有着不同的规定。在英美法系，将处于真正原告地位的公司看作是名义上的被告；在大陆法系，则视公司为与起诉股东利益一致的原告，是否参与诉讼由法院决定；日本则规定公司可参加诉讼也可不参加诉讼。无论公司以何种身份参与或不参与诉讼，各国法律都共同规定，判决结果对公司及全体股东都具有既判力和拘束力。[1] 在中国的民事诉讼中，无独立请求权的第三人制度完全适合派生诉讼中的公司地位。按照《民事诉讼法》的规定，第三人分为有独立请求权的第三人和无独立请求权的第三人，有独立请求权的第三人的制度设计显然不符合派生诉讼中的公司，而无独立请求权的第三人则与派生诉讼中的公司地位相吻合。因此，在派生诉讼中，应当将公司列为无独立请求权的第三人。

（3）被告。在派生诉讼中，被告是侵害公司合法权益并给公司造成损害的董事、监事、高级管理人员及他人，"他人"应包括控股股东、实际控制人及交易相对人等。派生诉讼中的被告与一般民事诉讼中的被告并无不同，可按《民事诉讼法》的一般规定行使诉权。

（4）反诉。股东依据《公司法》第151条第3款的规定提起股东代表诉讼后，被告以原告股东恶意起诉侵犯其合法权益为由提起反诉的，人民法院应予受

---

[1] 甘培忠："简评中国公司法对股东派生诉讼制度的借鉴"，载赵旭东主编：《公司法评论》2005年第1辑（总第1辑），人民法院出版社2005年版。

理。被告以公司在案涉纠纷中应当承担侵权或者违约等责任为由对公司提出的反诉，因不符合反诉的要件，人民法院应当裁定不予受理；已经受理的，裁定驳回起诉。

### 四、股东派生诉讼的结果归属

股东派生诉讼的结果无非有三：一是原告胜诉；二是原告败诉；三是调解结案。

1. 在原告胜诉的场合，有人主张判令被告直接向原告股东补偿，这是值得商榷的。因为原告股东系为公司利益提起诉讼，胜诉的结果应当惠及其他股东，只为原告补偿或全部补偿给原告，显然有失公平。特别是如果被告本身就是公司的大股东，胜诉的结果若惠及全体股东，公司利益的恢复又可能使他成为最大的受惠者，这显然更有失公允。有鉴于此，我们主张原则上应由被告直接向公司补偿，胜诉股东可以要求公司为其补偿合理支出的费用，如诉讼费用、律师费用以及其他支出的必要费用等。其他补偿则应为公司损失之弥补，应由公司支配。

2. 在原告败诉的场合，原告对诉讼费用应当自理。同时还要补偿被告因应诉所支出的合理费用。至于对公司，有的国家规定原告应向公司补偿诉讼费用等损失，有的国家（如日本《商法》第268条）则规定除非是恶意提起诉讼，否则对公司不负损害赔偿之债。

3. 在调解结案的场合，因公司是股东代表诉讼的最终受益人，为避免因原告股东与被告通过调解损害公司利益，人民法院应当审查调解协议是否为公司的意思。只有在调解协议经公司股东（大）会、董事会决议通过后，人民法院才能出具调解书予以确认。至于具体决议机关，取决于公司章程的规定。公司章程没有规定的，人民法院应当认定公司股东（大）会为决议机关。

### ■ 思考题

1. 我国公司法对股东会决议的无效和撤销作出了哪些明确规定？

2. 如何理解董事会中独立董事制度与监事会制度的关系？

3. 什么是累积投票制度？公司法规定累积投票制度的目的是什么？

4. 简述公司董事、经理的忠实义务和勤勉义务。

5. 王某系国有企业金地地产公司（以下简称"金地公司"）职工，在该公司转制过程中，成为其原始自然人股东。2003年10月，金地公司将原告从公司除名。同年10月24日，王某得知金地公司将于次日召开临时股东大会，遂委托律师出席大会。律师到达会场后对会议通知程序提出异议，公司未予采纳，律师离开会场。股东会最终以多数表决方式通过了股东会决议，主要内容是：公司股东因调动、离职、退休、除名及去世等原因离开公司，其所持有的股权，必须转让给公司其他股东等。嗣后，金地公司根据股东会决议开除了王某的股东资格，并自行将退股金划入王某的银行账户。为此王某与公司发生纠纷。

请问：王某可否依据公司法的有关规定提起诉讼？应提起什么样的诉讼？并简要说明理由。

6. 富润广告公司（以下简称"富润公司"）系由焦某和付某于 2005 年共同出资设立的从事广告业务的有限责任公司，焦某任公司执行董事。2006 年 7 月焦某另行成立独资的金源传媒广告有限责任公司（以下简称"金源公司"），经营范围包括广告业务。嗣后，焦某将富润公司的广告业务及 8 万元收入转入金源公司。付某认为焦某的行为违反《公司法》有关规定，损害了公司利益，并多次要求焦某将金源所得到的 8 万元广告收入归还富润公司，但均遭到拒绝。付某遂以富润公司的名义，以焦某和金源公司为被告提起诉讼，要求判令被告向富润公司返还违法所得广告收入 8 万元。

请问：原告的主张能否成立？

# 第九章　公司的财务会计制度

■ 学习目的和要求

本章希望学生在理解公司财务会计制度基本功能的基础上，全面了解公司财务制度和会计制度的基本内容，掌握公司财务报告制作及利润分配的基本原则和要求，明确财务会计报告虚假记载及违法分配股利的法律后果。

## 第一节　公司财务会计制度概述

### 一、公司财务会计制度的概念

公司财务会计制度是对存在于法律、行业通行规则和公司章程之中的公司财务会计处理规则的总称，是利用货币价值形式反映公司财务状况和经营成果，加强内部经营管理，提高经济效益的一项重要制度。公司作为企业的一种，其财务会计事项必须适用《会计法》《企业会计准则—基本准则》（2014 年修订）和《企业财务通则》（2006 年 12 月修订，2007 年 1 月施行）的一般规定。但是，由于公司在诸多方面均有其特殊性，因而各国公司法都对其财务会计制度另作规定，并优先于一般财务会计法规的适用，以便于更有效地保障股东、债权人和其他人的利益。我国《公司法》也特设"公司财务、会计"一章，对公司的财务会计制度作出了相应的规定，并要求公司"依照法律、行政法规和国务院财政部门的规定建立本公司的财务、会计制度"，从而使公司的财务会计制度成为公司法律制度的重要组成部分。

一般说来，公司因类型的不同，其财务会计制度也存在差异，但主要的、带有共性的财务会计处理规则在股份有限公司中均有体现，故本章侧重介绍股份有限公司的财务会计制度。

### 二、公司财务会计制度的特点

与他种财务会计制度相比较，公司的财务会计制度具有规范化和统一化两个显著的特征。

## （一）公司财务会计制度的规范化

财务会计制度作为记录和反映企业经济业务的规则，本属于企业内部事务，特别是在生产资料私有制占主导地位的资本主义国家，企业采用什么样的会计处理方法和采用何种会计核算程序，完全取决于企业自身的需要，由企业自主决定。但是，上述原则对于公司，特别是股份有限公司而言并不适用。由于公司的资金主要来源于股东投资和发行债券，这就使企业投资者的数量不断增加，使公司的债权债务关系趋于复杂；再加之公司的资本所有权与经营权发生了分离，为保护股东和公司债权人的权益，就必然要求公司的财务会计制度规范化。同时，国家税务部门出于税收的目的，对公司的关注和影响程度也在不断增加，也要求公司的财务会计制度必须规范化。这些与公司有重大利害关系的机关和人员，虽然不直接参与公司的经营管理，但都因直接或间接的利益关系在不同程度上关注公司的财务状况和经营成果，需要从公司的财务报告中取得有用的决策信息。为了使公司的财务活动和各种报表具有可理解性，相关人员通过阅读公司的有关报表即可获得公司生产经营能力和财务状况的信息，进而作出符合自身利益最大化的决策，同时也是为了避免公司经营管理人员在编制财务报表时弄虚作假和主观臆断，保证投资者和债权人等各方面的经济利益不致因财务报表的失真而蒙受其害，公司的财务会计报表的用语及制作也必须规范化，使公司财务会计制度成为人所共知的普遍准则。由于法律文化传统的不同，各国实行公司财务会计制度规范化的途径也不尽相同。大陆法系国家一般实行公司财务会计制度的法定化，即以法律的形式对公司财务会计制度作出强制性规定，要求所有的公司一律遵行。而个别英美法系的国家（如美国）则主要是通过会计行业自律组织制定大量公认的财务会计准则，由国家赋予这些公认的准则一定层次的法律效力，以实现公司财务会计制度的规范化。

## （二）公司财务会计制度的统一化

公司财务会计制度的统一化，要求不同类型的公司应该实行统一的财务会计制度，包括会计处理方法应该统一，会计报表的编制程序和用语应该统一，利润分配的原则应该统一。公司财务会计制度的统一化，首先，是由公司的资合性特点决定的。由于有限责任公司和股份有限公司均属于资合性公司，均需向股东和债权人公开其财务报表，这就要求公司的财务会计报表必须具有一定的可比性和一致性，以便为使用者理解，在尽可能客观、科学、公正的基础上，作出科学和客观的评判。其次，不同类型的公司实行统一的财务会计制度也是市场经济平等竞争法则的客观要求。不同的财务会计制度会导致不同公司间利益分配关系的差别，造成不同公司间起点的不平等，从而违背市场经济平等竞争的法则。最后，跨国公司的出现和国际资本市场的发展，也要求协调各国的财务会计准则，提高财务信息的可比性，进而实现国际财务会计制度的统一化。1973 年，由美、英、法、德等国的会计职业团体发起成立了国际会计准则委员会（现为国际会计准则理事会），制定并公布了国际会计准则，这又使公司的财务会计制度向国际统一化迈出了重要的一步。

### 三、公司财务会计制度的作用

#### （一）保护股东利益

股东向公司投资的主要目的是为了获利，即取得股利。但公司的业务主要是由董事、经理等职业管理人员负责的，股东除参加股东会外很少有机会直接参与公司的经营管理。为了防止管理人员利用职权侵害公司和股东的利益，股东必须对公司的经营活动实施经常有效的监督，而依据科学的财务会计制度作出的正确反映公司财务状况和经营情况的财务会计报表，则使股东对管理人员的监督具有了现实性与可行性。

#### （二）保护公司债权人利益

由于有限责任公司和股份有限公司的股东均负有限责任，即分别以其所认缴的出资额和所持股份为限对公司承担责任，致使公司财产成为对公司债权人的唯一担保，公司财产的增减或其他变化直接关系到债权能否圆满实现，并进而影响到债权人的利益。因此，公司财务会计报表所提供的信息是债权人及时了解公司财务及经营状况的重要依据。

#### （三）吸引投资和保护社会公共利益

公司特别是股份有限公司要广泛筹集资金、吸引投资，就必须使社会公众能够经常了解和掌握其生产经营状况。这就不仅要求公司要有健全的会计制度，而且还要定期公开其财务会计报表。同时，公司的组织形式多为大型企业所采用，其经营的好坏会对社会的稳定和国民经济的发展产生较大的影响。因此，完善公司的财务会计制度，对于促进公司提高效益，进而维护社会公共利益，都具有十分重要的作用。

#### （四）保障公司高效运转

健全的财务会计制度是公司依法、合理筹措和利用资金，提高经济效益的有效手段，是加强和改善公司内部经营管理的重要措施。公司根据科学的财务会计制度建立的预算管理体系，可以结合公司的现状及市场状况，预测成本与费用的发展趋势，作出成本决策方案和目标成本，作为指导实际生产经营活动的依据，从而保障公司的高效运转。

#### （五）满足国家宏观经济管理的需要

在市场经济体制下，政府对经济的宏观管理主要体现为以运用经济杠杆为主要手段的间接管理，而间接管理的良性运作只能建立在充分翔实的信息及对这些信息的科学分析基础之上。根据规范的公司财务会计制度制作的众多财务会计报表，是政府获取必要信息的重要途径，同时也是政府合理确定公司税赋的重要依据。

## 第二节　公司的财务制度

2006 年 12 月财政部修订发布的《企业财务通则》对公司的财务管理提出了明确的要求，其内容涉及公司的资金筹措管理、固定资产管理、流动资产管理以及成本费用管理，从而完善了公司财务管理制度。

### 一、资金筹措管理

资金筹措管理是公司财务管理的首要任务，是公司财务管理的起点。公司资金筹措管理主要包括资本金管理和公司负债管理两个方面。

（一）资本金管理

财务制度上的资本金是指公司在工商行政管理机关登记的注册资本。资本金制度是现代公司制度的基石，也是公司财务制度的重要内容。

除《公司法》规定的公司资本制度外，财务制度上规定的资本金管理的内容主要有二：①应加强对投入股本的管理。公司的财务会计人员要据实登记股份的种类，发行股数，每股面值，认缴、实缴股本的数额，以及其他需要记录的事项。非因减少资本等特殊情况，公司不得收购本公司的股票，也不得库存本公司已发行的股票。股东需要增加或减少股份时，应按有关规定办理增资或减资手续。股东投入公司的股本，在公司存续期间不得抽回。②要计算股东权益。股东权益在财务上是指股东对公司净资产的权利。公司的全部资产减全部负债后的净资产属股东权益，包括股本、资本公积金、盈余公积金、职工集体福利基金和未分配利润。股东应按投入的资本金比例分享收益和承担经营风险，或者按公司合同、章程的规定分配收益和分担风险。

（二）公司负债管理

公司负债是指公司承担的能够以货币计量，需要以资产或者劳务偿付的债务，例如公司借入的资金以及应付而未付的款项等。在市场经济体制下，公司借入资金是公司筹集资金的重要方式，加强负债的管理具有重要意义。

公司负债一般按其偿还期限的长短分为流动负债和长期负债。流动负债是指可以在 1 年内或者超过 1 年的一个营业周期内偿还的债务，包括短期借款、应付及预收货款、应付票据、应付税金、应付短期债券、预提费用等。长期负债是指偿还期限在 1 年以上或者超过 1 年的一个营业周期以上的债务，包括长期借款、应付长期债券、应付引进设备款、融资租入固定资产应付款等。

为了克服原财务制度把筹资成本即利息支出与借款混淆、不能体现企业损益的弊端，新的财务制度对企业付息办法作了重大调整。企业流动负债的应计利息支出，计入财务费用。企业长期负债的应付利息支出，筹资期间的，计入开工费；生产经营期间的，计入财务费用；清算期间的，计入清算损益。但是，其中凡是与购建固定资产或者无形资产有关的，在资产尚未交付使用或者虽交付使用但尚未办理竣工决算之前，计入购建资产。这种把利息支出作为筹资成本，或计入资产价值，或计入公司当期费用的做法是科学的，也有利于公司的发展。

## 二、固定资产的管理

### （一）固定资产的概念

固定资产是指使用年限在 1 年以上，单位价值在规定的标准以上，并在使用过程中保持原来物质形态的资产，包括房屋及建筑物、机器设备、运输设备、工具器具等。它以提供公司生产经营使用为目的，具有单位经济价值较高、使用期限长的特点。

固定资产在公司的生产经营活动中具有独特的地位和作用，是进行物质资料生产的主要劳动手段，是从事生产经营活动的物质保障。固定资产能否合理配置、充分利用，是公司能否提高经济效益的关键所在。因此，固定资产的管理历来是公司财务制度的重要组成部分。

### （二）固定资产的分类计价

以货币为计量单位来计算固定资产的价值，称为固定资产的计价。固定资产的分类计价是固定资产管理的基础，正确地计算固定资产价值不仅可以科学地估算固定资产的成本，而且可以使固定资产在生产过程中的损耗得以合理补偿。目前国际上通行的固定资产计价方法有三种，即原始价值计价、重置价值计价、净价值计价。三种方法互有短长，各有其适用范围。我国的公司财务制度依据固定资产的来源不同，综合运用了这三种计价方法，较为准确地体现了各类固定资产的客观价值，同时兼顾了它们对特定公司的主观价值。

### （三）固定资产折旧

固定资产的经济寿命往往跨越多个会计期间，其价值逐渐转移到公司的最终产品上，按权责发生制的要求，为合理计算产品成本，使损失掉的固定资产价值得到补偿，必须提取一定比例的资金作为补偿之用，这就是固定资产折旧制度。

固定资产的损耗从原因上分，可分为有形损耗和无形损耗两种。有形损耗是指固定资产因在生产中使用和自然力的影响而发生的在使用价值和价值上的损失；无形损耗则是指由于生产效率的提高和技术的进步而引起的固定资产价值损失。我国法律规定只有技术发展较快的设备和大型精密仪器等方可在计算折旧率时考虑无形损耗。

目前，我国公司固定资产折旧方法一般采取平均年限法，公司专业车队的客运汽车和大型设备可以采取工作量法。这些计算方法具有简便易行的优点，但并不科学，特别是工作量法只重有形消耗，而不考虑无形消耗，容易使账面价值运行过程与实际经济运行过程存在较大的偏差。有鉴于此，我国新的财务制度赋予在国民经济中具有重要地位、技术进步快的公司采用快速折旧的优惠政策的权利，允许其采用双倍余额递减法和年数总和法对机器设备实行快速折旧。

（四）固定资产的大修理费用

由丁固定资产大修理基金带有浓重的计划经济体制的色彩，在公司财务制度中已被固定资产大修理费用取代。固定资产的大修理费用，可以采用预提方法的，其提取数额按预计发生的大修理费用和大修理周期确定，实际发生的大修理费用超过预提部分，可采用待摊办法进行核算，不另设大修理基金。大修理费用中预提的部分，可以计入成本、费用，可用预提的大修理费用部分冲减当年的成本、费用；采用待摊办法的，其摊销期限与大修理周期相同。公司应自行确定大修理费用的核算办法，并报主管财政税务机关备案，备案后不得随意改变。

### 三、流动资产的管理

公司的流动资产是指可以在 1 年内或长于一个营业周期内变现或动用的资产，一般包括现金、银行存款、短期投资、应收及预付款项、存货等。管好、用好流动资产是公司经营管理过程中的重要一环。目前，流动资产的分类管理涉及以下内容：

（一）现金和银行存款的管理

公司应当设置现金和银行存款日记账，按业务发生顺序逐日、逐笔登记。现金的账面余额必须与库存数相符；银行存款应按银行或信用机构的名称和账目进行明细核算，有外币存款业务的公司，还应分别对人民币存款和外币存款进行明细核算，银行存款的账面余额应当定期与银行账单核算，并按月编制调节表。

（二）短期投资的管理

短期投资包括能够随时变现并准备随时变现的股票和债券。短期投资应按取得时的实际成本计价，并在资产负债表有关项目内注明期末时市价。公司取得的股票，实际支付的款项中包括已宣告但未支取的股利，可作为应收款，不计入短期投资的实际成本内，而本期宣告股票应分得股利、债权利益收入以及转让股票债券所取得的收入与成本的差额，则应列在当期损失。

（三）应收及预付款的管理

应收及预付款主要包括应收票据、应收账款、其他应收款、预付货款和待摊费用等，以上各项应按往来客户名、费用种类等设置明细账，进行明细核算，并按实际发生额记账。

公司应在当期损益项目下，依应收账款余额的规定比例提取坏账准备金，冲销坏账损失。已经确认的坏账，以后如果收回，应冲销坏账损失。

（四）存货的管理

存货包括各类材料、商品、在产品、半成品、在建施工工程、产成品等。存货应以实际成本计价。

存货应当定期盘点，每年至少盘点一次。盘点情况如果与账面记录不符，应当查明原因，并在年终结账前作出盘盈或盘亏处理。盘盈的存货，应当相应冲减有关成本、费用；盘亏或毁损的存货，在扣除过失人的保险赔款和残料价值后，相应计入有关成本、费用。

### 四、无形资产和递延资产的管理

（一）无形资产的管理

无形资产是公司长期使用而没有实体形态的资产，包括专利权、商标权、专有技术、版权、土地使用权及商誉等。

公司可通过三种方式取得无形资产，即股东投入、购买和自行开发。对于股东投入的无形资产，应按有权部门评估确认的价值计价；以购买方式取得的无形资产，应以为购买该项无形资产而实际支出的现金额计价；自行开发并按法律程序申请取得的无形资产，则按在开发过程中发生的实际成本计价。商誉只有在公司合并、接受投资或向外购入时，方可作价入账，否则不能作为无形资产入账。

（二）递延资产的管理

递延资产是指不能全部计入当年损益，应当在以后年度内分期摊销的各项费用，包括开办费、租入固定资产的改良及大修理支出等。递延资产本质上是一种费用，但由于这些费用的效益要期待于将来，并且这些费用支出的数额较大，若把它们与支出年度的收入相配比，就不能正确计算当期经营成果，所以要把它们作递延处理。

### 五、成本、费用的管理

（一）成本、费用的概念及范围

成本和费用是产品生产和销售中所耗费的生产资料价值和必要劳动价值的货币表现，即公司有关生产经营的各项耗费。成本、费用计算得是否准确、客观，对公司生产经营影响很大，如果多计成本和费用，就会少计利润，可以分配的利润就会减少；反之，可以分配的利润就会虚增，出现吃老本的问题，甚至造成公司潜亏。因此，成本和费用管理的重点是解决成本标准问题，即核定成本和费用的范围。

我国公司的成本和费用一般包括：生产经营过程中实际消耗的各种原材料、辅助材料、备品备件、外购半成品、燃料、动力、包装物等；低值易耗的摊销费、固定资产的折旧费、租赁费、修理费、无形资产摊销费等；按国家规定列入生产成本、费用的职工工资和按工资总额一定比例提取的职工福利基金；以及为组织生产、经营所发生的管理费用、销售费用、财务费用等。

与此相应，固定资产的购置、建造支出，无形资产的购入支出、归还固定资产投资借款的本金和在固定资产投入使用前发生的借款利息和外币折合差额，在职工福利基金中支出的福利费，对股东支付的股利，与生产、经营业务无关的其他支出等则不能列入公司的成本和费用。

**（二）公司业务招待费制度**

在有限责任公司和股份有限公司中，经董事会批准，公司业务招待费应在法定限额下，本着"必需、合理、节约"的原则，在管理费用中据实列支。

**（三）坏账准备制度**

坏账准备制度是指公司为避免坏账损失给生产经营和财务收支带来困难，预先按一定标准提取坏账准备金，以冲销将来实际发生的坏账损失的制度。在市场经济体制下，公司对外商业信用往来频繁，不可避免地会存在应收账款无法收回的风险，即坏账风险。坏账准备金是针对坏账损失而提取的。建立坏账准备制度，有助于正确核算经济效益，准确反映公司的经营成果；有助于提高公司应付风险的能力，适应发展市场经济的要求；有助于促进公司及时处理债务，防止继续发生潜亏和"三角债"。

在公司财务会计制度中，坏账损失主要包括：因债务人单位撤销，依照民事诉讼法进行清偿后，确实无法追还的应收账款；因债务人死亡，既无遗产可供清偿，又无义务承担人，确实无法收回的应收账款；因债务人逾期未履行偿债义务超过3年，确实不能收回的应收账款。针对可能发生的坏账损失，公司可以根据实际需要逐年按应收账款余额的3%~5%提取坏账准备金，计入管理费用。当年若实际发生坏账损失，则以坏账准备金冲销坏账损失；相应地，已经确认的坏账若以后追回，也应计入坏账准备金。

## 第三节　公司的会计制度

### 一、公司财务会计报告的内容

《公司法》第164条规定："公司应当在每一会计年度终了时编制财务会计

报告，并依法经会计师事务所审计。财务会计报告应当依照法律、行政法规和国务院财政部门的规定制作。"公司财务会计报告是反映公司财务状况和经营成果的书面文件，包括财务会计报表、财务会计报表附属明细表和财务会计报表附注。

（一）财务会计报表

1. 资产负债表。资产负债表是反映公司一定日期财务状况的报表，又称财务状况表。它根据"资产＝负债＋所有者（股东）权益"的会计平衡公式，根据一定的分类标准和一定的次序，将一定时期的资产、负债、所有者权益项目予以适当的排列编制而成。通常是将资产项目列在报表的左方，负债和所有者权益项目列在报表的右方，从而使资产负债表左右两方平衡，故亦称资产负债平衡表或平衡账。资产负债表能够向人们提供公司在某一特定日期所掌握的经济资源、所负担的债务，以及投资者在公司中所占的权益、公司的偿债能力和财务前景等资料，它反映公司一定时期的静态的财务状况。

2. 损益表。损益表是反映公司在一定时期内的收入、费用和净利，说明其经营成果的报表，是计算一定期间内损失和收益状况的动态会计报表。

损益表以收入、费用、利润三个会计要素为基础，向人们提供一定期间内公司营业是盈余还是亏损的实际情况。人们可以利用该表分析公司利润增减变化的原因，评价公司的经营成果和投资价值。因此在评价投资和信用的价值、估算管理的成功程度等经济决策中，损益表一般被认为是最重要的会计报表。

3. 财务状况变动表。财务状况变动表又称资金来源与运用表，也称资金表，它是根据公司一定会计期间内各种资产、负债和所有者权益的增减变化，分析资金的取得来源和资金的流出用途，说明财务状况变动情况的会计报表，是反映公司资金运动的动态报表。

财务状况变动表可以弥补资产负债表和损益表的不足，是联络资产负债表和损益表的桥梁，它可以向人们提供公司在一定会计期间内财务状况变动的全貌，说明资金变化的原因，使人们通过分析财务状况变动表，了解公司流动资金的流转情况，判断公司经营管理水平的高低。

（二）财务会计报表附属明细表

1. 财务状况说明书。财务状况说明书是对财务会计报表所反映的公司财务状况，作进一步说明和补充的文件。它主要说明：公司的营业情况、利润实现和分配情况、资金增减和周转情况、税金缴纳情况、各种财产物资变动情况；对本期或者下期财务状况发生重大影响的事项；资产负债表日后至报出财务报告前发生的对公司财务状况变动有重大影响的事项；以及其他需要说明的事项。

2. 利润分配表。利润分配表是反映公司利润分配和年末未分配情况的报表，它是损益表的附属明细表。利润分配表通常按税后利润、可供分配利润、未分配利润分项列支。

（三）财务会计报表附注

会计报表附注是为帮助理解会计报表的内容而对报表的有关项目所做的解释。其内容主要包括：所采用的主要会计处理办法，会计处理方法的变动情况、变更原因以及对财务状况和经营成果的影响，非经常性项目的说明，会计报表中有关重要项目的明细资料，其他有助于理解和分析报表需要说明的事项。

**二、会计报表的制作**

（一）会计报表的制作原则和要求

按照有关法律规定，制作会计报表必须遵循以下会计核算的原则：

1. 客观性原则。客观性原则是用来衡量会计记录和会计报告是否真实、客观地反映经济活动的一项重要原则。其核心是会计报告"应当以实际发生的经济业务为依据，如实反映财务状况和经营成果"。这里所说的客观性，包括三方面的含义，即真实性、可靠性和可验证性。客观性是会计信息的生命，要使会计报表所提供的信息客观、公正，就必须在会计报表的制作过程中做到真实、准确，既要可靠、不存在偏见，又要计算准确、经得起检验。

2. 相关性原则。即会计报表必须能够满足国家宏观经济管理的需要，满足有关各方了解公司财务状况和经营成果的需要，满足公司加强内部经营管理的需要。这就要求编制会计报表必须全面、完整地反映公司生产经营活动的全貌，为了保证财务会计报告的全面、完整，各公司编制和报送的财务会计报告应当按照规定的格式和内容进行，凡是国家要求提供的会计报表，公司都应当按规定的要求编报；在所编报的会计报表中，凡国家要求填报的指标和项目，也应当按照规定填列，不得漏编、漏报，更不能任意取舍。

3. 规范性原则。即公司应按规定的会计处理方法，使用通用的商业用语进行核算，以便于会计信息的互相比较和利用。这就要求会计核算应当按照规定的会计处理方法进行，会计指标应当口径一致，具有可比性；会计处理方法前后各期应当一致，不允许随意变更，即具有一贯性；会计报表要清晰明了，便于理解和利用，即具有明晰性。

4. 及时性原则。信息具有时效性，只有讲求时效，信息才有使用价值。会计报表只有及时编制和报送，才能使投资者和债权人及时了解公司的经营状况，才能使国家及时把握国民经济的发展状况，也才能使公司及时了解自己的经营业绩，并及时调整生产经营方针。随着社会主义市场经济体制的确立，对会计报表的及时性提出了更高的要求，公司必须按照法律规定及时编制会计报表并及时传递给有关各方。

（二）公司财务会计报告制作的负责人

我国《公司法》未明确规定会计报告的编制人，仅规定公司应当在每一会计年度终了时制作财务会计报告。学界通常认为，制作财务会计报告应属于公司业务执行范围的事务，而董事会是公司的业务执行机关，因此可以认为董事会是公司财务会计报告制作的负责人，董事会成员应就会计表册的真实性、准确性、全面性对公司负责。董事会也可以授权公司经理直接负责财务会计报告的制作工作，即由公司经理直接领导和组织公司的财会人员完成财务会计报告。

（三）财务会计报告制作的时间

我国《公司法》规定，公司应当在每一会计年度终了时制作财务会计报告。这是因为每一会计年度终了时，公司必须进行决算，而其决算结果主要通过财务会计报告来表示，所以公司决算开始进行之日即为财务会计报告制定开始之日。由于公司须每年召开一次股东大会年会，股份有限公司的财务会计报告依法应当在召开股东大会年会的 20 日以前置备于本公司，供股东查阅；公开发行股票的股份有限公司必须公告其财务会计报告。有限责任公司应当依照公司章程规定的期限，将财务会计报告送交各股东。

**三、公司财务会计报告的审核与确认**

（一）公司财务会计报告的审核

由于"检查公司财务"是监事会的法定职权之一，所以财务会计报告在提交股东会确认之前，监事会应当对公司财务会计报告进行审核。审核内容主要包括：会计报告是否遗漏重大事实，会计报告与会计账簿是否相符，会计报告制作方法是否得当，董事在制作财务会计报告时是否有违反法律或公司章程的行为。监事会认为有必要时，可聘请中立的会计师，对会计报告进行审核，费用由公司负担。监事会应将审核意见作出书面报告，交董事会。如果监事会对财务会计报告持有异议，董事会虽无义务依照监事会的意思去修正会计报告，但应将会计报告和监事会的审核报告，一并交股东会确认。

（二）公司财务会计报告的确认

公司财务会计报告须经股东会讨论通过方具有相应的法律效力。依规定，在召开股东年会之前，财务会计报告应置备于本公司，供股东查阅，以便股东在表决之前有足够的信息作出判断。财务会计报告一经审议批准，即由公司对财务会计报告的真实性、准确性和全面性负责，而免除董事、监事的个人责任。但是，如果董事或监事在财务会计报告的制作或检查中有违法行为，仍应对其违法行为承担责任。

### 四、财务会计报告的公示制度

财务会计报告的公示制度是公司依照法律规定向社会公开其财务会计报告的制度。实行财务会计报告公示制度是公司制度的内在要求，它对于保护股东、债权人、交易关系人的利益，维护交易安全和社会经济秩序，确保社会公众利益，都具有重要的作用。

由于公司的类型不同，法律对公司财务会计报告公开的范围和方式的要求也不相同。在我国，公司主要采用以下三种方式公示其财务会计报告：

1. 将报表置备于公司住所供股东查阅或送交各股东。依《公司法》规定，有限责任公司应当按公司章程规定的期限将财务会计报告送交各股东；股份有限公司的财务会计报告应当在召开股东大会年会的 20 日以前置备于公司，供股东查阅。

2. 向有关部门或单位报送会计报表。公司财务会计报告应按月或按年报送当地财税机关、开户银行和主管部门等。

3. 公告公司的财务会计报告。我国《公司法》规定，公开发行股票的股份有限公司必须公告其财务会计报告；上市公司必须按照法律、行政法规的规定，定期公开其财务状况和经营状况，在每一会计年度内半年公布一次财务会计报告。

### 五、会计监督制度及虚假记载的法律责任

（一）会计监督制度

在市场经济体制下，为了保证公司财务会计报告客观、真实、全面，必须强化对公司财务会计的监督。公司会计监督制度的主要内容是：

1. 财务会计报告的社会公证制度。为保证会计报表的客观真实，公司依法按期编制的财务会计报告，只有经在我国注册的会计师审查、验证，并出具报告，方可向外提供；以募集方式设立的公司，其公开的财务会计报告及必要的附注和说明必须取得注册会计师的鉴证。注册会计师依法独立、公正地执行业务，对公司有关财务文件的真实性作出评断，增强了公司财务活动的可信性和透明度，具有社会公证的作用。

2. 股东的查账请求权制度。我国现行的法律制度针对股份有限公司和有限责任公司的具体情况，分别确立了不同的股东查账请求权制度。在股份有限公司场合，公司应在股东大会年会召开 20 日前将编制的年度资产负债表、利润表、财务状况变动表和其他有关附表置备于公司住所，供股东查阅；在有限责任公司场合，各投资方认为必要时，有权要求自行聘请注册会计师对公司的账目进行

检查。

3. 公司内部审计制度。内部审计是指公司内部机构或人员对公司的会计记录的真实性、合法性进行审查，通常由公司的审计员或审计委员会实施。

（二）虚假记载的法律责任

虚假记载是指在公开的财务会计报告中对重要事项的记载与客观实际不符，或者对应记载的重要事项或重要事实欠缺记载。虚假记载违背了会计报告制作的真实性原则，严重阻碍了公示制度作用的发挥。因此，作出虚假记载的行为人必须承担相应的法律责任。

1. 虚假记载的行政责任。依《公司法》第 202 条及第 207 条第 1、2 款的规定，公司在依法向有关主管部门提供的财务会计报告等材料上作虚假记载或隐瞒重要事实的，由有关主管部门对直接负责的主管人员和其他直接责任人员处以 3 万元以上 30 万元以下的罚款。承担资产评估、验资或者验证的机构提供虚假材料的，由公司登记机关没收违法所得，处以违法所得 1 倍以上 5 倍以下的罚款，并可由有关主管部门依法责令该机构停业，吊销直接责任人员的资格证书，吊销营业执照。承担资产评估、验资或者验证的机构因过失提供有重大遗漏的报告的，由公司登记机关责令改正，情节较重的，处以所得收入 1 倍以上 5 倍以下的罚款，并可以由有关主管部门责令该机构停业，吊销直接责任人员的资格证书，吊销营业执照。

2. 虚假记载的刑事责任。根据《刑法》第 161 条的规定，公司向股东和社会公众提供虚假的或者隐瞒重要事实的财务会计报告，严重损害股东或者其他人利益的，对其直接负责的主管人员和其他直接责任人员，处 3 年以下有期徒刑或者拘役，并处或者单处 2 万元以上 20 万元以下罚金。

3. 虚假记载的民事责任。我国 1993 年《公司法》对虚假记载的民事责任未作规定，仅在《股票发行与交易管理暂行条例》中作出了原则性规定，适用范围有限。2005 年修订《公司法》时对此作出了重大补充。现行《公司法》第 207 条第 3 款规定："承担资产评估、验资或者验证的机构因其出具的评估结果、验资或者验证证明不实，给公司债权人造成损失的，除能够证明自己没有过错的外，在其评估或者证明不实的金额范围内承担赔偿责任。"

## 第四节　公司利润的分配

### 一、公司利润分配方案的提出和批准

公司利润是指公司在一定时期内生产经营的财务成果，主要由营业利润、投

资收益和营业外收支净额构成。其中，营业利润是指公司营业收入减去营业成本和营业费用（包括销售费用、管理费用、财务费用及商业公司的进货费用），再减去营业收入应当缴纳的税金后的数额；投资收益是指公司对外投资取得的利润、福利、利息等，扣除发生的投资损失后的数额；营业外收支净额是指与公司生产经营无直接关系的各项收入（营业外收入）减去各项支出后的数额。

公司系营利性社团法人，获取利润是股东投资的主要目的，也是公司作为营利性社团法人的本质要求，因此，盈余分配请求权是股东的一项固有权利。由于公司当年税后利润的分配不仅关系到公司今后的经营和发展，而且关系到股东能否取得股利，因此各国公司法都对公司的利润分配作出了具体的规定。绝大多数国家的公司法都将利润分配的意思决定机关规定为股东会，也有个别国家（如美国）将此种意思决定机关规定为董事会。我国《公司法》规定，公司的利润分配方案和弥补亏损方案的决定权由股东会或股东大会行使。

公司当年税后利润分配方案由董事会制订，董事会依据《公司法》有关公司当年税后利润分配的规定，结合本公司当年盈余和上年度有无亏损的情况，制订出当年的税后利润分配方案，提交股东会或股东大会审议。股东会或股东大会对董事会提出的当年税后利润分配方案进行审议，须经出席会议的股东所持表决权的半数以上通过方为批准。经股东会或股东大会审议批准的当年税后利润分配方案，交由董事会负责执行。

### 二、公司税后利润分配的原则和顺序

为了贯彻资本充实原则，巩固公司的财务基础，保护债权人的利益，维护交易安全和社会公益，各国公司法均将"无盈不分，无利不分；多盈多分，少盈少分"作为公司利润分配的基本原则，并以强行性规范规定了公司税后利润的分配顺序。

依据我国《公司法》的规定，公司当年税后利润的分配顺序为：

（一）弥补亏损

为保护公司债权人利益和社会公益，贯彻资本充实原则，公司在本年度有盈利时，应首先检查上一年度是否有亏损。如有亏损，而公司的法定公积金又不足以弥补上一年度亏损时，应先用公司的当年利润弥补亏损。

（二）提取法定公积金

公司分配当年税后利润时，应当提取利润的10%列入公司法定公积金。公司法定公积金累积金额为公司注册资本的50%以上的，可不再提取。公司的法定公积金不足以弥补以前年度亏损的，在提取法定公积金之前，应当先用当年利润弥补亏损。

（三）提取任意公积金

公司从税后利润中提取法定公积金后，经股东会或者股东大会决议，还可以从税后利润中提取任意公积金。

（四）依法分配利润

对于公司弥补亏损和提取公积金后所余税后利润，有限责任公司股东按照实缴的出资比例分取红利；股份有限公司按照股东持有的股份比例分配，但股份有限公司章程规定不按持股比例分配的除外。

股东会、股东大会或者董事会违反法律或者章程规定，在公司弥补亏损和提取法定公积金之前向股东分配利润的，股东必须将违反规定分配的利润退还公司。公司持有的本公司股份不得分配利润。

**三、公积金制度**

公积金又称储备金或准备金，是指为巩固公司的财务基础，依法律和公司章程的规定或股东会的决议，按确定的比例从营业利润或其他收入中提取的，不作股息分配，而留存于公司内部，具有特定用途的基金。

以是否依法强制提取为标准，公积金可分为法定公积金和任意公积金。

（一）法定公积金

法定公积金是指依照法律规定而强制提取的公积金。法定公积金的提取比例和数额由法律直接规定，公司必须遵守，不允许以章程或股东会决议加以变通，因此，法定公积金也称强制公积金。

依照法定公积金的来源不同，还可将其分为法定盈余公积金和法定资本公积金。法定盈余公积金是指公司在弥补亏损后、分配股利前，按法定比例在税后利润中提取的公积金。我国《公司法》规定，法定盈余公积金为税后利润的10%。法定资本公积金，是指由公司资本或资产以及其他原因所形成的公积金。其来源主要有：股份有限公司以超过股票票面金额的发行价格发行股份所得的溢价款，以及国务院财政部门规定列入资本公积金的其他收入，如每一营业年度内，因资产评估增值所获得的估价溢额，处分资产或者出售资产的溢价收入，吸收合并其他公司所承受的资产余额，接受赠与财产的所得额等。

公司的公积金用于弥补公司的亏损、扩大公司生产经营或者转为增加公司资本。但是，资本公积金不得用于弥补公司的亏损。法定公积金转为资本时，所留存的该项公积金不得少于转增前公司注册资本的25%。

（二）任意公积金

任意公积金，又称任意盈余公积金，是指根据公司章程或股东会决议于法定公积金外自由提取的公积金。在国外，因提存的目的和用途不同，还可将任意公积金分为：以偿还公司债为目的而提存的"公司债偿还公积金"、以平衡历年盈余分配为目的而提存的"平衡公积金"、不为专门用途而提存的"普通公积金"等。任意公积金的用途一经确定，即转为专用基金，非经股东会决议，不得挪作他用。从我国《公司法》的规定看，任意公积金的用途与法定公积金的用途并无不同，但我们认为，既然任意公积金的提取非以法律强制规定为前提，自应允许公司依特定目的而提存，并作为专用资金。

除公积金制度外，我国 1993 年《公司法》还规定了法定公益金制度，在2005 年《公司法》修订时未作规定。这主要是因为是否提取公益金应为公司自治事项，应由公司自主决定，法律不宜也不必强行规定。

### 四、股利的支付

股利是"股息"和"红利"的缩略语。股息是指公司章程规定的，只要公司存在可资分配的利润，即应依事先确定的特定比率向特定种类的股东支付的财产利益，一般只向优先股股东支付；红利是指根据公司盈余情况由股东会临时决定的由公司按照一定的比率向一般股东支付的财产利益，该比率并不特定。我国学界通常认为股息与红利在本质上并无不同，故我国《公司法》将二者合称为"股利"，泛指公司依法定条件和程序从其可资分配的利润中向股东所支付的一种财产利益。

#### （一）股利支付的条件

公司向股东支付股利即向股东分配利润，须在法律规定的条件下进行。我国《公司法》规定，公司在弥补亏损和提取法定公积金后的剩余利润可分配给股东。这表明：公司向股东分配股利，必须以有这种盈余为条件。没有盈余，原则上就不能进行分配，目的在于贯彻资本充实原则，保护公司和债权人的利益。当然，这一原则也并非绝对。在公司未获得利润的情形下，具备法定条件的公司在不损害资本维持原则和资本不变原则的前提下，可以依法定程序从盈余公积金中提取一定数额向股东分配股利，以维持公司股票之价格。

#### （二）股利支付的方式

在我国，股利的支付方式主要有现金支付和股份分派两种。公司通常应采用支付现金给股东的方式来分配股利，但如果公司缺乏现金，或需保留可分配利润用于公司事业的发展，也可以采取配发新股或增加股票面值的方式分配股利。采用配发新股或增加股票面值的方式支付股利，意味着公司的部分利润已转化为公司资本，属于公司资本的增加，公司必须按照有关增资的规定办理手续。

#### （三）违法分配股利的后果

股利分配的法律规定是强制性规范，因此违反法律规定的股利分配方案无效。既然违法分配股利的分配方案无效，那么股东取得的此类股利自然因缺乏合法根据而为不当得利。由于此种不当得利之债的债权人为公司，故公司可依《民法典》第 122 条之规定，请求接受分配的股东返还其接受的股利。《公司法》第 166 条第 5 款也规定"必须将违反规定分配的利润退还公司"，而不论接受非法股利分配的股东在主观上是否有恶意。为了加强对公司债权人的保护，许多国家的公司法规定，若公司怠于行使其请求权，公司的债权人可行使代位请求权。此外，不少国家还规定参与决定分配方案的公司董事对此应负连带责任。我们认为，这些规定是值得我国立法借鉴的。

■ **思考题**

1. 试析公司财务会计制度规范化、统一化的必要性。
2. 公司制作会计报告应遵循的基本原则是什么？
3. 公司利润分配的原则和顺序是什么？
4. 试析公积金和公益金的主要区别。
5. 某资产评估机构出具的资产评估报告与事实不符，给公司债权人造成损失，请问该资产评估机构是否应对该公司债权人承担赔偿责任？应如何承担责任？

# 第十章　公司的合并与分立

■ 学习目的和要求

通过本章的学习，要求准确理解公司合并与分立的情形和含义，掌握公司合并与分立的程序及其法律效果，了解公司组织形式变更的法定条件。

## 第一节　公司的合并

### 一、公司合并概述

（一）公司合并的概念、种类和特征

对于何谓公司的合并，历来有不同的认识和解释。美国公司法对公司的合并解释为：两个以上公司相合而成为一个新公司称为合（Consolidation）；一个以上公司并入其他公司，仅一个公司存续称为并（Merger）[1] 英国公司法上的合并（Amalgamation）是指两个或两个以上的公司联合组成一个新公司，或一公司以取得股份的方法掌握两个或两个以上公司的控制权。[2] 可见英国公司法上的合并实际上相当于我国的兼并，包括合并（mergers）和收购（take-over）。收购即受让公司获得出让公司的股份并非通过财产的转让，而是通过受让公司购入出让公司的股份并同时保持出让公司的存在。按照英国的衡平法，如果受让公司获得出让公司50%以上股份时，出让公司即成为受让公司的附属公司。但是，收购不受英国公司法调整，而是受以《城市法典》（City Code）为代表的非法律规则（non-legal rules）调整。《城市法典》是1968年3月27日发布的，由证券交易所制定的一项立法建议，作为处理收购公司事项的指导规则，它不是国家立法机关制定的，不具有法律强制力。我国有的学者认为，合并是参加合并的各方均在合

---

〔1〕 张国键：《商事法论》，三民书局1980年版，第139页。Delaware Corporation Laws，Art252，1992 ~
1993 Edition，p. 158，The Michie Company，Charlottesville，Virginia，Published in 1993.

〔2〕 H. R. Hahlo & J. H. Farrar，Hahlo's Case and Materials on Company Law，Sweet & Maxwell，1987，p. 587.

并过程中消灭，而一个新的法律实体从合并中产生。[1] 这种表述实际上只概括了合并的一种方式，即新设合并，对于吸收合并则不适用。我们认为，要正确理解公司法上的合并，离不开公司法对公司合并的规定。根据我国《公司法》有关公司合并的规定，所谓公司合并，是指两个或两个以上的公司依照法定程序归并为其中的一个公司或创设另一个新的公司的法律行为。

公司合并的法定形式有吸收合并和新设合并两种。一个公司吸收其他公司为吸收合并，被吸收的公司解散。两个以上公司合并设立一个新的公司为新设合并，合并各方解散。具体来说，吸收合并是指两个或两个以上的公司合并后，其中有一个公司（吸收方）存续，而其余公司（被吸收方）均归消灭的法律行为。例如，甲乙丙三个公司合并，合并后甲公司继续存在，乙丙公司则归于消灭。合并后的公司仍沿用甲公司的名称，乙丙公司的财产及债权债务都归属于甲公司，其股东亦成为甲公司的股东。新设合并又称创设合并，是指两个或两个以上的公司合并后，参与合并的公司均归于消灭，在此基础上另行成立一个新的公司的法律行为。例如，甲乙丙三个公司合并，合并后甲乙丙三公司均归于消灭，另外创设出一个丁公司，甲乙丙三公司的财产、债权债务及股东均归属于丁公司。

由上可见，公司合并有四个特点：①除在吸收合并中吸收公司存续外，其他公司均归于消灭。②合并后消灭的公司的股东自然成为合并后存续公司或新设公司的股东。③因合并而消灭的公司的资产及债权债务，一并转移至合并后存在的公司或新设的公司，无须经过清算程序。④合并是参与合并的公司之间的契约行为，不是股东之间的契约行为。合并是各方在平等自愿的基础上进行的，是一种市场行为。

（二）公司的合并与兼并

尽管公司的合并与兼并在经济学意义上并未作出严格的区分，但在公司法上，兼并与合并却是两个不同的概念。兼并是指一个企业通过购买其他企业的产权或股份的方式，从而使其他企业失去法人资格或被控股的法律行为。根据我国《关于企业兼并的暂行办法》的规定，企业兼并有承担债务式、购买式、吸收股份式和控股式等方式。其中前两种形式都是在消灭法人资格的前提下进行的，而吸收股份式和控股式则并不消灭被吸收股份公司和被控股公司的法人资格。由此可见，兼并包括合并和收购（take-over），其含义比合并广泛。收购是指受让公司通过购买出让公司一定数额的股权（一般为50%以上），从而实际控制出让公司（出让公司继续存在）的法律行为。一般做法是：受让人向被收购公司股份

---

[1]　江平主编：《新编公司法教程》，法律出版社1994年版，第84页。

持有人出价购买其股份，同时规定在要约有效期内如持有一定比例股份的股东不接受收购建议时，则该收购建议无效；如果出让公司大多数股份持有人同意这一收购建议，则同意者便可把其持有的股份转让给受让公司。为了防止少数持反对意见的股东破坏收购方案，当有不少于 90% 的出让公司股份持有人同意出让其股份时，允许受让人强制收购少数人的股份。通过兼并，参与兼并的公司的法人资格可能消灭，也可能不消灭，而仅发生股份控制权的转移。

公司的合并和兼并是公司扩大经营规模、增强竞争能力、提高经济效益的一种成本小、见效快的重要手段，同时也可以减少同行业间的竞争，还是优化资产结构、提高资源利用率的重要途径，因而为企业和国家所重视。但是，公司的合并和兼并必须在企业产权明晰的条件下进行。在我国，由于以往许多企业产权不清，产权交易市场尚未建立，加之有关的法律法规又不配套，致使公司的合并和兼并难以进行。随着《公司法》的颁布和实施，公司的产权关系得以明确，公司中的国有资产也通过国家授权的部门或国家授权的投资机构确立了具体的股权代表和代理人，使产权关系明晰化，为公司根据自身需要和市场状况进行合并、实现组织结构的调整提供了基础条件。

（三）公司合并的法律性质

对公司合并性质的认识，历来争论颇多。主要有以下学说：①人格合一说。即公司合并是将两个以上的法人合为一体。具体而言，公司合并是依特殊契约形成的公司合一体，其法律效果是新设公司或存续公司对原公司权利、义务的概括承继和股东的收容。[1] ②实物出资说。即公司合并的实质是在合并中消灭公司的全部营业，资产作为实物出资移转到合并后的公司，使后者的资本增加。[2] ③一般投资说。这是针对企业兼并而言的，认为企业兼并是兼并方的一种投资方式。[3] ④契约说。即认为企业合并是参与合并的各公司间签订的团体契约。合并只需以契约为之，无需经过清算程序，各公司的股东成为合并后存续或新设公司的当然股东。[4]

在上述四种主张中，实物出资说、一般投资说虽然反映了合并后各公司资产

---

〔1〕 王保树："企业合并与兼并控制"，载《中德经济法研究所年刊》，中国大百科全书出版社 1993 年版，第 150 页。

〔2〕 王保树："企业合并与兼并控制"，载《中德经济法研究所年刊》，中国大百科全书出版社 1993 年版，第 150 页。

〔3〕 王保树："企业合并与兼并控制"，载《中德经济法研究所年刊》，中国大百科全书出版社 1993 年版，第 150 页。

〔4〕 张国键：《商事法论》，三民书局 1980 年版，第 139 页。

转移给存续公司或新设公司，并使后者资本增加的事实，却没有揭示出合并法人主体变化这一最本质的特性。契约说体现了合并须经参加合并的公司达成合意，以及股东资格自然承继的特性，但是，实质上仅有此种合意并不足以构成合并。因此，比较而言，人格合一说最为适当。一方面，它反映了合并的法律效果，另一方面它概括了合并的共同本质，即合并使两个以上公司的法人人格合而为一。

（四）公司合并的法律规制

公司合并涉及合并各方及其股东、债权人、职工、经营管理者的权利、义务和责任，同时，合并意味着市场中公司数目的减少，降低了竞争的程度。因此，各国不仅在公司法中对合并的条件、程序和法律后果加以规定，而且通过证券法、劳动法、反不正当竞争法、反垄断法等加以规范。其目的在于维护自由、公正的市场竞争秩序，协调和保护合并过程中各相关主体的合法利益。现代发达的市场经济国家或地区均通过反垄断法对公司的合并加以控制，并建立了相应的政府机构。如美国的反托拉斯局和联邦贸易委员会，德国的卡特尔局，日本、韩国和我国台湾地区的公正交易委员会等。公司合并时应向上述机关报告，以便监督。主管机关认为公司的合并限制竞争的，可不予批准或者进行禁止或者采取排除措施。如日本《关于禁止私人垄断和确保公正交易的法律》规定，公正交易委员会从受理报告之日起未经30日者不得合并。对于"那些在一定交易领域实质上限制竞争"的合并予以禁止。美国还制定了《反托拉斯法施行细则》，作为判断公司合并是否构成限制竞争的标准，美国倾向于管制横向合并。

近年来，关于公司合并的立法出现了一种新的趋向，有了新的变化。自20世纪80年代以来，"恶意收购"浪潮迭起，这类合并对劳动者、债权人造成了重大影响。由于传统公司法理论认为公司合并是公司之间的行为，仅与股东和债权人有关，与公司雇员和相关共同体的关系由其他法规加以调整，因而在公司法中仅对股东和债权人设相应的保护制度，对雇员和相关共同体（如合并公司所在地居民）缺乏相应的保护。新近的经济学研究成果表明，合并直接损害雇员和相关共同体的利益，甚至合并者从合并中获得的利益就是雇员在合并中所失去的利益。因此，近年来美国有29个州相继修改公司法，要求公司经营管理者不只为股东服务，而且应为劳动者、债权人等更为广泛的"利益相关者"服务，在合并中应考虑雇员和其他利益相关者的利益。美国公司法的这一变化将产生深远而广泛的影响。

**二、公司合并的程序**

1. 签订合并协议。我国《公司法》规定，公司合并应当由合并各方签订合并协议，即由参加合并的各公司在平等自愿基础上就合并的有关事项达成一致协议。我国《公司法》虽然未规定合并协议的必要条款，但在实践中，合并协议一般应载明下列事项：合并各方的名称、住所；合并后存续公司或新设公司的名称、住所；合并各方的资产状况及其处理办法；合并各方的债权债务处理办法；存续公司或新设公司因合并而增资所发行的股份总数、种类和数量；合并各方认为有必要协商一致的其他事项。

2. 通过合并决议。公司的合并与股东利益关系重大，故必须经全体股东或股东会通过合并决议。根据我国《公司法》第 43 条、第 103 条之规定，有限责任公司的合并须有代表 2/3 以上表决权的股东通过；股份有限公司的合并须有出席会议股东所持表决权的 2/3 以上同意。

3. 编制资产负债表和财产清单。公司合并时，合并各方应编制资产负债表和财产清单，以明确各方的财产状况，便于公司债权人了解。

4. 通知和公告债权人。公司合并直接关系到债权人权利的实现，故我国《公司法》第 173 条规定："……公司应当自作出合并决议之日起 10 日内通知债权人，并于 30 日内在报纸上公告。债权人自接到通知书之日起 30 日内，未接到通知书的自公告之日起 45 日内，可以要求公司清偿债务或者提供相应的担保。"在债权人请求但公司不清偿债务或者不提供相应担保的情况下，不影响公司的合并。

股份有限公司合并后，存续公司的董事会或新设公司的发起人，应于完成催告债权人程序后，分别履行下列手续：①存续公司应立即召集合并后股东大会，进行合并事项的报告，必要时，变更公司章程。在合并时发行新股的认购人，在该股东大会上与原有股东享有同等的权利。②因合并而新设的公司应立即召集创立大会，创立大会可以决议修改公司章程。创立大会的召集和表决程序、职权等准用公司设立时有关创立大会的规定。无论何种方式的合并，合并后公司章程的内容不得违反合并协议的规定。

5. 办理合并登记。公司合并必然引起公司的消灭、新设和变更，公司应在法定期限内向登记机关办理有关登记手续。合并后存续的公司，登记事项发生变更，应办理变更登记；因合并而消灭的公司办理解散登记；因合并而新设的公司办理设立登记。

### 三、公司合并的法律效果

公司的合并，自合并后存续的公司或新设的公司向登记机关登记之日起生效。公司合并的法律效果体现在以下三个方面：

（一）公司的消灭、变更和新设

在新设合并时，参与合并的公司均消灭，在此基础上产生一个新的公司。新设公司应重新制订公司章程，召开创立大会，并办理设立登记。在吸收合并时，只有一个公司继续存在，其余公司消灭，但存续公司的资本、股东等发生了变化，存续公司应修改公司章程，并办理变更登记。

**（二）权利义务的概括移转**

因合并而消灭的公司，其权利义务一并移转给合并后存续的公司或新设的公司。存续的公司或新设的公司承受的权利义务不仅包括实体法上的权利义务，如债权债务，还包括程序法上的权利义务。

**（三）股东资格的当然承继**

合并前公司的股东继续成为合并后存续公司或新设公司的股东。原来股东的股份按照合并协议的规定转换为合并后公司的股份。

**四、公司合并的无效**

公司合并是一种要式法律行为，须依照法定程序进行，才具有法律上的效力。如果合并存在无效的原因，可能导致合并无效。这是因为合并虽有利于具体企业的微观经济利益和社会的宏观经济利益，但是，如果滥用合并制度，则可能导致损害股东、债权人利益及扰乱社会经济秩序之后果，因此许多国家立法对于不符合法律规定的合并规定了相应的救济办法，即宣告合并无效。

公司的合并无效必须通过诉讼程序提出，公司的股东、清算人、破产财产管理人或不承认合并的债权人，均有权提起合并无效之诉。至于提起合并无效之诉和法院裁定合并无效的原因，自应适用民法关于法律行为无效的条件，如当事人主体不合格、意思表示不真实、行为的内容和程序违反法律的强制性规定等。当法院作出合并无效的判决后，须在总公司及分公司所在地，就合并后存续的公司进行变更登记，就合并后新设的公司进行解散登记，就因合并而消灭的公司进行恢复登记。

合并无效的判决对第三人有法律效力，但是，为了维护交易安全和经济秩序的稳定，合并无效的判决不影响合并后存续的公司或因合并而设立的公司与股东、第三人之间发生的权利义务关系。在公司合并生效后至无效判决确定前公司与股东、第三人间已发生的权利义务关系仍然有效，由合并无效后恢复的各公司承继。法院作出合并无效的判决后，进行合并的公司对于合并后存续的公司或因合并而设立的公司于合并后负担的债务，承担连带清偿责任。合并后存续的公司或因合并而设立的公司于合并后取得的财产，由参加合并的各公司共有。至于各公司负担的债务或取得的财产份额，可由各公司协商确定；协商不成时，由法院依当事人请求，根据合并时各公司的财产数额及其他情况，酌情确定。

**五、公司合并的形式**

各国立法对公司合并有种类不限制主义和种类限制主义两种做法。前者是指不论何种类型的公司，都可以进行合并；后者是指只有责任形式相同的公司才可以进行合并，或要求合并后的公司必须为某种类型。传统公司法对合并公司的种类一般不加限制，允许无限公司、两合公司、股份有限公司任意合并，现代各国立法大多实行种类限制主义，如日本于昭和十三年修订了商法和有限公司法，参照德国立法，对公司合并作出限制，规定如果合并一方或双方为股份有限公司时，合并后存续的公司或新设的公司须为股份有限公司（日本《商法》第56条）。有限公司与有限公司合并时，合并后的公司须为有限公司（日本《有限公司法》第59条）。

由于我国《公司法》只确认有限责任公司与股份有限公司两种公司类型，在我国，公司合并的具体形式主要有以下几种：

（一）有限责任公司与股份有限公司的合并

有限责任公司可以与有限责任公司或股份有限公司进行合并，股份有限公司之间也可以进行合并，合并后的公司可以为有限责任公司或股份有限公司。但是，当进行合并的公司一方为公司债尚未偿还完毕的股份有限公司时，登记后存续的公司或依合并而设立的公司不得为有限责任公司，必须为股份有限公司。合并后的公司为股份有限公司时，必须符合股份有限公司的有关规定。日本商法还规定，合并后的公司为股份有限公司时，非经法院认可，不发生效力。如合并后存续或设立的公司为有限责任公司时，以合并前的股份有限公司的股份所设定的质权，仍然存在于股东在合并后所取得的股权上。

（二）母公司与子公司的合并

母公司董事会可以决定将子公司合并于母公司中，由母公司承受子公司的债权和债务。

（三）公司与其他企业组织的合并

除公司相互间合并外，各国还允许公司与其他企业组织合并。我国实践中也允许公司与其他非公司企业（国有企业、集体所有制企业、私营独资企业、私营合伙企业）合并，但此种合并不受《公司法》调整，而由其他单行法规调整。应当注意的是，公司不得与其他公司的分支机构合并，因为分支机构不具备法人资格，不能独立承担民事责任。

## 第二节　公司的分立

### 一、公司分立的概念

公司的分立是指一个公司依法定程序分为两个或两个以上公司的法律行为。

实践中，公司往往根据专业化分工的需要，将原公司中从事某一类或某一部分业务的机构独立出来，另行成立一个公司法人，使其独立对外承担民事责任，以便独立经营。同合并一样，分立也是公司迅速扩大经营，提高市场竞争力的重要手段。分立将一个公司分为多个独立承担民事责任的公司，具有分散经营风险之功效，因此，成为现代企业调整组织结构的一个重要手段。但是，公司的分立与合并不同，它是现代企业随着社会分工的不断细密而出现的，它的出现和普遍适用较合并更晚。由于分立往往体现为公司成立一个新法人，与公司的设立十分相似，甚至可以认为，公司的设立即可涵盖公司的分立。因此，许多国家和地区（如日本、德国、美国及我国台湾地区等）的公司法未设分立制度，而将其包容于公司的设立之中。我国《公司法》为规范公司的分立行为，对公司分立作出了专门的规定。

## 二、公司分立的形式

公司的分立分为新设分立和派生分立两种。新设分立又称分解分立，是指将一个公司的资产进行分割，然后分别设立两个或两个以上的公司，原公司因此而消灭。例如，甲公司将其全部资产一分为二，分别设立乙丙两个公司，在乙丙公司诞生之同时，甲公司归于消灭。派生分立，又称存续分立或分拆分立，是指在不消灭原公司的基础上，将原公司资产分出一部分或若干部分而再成立一个或数个公司的行为。例如，甲公司以其部分资产另外设立乙公司，甲公司不因乙公司的成立而消灭，只是发生资产额的减少。

## 三、公司分立的程序

公司分立与公司、股东、债权人甚至雇员关系重大，因此，必须依照法定程序进行。公司的分立是一个公司依法所为的单独行为，无须与第三方协商，这是分立与合并的显著区别。一般而言，分立后的公司组织形式应与分立前相同，有限责任公司分立后，其新设或存续的公司应为有限责任公司。但股份有限公司分立，分立后的公司可以是股份有限公司，也可以是有限责任公司。

（一）股东会决议

公司分立属于与股东利益密切相关的重大事项，因此，分立应由董事会提出分立的方案，交股东会以特别决议确定。根据我国《公司法》规定，有限责任公司的分立必须经代表2/3以上表决权的股东通过；股份有限公司的分立必须经出席会议的股东所持表决权的2/3以上通过，通过程序与合并相同。国有独资公司的分立必须由国有资产监督管理机构决定，其中重要的国有独资公司的合并、分立，应当由国有资产监督管理机构审核后，报本级人民政府批准。

分立方案的内容主要有：①分立后存续公司或新设公司的名称；②分立的条

件；③资产的划分及归属；④有关存续公司章程更改的说明以及新设公司的安排；⑤其他条款。

## （二）通知和公告债权人

对债权人而言，公司的分立将引起公司财产及其债务状况的变化，直接关系其债权的实现。因此，公司应当自作出分立决议之日起 10 日内通知债权人，并于 30 日内在报纸上公告。

## （三）由分立后的各公司代表签署内部分立协议

公司分立经股东会和债权人通过后，由分立后的各公司的代表根据股东会的决议，就资产分割、债权债务的分担、股权安排等事项及其具体实施办法达成一致协议。协议的主要内容有：①原公司的名称、住所；②分立后存续公司、新设公司的名称、住所；③原公司的资产负债状况及其处理办法；④存续公司、新设公司发行股份的总数、种类和数量；⑤向原公司股东换发新股票或股权证明书的有关规定；⑥分立的具体日期。该协议不得与股东会决议相抵触，否则协议无效。该协议对分立后的各公司具有法律约束力。

## （四）编制资产负债表及财产清单

公司分立，应对其财产作相应的分割。分割的具体数额和办法根据股东会的决议和分立协议进行。分割时公司应当编制资产负债表及财产清单。

## （五）申请登记

派生分立后存续的公司，其股东、资本等发生了变化，应依法办理变更登记。新设分立时新设的公司应依法办理设立登记。分立后解散的公司，应依法办理注销登记。登记后，还应办理公告。但该公告非分立之生效要件和对抗要件，仅起告知公众之作用。

## 四、分立的法律效果

公司分立引起公司的变更、解散和新设。对进行分立的公司本身而言，分立可能导致其解散或资本和股东的变更。对于股东而言，分立引起其与原公司关系及其股权的数量和结构等的变化。对债权人而言，分立引起债务人主体的变化。分立应当公平善意地进行，若分立过程中财产分割不公或以分立作为逃避债务的手段，股东、债权人可以采取必要的司法救济。实践中，有的公司为了达到逃避债务的目的，往往将公司中经营较好的部分单独分出来，成立一个新的公司；或将公司的资产转移到新设的公司，由只剩下一个空壳的公司承担债务。这种做法严重损害了债权人的合法权益，危害社会的经济秩序。对此，我国有关的司法解释规定，以逃避债务为目的的分立无效。

# 第三节 公司组织的变更

## 一、公司组织变更概述

公司组织变更，是指不中断公司的法人资格而将公司由一种法定形态变为另一种法定形态的行为。在大陆法系国家，公司的组织变更是无限公司、两合公司、有限公司、股份有限公司、股份两合公司之间的变更。在英美法系国家是开放式公司（Public Corporation）和封闭式公司（Close Corporation）之间的变更。由于不同类型的公司，股东所负责任不同，故现代各国公司法对于公司的变更多有种类的限制，只有责任形式相近的公司才能进行变更。

为了鼓励和便利投资，各国公司法为了提供尽量多的公司形式供投资者选择，均规定了允许设立的公司形式。由于各种公司均有其各自的优点和不足，为扬长避短，一个公司在发展的过程中，往往需要变更其法定形式，使公司在营业不中断的情况下由一种类型的公司变更为他种类型的公司。

如果没有公司组织的变更制度，投资者变更公司形式的，必须首先解散原来的公司，清算完毕后，再重新注册为另一类型的公司。这样费时费力，且势必造成公司营业的中断和法人资格的丧失，对公司、股东、债权人和社会经济的发展和繁荣均不利。因此，各国公司法为了使投资者迅速、经济地改变公司形态，均规定了公司的组织变更制度，使公司无须中断营业和法人人格，通过履行一系列法定程序即可达到变更公司形式的目的。我国《公司法》也确认了这一为各国公司法普遍采用的制度，《公司法》第9条和第95条对公司变更作出了规定。

## 二、公司组织变更的程序

### （一）拟订变更办法

公司进行变更前，应由公司负责人拟订变更办法，就变更后公司的名称、股权的安排、公司组织机构等提出初步方案。

### （二）通过变更决议

公司的变更涉及股东责任，与股东关系重大，故必须经股东会以特别决议通过。

### （三）编制资产负债表和财产目录

公司组织变更后，股东在公司中的权益和所承担的责任有所不同，而股东的权益和责任则取决于变更时公司的财产状况。因此，变更时应编制资产负债表和财产目录，作为确定股东权益和责任的基础。

（四）向债权人进行通知和公告

进行组织变更的公司应在法定期限内将公司变更的有关事项通知或公告债权人，对公司的变更持有异议的债权人，应在一定期限内提出异议。若债权人未在规定的期限内提出异议，视为承认变更；债权人提出异议的，公司应进行清偿或提供相应的担保。我国《公司法》对此程序未作规定，应由立法解释或司法解释进一步加以明确。

（五）申请办理登记手续

关于公司组织变更的登记方式，各国规定不同。有的国家（如日本）规定，公司组织变更应进行双重登记：首先应在法定期限内在总公司所在地就变更前的公司办理解散登记，然后就变更后的公司办理设立登记。有的国家（如德国）则实行一次登记，只需办理变更登记即可。我国《公司法》采用后一种做法。公司变更类型的，按照拟变更的公司类型的设立条件，在规定的期限内向公司登记机关申请变更登记即可。从公司组织变更的目的和宗旨出发，以实行一次变更登记为宜。

### 三、公司组织变更的条件

由于各种公司的责任形式不同，现代各国公司法对于公司的变更多采取种类限制主义，即对公司变更的类型进行限制，只有责任形式相同的公司之间才准许进行变更。但各国在具体限制方式上又有所不同。一般来说，无限公司与两合公司可以互相变更，有限公司与股份有限公司可以互相变更。但无限公司与有限公司和股份有限公司可否互相变更，各国规定不一。我国《公司法》对有限责任公司变更为股份有限公司，以及股份有限公司变更为有限责任公司作出了原则性规定。

根据我国《公司法》第9条、第95条的规定，公司变更应当符合下列条件：

1. 变更后的公司应当具备法定条件。有限责任公司变更为股份有限公司应当符合法定的股份有限公司的条件，包括须有2人以上200人以下为发起人，其中过半数以上的发起人须在中国境内有住所；股份发行、筹办事项等亦须符合法律规定。股份有限公司变更为有限责任公司的，也应当符合法定的有限责任公司的条件。

2. 变更程序必须按照《公司法》关于设立有限责任公司和股份有限公司的程序办理。即发起人须制订公司章程、股东会作出变更公司形式的特别决议、向登记机关办理变更登记等。

3. 有限责任公司变更为股份有限公司时，折合的实收股本总额不得高于公司净资产额。有限责任公司变更为股份有限公司，为增加资本公开发行股份时，应当依法办理。

4. 有限责任公司变更为股份有限公司的，或者股份有限公司变更为有限责任公司的，公司变更前的债权、债务由变更后的公司承继。

**■ 思考题**

1. 什么是公司合并？举例说明何为吸收合并和新设合并。
2. 公司合并须经哪些法定程序？有何法律效果？
3. 什么是公司分立？举例说明何为新设分立和派生分立。
4. 公司分立须经哪些法定程序？有何法律效果？
5. 公司组织形式变更须符合哪些条件？

# 第十一章　公司的解散与清算

■ 学习目的和要求

　　通过本章的学习，正确理解公司解散与清算的含义及其相互关系以及解散的原因和清算的种类，熟悉公司清算的程序，掌握《关于适用〈中华人民共和国公司法〉若干问题的规定（二）》（以下简称《公司法司法解释（二）》）的主要内容。

## 第一节　公司的解散

### 一、公司解散概述

（一）公司解散的概念

　　对公司解散的概念，学者们有不同的理解。主要有两种看法：①以解散为公司法人资格消灭的原因，认为"公司之解散，非公司法人人格之消灭，乃公司法人人格之消灭之原因。详言之，即已成立之公司，发生法律上之原因，而丧失其营业上之能力"。[1] ②主张解散是公司法人资格消灭的一种程序，认为法人终止是就实体角度而言、从结果层面予以考虑，表明法人在实体意义上已消灭；而解散则是从程序角度而言的，是确定法人将要终止，这种确定虽不会立即导致法人消灭，但它必将会导致法人消灭。但解散不是一种具体的程序，它不同于导致解散的各种具体行为或文件，如主管机关的命令等，它是一种抽象的、主观上的程序，如当公司人数低于法定人数时，即可认定该社团解散。[2] 根据我国《公司法》的规定，解散不仅是指法律或章程规定的解散原因出现，还包括结束公司营业、处理公司善后等一系列活动，因此，认为解散属于公司法人资格消灭的程序较为妥当，故公司解散可定义为：公司因法律或章程规定的解散事由出现而停止

---

〔1〕　张国键：《商事法论》，三民书局1980年版，第186页。

〔2〕　江平主编：《法人制度论》，中国政法大学出版社1994年版，第154页。

营业活动并逐渐终止其法人资格的行为，它是公司主体资格消灭的必经程序。

基于上述解释，可见当公司出现解散事由时，其法人资格尚未消灭，在清算范围内，其法人资格仍视为存续。需要注意的是，若是因公司合并或者分立需要解散，无需清算，可直接注销，法人资格消灭。

（二）解散后存续公司的性质

对于解散后存续公司的性质，学界大致有四种不同的看法：

1. 人格消灭说。主张公司因解散而丧失法人资格，公司财产归股东共有。近代，日本、德国的一些法学家曾持此说。但因此说意味着在清算前公司即已消灭，使清算无法进行，与事实相悖，故此说在现代已遭摒弃。

2. 清算公司说。主张解散后清算中的公司是专为清算目的而存在的公司。此说认为清算中的公司与正常营业中公司只是目的不同，其余并无差异。依此类推，清算中的公司可变更其目的而成为以前从事营业的公司，抹杀了清算是为了终止公司法人资格这一目标，与公司解散的法理不符。

3. 拟制说。认为公司虽因解散而丧失其法人资格，并不得从事经营范围内的活动，但由于法律的拟制，在清算范围内，公司仍应视为存在，享有权利能力。此说与法律规定不符。因为公司解散时，其法人资格并未消灭，而是一直延续至清算终结为止，故在清算期间，公司当然享有法人资格，无须法律之拟制。

4. 同一人格说。认为公司虽已解散，但其法人资格在清算终结前视为继续存在，从未间断，而且与清算前的公司法人资格并无本质区别，只是权利能力范围有所缩小而已。按此说，清算中的公司虽不得再享有从事营业活动的权利，但在清算的目的范围内，与解散前的公司一样具有权利能力；在清算期间，公司自然地、概括地承受着公司正常存续期间所产生的权利义务。各国现行立法多采此说。

**二、公司解散的原因**

从各国立法规定看，公司解散可以分为自愿解散和被迫解散两类。

（一）公司自愿解散的原因

1. 公司存续期间届满或章程规定的其他解散事由发生。

（1）公司存续期间届满。一些国家（如法国、意大利、美国）的公司法规定，公司的经营期限是公司章程的必要记载事项，而在大多数国家则无此要求。在公司章程订有营业期限时，如没有按照法律或章程的规定延长期限，当公司营业期限届满时，公司即当解散，无须股东会另行作出解散决议。但是，在公司存续期限届满前，股东会可以通过决议使公司在存续期间届满后继续存在。

（2）章程规定的其他解散事由。各国公司法为了体现当事人的意思自治，在不违反法律的前提下，均允许在章程中载明公司的解散事由。当章程规定的解散事由出现时，即可解散公司，按照章程规定的清算办法进行清算，无须股东会另行作出解散决议。

2. 公司权力机关决定解散。虽无法定或章程规定的解散事由出现，但公司在经营中认为必要时，经公司权力机关的决议可以解散公司。公司的解散属于公司的重大事项，与公司、股东关系重大，因此，解散决议必须由股东会作出，而且该决议的通过比其他决议更严格。我国《公司法》规定，有限责任公司的解散，必须经代表 2/3 以上表决权的股东通过；股份有限公司的解散，必须经出席会议的股东所持表决权的 2/3 以上通过。

3. 因公司合并、分立而解散。公司经股东会决议可以合并或分立，公司的合并和分立会导致部分公司的解散。在吸收合并时，除存续公司继续存在外，其他参与合并的公司均解散；在新设合并时，所有参与合并的公司均告解散；在分解分立时，原公司宣告解散。公司因合并和分立而解散，无须进行清算，这是合并、分立导致的公司解散与其他原因造成的公司解散的根本区别。

（二）公司被迫解散的原因

公司非因自身的意愿而是由于外界力量的干预而解散，为被迫解散。导致公司被迫解散的情形如下：

1. 法院判决解散。我国《公司法》第 180 条第 5 项规定："人民法院依照本法第 182 条的规定予以解散。"第 182 条规定："公司经营管理发生严重困难，继续存续会使股东利益受到重大损失，通过其他途径不能解决的，持有公司全部股东表决权 10% 以上的股东，可以请求人民法院解散公司。"我国原《公司法》对此未作规定，修订后的《公司法》对此作出了必要的补充。这项制度的完善，对于保护股东和债权人的利益显然具有十分重要的意义。为进一步明确通过诉讼解散公司的具体事由，最高人民法院在《公司法司法解释（二）》的第 1 条中规定，单独或者合计持有公司全部股东表决权 10% 以上的股东，以下列事由之一提起解散公司诉讼，并符合《公司法》第 182 条规定的，人民法院应予受理：

（1）公司持续 2 年以上无法召开股东会或者股东大会，公司经营管理发生严重困难的；

（2）股东表决时无法达到法定或者公司章程规定的比例，持续 2 年以上不能做出有效的股东会或者股东大会决议，公司经营管理发生严重困难的；

（3）公司董事长期冲突，且无法通过股东会或者股东大会解决，公司经营管理发生严重困难的；

（4）经营管理发生其他严重困难，公司继续存续会使股东利益受到重大损失的情形。

股东以知情权、利润分配请求权等权益受到损害，或者公司亏损、财产不足以偿还全部债务，以及公司被吊销企业法人营业执照未进行清算等为由，提起解散公司诉讼的，人民法院不予受理。

2. 主管机关命令解散。当公司设立或营业行为违反法律、法规、社会公共秩序和善良风俗时，行政主管机关可依法解散公司。大多数国家规定，存在上述情形时，由行政主管机关命令解散公司。对此，我国《公司法》规定：①公司登记时，虚报注册资本、提交虚假材料或者采取其他欺诈手段隐瞒重要事实取得公司登记，情节严重者，撤销公司登记或者吊销营业执照。（《公司法》第198条）②公司成立后无正当理由超过6个月未开业的，或者开业后自行停业连续6个月以上的，由公司登记机关吊销其营业执照。（《公司法》第211条）③利用公司名义从事危害国家安全、社会公共利益的严重违法行为的，吊销营业执照。（《公司法》第213条）由公司登记机关吊销公司的营业执照，即可导致公司的解散。

3. 公司破产。公司不能清偿到期债务、达到破产界限时，依债权人或债务人的申请，法院可依法宣告公司破产。自法院作出破产宣告之日起，公司即告解散，从此丧失对公司财产的管理和处分权，由法院组织的清算组管理财产，进行清算。此外，在公司因其他原因解散而进行清算的过程中，清算组发现公司财产不足以清偿债务的，应向法院申请宣告破产。

公司破产为解散原因之一，但公司自行申请破产的情形，究竟属于自愿解散抑或被迫解散，理论界有不同的看法。我们认为破产解散应为被迫解散，这是因为：首先，从本质上说，破产宣告是法院依法进行的审判行为，是法院在公司资产不能清偿到期债务时行使司法权消灭其法人资格的一种程序；其次，公司的破产清算由法院组织清算组进行，整个清算工作始终置于法院的严格监督之下。

### 三、公司解散的登记和效力

公司解散时，除因破产和合并而解散外，应在法定期限内向公司所在地登记机关办理解散登记。经核准登记后，还应在公司所在地公告。其目的在于使有关利害关系人知悉公司解散的事实，从而免受不可预见的损害，以保护社会交易的安全。公司负责人没有按照规定的期限办理解散登记的，依法予以制裁。大陆法系国家的公司法均规定了公司解散登记制度，以加强对债权人的保护。我国《公司法》没有规定公司的解散登记制度，实践中，公司解而不散，解散后仍利用尚未被收缴的营业执照进行经营活动的现象大量存在，给交易相对人造成损失，亦损害了社会经济秩序。为加强对债权人和社会交易安全的保护，有必要在我国

《公司法》中规定解散登记制度。

公司解散虽不直接消灭公司的法人资格，但产生一系列的法律后果。首先，公司一经解散，其权利能力便受到限制，除为了清算的必要外，公司不得进行任何业务活动，不得处理公司的财产。其次，公司原来的代表机关和业务执行机关（董事会、经理等）均丧失其地位和职权，不得代表公司行使职权，其地位由清算组织取代。但是，公司的股东会和监事会仍然存在，必要时，可以行使法律或章程规定的职权。公司解散后，公司与股东的法律关系仍然存在，公司法中关于股东与公司关系的规定仍然适用。

# 第二节　公司的清算

## 一、公司清算的意义

公司清算（Liquidation）是指公司解散后，处分其财产，终结其法律关系，从而消灭公司法人资格的法律程序。公司除因合并或分立而解散无须清算外，其余原因引起的解散，均须经过清算程序。因为公司是由投资者共同出资组建的法人实体，在存续期间对内、对外发生大量的法律关系，公司解散后法人资格并未消灭，而是在清算范围内继续存在。为保护股东和债权人的利益，必须依法将其资产向股东和债权人进行分配，终结其现存的全部法律关系，因此，必须进行清算，此为各国通例。美国特拉华州公司法第101节还规定，公司因存续期限届满或其他原因而解散时，公司可从期满或解散之日起再延续3年，或按衡平法院决定延续更长的时间，以便依法进行民事、刑事或行政诉讼，或就他人对其提出的起诉进行答辩，逐步清算和终止其业务，处理和转移其财产，解除其责任，并向其股东分配任何剩余资产，但不得为继续进行公司的业务而继续存在。如果为清算目的需要，3年后公司仍可作为法人而存在，直至正式履行了所有判决、命令或法令为止。对此，无须衡平法院作出任何特殊命令。

## 二、公司清算的种类

### （一）破产清算和非破产清算

根据是否在破产情形下进行，清算可以分为破产清算和非破产清算。破产清算，是指公司不能清偿到期债务被依法宣告破产时，由法院组织清算组对公司资产进行清理，将破产财产公平地分配给债权人，并最终消灭公司法人资格的程序，破产清算始终在法院的严格监督下进行。非破产清算，是指在公司资产足以清偿全部债务的情况下进行的清算，包括自愿解散的清算和强制解散的清算，此种清算的财产除用以清偿公司的全部债务外，还要将剩余财产分配给公司的股东。非破产清算可以转化为破产清算，在非破产清算过程中，清算组如果发现公司的资产不足以清偿债务时，应当转为破产清算。如我国《公司法》第187条规定："清算组在清理公司财产、编制资产负债表和财产清单后，发现公司财产不足清偿债务的，应当依法向人民法院申请宣告破产。公司经人民法院裁定宣告破产后，清算组应当将清算事务移交给人民法院。"

（二）任意清算和法定清算

根据清算是依公司自行确定的程序还是依照法定程序进行，可以将清算分为任意清算和法定清算。任意清算，是指在公司自愿解散的情况下，依公司章程的规定或全体股东同意的清算方法处分公司的财产。任意清算体现了当事人（股东）意思自治的原则，处分财产的顺序、方式等均由股东一致同意确定，法律不加干预。法定清算，是指公司依照法律规定的程序进行的清算。广义上的清算包括任意清算和法定清算。狭义上的清算一般仅指法定清算。任意清算仅适用于无限公司，有限责任公司和股份有限公司则实行严格的法定清算。

（三）普通清算和特别清算

依照清算是否受到法律或行政机关的干预，法定清算又可以分为普通清算和特别清算。普通清算，是指由公司自行依法组织的清算组按法定程序所进行的清算。特别清算，是指当解散的公司实行普通清算有显著困难时，由法院或行政机关命令组织清算组并加以监督所进行的清算。特别清算是介于普通清算和破产清算之间的一种特别程序，由法院或行政机关进行一定的干预和监督。根据上述标准，我国《公司法》第183条规定，有限责任公司的清算组由股东组成，股份有限公司的清算组由董事或者股东大会确定的人员组成，自行进行清算。该条还规定，逾期不成立清算组进行清算的，债权人可以申请人民法院指定有关人员组成清算组进行清算。人民法院应当受理该申请，并及时组织清算组进行清算。据此，我国《公司法》规定的法定清算情形有两种：①由公司依法自行组成清算组进行清算；②逾期不成立清算组时，应债权人申请，由法院指定有关人员组织清算组进行清算。《公司法司法解释（二）》规定了另外两种情形：①虽然成立清算组但故意拖延清算的；②违法清算可能严重损害债权人或者股东利益的，债权人申请人民法院指定清算组进行清算，人民法院应予受理。并且在这四种情形中，出现后三种情形时，债权人未提起清算申请，公司股东申请人民法院指定清算组对公司进行清算的，人民法院应予受理。但是，我国《公司法》没有规定法院指定的清算人从何种人员中产生，法院是否对清算进行监督，以及如何监督等，与他国立法相比尚显粗糙。我国最高人民法院曾在《关于审理公司强制清算案件工作座谈会纪要》（以下简称《纪要》）中规定了清算组成员的组成。《纪要》第22条、第23条指出：人民法院受理强制清算案件后，应当及时指定清算组成员。公司股东、董事、监事、高级管理人员能够而且愿意参加清算的，人民法院可优先考虑指定上述人员组成清算组；上述人员不能、不愿进行清算，或者由其负责清算不利于清算依法进行的，人民法院可以指定《人民法院中介机构管理人名册》和《人民法院个人管理人名册》中的中介机构或者个人组成清算组；人民法院也可根据实际需要，指定公司股东、董事、监事、高级管理人员，与管理人名册中的中介机构或者个人共同组成清算组。人民法院指定管理人名册中的中介机构或者个人组成清算组，或者担任清算组成员的，应当参照适用最高人民法院《关于审理企业破产案件指定管理人的规定》。强制清算清算组成员的人数应当为单数。人民法院指定清算组成员的同时，应当根据清算组成员的推选，或者依职权，指定清算组负责人。清算组负责人代行清算中公司诉讼代表人职权。清算组成员未依法履行职责的，人民法院应当依据利害关系人的申请，或者依职权及时予以更换。这两条规定填补了《公司法》中关于清算组成员构成的空白。

### 三、清算中公司的机关

公司解散后至办理注销登记之前这段时间，公司虽解散，但在清算目的范围内，法人资格继续存在。但是，公司一经解散，公司董事、经理的地位和职权便随之消灭，改由清算组接管公司的财产和事务。在普通清算时，一般由公司的董事担任清算人。此外，清算期间公司股东会和监事会仍然存在，可以行使原有的职权，但以清算事务为限。此时，法律和公司章程关于监事的职权、股东会召集程序、少数股东召集股东大会的请求、董事和监事的说明义务和忠实义务、董事与公司的关系、监事的停止请求权、股东账簿查阅权等规定仍然适用。

我国《公司法》第205条规定："公司在清算期间开展与清算无关的经营活动的，由公司登记机关予以警告，没收违法所得。"

### 四、清算人

（一）清算人的选任

清算人是公司解散后负责处理清算事务之人，一般为自然人，其与解散中公司之间的关系，按照公司法的规定应为公司的负责人，在清算目的范围内代表公司、处理公司事务，依照公司法的规定行使职权，承担相应的义务和责任。同时，有的国家和地区（如日本和我国台湾地区）的公司法还规定，清算人与公司的关系准用民法关于委任的规定。

清算人的产生方式主要有三种：①由法律规定。如日本商法规定，无限公司的清算人由执行业务股东担任，股份有限公司和有限公司的清算人由董事担任。但公司章程另有规定或股东另选其他清算人的除外。我国《公司法》规定，有限责任公司的清算组由股东组成。②由股东选任。在公司自愿解散的情形中，除法律强制规定外，清算人一般由股东选任。我国《公司法》规定，股份有限公司的清算组由董事或者股东大会确定其人选。③由法院指定。我国《公司法》规定，逾期不成立清算组进行清算的，债权人可以申请人民法院指定有关人员组成清算组，进行清算。人民法院应当受理该申请，并及时指定清算组成员，进行清算。《公司法司法解释（二）》第7条还规定，虽然成立清算组但故意拖延清算的以及违法清算可能严重损害债权人或者股东利益的，债权人可以申请人民法院指定清算组进行清算，人民法院应予受理。债权人未提起清算申请的，公司股东申请人民法院指定清算组对公司进行清算的，人民法院应予受理。人民法院指定的清算组成员可以从下列人员或者机构中产生：①公司股东、董事、监事、高级管理人员；②依法设立的律师事务所、会计师事务所、破产清算事务所等社会中介机构；③依法设立的律师事务所、会计师事务所、破产清算事务所等社会中介机构中具备相关专业知识并取得执业资格的人员。

（二）清算人的解任

清算人有不当行为或不称职的行为时，可以将其解任。解任的方式有两种：首先，股东会解任。对于股东选任的清算人，股东可以决议将其解任。但对于法院选任的清算人，股东会无权将其解任。其次，法院依利害关系人申请将清算人解任。根据最高人民法院《公司法司法解释（二）》第9条的规定，人民法院指定的清算组成员有下列情形之一的，人民法院可以根据债权人、股东的申请，或者依职权更换清算组成员：①有违反法律或者行政法规的行为；②丧失执业能力或者民事行为能力；③有严重损害公司或者债权人利益的行为。

（三）清算人的职权

清算人作为清算中公司的机关，在执行清算事务范围内，相当于董事的地位，享有与董事同等的权利和义务。我国《公司法》规定，清算组在清算期间行使下列职权：

1. 清理公司财产，编制资产负债表和财产清单。清算人就任后，应清查公司财产，编制资产负债表和财产目录，作为清偿债务和分配剩余财产的依据。有些国家和地区的立法还要求清算人将上述表册送交股东。在有限公司中，因股东人数较少，应提交每一股东查阅。在股份有限公司中，清算人应将表册提交监察人，并提交股东大会承认。监察人应在股东大会开会前作出监察报告书并提交清算人。日本商法、我国台湾地区"公司法"还要求再提交法院认可。清算人违反规定或者编制的表册有虚假记载的，应承担法律责任。我国《公司法》第186条规定，清算组在清理公司财产、编制资产负债表和财产清单后，应当制订清算方案，并报股东会、股东大会或者人民法院确认。据此，我国的清算人仅需将清算方案提交股东会确认。此外，我国《公司法》第 204 条第 2 款规定，公司在进行清算时，隐匿财产，对资产负债表或者财产清单作虚假记载或者在未清偿债务前分配公司财产的，由公司登记机关责令改正，对公司处以隐匿财产或者未清偿债务前分配公司财产金额 5% 以上 10% 以下的罚款；对直接负责的主管人员和其他直接责任人员处以 1 万元以上 10 万元以下的罚款。

2. 通知或者公告债权人。我国《公司法》第 185 条第 1、2 款规定："清算组应当自成立之日起 10 日内通知债权人，并于 60 日内在报纸上公告。债权人应当自接到通知书之日起 30 日内，未接到通知书的自公告之日起 45 日内，向清算组申报其债权。债权人申报债权，应当说明债权的有关事项，并提供证明材料。清算组应当对债权进行登记。"但是，我国仅规定了清算组未履行通知和公告义务时导致债权人未及时申报债权而未获清偿，债权人主张清算组成员对因此造成的损失承担赔偿责任的，人民法院应依法予以支持。对清算组已履行通知和公告义务后未申报债权的债权人的权利是否消灭，没有明文规定。对此，日本《商法》第 421 条、第 422 条规定，在催报债权公告中，须附记债权人未在规定期间内申报时，则排除于清算之外一事。但是，已知的债权人不得排除于清算之外。被排除于清算之外的债权人，其债权并不绝对消灭，对尚未分配的剩余财产享有清偿请求权。

3. 处理与清算有关的公司未了结的业务。公司解散时，尚未了结的业务，如尚未履行完毕的合同，清算组必须代表公司为之了结。德国《股份法》第 268 条、《有限责任公司法》第 70 条规定，清算人为结束当时未了结的业务，仍可以从事新的业务。大多数国家和地区的立法（如日本、我国台湾地区）规定，清算人将公司营业包括资产转移给他人时，必须征得股东同意。

4. 清缴所欠税款以及清算过程中产生的税款。

5. 清理债权、债务。清算组应依职权对公司的债权、债务进行清理。公司对第三人享有债权的，应依法收取；对公司所欠债务，应予清偿。德国《有限责任公司法》第 70 条还规定，清算人应将公司财产变价为现金。清算人清偿债务，须在公告申报债权的期限届满后进行，在申报债权期限内，除经法院许可对有担保债权或小额债权（日本《商法》第 423 条）进行清偿外，不得对任何债权人进行清偿。如果因申报期限而导致迟延给付的，公司对此项未清偿的债权，应负迟延给付的赔偿责任。

6. 处理公司清偿债务后的剩余财产。清算人将公司已有财产清偿债务后，应将所有剩余财产分派给各股东。在有限责任公司，按股东的出资比例分派；在股份有限公司，按各股东持有的股份比例分派。我国《公司法》规定，公司财产在支付清算费用、职工工资、社会保险费用和法定补偿金、缴纳所欠税款、清偿公司债务前，不得分配给股东。

7. 代表公司参与民事诉讼活动。清算人在清算期间为公司的代表，有权代表公司参与民事诉讼。

8. 申请宣告破产。清算组在清理公司资产、编制资产负债表和财产清单后，发现公司财产不足以清偿债务时，应当依法向人民法院申请宣告破产。经人民法院裁定宣告破产后，清算组应当将清算事务移交给人民法院，其职权即告终止。

（四）清算人的义务

清算人作为清算中公司的机关，其履行职务必须遵守法律、法规和公司章程的规定及股东会的决议。根据我国《公司法》第 189 条的规定，清算组成员应当忠于职守，依法履行清算义务。清算组成员不得利用职权收受贿赂或者其他非法收入，不得侵占公司财产。由此可见，清算人对公司负有忠实和勤勉的义务，与董事的义务相似。日本商法还规定，清算人准用董事的忠实义务，同时清算人还负有善良管理人的注意义务。如果清算人怠于执行任务，而使公司遭受损害时，清算人对公司承担连带赔偿责任。但是，清算时公司已停止营业，故清算人不受竞业禁止的限制。

（五）清算人的责任

我国《公司法》第 189 条第 3 款规定："清算组成员因故意或者重大过失给公司或者债权人造成损失的，应当承担赔偿责任。"清算人承担赔偿责任的前提条件是必须有"故意"或"重大过失"。

**五、清算程序**

1. 组织清算组。我国《公司法》要求在公司解散后 15 日内成立清算组。

2. 公告和通知债权人，催报债权。这是为了保护债权人的利益所规定的强制措施。

3. 清理公司财产、编制资产负债表和财产清单，然后制定清算方案，并报股东会或者人民法院确认。

4. 收取债权，清偿债务。我国《公司法》规定，公司财产能够清偿公司债务的，应按下列顺序清偿债务：①支付清算费用；②支付职工工资、社会保险费用和法定补偿金；③缴纳所欠税款；④清偿公司其他债务。

5. 分配剩余财产。公司财产在清偿公司债务后为剩余财产，按照股东的出资比例或持股比例分配给公司股东。

6. 清算完结。我国《公司法》第 188 条规定，公司清算结束后，清算组应当制作清算报告，报股东会、股东大会或者人民法院确认，并报送公司登记机关，申请注销公司登记，公告公司终止。有的国家（如日本）还要求股份有限公司的账簿及有关营业与清算的重要文件，须在清算完结登记后保存10年，其保存者依清算人及其他利害关系人的请求，由法院选任。

### 六、特别清算与普通清算的区别

上述内容是公司法关于普通清算程序的规定。对于特别清算程序，我国《公司法》只规定清算组的组成、清算方案的制定、清算报告的制作必须经法定机关确认，对清算人的职权、义务和责任、清算程序并无特别规定，与普通清算相同。但是，现代大多数国家和地区都专门规定了特别清算，且特别清算程序与普通清算程序有较大的不同，主要表现在：

（一）开始的程序不同

特别清算是在清算的进行有显著障碍时或公司有负债超过资产之嫌时，法院依债权人、清算人、监察人或股东的申请，或依职权，命令公司开始特别清算程序。但是，公司负债有超过资产之嫌时，清算人必须申请特别清算，且申请人仅限于清算人。可见，特别清算与普通清算不同，它是在法院的直接、积极干预和严格监督之下进行的，是介于普通清算与破产清算之间的一种特别程序，其目的在于保护债权人的利益。特别清算只适用于股份有限公司。

（二）清算人的解任不同

在特别清算程序中，无论以何种方式产生的清算人，有重大事由时（如清算人本身有碍清算事务的进行），法院均可以命令将清算人解任。

（三）法院的地位和作用不同

在普通清算中，法院一般处于被动的地位。在特别清算中，法院对清算进行全面、积极的干预。首先，法院可不经申请直接依职权命令特别清算；其次，在清算过程中，法院得随时命令清算人报告清算事务与财产状况，以及进行其他为清算的监督所需的调查。此外，法院认为必要时，可以进行下列处分：①公司财产的保全处分；②禁止股东更名过户；③禁止免除发起人、董事或监察人的责任；④撤销对发起人、董事或监察人责任的免除。法院实施上述保全处分旨在防止公司以不法行为妨害债权人的利益。

（四）清算人的权限不同

在特别清算中，清算人的权限原则上与普通清算相同，但有一些特殊之处。首先，清算人进行下列行为，必须经过监察人同意或者债权人会议决议，但涉及债权较少者除外：①公司财产的处分；②借款；③提起诉讼；④订立和解除仲裁契约；⑤抛弃权利。其次，清算人认为必要时，有权召集债权人会议。

（五）债权人在清算中的地位不同

在普通清算中，债权人处于消极的地位，只能申报债权、受偿债权等，对于清算事务不能施加直接的影响。在特别清算中，设债权人会议作为债权人临时议事机关，其对清算事务享有广泛的权限。凡已经申报债权或明知的一般债权人，均可以出席债权人会议。债权人会议可以由清算人召集，持有债权占债权总额一定比例（如10%以上）的债权人有权请求召集。债权人会议对与债权人利益有重大关系的事项施加影响，如查阅清算人编制的公司业务及财产状况的调查书及会计表册、听取清算人就清算实行的方案并陈述意见、决议选任监察人对清算事务进行监督、就清算人提出的清算方案作出决议、作出变更协定条件的决议等。债权人会议作出决议一般须有代表债权总额一定比例（1/2以上）的债权人出席，并经持有行使表决权的债权总额一定比例的债权人同意才生效。

由上可见，特别清算是在出现法定情形时，为了保护债权人的利益，通过法院和债权人对清算事务进行严格监督和干预的一种程序。股份有限公司债权人众多，其清算影响面广，若不能公平清算，对社会公众利益影响甚大，故各国立法特设特别清算程序，以加强对债权人利益的保护。在现代股份有限公司规模不断扩大、数量不断增多的情况下，越来越多的公众参与股份有限公司的投资，因此，在清算程序中对投资者（股东和债权人）特设保护制度实有必要，这种做法值得我国借鉴。

■ **思考题**

1. 什么是公司解散？导致公司解散的原因有哪些？
2. 什么是公司清算？公司清算有哪些种类？
3. 简述公司清算人的选任、解任与职权。
4. 按照我国公司法的规定，公司清算须经哪些程序？

# 第十二章　外国公司的分支机构

■ 学习目的和要求

　　本章主要讲述我国公司法中关于外国公司分支机构的法律规定。通过本章的学习，了解外国公司在我国建立分支机构的程序，外国公司分支机构在我国所具有的法律地位及其权利义务，外国公司分支机构的撤销、清算等规定。

## 第一节　外国公司分支机构的法律地位

### 一、外国公司的概念

　　所谓外国公司，通常指的是公司国籍隶属于本国以外国家的公司。对于公司国籍的确定，有各种不同的标准。例如，依公司设立的发起人（股东）的国籍为本国人还是外国人来确定，为股东国籍主义；依公司设立所依据的法律为本国法还是外国法来确定，为设立准据法主义；依设立登记行为所在地为本国还是外国来确定，为设立行为地法主义；依公司首脑机关所在地为本国还是外国来确定，为总部所在地法主义。此外，还可以综合采用两种以上标准来确定公司国籍，从而认定一个公司为本国公司还是外国公司。[1] 我国《公司法》第191条规定："本法所称外国公司是指依照外国法律在中国境外设立的公司。"可见，我国公司法对于外国公司的确定，兼采设立准据法主义和设立行为地法主义的双重标准。

　　在公司法上，外国公司所涉及的问题主要为两个方面：①是否在本国赋予外国公司一定的法律地位，承认其具有与本国公司相同的法人资格，从而使其享有本国法上的民事权利；②是否允许外国公司在本国开展营业，外国公司在本国开

---

[1]　［日］上柳克郎、鸿常夫、竹内昭夫主编：《注释公司法》（第13卷），有斐阁1990年版，第521页。

展营业需要履行何种程序，以及对其营业设置何种监督管理措施。前一问题实际上是外国公司在本国的民事主体资格问题，通常在民法中加以明确规定。依照国际上通行的惯例，对于外国公司，一般均承认其在本国也具有法人资格，仅在个别权利能力方面依特别法加以必要的限制。在我国民法上，虽然没有明确规定外国公司在我国也具有相应的法人资格，但在实际上已经依国际惯例予以承认。后一问题则属于外国公司在本国进行营业性活动的问题，通常在公司法中对此加以明确规定。我国公司法中关于外国公司分支机构的规定，即为外国公司在我国进行营业性活动的具体规则。

**二、外国公司分支机构的概念**

所谓外国公司分支机构，是指外国公司依照我国《公司法》的规定，在我国境内设立的经营性组织。外国公司分支机构的具体形式，在法律上并无特别的限制，但在理论认识上却颇多分歧。有人认为，外国公司在我国设立的分公司、代办处、办事处或者工程项目的承包地，即为外国公司的分支机构；也有人认为，除上述分支机构外，外国银行在我国设立的分行、外国公司在我国境内设立的有关经营场所和作业场所等，亦应属于外国公司的分支机构。[1] 但不论以何种形式设立的外国公司分支机构，均具有以下特点：

（一）隶属于外国公司

外国公司分支机构须由外国公司设立，并隶属于该外国公司。换言之，外国公司分支机构不能独立于外国公司而存在，如果外国公司不存在，或者曾经存在而在其后归于消灭，则该外国公司分支机构不能设立，或者不能继续存在。外国公司分支机构仅作为与外国公司在地域上相分离的一个组成部分，隶属于该外国公司。

（二）依照我国《公司法》规定设立

外国公司依其所属国法律而设立，但外国公司分支机构则须依所在国法律设立，这是国际上通行的一般规则。在一般情况下，基于本国公司与外国公司相一致的习惯做法，有关外国公司分支机构设立的规定，大体上采取与本国公司基本相同的要求，并无更为严格的特别规则。我国《公司法》规定了外国公司分支机构设立的程序、条件等要求，外国公司分支机构在设立时，必须依照该规定进行。

（三）在我国境内设立

外国公司分支机构须在我国境内设立，才具有我国《公司法》上规定的外

---

[1]　范健："试论外国公司的分支机构——兼评中国《公司法》第九章"，载《法律科学（西北政法学院学报）》1997 年第 2 期。

国公司分支机构的资格，并依照我国《公司法》受到相应的保护。所谓在我国境内设立，是指该外国公司分支机构须在我国境内有确定的住所，有确定的代表人或者代理人，有相应的经营活动资金，并开展连续性的活动。因此，可以认为，外国公司分支机构实际上乃是外国公司常驻他国的代表机构，是一个公司派驻国外的常驻代表。如果仅仅是在我国境内从事临时性的活动，并非常驻我国从事连续性活动，则不能构成外国公司分支机构。

（四）从事生产经营活动

从事生产经营活动是公司设立的根本目的，外国公司亦当如此。依此类推，外国公司分支机构的设立，其目的当然是为了扩大公司的生产经营活动的范围，在国外开展经营活动。至于允许外国公司分支机构在所在国从事何种生产经营活动，通常取决于所在国所采取的经济政策，并由法律明确规定。我国 1983 年制定的《外国企业常驻代表机构登记管理办法》（已失效）规定，外国企业常驻代表机构应当"从事非直接经营活动"，这表明在当时我国允许外国企业常驻代表机构在我国从事间接经营活动。所谓间接经营活动，通常指的是中介、信息、服务等活动。但我国《公司法》并未作出特别的限制性规定，《公司法》第 193 条第 1 款关于外国公司负责向分支机构拨付与其经营活动相适应的资金的规定，以及《公司法》第 195 条第 2 款关于外国公司对其分支机构进行的经营活动承担民事责任的规定，都表明并未将外国公司分支机构的活动限于间接经营活动，而是允许其在《公司法》规定的范围内，从事生产经营活动。据此，可以认为，除法律明确规定不允许外国公司分支机构从事的生产经营活动之外，外国公司的分支机构与我国公司的分支机构具有同一的经营权利。

（五）不具有独立法人资格

外国公司分支机构并非独立的法人，而仅仅是法人的组成部分。因此，就外国公司分支机构的法律地位而言，表现出以下两个特点：①外国公司分支机构虽然依中国法律进行登记，但并不具有中国法人资格。其登记的目的，乃是出于对外国公司在我国的活动进行管理的需要，亦即对外国公司在我国从事经营活动，给予法律上的认可。因而，对外国公司分支机构的登记，实际上是"外国公司在我国重新登记或核准的过程"，这一过程"在一定程度上也可以看成是准设立行为"[1]。②外国公司分支机构虽然在生产经营活动上具有一定的独立性，但并不具有独立的责任能力，其在中国境内进行生产经营活动所产生的民事责任，应由

---

〔1〕 范健："试论外国公司的分支机构——兼评中国《公司法》第九章"，载《法律科学（西北政法学院学报）》1997 年第 2 期。

设立该分支机构的外国公司承担。

### 三、外国公司与外国公司分支机构在立法上的处理

在我国公司法上，外国公司与外国公司分支机构有着明确的区分，即前者为后者所赖以存在的法人组织，而后者则是由前者在他国所设立的内部组成部分。但在通常的理解上，以及在若干国家的公司立法上，有时也将外国公司与外国公司分支机构等同看待。例如，日本《商法》第三编第六章即为"外国公司"，规定"外国公司在日本进行继续性交易时，须确定代表人，并于其住所或者其他场所设置营业所"，并规定该外国公司须就其营业所的设立进行登记。[1] 实际上，在涉及外国公司的场合，通常均与该外国公司在本国进行一定的营业行为相关，并且通常涉及该外国公司分支机构作为外国公司在本国所享有的法律地位。因而，就一国的公司法而言，有关外国公司的规定，通常也就是关于外国公司分支机构的规定，外国公司与外国公司分支机构也就具有了同一的法律意义。于是，在定义外国公司时，也就与外国公司分支机构相联系，将外国公司定义为"依照外国法律在中国境外登记成立，经中国政府认许，在中国境内设立子公司或分支机构从事生产经营活动的公司"。[2]

一国法律对于他国公司采取何种态度，即是否将其与本国公司同等看待，通常称为公司的"国民待遇"问题。依照国际惯例，各国对于在他国登记设立的公司，通常均认为与本国公司具有同一的法律地位，享有同一的权利并承担同一的义务，除在个别情况下，出于特别的需要而由法律规定给予一定的限制。一国的公司在他国进行商事活动，有两种不同的形式。一种活动可以称为单纯的、个别的交易活动，包括一次性的或者多次的交易活动，在这种情况下，对于外国公司来说，当然享有国民待遇，与本国公司具有同一的法律地位，而无须特别由本国对外国公司予以认可。另一种活动则称为生产经营活动，即有计划的、综合性的交易活动，在这种情况下，该外国公司如欲在他国进行活动，就需要经过所在国的特别认可。后一种情况，就是《公司法》中规定的外国公司分支机构的登记。

对于在他国进行生产经营活动的外国公司，依所在国的法律进行登记，在一些国家的法律上，将其规定为外国公司必须履行的一种义务，未依法律规定履行该义务时，则依相应的罚则予以惩处。例如前述的日本商法的规定，即为如此。我国《公司法》也明确规定外国公司有该种义务，对外国公司不依照我国法律规定进行登记，擅自设立分支机构的行为，当然要予以处罚。应该认为，在我国

---

[1] 日本《商法》第479条。
[2] 石少侠：《公司法》，吉林人民出版社1996年版，第70页。

进行生产经营活动的外国公司，就其分支机构的设立进行登记，亦应为其法定义务；未依法进行分支机构登记的外国公司，不得在我国开展生产经营活动。

## 第二节　外国公司分支机构的设立程序

### 一、外国公司分支机构设立的申请

外国公司欲在我国境内设立分支机构的，须向我国主管机关提出申请。提出设立申请的申请人应为外国公司，通常由外国公司授权在我国的该外国公司代表人提出。申请书应载明欲设立的分支机构的名称、住所地或者营业所所在地、分支机构代表人姓名、业务范围、用于分支机构的营业资金数额等必要事项。

受理外国公司分支机构设立申请的主管机关，依外国公司拟设立的分支机构业务性质的不同而有所不同。我国《公司法》第192条规定，外国公司在中国境内设立分支机构，必须向中国主管机关提出申请，经批准后向公司登记机关依法办理登记；外国公司分支机构的审批办法，由国务院另行规定。

2010年11月19日，国务院公布了《外国企业常驻代表机构登记管理条例》，于2011年3月1日起施行，此后又于2013年、2018年先后进行了两次修订。

我国《公司法》规定，外国公司在提出设立外国公司分支机构的申请时，必须同时提交提出申请的该外国公司的公司章程，以及该外国公司所属国的公司登记证书，以及其他有关文件。其他有关文件通常应包括：①该外国公司往来金融机构出具的资信证明书；②委托分支机构代表人在所在国代表该外国公司从事业务活动的授权委托书；③该外国公司近期的资产负债表及会计报告书。

### 二、外国公司分支机构的审批

外国公司分支机构的设立，与本国公司分支机构的设立，大体上采取同一的原则。在对本国公司分支机构的设立采取准则主义原则的国家，对外国公司分支机构的设立通常也采取准则主义原则，对于符合法律规定的外国公司分支机构，由登记机关进行一般审查后，即予以登记。例如，日本《商法》即明确规定，对于外国公司的营业所，按照在日本成立的同种或者最相类似的公司营业所的登记及公告方法，进行登记及公告。[1] 依照我国《公司登记管理条例》的规定，我国公司的分支机构即分公司的登记，原则上采取准则主义，公司在作出设立分公司的决定后，即可向公司登记机关申请登记；但对于依法律、行政法规或者国

----

[1]　日本《商法》第479条第2项。

务院决定规定须报经有关部门批准的，则采取许可主义，须首先完成审批手续，而后进行登记。对于外国公司分支机构的设立，我国《公司法》从我国的客观情况及实际需要出发，规定一律实行许可主义，即必须经主管部门审批，经批准后，方可到公司登记机关依法办理登记手续。有关外国公司分支机构设立申请的审批，分别由前述的受理该申请的各有关机关负责。

### 三、外国公司分支机构的登记

外国公司分支机构的设立申请经批准后，方可申请进行设立登记。外国公司分支机构的登记机关及登记程序，大体上与国内公司分支机构的登记相同，登记机关亦为工商行政管理机关，即国家工商行政管理总局。在有特别需要时，国家工商行政管理总局可以委托省、自治区、直辖市的工商行政管理机关负责本辖区内的外国公司分支机构的设立登记。

外国公司分支机构在申请进行设立登记时，通常应当向登记机关提交下列文件：①申请在中国设立分支机构的外国公司法定代表人签署的登记申请书；②提出该申请的外国公司章程及在所属国已登记的证明书；③我国有关主管机关批准该外国公司在中国设立分支机构的批准文件；④外国公司分支机构的营业场地使用证明；⑤其他有关文件。登记机关在接受外国公司分支机构设立登记的申请后，即依照法律规定进行必要的审查，认为符合设立登记的条件时，即予以登记。

外国公司分支机构的登记事项，通常应当包括以下各项：①外国公司分支机构的名称；②外国公司分支机构的所属公司的国籍；③外国公司分支机构的住所或者营业所所在地；④外国公司分支机构用于经营活动的资金数额；⑤外国公司分支机构的负责人姓名；⑥外国公司分支机构的业务范围；⑦外国公司分支机构的经营期限。

外国公司分支机构经登记机关核准设立登记后，即发给外国公司分支机构营业执照，由此宣告外国公司分支机构成立，有权开始相应的生产经营活动。此后，已进行登记的外国公司分支机构，如其登记事项发生变更时，亦应按照设立登记的程序，申请进行相应的变更登记。

外国公司分支机构登记的效力，主要表现为两个方面：①规制性效力，即外国公司分支机构必须经登记，方可在中国境内从事业务活动，其合法权益方能得到中国法律的保护；未经登记而擅自在中国境内设立分支机构并从事业务活动时，则将受到相应的行政处罚。②公示性效力，即外国公司分支机构经登记后，方可就其登记事项，主张与第三人相对抗，请求承担相应的民事责任；在未进行登记或者未如实登记时，则不能就未登记事项或者未如实登记事项，与第三人相对抗。

# 第三节　外国公司分支机构的义务

一般说来，外国公司分支机构与本国公司分支机构在权利义务上并无特别的差异，除法律另有规定者外，外国公司分支机构在其登记的范围内，可从事一切允许从事的经营活动，并承担相应的义务。但由于本国公司分支机构是与本国公司相联系的，其最终责任由本国公司承担，因而，公司法无须特别对本国公司分支机构专门规定义务；而外国公司分支机构与外国公司相联系，其所属的外国公司并不在本国公司法的适用法域，因而，公司法就需要特别规定外国公司分支机构所应承担的义务。我国《公司法》规定的外国公司分支机构应承担的主要义务如下：

## 一、遵守中国法律的义务

我国《公司法》第 196 条规定，外国公司分支机构在中国境内从事业务活动，必须遵守中国的法律，不得损害中国的社会公共利益。这是外国公司分支机构的一项基本义务，也是我国主权原则的体现。遵守中国法律，既包括我国法律中适用于所有公司的法律规定，也包括仅对外国公司分支机构适用的特别法律规范。在外国公司分支机构违反我国法律规定，为损害我国社会公共利益的行为时，则应依法予以相应的制裁，包括处以罚款、责令改正或者责令关闭该外国公司分支机构。

## 二、依法进行经营活动的义务

外国公司设立分支机构的目的，在于在他国进行经营活动。因而，在外国公司分支机构设立后，必须开展相应的经营活动。为保证其经营活动的正常进行，我国《公司法》规定，外国公司分支机构必须具备与其所从事的经营活动相适应的资金；对于从事某些特别营业而需要有最低资金限额时，其经营资金必须达到国务院规定的最低限额。但应当指出的是，规定该项经营资金要求的目的，仅在于确保外国公司分支机构能够正常开展经营活动，并非外国公司分支机构承担民事责任的限度；在外国公司分支机构需要依法承担民事责任时，不以该分支机构的经营资金数额以及其他属于该外国公司分支机构所支配的财产为限，而应由设立该分支机构的外国公司全部承担。外国公司分支机构在登记后，必须开展业务活动，如在登记后的一定期间内，无正当理由而未开展业务活动，或者在开展业务活动后，无正当理由而停止业务活动达到一定期间时，则应责令其关闭。

## 三、明示及备置有关公司情况的义务

为使与外国公司分支机构进行交易的本国公司及其他相对方切实了解该外国

公司及其分支机构的基本情况，保障交易的安全，我国《公司法》规定，外国公司分支机构在其名称中，必须标明该外国公司的国籍及责任形式，并在分支机构中备置该外国公司的章程。

### 四、依法进行清算的义务

外国公司分支机构可能因我国主管机关的关闭命令，或者因该外国公司自行作出的关闭决定而被撤销。虽然外国公司分支机构并非独立法人，但由于其以外国公司名义在我国独立进行经营活动，并由此而产生相应的权利义务关系，因而，为保护债权人利益，我国《公司法》明确规定，在外国公司分支机构撤销时，必须依照公司解散时的清算程序规定，对外国公司分支机构的财产及其债权债务进行清算，依法清偿债务。同时，为确保债务的清偿，《公司法》还规定，在外国公司分支机构未清偿债务之前，不得将其分支机构的财产转移至中国境外。需要指出的是，在外国公司分支机构因撤销而进行清算时，如果发生该外国公司分支机构可支配的财产不足以清偿其债务的情况，不发生该外国公司分支机构破产的问题，其不能清偿的债务，仍须由设立该分支机构的外国公司承担清偿责任。

■ **思考题**

1. 我国公司法上的外国公司分支机构，与外国公司、外资独资公司、跨国公司在法律地位、权利义务、国民待遇诸方面有何区别？

2. 外国公司分支机构如何设立、撤销、清算？

# 附　录

## 中华人民共和国公司法

（1993 年 12 月 29 日第八届全国人民代表大会常务委员会第五次会议通过　根据 1999 年 12 月 25 日第九届全国人民代表大会常务委员会第十三次会议《关于修改〈中华人民共和国公司法〉的决定》第一次修正　根据 2004 年 8 月 28 日第十届全国人民代表大会常务委员会第十一次会议《关于修改〈中华人民共和国公司法〉的决定》第二次修正　2005 年 10 月 27 日第十届全国人民代表大会常务委员会第十八次会议修订　根据 2013 年 12 月 28 日第十二届全国人民代表大会常务委员会第六次会议《关于修改〈中华人民共和国海洋环境保护法〉等七部法律的决定》第三次修正

根据 2018 年 10 月 26 日第十三届全国人民代表大会常务委员会第六次会议《关于修改〈中华人民共和国公司法〉的决定》第四次修正）

## 目　录

## 第一章　总　则

**第一条**　为了规范公司的组织和行为，保护公司、股东和债权人的合法权益，维护社会经济秩序，促进社会主义市场经济的发展，制定本法。

**第二条**　本法所称公司是指依照本法在中国境内设立的有限责任公司和股份有限公司。

**第三条**　公司是企业法人，有独立的法人财产，享有法人财产权。公司以其全部财产对公司的债务承担责任。

有限责任公司的股东以其认缴的出资额为限对公司承担责任；股份有限公司的股东以其认购的股份为限对公司承担责任。

**第四条**　公司股东依法享有资产收益、参与重大决策和选择管理者等权利。

**第五条**　公司从事经营活动，必须遵守法律、行政法规，遵守社会公德、商业道德，诚实守信，接受政府和社会公众的监督，承担社会责任。

公司的合法权益受法律保护，不受侵犯。

**第六条**　设立公司，应当依法向公司登记机关申请设立登记。符合本法规定的设立条件的，由公司登记机关分别登记为有限责任公司或者股份有限公司；不符合本法规定的设立条件的，不得登记为有限责任公司或者股份有限公司。

法律、行政法规规定设立公司必须报经批准的，应当在公司登记前依法办理批准手续。

公众可以向公司登记机关申请查询公司登记事项，公司登记机关应当提供查询服务。

**第七条**　依法设立的公司，由公司登记机关发给公司营业执照。公司营业执照签发日期为公司成立日期。

公司营业执照应当载明公司的名称、住所、注册资本、经营范围、法定代表人姓名等事项。

公司营业执照记载的事项发生变更的，公司应当依法办理变更登记，由公司登记机关换发营业执照。

**第八条** 依照本法设立的有限责任公司，必须在公司名称中标明有限责任公司或者有限公司字样。

依照本法设立的股份有限公司，必须在公司名称中标明股份有限公司或者股份公司字样。

**第九条** 有限责任公司变更为股份有限公司，应当符合本法规定的股份有限公司的条件。股份有限公司变更为有限责任公司，应当符合本法规定的有限责任公司的条件。

有限责任公司变更为股份有限公司的，或者股份有限公司变更为有限责任公司的，公司变更前的债权、债务由变更后的公司承继。

**第十条** 公司以其主要办事机构所在地为住所。

**第十一条** 设立公司必须依法制定公司章程。公司章程对公司、股东、董事、监事、高级管理人员具有约束力。

**第十二条** 公司的经营范围由公司章程规定，并依法登记。公司可以修改公司章程，改变经营范围，但是应当办理变更登记。

公司的经营范围中属于法律、行政法规规定须经批准的项目，应当依法经过批准。

**第十三条** 公司法定代表人依照公司章程的规定，由董事长、执行董事或者经理担任，并依法登记。公司法定代表人变更，应当办理变更登记。

**第十四条** 公司可以设立分公司。设立分公司，应当向公司登记机关申请登记，领取营业执照。分公司不具有法人资格，其民事责任由公司承担。

公司可以设立子公司，子公司具有法人资格，依法独立承担民事责任。

**第十五条** 公司可以向其他企业投资；但是，除法律另有规定外，不得成为对所投资企业的债务承担连带责任的出资人。

**第十六条** 公司向其他企业投资或者为他人提供担保，依照公司章程的规定，由董事会或者股东会、股东大会决议；公司章程对投资或者担保的总额及单项投资或者担保的数额有限额规定的，不得超过规定的限额。

公司为公司股东或者实际控制人提供担保的，必须经股东会或者股东大会决议。

前款规定的股东或者受前款规定的实际控制人支配的股东，不得参加前款规定事项的表决。该项表决由出席会议的其他股东所持表决权的过半数通过。

第十七条　公司必须保护职工的合法权益，依法与职工签订劳动合同，参加社会保险，加强劳动保护，实现安全生产。

公司应当采用多种形式，加强公司职工的职业教育和岗位培训，提高职工素质。

第十八条　公司职工依照《中华人民共和国工会法》组织工会，开展工会活动，维护职工合法权益。公司应当为本公司工会提供必要的活动条件。公司工会代表职工就职工的劳动报酬、工作时间、福利、保险和劳动安全卫生等事项依法与公司签订集体合同。

公司依照宪法和有关法律的规定，通过职工代表大会或者其他形式，实行民主管理。

公司研究决定改制以及经营方面的重大问题、制定重要的规章制度时，应当听取公司工会的意见，并通过职工代表大会或者其他形式听取职工的意见和建议。

第十九条　在公司中，根据中国共产党章程的规定，设立中国共产党的组织，开展党的活动。公司应当为党组织的活动提供必要条件。

第二十条　公司股东应当遵守法律、行政法规和公司章程，依法行使股东权利，不得滥用股东权利损害公司或者其他股东的利益；不得滥用公司法人独立地位和股东有限责任损害公司债权人的利益。

公司股东滥用股东权利给公司或者其他股东造成损失的，应当依法承担赔偿责任。

公司股东滥用公司法人独立地位和股东有限责任，逃避债务，严重损害公司债权人利益的，应当对公司债务承担连带责任。

第二十一条　公司的控股股东、实际控制人、董事、监事、高级管理人员不得利用其关联关系损害公司利益。

违反前款规定，给公司造成损失的，应当承担赔偿责任。

第二十二条　公司股东会或者股东大会、董事会的决议内容违反法律、行政法规的无效。

股东会或者股东大会、董事会的会议召集程序、表决方式违反法律、行政法规或者公司章程，或者决议内容违反公司章程的，股东可以自决议作出之日起六十日内，请求人民法院撤销。

股东依照前款规定提起诉讼的，人民法院可以应公司的请求，要求股东提供相应担保。

公司根据股东会或者股东大会、董事会决议已办理变更登记的，人民法院宣告该决议无效或者撤销该决议后，公司应当向公司登记机关申请撤销变更登记。

## 第二章　有限责任公司的设立和组织机构

### 第一节　设　立

**第二十三条**　设立有限责任公司，应当具备下列条件：

（一）股东符合法定人数；

（二）有符合公司章程规定的全体股东认缴的出资额；

（三）股东共同制定公司章程；

（四）有公司名称，建立符合有限责任公司要求的组织机构；

（五）有公司住所。

**第二十四条**　有限责任公司由五十个以下股东出资设立。

**第二十五条**　有限责任公司章程应当载明下列事项：

（一）公司名称和住所；

（二）公司经营范围；

（三）公司注册资本；

（四）股东的姓名或者名称；

（五）股东的出资方式、出资额和出资时间；

（六）公司的机构及其产生办法、职权、议事规则；

（七）公司法定代表人；

（八）股东会会议认为需要规定的其他事项。

股东应当在公司章程上签名、盖章。

**第二十六条**　有限责任公司的注册资本为在公司登记机关登记的全体股东认缴的出资额。

法律、行政法规以及国务院决定对有限责任公司注册资本实缴、注册资本最低限额另有规定的，从其规定。

**第二十七条**　股东可以用货币出资，也可以用实物、知识产权、土地使用权等可以用货币估价并可以依法转让的非货币财产作价出资；但是，法律、行政法规规定不得作为出资的财产除外。

对作为出资的非货币财产应当评估作价，核实财产，不得高估或者低估作价。法律、行政法规对评估作价有规定的，从其规定。

**第二十八条**　股东应当按期足额缴纳公司章程中规定的各自所认缴的出资

额。股东以货币出资的，应当将货币出资足额存入有限责任公司在银行开设的账户；以非货币财产出资的，应当依法办理其财产权的转移手续。

股东不按照前款规定缴纳出资的，除应当向公司足额缴纳外，还应当向已按期足额缴纳出资的股东承担违约责任。

**第二十九条** 股东认足公司章程规定的出资后，由全体股东指定的代表或者共同委托的代理人向公司登记机关报送公司登记申请书、公司章程等文件，申请设立登记。

**第三十条** 有限责任公司成立后，发现作为设立公司出资的非货币财产的实际价额显著低于公司章程所定价额的，应当由交付该出资的股东补足其差额；公司设立时的其他股东承担连带责任。

**第三十一条** 有限责任公司成立后，应当向股东签发出资证明书。

出资证明书应当载明下列事项：

（一）公司名称；

（二）公司成立日期；

（三）公司注册资本；

（四）股东的姓名或者名称、缴纳的出资额和出资日期；

（五）出资证明书的编号和核发日期。

出资证明书由公司盖章。

**第三十二条** 有限责任公司应当置备股东名册，记载下列事项：

（一）股东的姓名或者名称及住所；

（二）股东的出资额；

（三）出资证明书编号。

记载于股东名册的股东，可以依股东名册主张行使股东权利。

公司应当将股东的姓名或者名称向公司登记机关登记；登记事项发生变更的，应当办理变更登记。未经登记或者变更登记的，不得对抗第三人。

**第三十三条** 股东有权查阅、复制公司章程、股东会会议记录、董事会会议决议、监事会会议决议和财务会计报告。

股东可以要求查阅公司会计账簿。股东要求查阅公司会计账簿的，应当向公司提出书面请求，说明目的。公司有合理根据认为股东查阅会计账簿有不正当目的，可能损害公司合法利益的，可以拒绝提供查阅，并应当自股东提出书面请求之日起十五日内书面答复股东并说明理由。公司拒绝提供查阅的，股东可以请求人民法院要求公司提供查阅。

**第三十四条** 股东按照实缴的出资比例分取红利；公司新增资本时，股东有权优先按照实缴的出资比例认缴出资。但是，全体股东约定不按照出资比例分取红利或者不按照出资比例优先认缴出资的除外。

**第三十五条**　公司成立后，股东不得抽逃出资。

第二节　组织机构

**第三十六条**　有限责任公司股东会由全体股东组成。股东会是公司的权力机构，依照本法行使职权。

**第三十七条**　股东会行使下列职权：

（一）决定公司的经营方针和投资计划；

（二）选举和更换非由职工代表担任的董事、监事，决定有关董事、监事的报酬事项；

（三）审议批准董事会的报告；

（四）审议批准监事会或者监事的报告；

（五）审议批准公司的年度财务预算方案、决算方案；

（六）审议批准公司的利润分配方案和弥补亏损方案；

（七）对公司增加或者减少注册资本作出决议；

（八）对发行公司债券作出决议；

（九）对公司合并、分立、解散、清算或者变更公司形式作出决议；

（十）修改公司章程；

（十一）公司章程规定的其他职权。

对前款所列事项股东以书面形式一致表示同意的，可以不召开股东会会议，直接作出决定，并由全体股东在决定文件上签名、盖章。

**第三十八条**　首次股东会会议由出资最多的股东召集和主持，依照本法规定行使职权。

**第三十九条**　股东会会议分为定期会议和临时会议。

定期会议应当依照公司章程的规定按时召开。代表十分之一以上表决权的股东，三分之一以上的董事，监事会或者不设监事会的公司的监事提议召开临时会议的，应当召开临时会议。

**第四十条**　有限责任公司设立董事会的，股东会会议由董事会召集，董事长主持；董事长不能履行职务或者不履行职务的，由副董事长主持；副董事长不能履行职务或者不履行职务的，由半数以上董事共同推举一名董事主持。

有限责任公司不设董事会的，股东会会议由执行董事召集和主持。

董事会或者执行董事不能履行或者不履行召集股东会会议职责的，由监事会或者不设监事会的公司的监事召集和主持；监事会或者监事不召集和主持的，代表十分之一以上表决权的股东可以自行召集和主持。

**第四十一条**　召开股东会会议，应当于会议召开十五日前通知全体股东；但是，公司章程另有规定或者全体股东另有约定的除外。

股东会应当对所议事项的决定作成会议记录，出席会议的股东应当在会议记录上签名。

**第四十二条**　股东会会议由股东按照出资比例行使表决权；但是，公司章程另有规定的除外。

**第四十三条**　股东会的议事方式和表决程序，除本法有规定的外，由公司章程规定。

股东会会议作出修改公司章程、增加或者减少注册资本的决议，以及公司合并、分立、解散或者变更公司形式的决议，必须经代表三分之二以上表决权的股东通过。

**第四十四条**　有限责任公司设董事会，其成员为三人至十三人；但是，本法第五十条另有规定的除外。

两个以上的国有企业或者两个以上的其他国有投资主体投资设立的有限责任公司，其董事会成员中应当有公司职工代表；其他有限责任公司董事会成员中可以有公司职工代表。董事会中的职工代表由公司职工通过职工代表大会、职工大会或者其他形式民主选举产生。

董事会设董事长一人，可以设副董事长。董事长、副董事长的产生办法由公司章程规定。

**第四十五条**　董事任期由公司章程规定，但每届任期不得超过三年。董事任期届满，连选可以连任。

董事任期届满未及时改选，或者董事在任期内辞职导致董事会成员低于法定人数的，在改选出的董事就任前，原董事仍应当依照法律、行政法规和公司章程的规定，履行董事职务。

**第四十六条**　董事会对股东会负责，行使下列职权：

（一）召集股东会会议，并向股东会报告工作；

（二）执行股东会的决议；

（三）决定公司的经营计划和投资方案；

（四）制订公司的年度财务预算方案、决算方案；

（五）制订公司的利润分配方案和弥补亏损方案；

（六）制订公司增加或者减少注册资本以及发行公司债券的方案；

（七）制订公司合并、分立、解散或者变更公司形式的方案；

（八）决定公司内部管理机构的设置；

（九）决定聘任或者解聘公司经理及其报酬事项，并根据经理的提名决定聘任或者解聘公司副经理、财务负责人及其报酬事项；

（十）制定公司的基本管理制度；

（十一）公司章程规定的其他职权。

**第四十七条** 董事会会议由董事长召集和主持；董事长不能履行职务或者不履行职务的，由副董事长召集和主持；副董事长不能履行职务或者不履行职务的，由半数以上董事共同推举一名董事召集和主持。

**第四十八条** 董事会的议事方式和表决程序，除本法有规定的外，由公司章程规定。

董事会应当对所议事项的决定作成会议记录，出席会议的董事应当在会议记录上签名。

董事会决议的表决，实行一人一票。

**第四十九条** 有限责任公司可以设经理，由董事会决定聘任或者解聘。经理对董事会负责，行使下列职权：

（一）主持公司的生产经营管理工作，组织实施董事会决议；

（二）组织实施公司年度经营计划和投资方案；

（三）拟订公司内部管理机构设置方案；

（四）拟订公司的基本管理制度；

（五）制定公司的具体规章；

（六）提请聘任或者解聘公司副经理、财务负责人；

（七）决定聘任或者解聘除应由董事会决定聘任或者解聘以外的负责管理人员；

（八）董事会授予的其他职权。

公司章程对经理职权另有规定的，从其规定。

经理列席董事会会议。

**第五十条** 股东人数较少或者规模较小的有限责任公司，可以设一名执行董事，不设董事会。执行董事可以兼任公司经理。

执行董事的职权由公司章程规定。

**第五十一条** 有限责任公司设监事会，其成员不得少于三人。股东人数较少或者规模较小的有限责任公司，可以设一至二名监事，不设监事会。

监事会应当包括股东代表和适当比例的公司职工代表，其中职工代表的比例不得低于三分之一，具体比例由公司章程规定。监事会中的职工代表由公司职工通过职工代表大会、职工大会或者其他形式民主选举产生。

监事会设主席一人，由全体监事过半数选举产生。监事会主席召集和主持监事会会议；监事会主席不能履行职务或者不履行职务的，由半数以上监事共同推举一名监事召集和主持监事会会议。

董事、高级管理人员不得兼任监事。

**第五十二条**　监事的任期每届为三年。监事任期届满，连选可以连任。

监事任期届满未及时改选，或者监事在任期内辞职导致监事会成员低于法定人数的，在改选出的监事就任前，原监事仍应当依照法律、行政法规和公司章程的规定，履行监事职务。

**第五十三条**　监事会、不设监事会的公司的监事行使下列职权：

（一）检查公司财务；

（二）对董事、高级管理人员执行公司职务的行为进行监督，对违反法律、行政法规、公司章程或者股东会决议的董事、高级管理人员提出罢免的建议；

（三）当董事、高级管理人员的行为损害公司的利益时，要求董事、高级管理人员予以纠正；

（四）提议召开临时股东会会议，在董事会不履行本法规定的召集和主持股东会会议职责时召集和主持股东会会议；

（五）向股东会会议提出提案；

（六）依照本法第一百五十一条的规定，对董事、高级管理人员提起诉讼；

（七）公司章程规定的其他职权。

**第五十四条**　监事可以列席董事会会议，并对董事会决议事项提出质询或者建议。

监事会、不设监事会的公司的监事发现公司经营情况异常，可以进行调查；必要时，可以聘请会计师事务所等协助其工作，费用由公司承担。

**第五十五条**　监事会每年度至少召开一次会议，监事可以提议召开临时监事会会议。

监事会的议事方式和表决程序，除本法有规定的外，由公司章程规定。

监事会决议应当经半数以上监事通过。

监事会应当对所议事项的决定作成会议记录，出席会议的监事应当在会议记录上签名。

**第五十六条**　监事会、不设监事会的公司的监事行使职权所必需的费用，由公司承担。

### 第三节　一人有限责任公司的特别规定

**第五十七条**　一人有限责任公司的设立和组织机构，适用本节规定；本节没有规定的，适用本章第一节、第二节的规定。

本法所称一人有限责任公司，是指只有一个自然人股东或者一个法人股东的有限责任公司。

**第五十八条**　一个自然人只能投资设立一个一人有限责任公司。该一人有限责任公司不能投资设立新的一人有限责任公司。

**第五十九条**　一人有限责任公司应当在公司登记中注明自然人独资或者法人独资，并在公司营业执照中载明。

**第六十条**　一人有限责任公司章程由股东制定。

**第六十一条**　一人有限责任公司不设股东会。股东作出本法第三十七条第一款所列决定时，应当采用书面形式，并由股东签名后置备于公司。

**第六十二条**　一人有限责任公司应当在每一会计年度终了时编制财务会计报告，并经会计师事务所审计。

**第六十三条**　一人有限责任公司的股东不能证明公司财产独立于股东自己的财产的，应当对公司债务承担连带责任。

### 第四节　国有独资公司的特别规定

**第六十四条**　国有独资公司的设立和组织机构，适用本节规定；本节没有规定的，适用本章第一节、第二节的规定。

本法所称国有独资公司，是指国家单独出资、由国务院或者地方人民政府授权本级人民政府国有资产监督管理机构履行出资人职责的有限责任公司。

**第六十五条**　国有独资公司章程由国有资产监督管理机构制定，或者由董事会制订报国有资产监督管理机构批准。

**第六十六条**　国有独资公司不设股东会，由国有资产监督管理机构行使股东会职权。国有资产监督管理机构可以授权公司董事会行使股东会的部分职权，决定公司的重大事项，但公司的合并、分立、解散、增加或者减少注册资本和发行公司债券，必须由国有资产监督管理机构决定；其中，重要的国有独资公司合并、分立、解散、申请破产的，应当由国有资产监督管理机构审核后，报本级人民政府批准。

前款所称重要的国有独资公司，按照国务院的规定确定。

**第六十七条**　国有独资公司设董事会，依照本法第四十六条、第六十六条的规定行使职权。董事每届任期不得超过三年。董事会成员中应当有公司职工代表。

董事会成员由国有资产监督管理机构委派；但是，董事会成员中的职工代表由公司职工代表大会选举产生。

董事会设董事长一人，可以设副董事长。董事长、副董事长由国有资产监督管理机构从董事会成员中指定。

**第六十八条** 国有独资公司设经理，由董事会聘任或者解聘。经理依照本法第四十九条规定行使职权。

经国有资产监督管理机构同意，董事会成员可以兼任经理。

**第六十九条** 国有独资公司的董事长、副董事长、董事、高级管理人员，未经国有资产监督管理机构同意，不得在其他有限责任公司、股份有限公司或者其他经济组织兼职。

**第七十条** 国有独资公司监事会成员不得少于五人，其中职工代表的比例不得低于三分之一，具体比例由公司章程规定。

监事会成员由国有资产监督管理机构委派；但是，监事会成员中的职工代表由公司职工代表大会选举产生。监事会主席由国有资产监督管理机构从监事会成员中指定。

监事会行使本法第五十三条第（一）项至第（三）项规定的职权和国务院规定的其他职权。

### 第三章 有限责任公司的股权转让

**第七十一条** 有限责任公司的股东之间可以相互转让其全部或者部分股权。

股东向股东以外的人转让股权，应当经其他股东过半数同意。股东应就其股权转让事项书面通知其他股东征求同意，其他股东自接到书面通知之日起满三十日未答复的，视为同意转让。其他股东半数以上不同意转让的，不同意的股东应当购买该转让的股权；不购买的，视为同意转让。

经股东同意转让的股权，在同等条件下，其他股东有优先购买权。两个以上股东主张行使优先购买权的，协商确定各自的购买比例；协商不成的，按照转让时各自的出资比例行使优先购买权。

公司章程对股权转让另有规定的，从其规定。

**第七十二条** 人民法院依照法律规定的强制执行程序转让股东的股权时，应当通知公司及全体股东，其他股东在同等条件下有优先购买权。其他股东自人民法院通知之日起满二十日不行使优先购买权的，视为放弃优先购买权。

**第七十三条**　依照本法第七十一条、第七十二条转让股权后，公司应当注销原股东的出资证明书，向新股东签发出资证明书，并相应修改公司章程和股东名册中有关股东及其出资额的记载。对公司章程的该项修改不需再由股东会表决。

**第七十四条**　有下列情形之一的，对股东会该项决议投反对票的股东可以请求公司按照合理的价格收购其股权：

（一）公司连续五年不向股东分配利润，而公司该五年连续盈利，并且符合本法规定的分配利润条件的；

（二）公司合并、分立、转让主要财产的；

（三）公司章程规定的营业期限届满或者章程规定的其他解散事由出现，股东会会议通过决议修改章程使公司存续的。

自股东会会议决议通过之日起六十日内，股东与公司不能达成股权收购协议的，股东可以自股东会会议决议通过之日起九十日内向人民法院提起诉讼。

**第七十五条**　自然人股东死亡后，其合法继承人可以继承股东资格；但是，公司章程另有规定的除外。

## 第四章　股份有限公司的设立和组织机构

### 第一节　设　立

**第七十六条**　设立股份有限公司，应当具备下列条件：

（一）发起人符合法定人数；

（二）有符合公司章程规定的全体发起人认购的股本总额或者募集的实收股本总额；

（三）股份发行、筹办事项符合法律规定；

（四）发起人制订公司章程，采用募集方式设立的经创立大会通过；

（五）有公司名称，建立符合股份有限公司要求的组织机构；

（六）有公司住所。

**第七十七条**　股份有限公司的设立，可以采取发起设立或者募集设立的方式。

发起设立，是指由发起人认购公司应发行的全部股份而设立公司。

募集设立，是指由发起人认购公司应发行股份的一部分，其余股份向社会公开募集或者向特定对象募集而设立公司。

**第七十八条**　设立股份有限公司，应当有二人以上二百人以下为发起人，其中须有半数以上的发起人在中国境内有住所。

**第七十九条** 股份有限公司发起人承担公司筹办事务。

发起人应当签订发起人协议，明确各自在公司设立过程中的权利和义务。

**第八十条** 股份有限公司采取发起设立方式设立的，注册资本为在公司登记机关登记的全体发起人认购的股本总额。在发起人认购的股份缴足前，不得向他人募集股份。

股份有限公司采取募集方式设立的，注册资本为在公司登记机关登记的实收股本总额。

法律、行政法规以及国务院决定对股份有限公司注册资本实缴、注册资本最低限额另有规定的，从其规定。

**第八十一条** 股份有限公司章程应当载明下列事项：

（一）公司名称和住所；

（二）公司经营范围；

（三）公司设立方式；

（四）公司股份总数、每股金额和注册资本；

（五）发起人的姓名或者名称、认购的股份数、出资方式和出资时间；

（六）董事会的组成、职权和议事规则；

（七）公司法定代表人；

（八）监事会的组成、职权和议事规则；

（九）公司利润分配办法；

（十）公司的解散事由与清算办法；

（十一）公司的通知和公告办法；

（十二）股东大会会议认为需要规定的其他事项。

**第八十二条** 发起人的出资方式，适用本法第二十七条的规定。

**第八十三条** 以发起设立方式设立股份有限公司的，发起人应当书面认足公司章程规定其认购的股份，并按照公司章程规定缴纳出资。以非货币财产出资的，应当依法办理其财产权的转移手续。

发起人不依照前款规定缴纳出资的，应当按照发起人协议承担违约责任。

发起人认足公司章程规定的出资后，应当选举董事会和监事会，由董事会向公司登记机关报送公司章程以及法律、行政法规规定的其他文件，申请设立登记。

**第八十四条** 以募集设立方式设立股份有限公司的，发起人认购的股份不得少于公司股份总数的百分之三十五；但是，法律、行政法规另有规定的，从其规定。

**第八十五条** 发起人向社会公开募集股份，必须公告招股说明书，并制作认股书。认股书应当载明本法第八十六条所列事项，由认股人填写认购股数、金额、住所，并签名、盖章。认股人按照所认购股数缴纳股款。

**第八十六条** 招股说明书应当附有发起人制订的公司章程，并载明下列事项：

（一）发起人认购的股份数；

（二）每股的票面金额和发行价格；

（三）无记名股票的发行总数；

（四）募集资金的用途；

（五）认股人的权利、义务；

（六）本次募股的起止期限及逾期未募足时认股人可以撤回所认股份的说明。

**第八十七条** 发起人向社会公开募集股份，应当由依法设立的证券公司承销，签订承销协议。

**第八十八条** 发起人向社会公开募集股份，应当同银行签订代收股款协议。

代收股款的银行应当按照协议代收和保存股款，向缴纳股款的认股人出具收款单据，并负有向有关部门出具收款证明的义务。

**第八十九条** 发行股份的股款缴足后，必须经依法设立的验资机构验资并出具证明。发起人应当自股款缴足之日起三十日内主持召开公司创立大会。创立大会由发起人、认股人组成。

发行的股份超过招股说明书规定的截止期限尚未募足的，或者发行股份的股款缴足后，发起人在三十日内未召开创立大会的，认股人可以按照所缴股款并加算银行同期存款利息，要求发起人返还。

**第九十条** 发起人应当在创立大会召开十五日前将会议日期通知各认股人或者予以公告。创立大会应有代表股份总数过半数的发起人、认股人出席，方可举行。

创立大会行使下列职权：

（一）审议发起人关于公司筹办情况的报告；

（二）通过公司章程；

（三）选举董事会成员；

（四）选举监事会成员；

（五）对公司的设立费用进行审核；

（六）对发起人用于抵作股款的财产的作价进行审核；

（七）发生不可抗力或者经营条件发生重大变化直接影响公司设立的，可以作出不设立公司的决议。

创立大会对前款所列事项作出决议，必须经出席会议的认股人所持表决权过半数通过。

**第九十一条** 发起人、认股人缴纳股款或者交付抵作股款的出资后，除未按期募足股份、发起人未按期召开创立大会或者创立大会决议不设立公司的情形外，不得抽回其股本。

**第九十二条** 董事会应于创立大会结束后三十日内，向公司登记机关报送下列文件，申请设立登记：

（一）公司登记申请书；

（二）创立大会的会议记录；

（三）公司章程；

（四）验资证明；

（五）法定代表人、董事、监事的任职文件及其身份证明；

（六）发起人的法人资格证明或者自然人身份证明；

（七）公司住所证明。

以募集方式设立股份有限公司公开发行股票的，还应当向公司登记机关报送国务院证券监督管理机构的核准文件。

**第九十三条** 股份有限公司成立后，发起人未按照公司章程的规定缴足出资的，应当补缴；其他发起人承担连带责任。

股份有限公司成立后，发现作为设立公司出资的非货币财产的实际价额显著低于公司章程所定价额的，应当由交付该出资的发起人补足其差额；其他发起人承担连带责任。

**第九十四条** 股份有限公司的发起人应当承担下列责任：

（一）公司不能成立时，对设立行为所产生的债务和费用负连带责任；

（二）公司不能成立时，对认股人已缴纳的股款，负返还股款并加算银行同期存款利息的连带责任；

（三）在公司设立过程中，由于发起人的过失致使公司利益受到损害的，应当对公司承担赔偿责任。

**第九十五条** 有限责任公司变更为股份有限公司时，折合的实收股本总额不得高于公司净资产额。有限责任公司变更为股份有限公司，为增加资本公开发行股份时，应当依法办理。

**第九十六条** 股份有限公司应当将公司章程、股东名册、公司债券存根、股东大会会议记录、董事会会议记录、监事会会议记录、财务会计报告置备于本公司。

**第九十七条**　股东有权查阅公司章程、股东名册、公司债券存根、股东大会会议记录、董事会会议决议、监事会会议决议、财务会计报告，对公司的经营提出建议或者质询。

### 第二节　股东大会

**第九十八条**　股份有限公司股东大会由全体股东组成。股东大会是公司的权力机构，依照本法行使职权。

**第九十九条**　本法第三十七条第一款关于有限责任公司股东会职权的规定，适用于股份有限公司股东大会。

**第一百条**　股东大会应当每年召开一次年会。有下列情形之一的，应当在两个月内召开临时股东大会：

（一）董事人数不足本法规定人数或者公司章程所定人数的三分之二时；

（二）公司未弥补的亏损达实收股本总额三分之一时；

（三）单独或者合计持有公司百分之十以上股份的股东请求时；

（四）董事会认为必要时；

（五）监事会提议召开时；

（六）公司章程规定的其他情形。

**第一百零一条**　股东大会会议由董事会召集，董事长主持；董事长不能履行职务或者不履行职务的，由副董事长主持；副董事长不能履行职务或者不履行职务的，由半数以上董事共同推举一名董事主持。

董事会不能履行或者不履行召集股东大会会议职责的，监事会应当及时召集和主持；监事会不召集和主持的，连续九十日以上单独或者合计持有公司百分之十以上股份的股东可以自行召集和主持。

**第一百零二条**　召开股东大会会议，应当将会议召开的时间、地点和审议的事项于会议召开二十日前通知各股东；临时股东大会应当于会议召开十五日前通知各股东；发行无记名股票的，应当于会议召开三十日前公告会议召开的时间、地点和审议事项。

单独或者合计持有公司百分之三以上股份的股东，可以在股东大会召开十日前提出临时提案并书面提交董事会；董事会应当在收到提案后二日内通知其他股东，并将该临时提案提交股东大会审议。临时提案的内容应当属于股东大会职权范围，并有明确议题和具体决议事项。

股东大会不得对前两款通知中未列明的事项作出决议。

无记名股票持有人出席股东大会会议的，应当于会议召开五日前至股东大会闭会时将股票交存于公司。

**第一百零三条**　股东出席股东大会会议，所持每一股份有一表决权。但是，公司持有的本公司股份没有表决权。

股东大会作出决议，必须经出席会议的股东所持表决权过半数通过。但是，股东大会作出修改公司章程、增加或者减少注册资本的决议，以及公司合并、分立、解散或者变更公司形式的决议，必须经出席会议的股东所持表决权的三分之二以上通过。

**第一百零四条**　本法和公司章程规定公司转让、受让重大资产或者对外提供担保等事项必须经股东大会作出决议的，董事会应当及时召集股东大会会议，由股东大会就上述事项进行表决。

**第一百零五条**　股东大会选举董事、监事，可以依照公司章程的规定或者股东大会的决议，实行累积投票制。

本法所称累积投票制，是指股东大会选举董事或者监事时，每一股份拥有与应选董事或者监事人数相同的表决权，股东拥有的表决权可以集中使用。

**第一百零六条**　股东可以委托代理人出席股东大会会议，代理人应当向公司提交股东授权委托书，并在授权范围内行使表决权。

**第一百零七条**　股东大会应当对所议事项的决定作成会议记录，主持人、出席会议的董事应当在会议记录上签名。会议记录应当与出席股东的签名册及代理出席的委托书一并保存。

### 第三节　董事会、经理

**第一百零八条**　股份有限公司设董事会，其成员为五人至十九人。

董事会成员中可以有公司职工代表。董事会中的职工代表由公司职工通过职工代表大会、职工大会或者其他形式民主选举产生。

本法第四十五条关于有限责任公司董事任期的规定，适用于股份有限公司董事。

本法第四十六条关于有限责任公司董事会职权的规定，适用于股份有限公司董事会。

**第一百零九条**　董事会设董事长一人，可以设副董事长。董事长和副董事长由董事会以全体董事的过半数选举产生。

董事长召集和主持董事会会议，检查董事会决议的实施情况。副董事长协助董事长工作，董事长不能履行职务或者不履行职务的，由副董事长履行职务；副董事长不能履行职务或者不履行职务的，由半数以上董事共同推举一名董事履行职务。

**第一百一十条**  董事会每年度至少召开两次会议，每次会议应当于会议召开十日前通知全体董事和监事。

代表十分之一以上表决权的股东、三分之一以上董事或者监事会，可以提议召开董事会临时会议。董事长应当自接到提议后十日内，召集和主持董事会会议。

董事会召开临时会议，可以另定召集董事会的通知方式和通知时限。

**第一百一十一条**  董事会会议应有过半数的董事出席方可举行。董事会作出决议，必须经全体董事的过半数通过。

董事会决议的表决，实行一人一票。

**第一百一十二条**  董事会会议，应由董事本人出席；董事因故不能出席，可以书面委托其他董事代为出席，委托书中应载明授权范围。

董事会应当对会议所议事项的决定作成会议记录，出席会议的董事应当在会议记录上签名。

董事应当对董事会的决议承担责任。董事会的决议违反法律、行政法规或者公司章程、股东大会决议，致使公司遭受严重损失的，参与决议的董事对公司负赔偿责任。但经证明在表决时曾表明异议并记载于会议记录的，该董事可以免除责任。

**第一百一十三条**  股份有限公司设经理，由董事会决定聘任或者解聘。

本法第四十九条关于有限责任公司经理职权的规定，适用于股份有限公司经理。

**第一百一十四条**  公司董事会可以决定由董事会成员兼任经理。

**第一百一十五条**  公司不得直接或者通过子公司向董事、监事、高级管理人员提供借款。

**第一百一十六条**  公司应当定期向股东披露董事、监事、高级管理人员从公司获得报酬的情况。

第四节　监事会

**第一百一十七条**  股份有限公司设监事会，其成员不得少于三人。

监事会应当包括股东代表和适当比例的公司职工代表，其中职工代表的比例不得低于三分之一，具体比例由公司章程规定。监事会中的职工代表由公司职工通过职工代表大会、职工大会或者其他形式民主选举产生。

监事会设主席一人，可以设副主席。监事会主席和副主席由全体监事过半数选举产生。监事会主席召集和主持监事会会议；监事会主席不能履行职务或者不履行职务的，由监事会副主席召集和主持监事会会议；监事会副主席不能履行职务或者不履行职务的，由半数以上监事共同推举一名监事召集和主持监事会会议。

董事、高级管理人员不得兼任监事。

本法第五十二条关于有限责任公司监事任期的规定，适用于股份有限公司监事。

**第一百一十八条**　本法第五十三条、第五十四条关于有限责任公司监事会职权的规定，适用于股份有限公司监事会。

监事会行使职权所必需的费用，由公司承担。

**第一百一十九条**　监事会每六个月至少召开一次会议。监事可以提议召开临时监事会会议。

监事会的议事方式和表决程序，除本法有规定的外，由公司章程规定。

监事会决议应当经半数以上监事通过。

监事会应当对所议事项的决定作成会议记录，出席会议的监事应当在会议记录上签名。

### 第五节　上市公司组织机构的特别规定

**第一百二十条**　本法所称上市公司，是指其股票在证券交易所上市交易的股份有限公司。

**第一百二十一条**　上市公司在一年内购买、出售重大资产或者担保金额超过公司资产总额百分之三十的，应当由股东大会作出决议，并经出席会议的股东所持表决权的三分之二以上通过。

**第一百二十二条**　上市公司设独立董事，具体办法由国务院规定。

**第一百二十三条**　上市公司设董事会秘书，负责公司股东大会和董事会会议的筹备、文件保管以及公司股东资料的管理，办理信息披露事务等事宜。

**第一百二十四条**　上市公司董事与董事会会议决议事项所涉及的企业有关联关系的，不得对该项决议行使表决权，也不得代理其他董事行使表决权。该董事会会议由过半数的无关联关系董事出席即可举行，董事会会议所作决议须经无关联关系董事过半数通过。出席董事会的无关联关系董事人数不足三人的，应将该事项提交上市公司股东大会审议。

## 第五章　股份有限公司的股份发行和转让

### 第一节　股份发行

**第一百二十五条**　股份有限公司的资本划分为股份，每一股的金额相等。

公司的股份采取股票的形式。股票是公司签发的证明股东所持股份的凭证。

**第一百二十六条**　股份的发行，实行公平、公正的原则，同种类的每一股份应当具有同等权利。

同次发行的同种类股票，每股的发行条件和价格应当相同；任何单位或者个人所认购的股份，每股应当支付相同价额。

**第一百二十七条**　股票发行价格可以按票面金额，也可以超过票面金额，但不得低于票面金额。

**第一百二十八条**　股票采用纸面形式或者国务院证券监督管理机构规定的其他形式。

股票应当载明下列主要事项：

（一）公司名称；

（二）公司成立日期；

（三）股票种类、票面金额及代表的股份数；

（四）股票的编号。

股票由法定代表人签名，公司盖章。

发起人的股票，应当标明发起人股票字样。

**第一百二十九条**　公司发行的股票，可以为记名股票，也可以为无记名股票。

公司向发起人、法人发行的股票，应当为记名股票，并应当记载该发起人、法人的名称或者姓名，不得另立户名或者以代表人姓名记名。

**第一百三十条**　公司发行记名股票的，应当置备股东名册，记载下列事项：

（一）股东的姓名或者名称及住所；

（二）各股东所持股份数；

（三）各股东所持股票的编号；

（四）各股东取得股份的日期。

发行无记名股票的，公司应当记载其股票数量、编号及发行日期。

**第一百三十一条**　国务院可以对公司发行本法规定以外的其他种类的股份，另行作出规定。

第一百三十二条　股份有限公司成立后，即向股东正式交付股票。公司成立前不得向股东交付股票。

第一百三十三条　公司发行新股，股东大会应当对下列事项作出决议：

（一）新股种类及数额；

（二）新股发行价格；

（三）新股发行的起止日期；

（四）向原有股东发行新股的种类及数额。

第一百三十四条　公司经国务院证券监督管理机构核准公开发行新股时，必须公告新股招股说明书和财务会计报告，并制作认股书。

本法第八十七条、第八十八条的规定适用于公司公开发行新股。

第一百三十五条　公司发行新股，可以根据公司经营情况和财务状况，确定其作价方案。

第一百三十六条　公司发行新股募足股款后，必须向公司登记机关办理变更登记，并公告。

### 第二节　股份转让

第一百三十七条　股东持有的股份可以依法转让。

第一百三十八条　股东转让其股份，应当在依法设立的证券交易场所进行或者按照国务院规定的其他方式进行。

第一百三十九条　记名股票，由股东以背书方式或者法律、行政法规规定的其他方式转让；转让后由公司将受让人的姓名或者名称及住所记载于股东名册。

股东大会召开前二十日内或者公司决定分配股利的基准日前五日内，不得进行前款规定的股东名册的变更登记。但是，法律对上市公司股东名册变更登记另有规定的，从其规定。

第一百四十条　无记名股票的转让，由股东将该股票交付给受让人后即发生转让的效力。

第一百四十一条　发起人持有的本公司股份，自公司成立之日起一年内不得转让。公司公开发行股份前已发行的股份，自公司股票在证券交易所上市交易之日起一年内不得转让。

公司董事、监事、高级管理人员应当向公司申报所持有的本公司的股份及其变动情况，在任职期间每年转让的股份不得超过其所持有本公司股份总数的百分之二十五；所持本公司股份自公司股票上市交易之日起一年内不得转让。上述人员离职后半年内，不得转让其所持有的本公司股份。公司章程可以对公司董事、监事、高级管理人员转让其所持有的本公司股份作出其他限制性规定。

**第一百四十二条**　公司不得收购本公司股份。但是，有下列情形之一的除外：

（一）减少公司注册资本；

（二）与持有本公司股份的其他公司合并；

（三）将股份用于员工持股计划或者股权激励；

（四）股东因对股东大会作出的公司合并、分立决议持异议，要求公司收购其股份；

（五）将股份用于转换上市公司发行的可转换为股票的公司债券；

（六）上市公司为维护公司价值及股东权益所必需。

公司因前款第（一）项、第（二）项规定的情形收购本公司股份的，应当经股东大会决议；公司因前款第（三）项、第（五）项、第（六）项规定的情形收购本公司股份的，可以依照公司章程的规定或者股东大会的授权，经三分之二以上董事出席的董事会会议决议。

公司依照本条第一款规定收购本公司股份后，属于第（一）项情形的，应当自收购之日起十日内注销；属于第（二）项、第（四）项情形的，应当在六个月内转让或者注销；属于第（三）项、第（五）项、第（六）项情形的，公司合计持有的本公司股份数不得超过本公司已发行股份总额的百分之十，并应当在三年内转让或者注销。

上市公司收购本公司股份的，应当依照《中华人民共和国证券法》的规定履行信息披露义务。上市公司因本条第一款第（三）项、第（五）项、第（六）项规定的情形收购本公司股份的，应当通过公开的集中交易方式进行。

公司不得接受本公司的股票作为质押权的标的。

**第一百四十三条**　记名股票被盗、遗失或者灭失，股东可以依照《中华人民共和国民事诉讼法》规定的公示催告程序，请求人民法院宣告该股票失效。人民法院宣告该股票失效后，股东可以向公司申请补发股票。

**第一百四十四条**　上市公司的股票，依照有关法律、行政法规及证券交易所交易规则上市交易。

**第一百四十五条**　上市公司必须依照法律、行政法规的规定，公开其财务状况、经营情况及重大诉讼，在每会计年度内半年公布一次财务会计报告。

### 第六章　公司董事、监事、高级管理人员的资格和义务

**第一百四十六条**　有下列情形之一的，不得担任公司的董事、监事、高级管理人员：

（一）无民事行为能力或者限制民事行为能力；

（二）因贪污、贿赂、侵占财产、挪用财产或者破坏社会主义市场经济秩序，被判处刑罚，执行期满未逾五年，或者因犯罪被剥夺政治权利，执行期满未逾五年；

（三）担任破产清算的公司、企业的董事或者厂长、经理，对该公司、企业的破产负有个人责任的，自该公司、企业破产清算完结之日起未逾三年；

（四）担任因违法被吊销营业执照、责令关闭的公司、企业的法定代表人，并负有个人责任的，自该公司、企业被吊销营业执照之日起未逾三年；

（五）个人所负数额较大的债务到期未清偿。

公司违反前款规定选举、委派董事、监事或者聘任高级管理人员的，该选举、委派或者聘任无效。

董事、监事、高级管理人员在任职期间出现本条第一款所列情形的，公司应当解除其职务。

**第一百四十七条**　董事、监事、高级管理人员应当遵守法律、行政法规和公司章程，对公司负有忠实义务和勤勉义务。

董事、监事、高级管理人员不得利用职权收受贿赂或者其他非法收入，不得侵占公司的财产。

**第一百四十八条**　董事、高级管理人员不得有下列行为：

（一）挪用公司资金；

（二）将公司资金以其个人名义或者以其他个人名义开立账户存储；

（三）违反公司章程的规定，未经股东会、股东大会或者董事会同意，将公司资金借贷给他人或者以公司财产为他人提供担保；

（四）违反公司章程的规定或者未经股东会、股东大会同意，与本公司订立合同或者进行交易；

（五）未经股东会或者股东大会同意，利用职务便利为自己或者他人谋取属于公司的商业机会，自营或者为他人经营与所任职公司同类的业务；

（六）接受他人与公司交易的佣金归为己有；

（七）擅自披露公司秘密；

（八）违反对公司忠实义务的其他行为。

董事、高级管理人员违反前款规定所得的收入应当归公司所有。

**第一百四十九条**　董事、监事、高级管理人员执行公司职务时违反法律、行政法规或者公司章程的规定，给公司造成损失的，应当承担赔偿责任。

**第一百五十条**　股东会或者股东大会要求董事、监事、高级管理人员列席会议的，董事、监事、高级管理人员应当列席并接受股东的质询。

董事、高级管理人员应当如实向监事会或者不设监事会的有限责任公司的监事提供有关情况和资料，不得妨碍监事会或者监事行使职权。

**第一百五十一条**　董事、高级管理人员有本法第一百四十九条规定的情形的，有限责任公司的股东、股份有限公司连续一百八十日以上单独或者合计持有公司百分之一以上股份的股东，可以书面请求监事会或者不设监事会的有限责任公司的监事向人民法院提起诉讼；监事有本法第一百四十九条规定的情形的，前述股东可以书面请求董事会或者不设董事会的有限责任公司的执行董事向人民法院提起诉讼。

监事会、不设监事会的有限责任公司的监事，或者董事会、执行董事收到前款规定的股东书面请求后拒绝提起诉讼，或者自收到请求之日起三十日内未提起诉讼，或者情况紧急、不立即提起诉讼将会使公司利益受到难以弥补的损害的，前款规定的股东有权为了公司的利益以自己的名义直接向人民法院提起诉讼。

他人侵犯公司合法权益，给公司造成损失的，本条第一款规定的股东可以依照前两款的规定向人民法院提起诉讼。

**第一百五十二条**　董事、高级管理人员违反法律、行政法规或者公司章程的规定，损害股东利益的，股东可以向人民法院提起诉讼。

### 第七章　公司债券

**第一百五十三条**　本法所称公司债券，是指公司依照法定程序发行、约定在一定期限还本付息的有价证券。

公司发行公司债券应当符合《中华人民共和国证券法》规定的发行条件。

**第一百五十四条**　发行公司债券的申请经国务院授权的部门核准后，应当公告公司债券募集办法。

公司债券募集办法中应当载明下列主要事项：

（一）公司名称；

（二）债券募集资金的用途；

（三）债券总额和债券的票面金额；

（四）债券利率的确定方式；

（五）还本付息的期限和方式；

（六）债券担保情况；

（七）债券的发行价格、发行的起止日期；

（八）公司净资产额；

（九）已发行的尚未到期的公司债券总额；

（十）公司债券的承销机构。

**第一百五十五条**　公司以实物券方式发行公司债券的，必须在债券上载明公司名称、债券票面金额、利率、偿还期限等事项，并由法定代表人签名，公司盖章。

**第一百五十六条**　公司债券，可以为记名债券，也可以为无记名债券。

**第一百五十七条**　公司发行公司债券应当置备公司债券存根簿。

发行记名公司债券的，应当在公司债券存根簿上载明下列事项：

（一）债券持有人的姓名或者名称及住所；

（二）债券持有人取得债券的日期及债券的编号；

（三）债券总额，债券的票面金额、利率、还本付息的期限和方式；

（四）债券的发行日期。

发行无记名公司债券的，应当在公司债券存根簿上载明债券总额、利率、偿还期限和方式、发行日期及债券的编号。

**第一百五十八条**　记名公司债券的登记结算机构应当建立债券登记、存管、付息、兑付等相关制度。

**第一百五十九条**　公司债券可以转让，转让价格由转让人与受让人约定。

公司债券在证券交易所上市交易的，按照证券交易所的交易规则转让。

**第一百六十条**　记名公司债券，由债券持有人以背书方式或者法律、行政法规规定的其他方式转让；转让后由公司将受让人的姓名或者名称及住所记载于公司债券存根簿。

无记名公司债券的转让，由债券持有人将该债券交付给受让人后即发生转让的效力。

**第一百六十一条**　上市公司经股东大会决议可以发行可转换为股票的公司债券，并在公司债券募集办法中规定具体的转换办法。上市公司发行可转换为股票的公司债券，应当报国务院证券监督管理机构核准。

发行可转换为股票的公司债券，应当在债券上标明可转换公司债券字样，并在公司债券存根簿上载明可转换公司债券的数额。

**第一百六十二条**　发行可转换为股票的公司债券的，公司应当按照其转换办法向债券持有人换发股票，但债券持有人对转换股票或者不转换股票有选择权。

### 第八章　公司财务、会计

**第一百六十三条**　公司应当依照法律、行政法规和国务院财政部门的规定建立本公司的财务、会计制度。

**第一百六十四条**　公司应当在每一会计年度终了时编制财务会计报告，并依法经会计师事务所审计。

财务会计报告应当依照法律、行政法规和国务院财政部门的规定制作。

**第一百六十五条**　有限责任公司应当依照公司章程规定的期限将财务会计报告送交各股东。

股份有限公司的财务会计报告应当在召开股东大会年会的二十日前置备于本公司，供股东查阅；公开发行股票的股份有限公司必须公告其财务会计报告。

**第一百六十六条**　公司分配当年税后利润时，应当提取利润的百分之十列入公司法定公积金。公司法定公积金累计额为公司注册资本的百分之五十以上的，可以不再提取。

公司的法定公积金不足以弥补以前年度亏损的，在依照前款规定提取法定公积金之前，应当先用当年利润弥补亏损。

公司从税后利润中提取法定公积金后，经股东会或者股东大会决议，还可以从税后利润中提取任意公积金。

公司弥补亏损和提取公积金后所余税后利润，有限责任公司依照本法第三十四条的规定分配；股份有限公司按照股东持有的股份比例分配，但股份有限公司章程规定不按持股比例分配的除外。

股东会、股东大会或者董事会违反前款规定，在公司弥补亏损和提取法定公积金之前向股东分配利润的，股东必须将违反规定分配的利润退还公司。

公司持有的本公司股份不得分配利润。

**第一百六十七条**　股份有限公司以超过股票票面金额的发行价格发行股份所得的溢价款以及国务院财政部门规定列入资本公积金的其他收入，应当列为公司资本公积金。

**第一百六十八条**　公司的公积金用于弥补公司的亏损、扩大公司生产经营或者转为增加公司资本。但是，资本公积金不得用于弥补公司的亏损。

法定公积金转为资本时，所留存的该项公积金不得少于转增前公司注册资本的百分之二十五。

**第一百六十九条**　公司聘用、解聘承办公司审计业务的会计师事务所，依照公司章程的规定，由股东会、股东大会或者董事会决定。

公司股东会、股东大会或者董事会就解聘会计师事务所进行表决时，应当允许会计师事务所陈述意见。

**第一百七十条**　公司应当向聘用的会计师事务所提供真实、完整的会计凭证、会计账簿、财务会计报告及其他会计资料，不得拒绝、隐匿、谎报。

**第一百七十一条**　公司除法定的会计账簿外，不得另立会计账簿。

对公司资产，不得以任何个人名义开立账户存储。

### 第九章　公司合并、分立、增资、减资

**第一百七十二条**　公司合并可以采取吸收合并或者新设合并。

一个公司吸收其他公司为吸收合并，被吸收的公司解散。两个以上公司合并设立一个新的公司为新设合并，合并各方解散。

**第一百七十三条**　公司合并，应当由合并各方签订合并协议，并编制资产负债表及财产清单。公司应当自作出合并决议之日起十日内通知债权人，并于三十日内在报纸上公告。债权人自接到通知书之日起三十日内，未接到通知书的自公告之日起四十五日内，可以要求公司清偿债务或者提供相应的担保。

**第一百七十四条**　公司合并时，合并各方的债权、债务，应当由合并后存续的公司或者新设的公司承继。

**第一百七十五条**　公司分立，其财产作相应的分割。

公司分立，应当编制资产负债表及财产清单。公司应当自作出分立决议之日起十日内通知债权人，并于三十日内在报纸上公告。

**第一百七十六条**　公司分立前的债务由分立后的公司承担连带责任。但是，公司在分立前与债权人就债务清偿达成的书面协议另有约定的除外。

**第一百七十七条**　公司需要减少注册资本时，必须编制资产负债表及财产清单。

公司应当自作出减少注册资本决议之日起十日内通知债权人，并于三十日内在报纸上公告。债权人自接到通知书之日起三十日内，未接到通知书的自公告之日起四十五日内，有权要求公司清偿债务或者提供相应的担保。

**第一百七十八条**　有限责任公司增加注册资本时，股东认缴新增资本的出资，依照本法设立有限责任公司缴纳出资的有关规定执行。

股份有限公司为增加注册资本发行新股时，股东认购新股，依照本法设立股份有限公司缴纳股款的有关规定执行。

**第一百七十九条**　公司合并或者分立，登记事项发生变更的，应当依法向公司登记机关办理变更登记；公司解散的，应当依法办理公司注销登记；设立新公司的，应当依法办理公司设立登记。

公司增加或者减少注册资本，应当依法向公司登记机关办理变更登记。

## 第十章　公司解散和清算

**第一百八十条**　公司因下列原因解散：

（一）公司章程规定的营业期限届满或者公司章程规定的其他解散事由出现；

（二）股东会或者股东大会决议解散；

（三）因公司合并或者分立需要解散；

（四）依法被吊销营业执照、责令关闭或者被撤销；

（五）人民法院依照本法第一百八十二条的规定予以解散。

**第一百八十一条**　公司有本法第一百八十条第（一）项情形的，可以通过修改公司章程而存续。

依照前款规定修改公司章程，有限责任公司须经持有三分之二以上表决权的股东通过，股份有限公司须经出席股东大会会议的股东所持表决权的三分之二以上通过。

**第一百八十二条**　公司经营管理发生严重困难，继续存续会使股东利益受到重大损失，通过其他途径不能解决的，持有公司全部股东表决权百分之十以上的股东，可以请求人民法院解散公司。

**第一百八十三条**　公司因本法第一百八十条第（一）项、第（二）项、第（四）项、第（五）项规定而解散的，应当在解散事由出现之日起十五日内成立清算组，开始清算。有限责任公司的清算组由股东组成，股份有限公司的清算组由董事或者股东大会确定的人员组成。逾期不成立清算组进行清算的，债权人可以申请人民法院指定有关人员组成清算组进行清算。人民法院应当受理该申请，并及时组织清算组进行清算。

**第一百八十四条**　清算组在清算期间行使下列职权：

（一）清理公司财产，分别编制资产负债表和财产清单；

（二）通知、公告债权人；

（三）处理与清算有关的公司未了结的业务；

（四）清缴所欠税款以及清算过程中产生的税款；

（五）清理债权、债务；

（六）处理公司清偿债务后的剩余财产；

（七）代表公司参与民事诉讼活动。

**第一百八十五条**　清算组应当自成立之日起十日内通知债权人，并于六十日内在报纸上公告。债权人应当自接到通知书之日起三十日内，未接到通知书的自公告之日起四十五日内，向清算组申报其债权。

债权人申报债权，应当说明债权的有关事项，并提供证明材料。清算组应当对债权进行登记。

在申报债权期间，清算组不得对债权人进行清偿。

**第一百八十六条**　清算组在清理公司财产、编制资产负债表和财产清单后，应当制定清算方案，并报股东会、股东大会或者人民法院确认。

公司财产在分别支付清算费用、职工的工资、社会保险费用和法定补偿金，缴纳所欠税款，清偿公司债务后的剩余财产，有限责任公司按照股东的出资比例分配，股份有限公司按照股东持有的股份比例分配。

清算期间，公司存续，但不得开展与清算无关的经营活动。公司财产在未依照前款规定清偿前，不得分配给股东。

**第一百八十七条**　清算组在清理公司财产、编制资产负债表和财产清单后，发现公司财产不足清偿债务的，应当依法向人民法院申请宣告破产。

公司经人民法院裁定宣告破产后，清算组应当将清算事务移交给人民法院。

**第一百八十八条**　公司清算结束后，清算组应当制作清算报告，报股东会、股东大会或者人民法院确认，并报送公司登记机关，申请注销公司登记，公告公司终止。

**第一百八十九条**　清算组成员应当忠于职守，依法履行清算义务。

清算组成员不得利用职权收受贿赂或者其他非法收入，不得侵占公司财产。

清算组成员因故意或者重大过失给公司或者债权人造成损失的，应当承担赔偿责任。

**第一百九十条**　公司被依法宣告破产的，依照有关企业破产的法律实施破产清算。

### 第十一章　外国公司的分支机构

**第一百九十一条**　本法所称外国公司是指依照外国法律在中国境外设立的公司。

**第一百九十二条**　外国公司在中国境内设立分支机构，必须向中国主管机关提出申请，并提交其公司章程、所属国的公司登记证书等有关文件，经批准后，向公司登记机关依法办理登记，领取营业执照。

外国公司分支机构的审批办法由国务院另行规定。

**第一百九十三条**　外国公司在中国境内设立分支机构，必须在中国境内指定负责该分支机构的代表人或者代理人，并向该分支机构拨付与其所从事的经营活动相适应的资金。

对外国公司分支机构的经营资金需要规定最低限额的，由国务院另行规定。

**第一百九十四条**　外国公司的分支机构应当在其名称中标明该外国公司的国籍及责任形式。

外国公司的分支机构应当在本机构中置备该外国公司章程。

**第一百九十五条**　外国公司在中国境内设立的分支机构不具有中国法人资格。

外国公司对其分支机构在中国境内进行经营活动承担民事责任。

**第一百九十六条**　经批准设立的外国公司分支机构，在中国境内从事业务活动，必须遵守中国的法律，不得损害中国的社会公共利益，其合法权益受中国法律保护。

**第一百九十七条**　外国公司撤销其在中国境内的分支机构时，必须依法清偿债务，依照本法有关公司清算程序的规定进行清算。未清偿债务之前，不得将其分支机构的财产移至中国境外。

## 第十二章　法律责任

**第一百九十八条**　违反本法规定，虚报注册资本、提交虚假材料或者采取其他欺诈手段隐瞒重要事实取得公司登记的，由公司登记机关责令改正，对虚报注册资本的公司，处以虚报注册资本金额百分之五以上百分之十五以下的罚款；对提交虚假材料或者采取其他欺诈手段隐瞒重要事实的公司，处以五万元以上五十万元以下的罚款；情节严重的，撤销公司登记或者吊销营业执照。

**第一百九十九条**　公司的发起人、股东虚假出资，未交付或者未按期交付作为出资的货币或者非货币财产的，由公司登记机关责令改正，处以虚假出资金额百分之五以上百分之十五以下的罚款。

**第二百条**　公司的发起人、股东在公司成立后，抽逃其出资的，由公司登记机关责令改正，处以所抽逃出资金额百分之五以上百分之十五以下的罚款。

**第二百零一条**　公司违反本法规定，在法定的会计账簿以外另立会计账簿的，由县级以上人民政府财政部门责令改正，处以五万元以上五十万元以下的罚款。

**第二百零二条**　公司在依法向有关主管部门提供的财务会计报告等材料上作虚假记载或者隐瞒重要事实的，由有关主管部门对直接负责的主管人员和其他直接责任人员处以三万元以上三十万元以下的罚款。

**第二百零三条**　公司不依照本法规定提取法定公积金的，由县级以上人民政府财政部门责令如数补足应当提取的金额，可以对公司处以二十万元以下的罚款。

**第二百零四条**　公司在合并、分立、减少注册资本或者进行清算时，不依照本法规定通知或者公告债权人的，由公司登记机关责令改正，对公司处以一万元以上十万元以下的罚款。

公司在进行清算时，隐匿财产，对资产负债表或者财产清单作虚假记载或者在未清偿债务前分配公司财产的，由公司登记机关责令改正，对公司处以隐匿财产或者未清偿债务前分配公司财产金额百分之五以上百分之十以下的罚款；对直接负责的主管人员和其他直接责任人员处以一万元以上十万元以下的罚款。

**第二百零五条**　公司在清算期间开展与清算无关的经营活动的，由公司登记机关予以警告，没收违法所得。

**第二百零六条**　清算组不依照本法规定向公司登记机关报送清算报告，或者报送清算报告隐瞒重要事实或者有重大遗漏的，由公司登记机关责令改正。

清算组成员利用职权徇私舞弊、谋取非法收入或者侵占公司财产的，由公司登记机关责令退还公司财产，没收违法所得，并可以处以违法所得一倍以上五倍以下的罚款。

**第二百零七条**　承担资产评估、验资或者验证的机构提供虚假材料的，由公司登记机关没收违法所得，处以违法所得一倍以上五倍以下的罚款，并可以由有关主管部门依法责令该机构停业、吊销直接责任人员的资格证书，吊销营业执照。

承担资产评估、验资或者验证的机构因过失提供有重大遗漏的报告的，由公司登记机关责令改正，情节较重的，处以所得收入一倍以上五倍以下的罚款，并可以由有关主管部门依法责令该机构停业、吊销直接责任人员的资格证书，吊销营业执照。

承担资产评估、验资或者验证的机构因其出具的评估结果、验资或者验证证明不实，给公司债权人造成损失的，除能够证明自己没有过错的外，在其评估或者证明不实的金额范围内承担赔偿责任。

**第二百零八条**　公司登记机关对不符合本法规定条件的登记申请予以登记，或者对符合本法规定条件的登记申请不予登记的，对直接负责的主管人员和其他直接责任人员，依法给予行政处分。

**第二百零九条**　公司登记机关的上级部门强令公司登记机关对不符合本法规定条件的登记申请予以登记，或者对符合本法规定条件的登记申请不予登记的，或者对违法登记进行包庇的，对直接负责的主管人员和其他直接责任人员依法给予行政处分。

**第二百一十条** 未依法登记为有限责任公司或者股份有限公司，而冒用有限责任公司或者股份有限公司名义的，或者未依法登记为有限责任公司或者股份有限公司的分公司，而冒用有限责任公司或者股份有限公司的分公司名义的，由公司登记机关责令改正或者予以取缔，可以并处十万元以下的罚款。

**第二百一十一条** 公司成立后无正当理由超过六个月未开业的，或者开业后自行停业连续六个月以上的，可以由公司登记机关吊销营业执照。

公司登记事项发生变更时，未依照本法规定办理有关变更登记的，由公司登记机关责令限期登记；逾期不登记的，处以一万元以上十万元以下的罚款。

**第二百一十二条** 外国公司违反本法规定，擅自在中国境内设立分支机构的，由公司登记机关责令改正或者关闭，可以并处五万元以上二十万元以下的罚款。

**第二百一十三条** 利用公司名义从事危害国家安全、社会公共利益的严重违法行为的，吊销营业执照。

**第二百一十四条** 公司违反本法规定，应当承担民事赔偿责任和缴纳罚款、罚金的，其财产不足以支付时，先承担民事赔偿责任。

**第二百一十五条** 违反本法规定，构成犯罪的，依法追究刑事责任。

### 第十三章 附　则

**第二百一十六条** 本法下列用语的含义：

（一）高级管理人员，是指公司的经理、副经理、财务负责人，上市公司董事会秘书和公司章程规定的其他人员。

（二）控股股东，是指其出资额占有限责任公司资本总额百分之五十以上或者其持有的股份占股份有限公司股本总额百分之五十以上的股东；出资额或者持有股份的比例虽然不足百分之五十，但依其出资额或者持有的股份所享有的表决权已足以对股东会、股东大会的决议产生重大影响的股东。

（三）实际控制人，是指虽不是公司的股东，但通过投资关系、协议或者其他安排，能够实际支配公司行为的人。

（四）关联关系，是指公司控股股东、实际控制人、董事、监事、高级管理人员与其直接或者间接控制的企业之间的关系，以及可能导致公司利益转移的其他关系。但是，国家控股的企业之间不仅因为同受国家控股而具有关联关系。

**第二百一十七条** 外商投资的有限责任公司和股份有限公司适用本法；有关外商投资的法律另有规定的，适用其规定。

**第二百一十八条** 本法自2006年1月1日起施行。

# 最高人民法院关于适用《中华人民共和国公司法》若干问题的规定（一）

（2006 年 3 月 27 日最高人民法院审判委员会第 1382 次会议通过　根据 2014 年 2 月 17 日最高人民法院审判委员会第 1607 次会议《关于修改关于适用〈中华人民共和国公司法〉若干问题的规定的决定》修正　2014 年 2 月 20 日发布　法释〔2014〕2 号）

为正确适用 2005 年 10 月 27 日十届全国人大常委会第十八次会议修订的《中华人民共和国公司法》，对人民法院在审理相关的民事纠纷案件中，具体适用公司法的有关问题规定如下：

**第一条**　公司法实施后，人民法院尚未审结的和新受理的民事案件，其民事行为或事件发生在公司法实施以前的，适用当时的法律法规和司法解释。

**第二条**　因公司法实施前有关民事行为或者事件发生纠纷起诉到人民法院的，如当时的法律法规和司法解释没有明确规定时，可参照适用公司法的有关规定。

**第三条**　原告以公司法第 22 条第 2 款、第 74 条第 2 款规定事由，向人民法院提起诉讼时，超过公司法规定期限的，人民法院不予受理。

**第四条**　公司法第 151 条规定的 180 日以上连续持股期间，应为股东向人民法院提起诉讼时，已期满的持股时间；规定的合计持有公司 1% 以上股份，是指两个以上股东持股份额的合计。

**第五条**　人民法院对公司法实施前已经终审的案件依法进行再审时，不适用公司法的规定。

**第六条**　本规定自公布之日起实施。

# 最高人民法院关于适用《中华人民共和国公司法》若干问题的规定（二）

（2008 年 5 月 5 日最高人民法院审判委员会第 1447 次会议通过  根据 2014 年 2 月 17 日最高人民法院审判委员会第 1607 次会议《关于修改关于适用〈中华人民共和国公司法〉若干问题的规定的决定》修正  2014 年 2 月 20 日发布  法释〔2014〕2 号）

为正确适用《中华人民共和国公司法》，结合审判实践，就人民法院审理公司解散和清算案件适用法律问题作出如下规定。

**第一条**  单独或者合计持有公司全部股东表决权 10% 以上的股东，以下列事由之一提起解散公司诉讼，并符合公司法第 182 条规定的，人民法院应予受理：

（一）公司持续两年以上无法召开股东会或者股东大会，公司经营管理发生严重困难的；

（二）股东表决时无法达到法定或者公司章程规定的比例，持续两年以上不能做出有效的股东会或者股东大会决议，公司经营管理发生严重困难的；

（三）公司董事长期冲突，且无法通过股东会或者股东大会解决，公司经营管理发生严重困难的；

（四）经营管理发生其他严重困难，公司继续存续会使股东利益受到重大损失的情形。

股东以知情权、利润分配请求权等权益受到损害，或者公司亏损、财产不足以偿还全部债务，以及公司被吊销企业法人营业执照未进行清算等为由，提起解散公司诉讼的，人民法院不予受理。

**第二条**  股东提起解散公司诉讼，同时又申请人民法院对公司进行清算的，人民法院对其提出的清算申请不予受理。人民法院可以告知原告，在人民法院判决解散公司后，依据公司法第 183 条和本规定第 7 条的规定，自行组织清算或者另行申请人民法院对公司进行清算。

**第三条**  股东提起解散公司诉讼时，向人民法院申请财产保全或者证据保全的，在股东提供担保且不影响公司正常经营的情形下，人民法院可予以保全。

**第四条**  股东提起解散公司诉讼应当以公司为被告。

原告以其他股东为被告一并提起诉讼的，人民法院应当告知原告将其他股东变更为第三人；原告坚持不予变更的，人民法院应当驳回原告对其他股东的起诉。

原告提起解散公司诉讼应当告知其他股东，或者由人民法院通知其参加诉讼。

其他股东或者有关利害关系人申请以共同原告或者第三人身份参加诉讼的，人民法院应予准许。

第五条　人民法院审理解散公司诉讼案件，应当注重调解。当事人协商同意由公司或者股东收购股份，或者以减资等方式使公司存续，且不违反法律、行政法规强制性规定的，人民法院应予支持。当事人不能协商一致使公司存续的，人民法院应当及时判决。

经人民法院调解公司收购原告股份的，公司应当自调解书生效之日起6个月内将股份转让或者注销。股份转让或者注销之前，原告不得以公司收购其股份为由对抗公司债权人。

第六条　人民法院关于解散公司诉讼作出的判决，对公司全体股东具有法律约束力。

人民法院判决驳回解散公司诉讼请求后，提起该诉讼的股东或者其他股东又以同一事实和理由提起解散公司诉讼的，人民法院不予受理。

第七条　公司应当依照公司法第183条的规定，在解散事由出现之日起15日内成立清算组，开始自行清算。

有下列情形之一，债权人申请人民法院指定清算组进行清算的，人民法院应予受理：

（一）公司解散逾期不成立清算组进行清算的；

（二）虽然成立清算组但故意拖延清算的；

（三）违法清算可能严重损害债权人或者股东利益的。

具有本条第2款所列情形，而债权人未提起清算申请，公司股东申请人民法院指定清算组对公司进行清算的，人民法院应予受理。

第八条　人民法院受理公司清算案件，应当及时指定有关人员组成清算组。

清算组成员可以从下列人员或者机构中产生：

（一）公司股东、董事、监事、高级管理人员；

（二）依法设立的律师事务所、会计师事务所、破产清算事务所等社会中介机构；

（三）依法设立的律师事务所、会计师事务所、破产清算事务所等社会中介机构中具备相关专业知识并取得执业资格的人员。

第九条　人民法院指定的清算组成员有下列情形之一的，人民法院可以根据债权人、股东的申请，或者依职权更换清算组成员：

（一）有违反法律或者行政法规的行为；

（二）丧失执业能力或者民事行为能力；

（三）有严重损害公司或者债权人利益的行为。

**第十条**　公司依法清算结束并办理注销登记前，有关公司的民事诉讼，应当以公司的名义进行。

公司成立清算组的，由清算组负责人代表公司参加诉讼；尚未成立清算组的，由原法定代表人代表公司参加诉讼。

**第十一条**　公司清算时，清算组应当按照公司法第185条的规定，将公司解散清算事宜书面通知全体已知债权人，并根据公司规模和营业地域范围在全国或者公司注册登记地省级有影响的报纸上进行公告。

清算组未按照前款规定履行通知和公告义务，导致债权人未及时申报债权而未获清偿，债权人主张清算组成员对因此造成的损失承担赔偿责任的，人民法院应依法予以支持。

**第十二条**　公司清算时，债权人对清算组核定的债权有异议的，可以要求清算组重新核定。清算组不予重新核定，或者债权人对重新核定的债权仍有异议，债权人以公司为被告向人民法院提起诉讼请求确认的，人民法院应予受理。

**第十三条**　债权人在规定的期限内未申报债权，在公司清算程序终结前补充申报的，清算组应予登记。

公司清算程序终结，是指清算报告经股东会、股东大会或者人民法院确认完毕。

**第十四条**　债权人补充申报的债权，可以在公司尚未分配财产中依法清偿。公司尚未分配财产不能全额清偿，债权人主张股东以其在剩余财产分配中已经取得的财产予以清偿的，人民法院应予支持；但债权人因重大过错未在规定期限内申报债权的除外。

债权人或者清算组，以公司尚未分配财产和股东在剩余财产分配中已经取得的财产，不能全额清偿补充申报的债权为由，向人民法院提出破产清算申请的，人民法院不予受理。

**第十五条**　公司自行清算的，清算方案应当报股东会或者股东大会决议确认；人民法院组织清算的，清算方案应当报人民法院确认。未经确认的清算方案，清算组不得执行。

执行未经确认的清算方案给公司或者债权人造成损失，公司、股东或者债权人主张清算组成员承担赔偿责任的，人民法院应依法予以支持。

**第十六条**　人民法院组织清算的，清算组应当自成立之日起6个月内清算完毕。因特殊情况无法在6个月内完成清算的，清算组应当向人民法院申请延长。

**第十七条**　人民法院指定的清算组在清理公司财产、编制资产负债表和财产清单时，发现公司财产不足清偿债务的，可以与债权人协商制作有关债务清偿方案。

债务清偿方案经全体债权人确认且不损害其他利害关系人利益的，人民法院可依清算组的申请裁定予以认可。清算组依据该清偿方案清偿债务后，应当向人民法院申请裁定终结清算程序。

债权人对债务清偿方案不予确认或者人民法院不予认可的，清算组应当依法向人民法院申请宣告破产。

**第十八条**　有限责任公司的股东、股份有限公司的董事和控股股东未在法定期限内成立清算组开始清算，导致公司财产贬值、流失、毁损或者灭失，债权人主张其在造成损失范围内对公司债务承担赔偿责任的，人民法院应依法予以支持。

有限责任公司的股东、股份有限公司的董事和控股股东因怠于履行义务，导致公司主要财产、账册、重要文件等灭失，无法进行清算，债权人主张其对公司债务承担连带清偿责任的，人民法院应依法予以支持。

上述情形系实际控制人原因造成，债权人主张实际控制人对公司债务承担相应民事责任的，人民法院应依法予以支持。

**第十九条**　有限责任公司的股东、股份有限公司的董事和控股股东，以及公司的实际控制人在公司解散后，恶意处置公司财产给债权人造成损失，或者未经依法清算，以虚假的清算报告骗取公司登记机关办理法人注销登记，债权人主张其对公司债务承担相应赔偿责任的，人民法院应依法予以支持。

**第二十条**　公司解散应当在依法清算完毕后，申请办理注销登记。公司未经清算即办理注销登记，导致公司无法进行清算，债权人主张有限责任公司的股东、股份有限公司的董事和控股股东，以及公司的实际控制人对公司债务承担清偿责任的，人民法院应依法予以支持。

公司未经依法清算即办理注销登记，股东或者第三人在公司登记机关办理注销登记时承诺对公司债务承担责任，债权人主张其对公司债务承担相应民事责任的，人民法院应依法予以支持。

**第二十一条**　有限责任公司的股东、股份有限公司的董事和控股股东，以及公司的实际控制人为2人以上的，其中1人或者数人按照本规定第18条和第20条第1款的规定承担民事责任后，主张其他人员按照过错大小分担责任的，人民法院应依法予以支持。

**第二十二条**　公司解散时，股东尚未缴纳的出资均应作为清算财产。股东尚未缴纳的出资，包括到期应缴未缴的出资，以及依照公司法第26条和第80条的规定分期缴纳尚未届满缴纳期限的出资。

公司财产不足以清偿债务时，债权人主张未缴出资股东，以及公司设立时的其他股东或者发起人在未缴出资范围内对公司债务承担连带清偿责任的，人民法院应依法予以支持。

**第二十三条**　清算组成员从事清算事务时，违反法律、行政法规或者公司章程给公司或者债权人造成损失，公司或者债权人主张其承担赔偿责任的，人民法院应依法予以支持。

有限责任公司的股东、股份有限公司连续180日以上单独或者合计持有公司1%以上股份的股东，依据公司法第151条第3款的规定，以清算组成员有前款所述行为为由向人民法院提起诉讼的，人民法院应予受理。

公司已经清算完毕注销，上述股东参照公司法第151条第3款的规定，直接以清算组成员为被告、其他股东为第三人向人民法院提起诉讼的，人民法院应予受理。

**第二十四条**　解散公司诉讼案件和公司清算案件由公司住所地人民法院管辖。公司住所地是指公司主要办事机构所在地。公司办事机构所在地不明确的，由其注册地人民法院管辖。

基层人民法院管辖县、县级市或者区的公司登记机关核准登记公司的解散诉讼案件和公司清算案件；中级人民法院管辖地区、地级市以上的公司登记机关核准登记公司的解散诉讼案件和公司清算案件。

# 最高人民法院关于适用《中华人民共和国公司法》若干问题的规定（三）

（2010年12月6日最高人民法院审判委员会第1504次会议通过　根据2014年2月17日最高人民法院审判委员会第1607次会议《关于修改关于适用〈中华人民共和国公司法〉若干问题的规定的决定》修正　2014年2月20日发布　法释〔2014〕2号）

为正确适用《中华人民共和国公司法》，结合审判实践，就人民法院审理公司设立、出资、股权确认等纠纷案件适用法律问题作出如下规定。

**第一条**　为设立公司而签署公司章程、向公司认购出资或者股份并履行公司设立职责的人，应当认定为公司的发起人，包括有限责任公司设立时的股东。

**第二条**　发起人为设立公司以自己名义对外签订合同，合同相对人请求该发起人承担合同责任的，人民法院应予支持。

公司成立后对前款规定的合同予以确认，或者已经实际享有合同权利或者履行合同义务，合同相对人请求公司承担合同责任的，人民法院应予支持。

**第三条**　发起人以设立中公司名义对外签订合同，公司成立后合同相对人请求公司承担合同责任的，人民法院应予支持。

公司成立后有证据证明发起人利用设立中公司的名义为自己的利益与相对人签订合同，公司以此为由主张不承担合同责任的，人民法院应予支持，但相对人为善意的除外。

**第四条**　公司因故未成立，债权人请求全体或者部分发起人对设立公司行为所产生的费用和债务承担连带清偿责任的，人民法院应予支持。

部分发起人依照前款规定承担责任后，请求其他发起人分担的，人民法院应当判令其他发起人按照约定的责任承担比例分担责任；没有约定责任承担比例的，按照约定的出资比例分担责任；没有约定出资比例的，按照均等份额分担责任。

因部分发起人的过错导致公司未成立，其他发起人主张其承担设立行为所产生的费用和债务的，人民法院应当根据过错情况，确定过错一方的责任范围。

**第五条**　发起人因履行公司设立职责造成他人损害，公司成立后受害人请求公司承担侵权赔偿责任的，人民法院应予支持；公司未成立，受害人请求全体发起人承担连带赔偿责任的，人民法院应予支持。

公司或者无过错的发起人承担赔偿责任后，可以向有过错的发起人追偿。

**第六条**　股份有限公司的认股人未按期缴纳所认股份的股款，经公司发起人催缴后在合理期间内仍未缴纳，公司发起人对该股份另行募集的，人民法院应当认定该募集行为有效。认股人延期缴纳股款给公司造成损失，公司请求该认股人承担赔偿责任的，人民法院应予支持。

**第七条** 出资人以不享有处分权的财产出资，当事人之间对于出资行为效力产生争议的，人民法院可以参照物权法第106条的规定予以认定。

以贪污、受贿、侵占、挪用等违法犯罪所得的货币出资后取得股权的，对违法犯罪行为予以追究、处罚时，应当采取拍卖或者变卖的方式处置其股权。

**第八条** 出资人以划拨土地使用权出资，或者以设定权利负担的土地使用权出资，公司、其他股东或者公司债权人主张认定出资人未履行出资义务的，人民法院应当责令当事人在指定的合理期间内办理土地变更手续或者解除权利负担；逾期未办理或者未解除的，人民法院应当认定出资人未依法全面履行出资义务。

**第九条** 出资人以非货币财产出资，未依法评估作价，公司、其他股东或者公司债权人请求认定出资人未履行出资义务的，人民法院应当委托具有合法资格的评估机构对该财产评估作价。评估确定的价额显著低于公司章程所定价额的，人民法院应当认定出资人未依法全面履行出资义务。

**第十条** 出资人以房屋、土地使用权或者需要办理权属登记的知识产权等财产出资，已经交付公司使用但未办理权属变更手续，公司、其他股东或者公司债权人主张认定出资人未履行出资义务的，人民法院应当责令当事人在指定的合理期间内办理权属变更手续；在前述期间内办理了权属变更手续的，人民法院应当认定其已经履行了出资义务；出资人主张自其实际交付财产给公司使用时享有相应股东权利的，人民法院应予支持。

出资人以前款规定的财产出资，已经办理权属变更手续但未交付给公司使用，公司或者其他股东主张其向公司交付、并在实际交付之前不享有相应股东权利的，人民法院应予支持。

**第十一条** 出资人以其他公司股权出资，符合下列条件的，人民法院应当认定出资人已履行出资义务：

（一）出资的股权由出资人合法持有并依法可以转让；

（二）出资的股权无权利瑕疵或者权利负担；

（三）出资人已履行关于股权转让的法定手续；

（四）出资的股权已依法进行了价值评估。

股权出资不符合前款第1、2、3项的规定，公司、其他股东或者公司债权人请求认定出资人未履行出资义务的，人民法院应当责令该出资人在指定的合理期间内采取补正措施，以符合上述条件；逾期未补正的，人民法院应当认定其未依法全面履行出资义务。

股权出资不符合本条第 1 款第 4 项的规定，公司、其他股东或者公司债权人请求认定出资人未履行出资义务的，人民法院应当按照本规定第九条的规定处理。

**第十二条**　公司成立后，公司、股东或者公司债权人以相关股东的行为符合下列情形之一且损害公司权益为由，请求认定该股东抽逃出资的，人民法院应予支持：

（一）制作虚假财务会计报表虚增利润进行分配；

（二）通过虚构债权债务关系将其出资转出；

（三）利用关联交易将出资转出；

（四）其他未经法定程序将出资抽回的行为。

**第十三条**　股东未履行或者未全面履行出资义务，公司或者其他股东请求其向公司依法全面履行出资义务的，人民法院应予支持。

公司债权人请求未履行或者未全面履行出资义务的股东在未出资本息范围内对公司债务不能清偿的部分承担补充赔偿责任的，人民法院应予支持；未履行或者未全面履行出资义务的股东已经承担上述责任，其他债权人提出相同请求的，人民法院不予支持。

股东在公司设立时未履行或者未全面履行出资义务，依照本条第 1 款或者第 2 款提起诉讼的原告，请求公司的发起人与被告股东承担连带责任的，人民法院应予支持；公司的发起人承担责任后，可以向被告股东追偿。

股东在公司增资时未履行或者未全面履行出资义务，依照本条第 1 款或者第 2 款提起诉讼的原告，请求未尽公司法第 147 条第 1 款规定的义务而使出资未缴足的董事、高级管理人员承担相应责任的，人民法院应予支持；董事、高级管理人员承担责任后，可以向被告股东追偿。

**第十四条**　股东抽逃出资，公司或者其他股东请求其向公司返还出资本息、协助抽逃出资的其他股东、董事、高级管理人员或者实际控制人对此承担连带责任的，人民法院应予支持。

公司债权人请求抽逃出资的股东在抽逃出资本息范围内对公司债务不能清偿的部分承担补充赔偿责任、协助抽逃出资的其他股东、董事、高级管理人员或者实际控制人对此承担连带责任的，人民法院应予支持；抽逃出资的股东已经承担上述责任，其他债权人提出相同请求的，人民法院不予支持。

**第十五条**　出资人以符合法定条件的非货币财产出资后，因市场变化或者其他客观因素导致出资财产贬值，公司、其他股东或者公司债权人请求该出资人承担补足出资责任的，人民法院不予支持。但是，当事人另有约定的除外。

**第十六条**　股东未履行或者未全面履行出资义务或者抽逃出资，公司根据公司章程或者股东会决议对其利润分配请求权、新股优先认购权、剩余财产分配请求权等股东权利作出相应的合理限制，该股东请求认定该限制无效的，人民法院不予支持。

**第十七条** 有限责任公司的股东未履行出资义务或者抽逃全部出资，经公司催告缴纳或者返还，其在合理期间内仍未缴纳或者返还出资，公司以股东会决议解除该股东的股东资格，该股东请求确认该解除行为无效的，人民法院不予支持。

在前款规定的情形下，人民法院在判决时应当释明，公司应当及时办理法定减资程序或者由其他股东或者第三人缴纳相应的出资。在办理法定减资程序或者其他股东或者第三人缴纳相应的出资之前，公司债权人依照本规定第13条或者第14条请求相关当事人承担相应责任的，人民法院应予支持。

**第十八条** 有限责任公司的股东未履行或者未全面履行出资义务即转让股权，受让人对此知道或者应当知道，公司请求该股东履行出资义务、受让人对此承担连带责任的，人民法院应予支持；公司债权人依照本规定第13条第2款向该股东提起诉讼，同时请求前述受让人对此承担连带责任的，人民法院应予支持。

受让人根据前款规定承担责任后，向该未履行或者未全面履行出资义务的股东追偿的，人民法院应予支持。但是，当事人另有约定的除外。

**第十九条** 公司股东未履行或者未全面履行出资义务或者抽逃出资，公司或者其他股东请求其向公司全面履行出资义务或者返还出资，被告股东以诉讼时效为由进行抗辩的，人民法院不予支持。

公司债权人的债权未过诉讼时效期间，其依照本规定第13条第2款、第14条第2款的规定请求未履行或者未全面履行出资义务或者抽逃出资的股东承担赔偿责任，被告股东以出资义务或者返还出资义务超过诉讼时效期间为由进行抗辩的，人民法院不予支持。

**第二十条** 当事人之间对是否已履行出资义务发生争议，原告提供对股东履行出资义务产生合理怀疑证据的，被告股东应当就其已履行出资义务承担举证责任。

**第二十一条** 当事人向人民法院起诉请求确认其股东资格的，应当以公司为被告，与案件争议股权有利害关系的人作为第三人参加诉讼。

**第二十二条** 当事人之间对股权归属发生争议，一方请求人民法院确认其享有股权的，应当证明以下事实之一：

（一）已经依法向公司出资或者认缴出资，且不违反法律法规强制性规定；

（二）已经受让或者以其他形式继受公司股权，且不违反法律法规强制性规定。

**第二十三条** 当事人依法履行出资义务或者依法继受取得股权后，公司未根据公司法第31条、第32条的规定签发出资证明书、记载于股东名册并办理公司登记机关登记，当事人请求公司履行上述义务的，人民法院应予支持。

**第二十四条** 有限责任公司的实际出资人与名义出资人订立合同，约定由实际出资人出资并享有投资权益，以名义出资人为名义股东，实际出资人与名义股东对该合同效力发生争议的，如无合同法第52条规定的情形，人民法院应当认定该合同有效。

前款规定的实际出资人与名义股东因投资权益的归属发生争议，实际出资人以其实际履行了出资义务为由向名义股东主张权利的，人民法院应予支持。名义股东以公司股东名册记载、公司登记机关登记为由否认实际出资人权利的，人民法院不予支持。

实际出资人未经公司其他股东半数以上同意，请求公司变更股东、签发出资证明书、记载于股东名册、记载于公司章程并办理公司登记机关登记的，人民法院不予支持。

第二十五条　名义股东将登记于其名下的股权转让、质押或者以其他方式处分，实际出资人以其对于股权享有实际权利为由，请求认定处分股权行为无效的，人民法院可以参照物权法第106条的规定处理。

名义股东处分股权造成实际出资人损失，实际出资人请求名义股东承担赔偿责任的，人民法院应予支持。

第二十六条　公司债权人以登记于公司登记机关的股东未履行出资义务为由，请求其对公司债务不能清偿的部分在未出资本息范围内承担补充赔偿责任，股东以其仅为名义股东而非实际出资人为由进行抗辩的，人民法院不予支持。

名义股东根据前款规定承担赔偿责任后，向实际出资人追偿的，人民法院应予支持。

第二十七条　股权转让后尚未向公司登记机关办理变更登记，原股东将仍登记于其名下的股权转让、质押或者以其他方式处分，受让股东以其对于股权享有实际权利为由，请求认定处分股权行为无效的，人民法院可以参照物权法第106条的规定处理。

原股东处分股权造成受让股东损失，受让股东请求原股东承担赔偿责任、对于未及时办理变更登记有过错的董事、高级管理人员或者实际控制人承担相应责任的，人民法院应予支持；受让股东对于未及时办理变更登记也有过错的，可以适当减轻上述董事、高级管理人员或者实际控制人的责任。

第二十八条　冒用他人名义出资并将该他人作为股东在公司登记机关登记的，冒名登记行为人应当承担相应责任；公司、其他股东或者公司债权人以未履行出资义务为由，请求被冒名登记为股东的承担补足出资责任或者对公司债务不能清偿部分的赔偿责任的，人民法院不予支持。

# 最高人民法院关于适用《中华人民共和国公司法》若干问题的规定（四）

（最高人民法院《关于适用〈中华人民共和国公司法〉若干问题的规定（四）》已于 2016 年 12 月 5 日由最高人民法院审判委员会第 1702 次会议通过，现予公布，自 2017 年 9 月 1 日起施行。）

为正确适用《中华人民共和国公司法》，结合人民法院审判实践，现就公司决议效力、股东知情权、利润分配权、优先购买权和股东代表诉讼等案件适用法律问题作出如下规定。

**第一条**　公司股东、董事、监事等请求确认股东会或者股东大会、董事会决议无效或者不成立的，人民法院应当依法予以受理。

**第二条**　依据公司法第 22 条第 2 款请求撤销股东会或者股东大会、董事会决议的原告，应当在起诉时具有公司股东资格。

**第三条**　原告请求确认股东会或者股东大会、董事会决议不成立、无效或者撤销决议的案件，应当列公司为被告。对决议涉及的其他利害关系人，可以依法列为第三人。

一审法庭辩论终结前，其他有原告资格的人以相同的诉讼请求申请参加前款规定诉讼的，可以列为共同原告。

**第四条**　股东请求撤销股东会或者股东大会、董事会决议，符合公司法第 22 条第 2 款规定的，人民法院应当予以支持，但会议召集程序或者表决方式仅有轻微瑕疵，且对决议未产生实质影响的，人民法院不予支持。

**第五条**　股东会或者股东大会、董事会决议存在下列情形之一，当事人主张决议不成立的，人民法院应当予以支持：

（一）公司未召开会议的，但依据公司法第 37 条第 2 款或者公司章程规定可以不召开股东会或者股东大会而直接作出决定，并由全体股东在决定文件上签名、盖章的除外；

（二）会议未对决议事项进行表决的；

（三）出席会议的人数或者股东所持表决权不符合公司法或者公司章程规定的；

（四）会议的表决结果未达到公司法或者公司章程规定的通过比例的；

（五）导致决议不成立的其他情形。

**第六条**　股东会或者股东大会、董事会决议被人民法院判决确认无效或者撤销的，公司依据该决议与善意相对人形成的民事法律关系不受影响。

第七条　股东依据公司法第 33 条、第 97 条或者公司章程的规定，起诉请求查阅或者复制公司特定文件材料的，人民法院应当依法予以受理。

公司有证据证明前款规定的原告在起诉时不具有公司股东资格的，人民法院应当驳回起诉，但原告有初步证据证明在持股期间 其合法权益受到损害，请求依法查阅或者复制其持股期间的公司特定文件材料的除外。

第八条　有证据证明股东存在下列情形之一的，人民法院应当认定股东有公司法第 33 条第 2 款规定的"不正当目的"：

（一）股东自营或者为他人经营与公司主营业务有实质性竞争关系业务的，但公司章程另有规定或者全体股东另有约定的除外；

（二）股东为了向他人通报有关信息查阅公司会计账簿，可能损害公司合法利益的；

（三）股东在向公司提出查阅请求之日前的 3 年内，曾通过查阅公司会计账簿，向他人通报有关信息损害公司合法利益的；

（四）股东有不正当目的的其他情形。

第九条　公司章程、股东之间的协议等实质性剥夺股东依据公司法第 33 条、第 97 条规定查阅或者复制公司文件材料的权利，公司以此为由拒绝股东查阅或者复制的，人民法院不予支持。

第十条　人民法院审理股东请求查阅或者复制公司特定文件材料的案件，对原告诉讼请求予以支持的，应当在判决中明确查阅或者复制公司特定文件材料的时间、地点和特定文件材料的名录。

股东依据人民法院生效判决查阅公司文件材料的，在该股东在场的情况下，可以由会计师、律师等依法或者依据执业行为规范负有保密义务的中介机构执业人员辅助进行。

第十一条　股东行使知情权后泄露公司商业秘密导致公司合法利益受到损害，公司请求该股东赔偿相关损失的，人民法院应当予以支持。

根据本规定第 10 条辅助股东查阅公司文件材料的会计师、律师等泄露公司商业秘密导致公司合法利益受到损害，公司请求其赔偿相关损失的，人民法院应当予以支持。

第十二条　公司董事、高级管理人员等未依法履行职责，导致公司未依法制作或者保存公司法第 33 条、第 97 条规定的公司文件材料，给股东造成损失，股东依法请求负有相应责任的公司董事、高级管理人员承担民事赔偿责任的，人民法院应当予以支持。

第十三条　股东请求公司分配利润案件，应当列公司为被告。

一审法庭辩论终结前，其他股东基于同一分配方案请求分配利润并申请参加诉讼的，应当列为共同原告。

**第十四条**　股东提交载明具体分配方案的股东会或者股东大会的有效决议，请求公司分配利润，公司拒绝分配利润且其关于无法执行决议的抗辩理由不成立的，人民法院应当判决公司按照决议载明的具体分配方案向股东分配利润。

**第十五条**　股东未提交载明具体分配方案的股东会或者股东大会决议，请求公司分配利润的，人民法院应当驳回其诉讼请求，但违反法律规定滥用股东权利导致公司不分配利润，给其他股东造成损失的除外。

**第十六条**　有限责任公司的自然人股东因继承发生变化时，其他股东主张依据公司法第七十一条第三款规定行使优先购买权的，人民法院不予支持，但公司章程另有规定或者全体股东另有约定的除外。

**第十七条**　有限责任公司的股东向股东以外的人转让股权，应就其股权转让事项以书面或者其他能够确认收悉的合理方式通知其他股东征求同意。其他股东半数以上不同意转让，不同意的股东不购买的，人民法院应当认定视为同意转让。

经股东同意转让的股权，其他股东主张转让股东应当向其以书面或者其他能够确认收悉的合理方式通知转让股权的同等条件的，人民法院应当予以支持。

经股东同意转让的股权，在同等条件下，转让股东以外的其他股东主张优先购买的，人民法院应当予以支持，但转让股东依据本规定第20条放弃转让的除外。

**第十八条**　人民法院在判断是否符合公司法第71条第3款及本规定所称的"同等条件"时，应当考虑转让股权的数量、价格、支付方式及期限等因素。

**第十九条**　有限责任公司的股东主张优先购买转让股权的，应当在收到通知后，在公司章程规定的行使期间内提出购买请求。公司章程没有规定行使期间或者规定不明确的，以通知确定的期间为准，通知确定的期间短于30日或者未明确行使期间的，行使期间为30日。

**第二十条**　有限责任公司的转让股东，在其他股东主张优先购买后又不同意转让股权的，对其他股东优先购买的主张，人民法院不予支持，但公司章程另有规定或者全体股东另有约定的除外。其他股东主张转让股东赔偿其损失合理的，人民法院应当予以支持。

**第二十一条**　有限责任公司的股东向股东以外的人转让股权，未就其股权转让事项征求其他股东意见，或者以欺诈、恶意串通等手段，损害其他股东优先购买权，其他股东主张按照同等条件购买该转让股权的，人民法院应当予以支持，但其他股东自知道或者应当知道行使优先购买权的同等条件之日起30日内没有主张，或者自股权变更登记之日起超过1年的除外。

前款规定的其他股东仅提出确认股权转让合同及股权变动效力等请求，未同时主张按照同等条件购买转让股权的，人民法院不予支持，但其他股东非因自身原因导致无法行使优先购买权，请求损害赔偿的除外。

股东以外的股权受让人，因股东行使优先购买权而不能实现合同目的的，可以依法请求转让股东承担相应民事责任。

第二十二条 通过拍卖向股东以外的人转让有限责任公司股权的，适用公司法第71条第2款、第3款或者第72条规定的"书面通知""通知""同等条件"时，根据相关法律、司法解释确定。

在依法设立的产权交易场所转让有限责任公司国有股权的，适用公司法第71条第2款、第3款或者第72条规定的"书面通知""通知""同等条件"时，可以参照产权交易场所的交易规则。

第二十三条 监事会或者不设监事会的有限责任公司的监事依据公司法第151条第1款规定对董事、高级管理人员提起诉讼的，应当列公司为原告，依法由监事会主席或者不设监事会的有限责任公司的监事代表公司进行诉讼。

董事会或者不设董事会的有限责任公司的执行董事依据公司法第151条第1款规定对监事提起诉讼的，或者依据公司法第151条第3款规定对他人提起诉讼的，应当列公司为原告，依法由董事长或者执行董事代表公司进行诉讼。

第二十四条 符合公司法第151条第1款规定条件的股东，依据公司法第151条第2款、第3款规定，直接对董事、监事、高级管理人员或者他人提起诉讼的，应当列公司为第三人参加诉讼。

一审法庭辩论终结前，符合公司法第151条第1款规定条件的其他股东，以相同的诉讼请求申请参加诉讼的，应当列为共同原告。

第二十五条 股东依据公司法第151条第2款、第3款规定直接提起诉讼的案件，胜诉利益归属于公司。股东请求被告直接向其承担民事责任的，人民法院不予支持。

第二十六条 股东依据公司法第151条第2款、第3款规定直接提起诉讼的案件，其诉讼请求部分或者全部得到人民法院支持的，公司应当承担股东因参加诉讼支付的合理费用。

第二十七条 本规定自2017年9月1日起施行。

本规定施行后尚未终审的案件，适用本规定；本规定施行前已经终审的案件，或者适用审判监督程序再审的案件，不适用本规定。

# 最高人民法院关于适用《中华人民共和国公司法》若干问题的规定（五）

（《最高人民法院关于适用〈中华人民共和国公司法〉若干问题的规定（五）》已于 2019 年 4 月 22 日由最高人民法院审判委员会第 1766 次会议通过，现予公布，自 2019 年 4 月 29 日起施行。）

为正确适用《中华人民共和国公司法》，结合人民法院审判实践，就股东权益保护等纠纷案件适用法律问题作出如下规定。

**第一条**　关联交易损害公司利益，原告公司依据公司法第 21 条规定请求控股股东、实际控制人、董事、监事、高级管理人员赔偿所造成的损失，被告仅以该交易已经履行了信息披露、经股东会或者股东大会同意等法律、行政法规或者公司章程规定的程序为由抗辩的，人民法院不予支持。

公司没有提起诉讼的，符合公司法第 151 条第 1 款规定条件的股东，可以依据公司法第 151 条第 2 款、第 3 款规定向人民法院提起诉讼。

**第二条**　关联交易合同存在无效或者可撤销情形，公司没有起诉合同相对方的，符合公司法第 151 条第 1 款规定条件的股东，可以依据公司法第 151 条第 2 款、第 3 款规定向人民法院提起诉讼。

**第三条**　董事任期届满前被股东会或者股东大会有效决议解除职务，其主张解除不发生法律效力的，人民法院不予支持。

董事职务被解除后，因补偿与公司发生纠纷提起诉讼的，人民法院应当依据法律、行政法规、公司章程的规定或者合同的约定，综合考虑解除的原因、剩余任期、董事薪酬等因素，确定是否补偿以及补偿的合理数额。

**第四条**　分配利润的股东会或者股东大会决议作出后，公司应当在决议载明的时间内完成利润分配。决议没有载明时间的，以公司章程规定的为准。决议、章程中均未规定时间或者时间超过 1 年的，公司应当自决议作出之日起 1 年内完成利润分配。

决议中载明的利润分配完成时间超过公司章程规定时间的，股东可以依据公司法第 22 条第 2 款规定请求人民法院撤销决议中关于该时间的规定。

**第五条**　人民法院审理涉及有限责任公司股东重大分歧案件时，应当注重调解。当事人协商一致以下列方式解决分歧，且不违反法律、行政法规的强制性规定的，人民法院应予支持：

（一）公司回购部分股东股份；

（二）其他股东受让部分股东股份；

（三）他人受让部分股东股份；

（四）公司减资；

（五）公司分立；

（六）其他能够解决分歧，恢复公司正常经营，避免公司解散的方式。

**第六条**　本规定自 2019 年 4 月 29 日起施行。

本规定施行后尚未终审的案件，适用本规定；本规定施行前已经终审的案件，或者适用审判监督程序再审的案件，不适用本规定。

本院以前发布的司法解释与本规定不一致的，以本规定为准。

# 《全国法院民商事审判工作会议纪要》
## （节选 公司法部分）

（《全国法院民商事审判工作会议纪要》（以下简称《会议纪要》）已于2019年9月11日经最高人民法院审判委员会民事行政专业委员会第319次会议原则通过。）

### 二、关于公司纠纷案件的审理

会议认为，审理好公司纠纷案件，对于保护交易安全和投资安全，激发经济活力，增强投资创业信心，具有重要意义。要依法协调好公司债权人、股东、公司等各种利益主体之间的关系，处理好公司外部与内部的关系，解决好公司自治与司法介入的关系。

（一）关于"对赌协议"的效力及履行

实践中俗称的"对赌协议"，又称估值调整协议，是指投资方与融资方在达成股权性融资协议时，为解决交易双方对目标公司未来发展的不确定性、信息不对称以及代理成本而设计的包含了股权回购、金钱补偿等对未来目标公司的估值进行调整的协议。从订立"对赌协议"的主体来看，有投资方与目标公司的股东或者实际控制人"对赌"、投资方与目标公司"对赌"、投资方与目标公司的股东、目标公司"对赌"等形式。人民法院在审理"对赌协议"纠纷案件时，不仅应当适用合同法的相关规定，还应当适用公司法的相关规定；既要坚持鼓励投资方对实体企业特别是科技创新企业投资原则，从而在一定程度上缓解企业融资难问题，又要贯彻资本维持原则和保护债权人合法权益原则，依法平衡投资方、公司债权人、公司之间的利益。对于投资方与目标公司的股东或者实际控制人订立的"对赌协议"，如无其他无效事由，认定有效并支持实际履行，实践中并无争议。但投资方与目标公司订立的"对赌协议"是否有效以及能否实际履行，存在争议。对此，应当把握如下处理规则：

5.【与目标公司"对赌"】投资方与目标公司订立的"对赌协议"在不存在法定无效事由的情况下，目标公司仅以存在股权回购或者金钱补偿约定为由，主张"对赌协议"无效的，人民法院不予支持，但投资方主张实际履行的，人民法院应当审查是否符合公司法关于"股东不得抽逃出资"及股份回购的强制性规定，判决是否支持其诉讼请求。

投资方请求目标公司回购股权的，人民法院应当依据《公司法》第35条关于"股东不得抽逃出资"或者第142条关于股份回购的强制性规定进行审查。经审查，目标公司未完成减资程序的，人民法院应当驳回其诉讼请求。

投资方请求目标公司承担金钱补偿义务的，人民法院应当依据《公司法》第35条关于"股东不得抽逃出资"和第166条关于利润分配的强制性规定进行审查。经审查，目标公司没有利润或者虽有利润但不足以补偿投资方的，人民法院应当驳回或者部分支持其诉讼请求。今后目标公司有利润时，投资方还可以依据该事实另行提起诉讼。

（二）关于股东出资加速到期及表决权

6.【股东出资应否加速到期】在注册资本认缴制下，股东依法享有期限利益。债权人以公司不能清偿到期债务为由，请求未届出资期限的股东在未出资范围内对公司不能清偿的债务承担补充赔偿责任的，人民法院不予支持。但是，下列情形除外：

（1）公司作为被执行人的案件，人民法院穷尽执行措施无财产可供执行，已具备破产原因，但不申请破产的；

（2）在公司债务产生后，公司股东（大）会决议或以其他方式延长股东出资期限的。

7.【表决权能否受限】股东认缴的出资未届履行期限，对未缴纳部分的出资是否享有以及如何行使表决权等问题，应当根据公司章程来确定。公司章程没有规定的，应当按照认缴出资的比例确定。如果股东（大）会作出不按认缴出资比例而按实际出资比例或者其他标准确定表决权的决议，股东请求确认决议无效的，人民法院应当审查该决议是否符合修改公司章程所要求的表决程序，即必须经代表三分之二以上表决权的股东通过。符合的，人民法院不予支持；反之，则依法予以支持。

（三）关于股权转让

8.【有限责任公司的股权变动】当事人之间转让有限责任公司股权，受让人以其姓名或者名称已记载于股东名册为由主张其已经取得股权的，人民法院依法予以支持，但法律、行政法规规定应当办理批准手续生效的股权转让除外。未向公司登记机关办理股权变更登记的，不得对抗善意相对人。

9.【侵犯优先购买权的股权转让合同的效力】审判实践中，部分人民法院对公司法司法解释（四）第21条规定的理解存在偏差，往往以保护其他股东的优先购买权为由认定股权转让合同无效。准确理解该条规定，既要注意保护其他股东的优先购买权，也要注意保护股东以外的股权受让人的合法权益，正确认定有限责任公司的股东与股东以外的股权受让人订立的股权转让合同的效力。一方面，其他股东依法享有优先购买权，在其主张按照股权转让合同约定的同等条件购买股权的情况下，应当支持其诉讼请求，除非出现该条第 1 款规定的情形。另一方面，为保护股东以外的股权受让人的合法权益，股权转让合同如无其他影响合同效力的事由，应当认定有效。其他股东行使优先购买权的，虽然股东以外的股权受让人关于继续履行股权转让合同的请求不能得到支持，但不影响其依约请求转让股东承担相应的违约责任。

### （四）关于公司人格否认

公司人格独立和股东有限责任是公司法的基本原则。否认公司独立人格，由滥用公司法人独立地位和股东有限责任的股东对公司债务承担连带责任，是股东有限责任的例外情形，旨在矫正有限责任制度在特定法律事实发生时对债权人保护的失衡现象。在审判实践中，要准确把握《公司法》第 20 条第 3 款规定的精神。一是只有在股东实施了滥用公司法人独立地位及股东有限责任的行为，且该行为严重损害了公司债权人利益的情况下，才能适用。损害债权人利益，主要是指股东滥用权利使公司财产不足以清偿公司债权人的债权。二是只有实施了滥用法人独立地位和股东有限责任行为的股东才对公司债务承担连带清偿责任，而其他股东不应承担此责任。三是公司人格否认不是全面、彻底、永久地否定公司的法人资格，而只是在具体案件中依据特定的法律事实、法律关系，突破股东对公司债务不承担责任的一般规则，例外地判令其承担连带责任。人民法院在个案中否认公司人格的判决的既判力仅仅约束该诉讼的各方当事人，不当然适用于涉及该公司的其他诉讼，不影响公司独立法人资格的存续。如果其他债权人提起公司人格否认诉讼，已生效判决认定的事实可以作为证据使用。四是《公司法》第 20 条第 3 款规定的滥用行为，实践中常见的情形有人格混同、过度支配与控制、资本显著不足等。在审理案件时，需要根据查明的案件事实进行综合判断，既审慎适用，又当用则用。实践中存在标准把握不严而滥用这一例外制度的现象，同时也存在因法律规定较为原则、抽象，适用难度大，而不善于适用、不敢于适用的现象，均应当引起高度重视。

10.【人格混同】认定公司人格与股东人格是否存在混同，最根本的判断标准是公司是否具有独立意思和独立财产，最主要的表现是公司的财产与股东的财产是否混同且无法区分。在认定是否构成人格混同时，应当综合考虑以下因素：

（1）股东无偿使用公司资金或者财产，不作财务记载的；

（2）股东用公司的资金偿还股东的债务，或者将公司的资金供关联公司无偿使用，不作财务记载的；

（3）公司账簿与股东账簿不分，致使公司财产与股东财产无法区分的；

（4）股东自身收益与公司盈利不加区分，致使双方利益不清的；

（5）公司的财产记载于股东名下，由股东占有、使用的；

（6）人格混同的其他情形。

在出现人格混同的情况下，往往同时出现以下混同：公司业务和股东业务混同；公司员工与股东员工混同，特别是财务人员混同；公司住所与股东住所混同。人民法院在审理案件时，关键要审查是否构成人格混同，而不要求同时具备其他方面的混同，其他方面的混同往往只是人格混同的补强。

11.【过度支配与控制】公司控制股东对公司过度支配与控制，操纵公司的决策过程，使公司完全丧失独立性，沦为控制股东的工具或躯壳，严重损害公司债权人利益，应当否认公司人格，由滥用控制权的股东对公司债务承担连带责任。实践中常见的情形包括：

（1）母子公司之间或者子公司之间进行利益输送的；

（2）母子公司或者子公司之间进行交易，收益归一方，损失却由另一方承担的；

（3）先从原公司抽走资金，然后再成立经营目的相同或者类似的公司，逃避原公司债务的；

（4）先解散公司，再以原公司场所、设备、人员及相同或者相似的经营目的另设公司，逃避原公司债务的；

（5）过度支配与控制的其他情形。

控制股东或实际控制人控制多个子公司或者关联公司，滥用控制权使多个子公司或者关联公司财产边界不清、财务混同，利益相互输送，丧失人格独立性，沦为控制股东逃避债务、非法经营，甚至违法犯罪工具的，可以综合案件事实，否认子公司或者关联公司法人人格，判令承担连带责任。

12.【资本显著不足】资本显著不足指的是，公司设立后在经营过程中，股东实际投入公司的资本数额与公司经营所隐含的风险相比明显不匹配。股东利用较少资本从事力所不及的经营，表明其没有从事公司经营的诚意，实质是恶意利用公司独立人格和股东有限责任把投资风险转嫁给债权人。由于资本显著不足的判断标准有很大的模糊性，特别是要与公司采取"以小博大"的正常经营方式相区分，因此在适用时要十分谨慎，应当与其他因素结合起来综合判断。

13.【诉讼地位】人民法院在审理公司人格否认纠纷案件时，应当根据不同情形确定当事人的诉讼地位：

（1）债权人对债务人公司享有的债权已经由生效裁判确认，其另行提起公司人格否认诉讼，请求股东对公司债务承担连带责任的，列股东为被告，公司为第三人；

（2）债权人对债务人公司享有的债权提起诉讼的同时，一并提起公司人格否认诉讼，请求股东对公司债务承担连带责任的，列公司和股东为共同被告；

（3）债权人对债务人公司享有的债权尚未经生效裁判确认，直接提起公司人格否认诉讼，请求公司股东对公司债务承担连带责任的，人民法院应当向债权人释明，告知其追加公司为共同被告。债权人拒绝追加的，人民法院应当裁定驳回起诉。

### （五）关于有限责任公司清算义务人的责任

关于有限责任公司股东清算责任的认定，一些案件的处理结果不适当地扩大了股东的清算责任。特别是实践中出现了一些职业债权人，从其他债权人处大批量超低价收购僵尸企业的"陈年旧账"后，对批量僵尸企业提起强制清算之诉，在获得人民法院对公司主要财产、账册、重要文件等灭失的认定后，根据公司法司法解释（二）第 18 条第 2 款的规定，请求有限责任公司的股东对公司债务承担连带清偿责任。有的人民法院没有准确把握上述规定的适用条件，判决没有"怠于履行义务"的小股东或者虽"怠于履行义务"但与公司主要财产、账册、重要文件等灭失没有因果关系的小股东对公司债务承担远远超过其出资数额的责任，导致出现利益明显失衡的现象。需要明确的是，上述司法解释关于有限责任公司股东清算责任的规定，其性质是因股东怠于履行清算义务致使公司无法清算所应当承担的侵权责任。在认定有限责任公司股东是否应当对债权人承担侵权赔偿责任时，应当注意以下问题：

14.【怠于履行清算义务的认定】公司法司法解释（二）第 18 条第 2 款规定的"怠于履行义务"，是指有限责任公司的股东在法定清算事由出现后，在能够履行清算义务的情况下，故意拖延、拒绝履行清算义务，或者因过失导致无法进行清算的消极行为。股东举证证明其已经为履行清算义务采取了积极措施，或者小股东举证证明其既不是公司董事会或者监事会成员，也没有选派人员担任该机关成员，且从未参与公司经营管理，以不构成"怠于履行义务"为由，主张其不应当对公司债务承担连带清偿责任的，人民法院依法予以支持。

15.【因果关系抗辩】有限责任公司的股东举证证明其"怠于履行义务"的消极不作为与"公司主要财产、账册、重要文件等灭失，无法进行清算"的结果之间没有因果关系，主张其不应对公司债务承担连带清偿责任的，人民法院依法予以支持。

16.【诉讼时效期间】公司债权人请求股东对公司债务承担连带清偿责任，股东以公司债权人对公司的债权已经超过诉讼时效期间为由抗辩，经查证属实的，人民法院依法予以支持。

公司债权人以公司法司法解释（二）第 18 条第 2 款为依据，请求有限责任公司的股东对公司债务承担连带清偿责任的，诉讼时效期间自公司债权人知道或者应当知道公司无法进行清算之日起计算。

（六）关于公司为他人提供担保

关于公司为他人提供担保的合同效力问题，审判实践中裁判尺度不统一，严重影响了司法公信力，有必要予以规范。对此，应当把握以下几点：

17.【违反《公司法》第 16 条构成越权代表】为防止法定代表人随意代表公司为他人提供担保给公司造成损失，损害中小股东利益，《公司法》第 16 条对法定代表人的代表权进行了限制。根据该条规定，担保行为不是法定代表人所能单独决定的事项，而必须以公司股东（大）会、董事会等公司机关的决议作为授权的基础和来源。法定代表人未经授权擅自为他人提供担保的，构成越权代表，人民法院应当根据《合同法》第 50 条关于法定代表人越权代表的规定，区分订立合同时债权人是否善意分别认定合同效力：债权人善意的，合同有效；反之，合同无效。

18.【善意的认定】前条所称的善意，是指债权人不知道或者不应当知道法定代表人超越权限订立担保合同。《公司法》第 16 条对关联担保和非关联担保的决议机关作出了区别规定，相应地，在善意的判断标准上也应当有所区别。一种情形是，为公司股东或者实际控制人提供关联担保，《公司法》第 16 条明确规定必须由股东（大）会决议，未经股东（大）会决议，构成越权代表。在此情况下，债权人主张担保合同有效，应当提供证据证明其在订立合同时对股东（大）会决议进行了审查，决议的表决程序符合《公司法》第 16 条的规定，即在排除被担保股东表决权的情况下，该项表决由出席会议的其他股东所持表决权的过半数通过，签字人员也符合公司章程的规定。另一种情形是，公司为公司股东或者实际控制人以外的人提供非关联担保，根据《公司法》第 16 条的规定，此时由公司章程规定是由董事会决议还是股东（大）会决议。无论章程是否对决议机关作出规定，也无论章程规定决议机关为董事会还是股东（大）会，根据《民法总则》第 61 条第 3 款关于"法人章程或者法人权力机构对法定代表人代表权的限制，不得对抗善意相对人"的规定，只要债权人能够证明其在订立担保合同时对董事会决议或者股东（大）会决议进行了审查，同意决议的人数及签字人员符合公司章程的规定，就应当认定其构成善意，但公司能够证明债权人明知公司章程对决议机关有明确规定的除外。

债权人对公司机关决议内容的审查一般限于形式审查，只要求尽到必要的注意义务即可，标准不宜太过严苛。公司以机关决议系法定代表人伪造或者变造、决议程序违法、签章（名）不实、担保金额超过法定限额等事由抗辩债权人非善意的，人民法院一般不予支持。但是，公司有证据证明债权人明知决议系伪造或者变造的除外。

19. 【无须机关决议的例外情况】存在下列情形的，即便债权人知道或者应当知道没有公司机关决议，也应当认定担保合同符合公司的真实意思表示，合同有效：

（1）公司是以为他人提供担保为主营业务的担保公司，或者是开展保函业务的银行或者非银行金融机构；

（2）公司为其直接或者间接控制的公司开展经营活动向债权人提供担保；

（3）公司与主债务人之间存在相互担保等商业合作关系；

（4）担保合同系由单独或者共同持有公司 2/3 以上有表决权的股东签字同意。

20. 【越权担保的民事责任】依据前述 3 条规定，担保合同有效，债权人请求公司承担担保责任的，人民法院依法予以支持；担保合同无效，债权人请求公司承担担保责任的，人民法院不予支持，但可以按照担保法及有关司法解释关于担保无效的规定处理。公司举证证明债权人明知法定代表人超越权限或者机关决议系伪造或者变造，债权人请求公司承担合同无效后的民事责任的，人民法院不予支持。

21. 【权利救济】法定代表人的越权担保行为给公司造成损失，公司请求法定代表人承担赔偿责任的，人民法院依法予以支持。公司没有提起诉讼，股东依据《公司法》第 151 条的规定请求法定代表人承担赔偿责任的，人民法院依法予以支持。

22. 【上市公司为他人提供担保】债权人根据上市公司公开披露的关于担保事项已经董事会或者股东大会决议通过的信息订立的担保合同，人民法院应当认定有效。

23. 【债务加入准用担保规则】法定代表人以公司名义与债务人约定加入债务并通知债权人或者向债权人表示愿意加入债务，该约定的效力问题，参照本纪要关于公司为他人提供担保的有关规则处理。

（七）关于股东代表诉讼

24. 【何时成为股东不影响起诉】股东提起股东代表诉讼，被告以行为发生时原告尚未成为公司股东为由抗辩该股东不是适格原告的，人民法院不予支持。

25. 【正确适用前置程序】根据《公司法》第 151 条的规定，股东提起代表诉讼的前置程序之一是，股东必须先书面请求公司有关机关向人民法院提起诉讼。一般情况下，股东没有履行该前置程序的，应当驳回起诉。但是，该项前置程序针对的是公司治理的一般情况，即在股东向公司有关机关提出书面申请之时，存在公司有关机关提起诉讼的可能性。如果查明的相关事实表明，根本不存在该种可能性的，人民法院不应当以原告未履行前置程序为由驳回起诉。

26. 【股东代表诉讼的反诉】股东依据《公司法》第 151 条第 3 款的规定提起股东代表诉讼后，被告以原告股东恶意起诉侵犯其合法权益为由提起反诉的，人民法院应予受理。被告以公司在案涉纠纷中应当承担侵权或者违约等责任为由对公司提出的反诉，因不符合反诉的要件，人民法院应当裁定不予受理；已经受理的，裁定驳回起诉。

27. 【股东代表诉讼的调解】公司是股东代表诉讼的最终受益人，为避免因原告股东与被告通过调解损害公司利益，人民法院应当审查调解协议是否为公司的意思。只有在调解协议经公司股东（大）会、董事会决议通过后，人民法院才能出具调解书予以确认。至于具体决议机关，取决于公司章程的规定。公司章程没有规定的，人民法院应当认定公司股东（大）会为决议机关。

（八）其他问题

28. 【实际出资人显名的条件】实际出资人能够提供证据证明有限责任公司过半数的其他股东知道其实际出资的事实，且对其实际行使股东权利未曾提出异议的，对实际出资人提出的登记为公司股东的请求，人民法院依法予以支持。公司以实际出资人的请求不符合公司法司法解释（三）第 24 条的规定为由抗辩的，人民法院不予支持。

29. 【请求召开股东（大）会不可诉】公司召开股东（大）会本质上属于公司内部治理范围。股东请求判令公司召开股东（大）会的，人民法院应当告知其按照《公司法》第 40 条或者第 101 条规定的程序自行召开。股东坚持起诉的，人民法院应当裁定不予受理；已经受理的，裁定驳回起诉。